"十二五"国家重点图书出版规划项目

中国近现代原创型教育家研究丛书

总主编 宋恩荣 李剑萍

教育家蔡元培
研究

汤广全 著

山东人民出版社

国家一级出版社 全国百佳图书出版单位

图书在版编目（CIP）数据

教育家蔡元培研究/汤广全著. —济南：山东人
民出版社，2015.12（2016.10 重印）
（中国近现代原创型教育家研究丛书/宋恩荣，
李剑萍总主编）
ISBN 978 - 7 - 209 - 09370 - 5

Ⅰ. ①教… Ⅱ. ①汤… Ⅲ. ①蔡元培（1868—1940）
—教育思想—研究 Ⅳ. ①G40 - 092.6

中国版本图书馆 CIP 数据核字（2015）第 315766 号

教育家蔡元培研究

汤广全 著

主管部门　山东出版传媒股份有限公司
出版发行　山东人民出版社
社　　址　济南市胜利大街 39 号
邮　　编　250001
电　　话　总编室（0531）82098914
　　　　　市场部（0531）82098027
网　　址　http：//www.sd - book.com.cn
印　　装　山东临沂新华印刷物流集团印装
经　　销　新华书店

规　　格　16 开（169mm ×239mm）
印　　张　23.5
字　　数　360 千字
版　　次　2015 年 12 月第 1 版
印　　次　2016 年 10 月第 2 次
ISBN 978 - 7 - 209 - 09370 - 5
定　　价　58.00 元

如有印装质量问题，请与出版社总编室联系调换。

总　序　原创型教育家的文化自觉与中国现代教育体系之形成

李剑萍　杨　旭

一、教育家研究之研究

创新型教育、创新型人才培养呼唤创新型教育家。教育家研究是教育史研究中既经典又常研常新的课题,而"创新型教育家"研究迄未得到应有的重视。

几乎每一本通史类、综合类教育史或教育思想史著作,都列专门章节研究著名教育家的思想和实践,甚至将教育思想等同于教育家的思想。近一二十年来,近现代教育家的研究实际是沿着四个路向展开的。

一是中国近现代教育家研究走向系列化、精细化。系列化的代表性成果有宋恩荣主编的 23 卷本《中国近现代教育家系列研究》(辽宁教育出版社1993—1997 年版),被教育学界高度肯定。厦门大学潘懋元教授称该研究"规模宏大,成果丰富,意义深远";华东师范大学孙培青教授称其"在近代教育史研究中是前所未有的,确是一项新创举";北京师范大学王炳照教授誉其"是国内首次有组织有计划地对中国近代重要教育家进行深入、全面、系统地个案研究的重要成果"。① 另有，美国 General Books LLC 2010年出版的 *Chinese Educators*，内收蔡元培、胡适、盛宣怀、马相伯、张伯苓、于右任、马君武、蒋梦麟、陶行知、傅斯年、罗家伦、钱伟长等 79 人的传记，以及中国高等教育学会组编的《共和国老一辈教育家传略》（高等教育出版社 2008 年版）等。所谓精细化，是指除了扩大研究视野之外，还出现从校际、地域等视角研究教育家的倾向，如刘国生主编的《从清华走出的教育家》（内蒙古文化出版社 2012 年版）、俞可著的《海上教育家》（文汇出版社2010 年版）等。

二是研究外国教育家及其对中国的影响，并与教师培训培养相结合而走向普及化。从早期的中央教育科学研究所比较教育研究室编写的《世界著名教育家》（贵州人民出版社 1989 年版），到代表性的赵祥麟主编的《外国教育家评传》（上海教育出版社 1992 年版），以及刘传德著的《外国教育家评传精选》（北京师范大学出版社 2006 年版）、霍力岩等编著的《影响新中国教育的外国教育家》（天津教育出版社 2009 年版）、汪明帅等编著的《常青藤：一本书读懂世界教育家丛书》（中国青年出版社 2011 年版）等，此外还有弗兰克·M. 弗拉纳根著、卢立涛等译的《最伟大的教育家：从苏格拉底到杜威》（华东师范大学出版社 2009 年版）等，都表明了常研常新和普及化的态势。

三是更加清晰地提出了学习教育家智慧、精神的命题，并出现了一些对教育家进行总论性、本体性研究的成果。从早期余立主编的《校长—教育家》（同济大学出版社 1988 年版）到后来殷爱荪等主编的《校长与教育家》（福建教育出版社 2004 年版），学习教育家的智慧、精神、风骨尤其突出了两个重点，一是对民国教育家寄予了某种理想化的观念，如智效民著的《民国那些教育家》（四川文艺出版社 2013 年版）等，二是开始关注当代教育家，如袁振国主编的《这就是教育家：品读洪宗礼》（教育科学出版社2009 年版）、张彦春等主编的《16 位教育家的智慧档案》（华东师范大学出

---

① 参见潘懋元、孙培青、王炳照、张瑞璠、董宝良、杨东平等教授对《中国近现代教育家系列研究》评审鉴定意见书手稿。

版社 2006 年版)、张康桥著的《在教育家的智慧里呼吸》(华东师范大学出版社 2012 年版)等。由此,出现的总论性、本体性研究的代表性著作,有孙孔懿著的《论教育家》(人民教育出版社 2006 年版)等。

四是研究方法趋于多样,试图借鉴其他学科的方法从新的角度挖掘教育家的深层性东西。如从心理史学视角有胡志坚著的《教育家心理史学范式研究》(社会科学文献出版社 2007 年版),从生活史角度有路书红开展的"中外教育家的生活史研究"等。

以上表明,教育家研究这个经典领域保持了常研常新的态势,或者说保持了研究成果数量增加的态势,这主要是由研究者增多、出版业繁荣、成果普及化所推动:一是集众人之力把单个教育家的研究整合成系列成果;二是拓展新的研究领域,把一些未被关注、曾经湮没的教育家发掘出来;三是研究成果普及化,除了专业研究者之外,中小学教师成为重要的受众。当然,从学术史的角度考察,更有价值的还是运用新方法、新范式对于教育家的新认识、深认识,这种努力现在还处于尝试之中,系统性的创新之作还在期盼之中。这些态势,从蕴含着更大信息量的论文数据库中可以得到进一步印证。

近年来,关于"教育家"的研究论文数量呈现快速增长态势。在"中国知网"的"期刊论文"数据库中,以"教育家"在论文题目(篇名)中精确检索(截至 2015 年 6 月 25 日)发现,1990 年至 2000 年仅 589 篇,2001 年至 2010 年达 995 篇,2011 年至 2015 年 6 月已达 806 篇。同样,"硕博士论文"数据库中,以"教育家"为"题名"进行检索(截至 2015 年 6 月 25 日),检索到 41 篇,其中,2001 年至 2010 年仅有 8 篇硕士论文、1 篇博士论文;其余 32 篇都是 2011 年以后的,但其中博士论文也仅有 3 篇,这表明虽然数量增多,但原创性高水平成果仍缺乏,并且,在 41 篇硕博论文中,有 20 篇是针对被冠以"教育家"的某人的研究。

这种快速增长乃至井喷之势,表明教育家研究、至少"教育家"一词成为近时期的教育热点之一。这些研究成果,还反映出教育家研究中存在着"两大主题、两类重点、一种背反"的特点。

其一,研究的两大主题是"教育家办学"和"未来教育家培养"。它的提出既跟领导人的关注和教育实际工作的需求相关,更深层反映了当下的社会诉求和教育思潮。教育、学校愈益成为一种社会性事业，与每个家庭每个人发生着更密切更长久的联系，公众期盼愈益高涨和深切，随着教育成为社会公平公正的投射焦点，改革和发展的呼声更加强烈，进而将教育存在的问题归因为教育行政化，与之相应便呼唤教育家办学，并反思因何缺乏教育家以及如何培养教育家。可以说，这是近年来教育家研究兴起的直接背景和动因。

其二，研究的两类重点，就是关于教育家型校长和教育家型教师的培养，包括教育家型校长和教师的主要特征，教育家型校长和教师与一般校长和教师的区别，教育家型校长和教师的培养途径和方式，教育家的内在核心精神和外部成长环境等。这些研究普遍隐含的价值假设是，教育家型校长和教师是优秀的和高级的，他们具有独特的优秀品质和精神气质，这些品质和气质是可以通过培养而具备的，并且，教育家的生成和作用发挥需要一定的社会保障条件，只要经过适当培养和提供条件保障，就可以养成教育家或促成教育家的涌现。

其三，研究中的一种背反现象是，一方面感叹教育家太少，另一方面又将教育家之名泛化，所有论文中 80% 以上的被冠名"教育家某某研究"。被冠以教育家之名者，又依次集中在艺术教育（音乐、美术、戏剧等）、农业高等教育、医学高等教育、工程高等教育等 4 个领域，分别被称为音乐教育家、戏剧教育家、农业教育家、医学教育家、工程教育家等。文章、论文的作者主要是被尊为教育家的弟子或媒体人，而较少教育理论研究者。这实际反映了这些领域特别是艺术领域的师承关系和流派特点，暗示凡被称为"教育家"者自然是大家，大家的弟子自然是名门正派。由是便引发教育家的标准问题，或者说成为教育家是困难的还是容易的，叶澜等认为教育家只能是少数人的事情，王道俊等则认为大多数教师只要经过努力就可能成为教育家。

从已有研究成果来看，目前教育家研究的不足或者说今后特别值得加强之处在于以下四个方面。

一是教育家的元研究，代表着研究的自觉水平。近年来教育家研究成果的"井喷"之势，为开展元研究即研究的研究提供了基础条件。元研究一方面是对于研究成果的事实描述，包括研究对象的聚类分析（哪些人被作为教育家来研究)、研究人员的构成分析(理论研究者、媒体人、教育家的亲朋弟子等)、研究成果的类型分析(学术性、普及性、纪念性等),以及研究周期、研究成果来源、研究成果发表载体等的分析;另一方面是对于研究问题的实然分析,诸如研究成果涉及的教育家成长经历、思想基础、精神气质、教育教学理念、治校治学方法等,以及这些研究问题及其研究方法的消长变化。在此基础上,可以判断教育家研究的现有状态和发展趋向。

二是教育家的分类研究,代表着研究的细致程度。如果认为教育家是"在教育思想、理论或实践上有创见、有贡献、有影响的杰出人物"①,那么目前研究成果中被冠以教育家者,似乎大多并未达到这一标准,而更多地与研究者的情感色彩、经验因素、利益考量、比附想象相联系。有的研究者坚持教育家是极少数人的事情,成为教育家是很不容易的,无疑具有理性和规范的意义,可以防止教育家的泛化、泛滥乃至欺世盗名;有的研究者主张成为教育家并不很难,只要具有成为教育家的理想就可能达到,这在呼唤教育家的时代,可以激发教师、校长提升愿景以及形成造就教育家的氛围,而从现实来看,也确实正在涌现出一批具有教育家水平的优秀教师和校长。正因为此,教育家趋于分类分层,教育家的标准也趋于多元,分类研究不同的教育家及其标准,可能比坚持教育家的唯一标准去争论什么人是教育家或成为教育家的难易,更为迫切和更有价值。

三是教育家的"行为·目的·情境"权变关系研究,代表着研究的深入程度。目前大多成果还集中在"教育家特质"研究阶段,即试图找出教育家独特而卓越的品质素质,或者说教育家优异于一般教师和校长之处,研究往往采取描述和归纳的方法,对于教育家的特质进行罗列或者归类。这种研究成果可能存在两个问题,一是罗列的各种特质简则以偏概全,多则繁冗寡要,且难以进行实证归因;二是这些特质之间往往是相互矛盾的,包容谦和与霸气决断、理性内敛与感性外露等相矛盾的特质,可能鲜明地存在于不同教育家身上。于是,教育家研究的深化方向,便指向教育家在特定的约束条件、组织情境中,为了实现教育教学目的而采取的卓越行为,

---

① 顾明远主编:《教育大辞典》(增订合编本)上册,上海教育出版社 1998 年版,第 755 页。

以及这种行为与目的、情境之间建立起的权变关系范式。所有教育家的永恒目的或职责就是育人,但不同时期、不同组织,所要解决的重点问题不同,或是更新教育教学理念、创新体制机制、改革课程教学、促进教师专业发展,或是解决办学条件、办学体制等,这些问题又是相互交织、相互影响的,同时教育家面临的组织情境、所能运用的组织资源也不相同。正是在这些多因素变量中,教育家才凸显出高超的智慧、卓越的策略和鲜活的人格特征,这才是教育家之所以成为教育家之处,也是教育家研究值得深入之处。

四是教育家的本体研究,代表着研究的质量水平。教育家研究要从数量繁荣走向学术深入,实现的基本策略是从两方面"返本开新"。一方面是回归教育家这个本,此乃根本之根本,无论古今中外、高层草根、主流另类,必须首先是教育家,从这个意义讲,研究教育家也是"去水分"、披沙拣金的过程,也是甄选出真正教育家的过程。另一方面是回归教育家思想和实践这个本,无论采用何种新方法、新视角、新范式,既要视野宏阔,跳出教育看教育家,发现教育家与社会的广泛联系和深层关系,又要避免泛化,丧失教育的自身立场;既要深入发掘教育家,又要避免过度解释,回到教育家史料的本身,无论文献的还是田野的。

二、教育家的类型与原创型教育家

教育家的类型可以按照不同标准进行划分。从其生活年代、活动时间来看,可以分为古代教育家、近代教育家、现代教育家、当代教育家等。这种划分的意义,一是任何教育家都带有时代烙印,也是时代教育精神的凝缩和代表,认识了一个时代的教育家便可高效地认识那个教育家所处时代的教育精神,在丰富教育历史认识中提升自己的教育智慧;二是某个时代的教育家就是要解决所处时代的教育问题,这些问题往往是那个时代特有的、必须解决又为那个时代教育家所解决了的,后代教育家可以在传承中超越,在扬弃中创新。后代教育家与前代教育家的思想关系,可以是继承性的、超越性的、批判性的甚或断裂性的。断裂性关系,即一个国家在社会和教育进程中出现明显断裂,后时代与前时代是非延续、非继承乃至否定性的,譬如殖民地国家模仿宗主国建立的教育体系与本土原生教育体系之间,后代教育家与前代教育家在学缘、思想和行动上是相对独立的。而其他几种关系,无论继承性的还是超越性的、批判性的,都具有广义上的继承性。狭义的继承性关系是一种延续性、顺向性、量变为主的继承,超越性关系是一种断续性、虽顺向但以质变为主的继承,批判性关系则是一种非顺向性(逆向或歧向性的)、针对前代教育家问题的继承。正是这种广义的继承性,为教育家的时代类型划分赋予了深刻而现实的意义,从教育家的代际起承转合、消长嬗替之中,可以寻绎出不同代际教育家的创新性之所在,可以说教育家智慧的形成,苦功夫是对自己教育实践的哲学思考,捷径则是向前代教育家的学习。

从教育家的活动和影响范围来看,可以分为地方性的、全国性的和世界性的教育家。教育家的实践活动范围与其影响范围,既有一致性也有区别,前者相对清晰和稳定,后者则有模糊性和变动性。教育家在一个时段只可能在一个相对固定的范围、场域开展实践活动,实践活动范围的大小取决于:一是场域自身的大小,既指场域的地理、物理空间也指场域的文化、思想空间。由于现代场域的联结性和虚拟延伸性,一般来讲,城市的教育家比乡村的教育家实践活动和影响范围都相对更大。二是场域变换的频度。同样条件下,教育家保持适度的场域变换频度,影响范围也相对更大。三是场域的典型性和辐射力。教育家同样是在乡村,具有文化样本意义的乡村影响力就更大,同样是在城市,省会、首都、中心城市乃至世界性、全球性城市,其影响就远超一般城市。教育家的实践活动范围通常就包含了其影响范围,但教育家的影响力、影响范围还取决于一些内在与外部、必然与偶然因素。从外部条件看,是教育家的作用发挥和思想传播机制。在传统社会和传统教育中,教育家的影响力主要依靠著书立说、讲学立派、官方认可立名(包括自己和弟子入仕、学说成为官方意志、著作列为科举教材等)等学术性、教育性、政治性机制,相互为用、共同作用来实现;进入现代,这些作用机制又注入了新的形式,著书立说的学术性机制与现代媒体、课题立项、各类评审评奖和人才队伍建设相结合,授徒讲学、开宗立派的教育性机制与现代学校教育体系、研究生培养、学术团体相结合,官方认可的政治性机制在精神激励之外又增加了巨额的经济支持,也就是说教育家的作用机制在现代呈现传媒化、学科化、资本化(主要指知识资本)的特点,教育家的影响范围大大扩张。"世界性教育家"的概念确切讲是 20 世纪以来的事情,也因此为古代教育家的现代"复兴"提供了时代条件。从内在因素看,则是教育家所指向问题的重要性和普遍性。这些问题,一是人及教育的基本问题、永恒问题。只要还有人及教育存在,此类问题就会被反复探讨,它们一般是哲学层面的宇宙观、本体论、知识论、价值论、方法论、思维及其与教育的关系问题等。古代的大教育家行不过一地一国,而能具有现代性、世界性意义和影响,就在于他们关切的教育问题是基本性和永恒性的。二是转型时代的重大教育思想和制度问题。当此时代,旧有的思想体系已经难以解释教育的新命题,旧有的制度框架已经无法容纳教育的新要求,教育乃至整个社会从思想、理论到体制、制度都面临重整再构,这些问题往往需要做出社会性、政治性和制度性、政策性安排,解决此类问题的教育家也通常带有政治家色彩,如建议"罢黜百家、独尊儒术"和建立太学的董仲舒,系统论述"中体西用论"和规划现代学制的张之洞等。三是契合教育发展的趋向性问题,诸如非正规性学习、女性女权教育、环境教育、跨文化理解教育(和谐教育、国际理解教育、民族和解教育、宗教与文明理解教育)等。此类问题历史上曾隐含地存在却并不紧迫,而在当代和未来呈现高涨态势,前瞻性关注过此类问题的教育家便成为思想的源头。也就是说,越是关切和解答上述三类问题的教育家,其教育思想和实践可能愈加高明,愈益可能成为创新性和全国性乃至世界性的教育家。

从教育家的创造程度来看,可以分为继承型教育家和创新型教育家,创新型教育家又可以分为消化吸收再创造型、原创型教育家等。原创型教育家一般产生于历史大周期的巅峰时代或转型时代。历史大周期是长时段的,短则几百年长则上千年,或如中国历史上的汉、唐经过数百年涵养深蓄而达于历史周期的巅峰,此时所要回答和解决的是巍巍盛世的教育问题;或如春秋战国、魏晋南北朝、两宋、明清之际、近代以来,正处一大历史周期与另一周期的交汇转折之际,此时所要回答和解决的是叔季之世、新旧过渡、重整复兴的教育问题。也正因此,原创型教育家的产生具有历史集中性,有的时期大家辈出、群星璀璨[①],其余时期又相对平稳平淡。

---

① 参见姜国钧:《中国教育周期论》,北京大学出版社 2005 年版。

原创型教育家善于以广博而深邃的文化视野,敏锐而深刻地洞察教育问题。巅峰或转型时代所蕴含的重大教育问题,为原创型教育家的诞生准备了先天的原创性要素,正因为这些问题是划时代的、前所未有的,又必然是弥漫性的、隐而不显的,能够最先、最敏感、最清晰、最深刻地认识到这些问题,即把隐含的问题予以"问题化"并在此基础上聚焦化、系统化,不仅需要天赋和机遇,更需要广博而深邃的文化视野。原创型教育家通常还具有丰富的实践积累,他们在教育实践中感受、认识和抽绎教育问题,总结、修正和检验自己的教育思想和理论,形成和发挥自己的教育影响。原创型教育家在教育实践中面临着传承与创新的先天困境,扮演着旧教育的改造者、新教育的创造者、新旧教育的锻铸者等多重角色,一方面必不同于既往的教育主流,否则不可能成为教育创新者、原创者,另一方面代表着教育发展的主流方向,不可能专事批判、破坏而不顾建设,这就需要高度的实践智慧。从这个角度讲,原创型教育家乃侧身于新旧教育体系之间,从古代的孔子、孟子、朱熹、王守仁到近代的康有为、蔡元培、黄炎培、梁漱溟、陶行知等,大都曾身在教育旧体系之内,思想却指向之外的教育新体系。

原创型教育家是教育家的最高级类型或形式,其"原创性"主要体现在四个方面:原创性的时代,一般产生于长历史时段的巅峰时代或转型时代;原创性的问题,敏锐而深刻地发现并概念化时代的重大教育问题,这些问题是前所未有且无法回避的,对于这些问题的解答、解决就构成了教育历史发展的一个个必然环节;原创性的思想和实践成果,开创学理、学派或创立学校、学制,"立言"丰赡卓越、自成体系,"立功"构想深远、规模宏大;原创性的影响,不仅影响当代一时,并具永久性乃至世界性价值,值得反复研究和解读以汲取智慧。总之,原创型教育家就是那些生于原创性时代,提出原创性问题,创立原创性思想和实践成果,并具有原创性影响的教育家。

三、中国现代教育体系的解释框架和形成问题

对于中国现代教育的发生发展,我们提出"一体化说"作为一种新的解释框架。① 所谓"一体化",一指纵向一体化,即从 1862 年中国人自己创

---

① 参见李剑萍:《中国现代教育问题史论》(修订本),人民出版社 2011 年版。

办的第一所现代学校京师同文馆诞生,1904年中国第一个现代学制"壬寅·癸卯学制"颁行以迄于今,中国现代教育是一个持续的整体过程,作为现代教育的根本形态和趋向并未终结,并将在今后较长时期继续发展。二指横向一体化,即中国幅员辽阔、人口和民族众多、经济社会发展极不平衡,各地各民族现代教育发生发展的起点、进程、速度、路径也有差异,但总体趋向相同。此点意义极为重大,就是说中国现代教育的形成与发展过程,也是中国作为现代国家重整与复兴的过程。三指外向一体化,即中国现代教育是学习、引进、吸收先发国家教育思想、制度、理论和方法等的过程,就是增进教育国际交流与合作的过程,就是挽世界现代教育于中国、推中国教育于现代世界、中国教育与世界教育一体化、中国教育复兴并为世界教育做出崭新贡献的过程。四指内向一体化,即以现代学校制度为代表的现代教育制度逐步系统化和普遍化,以书院、私塾为代表的传统教育体系逐步学校化和消融化,以教会学校为代表的外国教育体系逐步中国化和世俗化,共同建构中国现代教育体系的过程。

中国现代教育的发生发展作为一个持续的整体过程,大致可以分为两大时期、四个阶段,即以1949年新中国成立界分为两大时期,此前是中国现代教育体系的形成时期,此后是中国现代教育的探索和发展时期,每一时期又各分为两个阶段,共计四个阶段。从1862年京师同文馆设立至1927年南京国民政府成立前是早期现代化阶段;从1927年南京国民政府成立至1949年新中国成立前是多元互动阶段,包括以党国化、制度化为特征的国民政府的教育建设与教育统治,以革命化、大众化为特征的中国共产党领导的革命根据地教育,以教育救国、杜威教育思想中国化为特征的民主主义教育家们的教育改革与教育试验,还包括教会学校的中国化和世俗化,私塾教育的学校化和消融化。从1949年新中国成立到1984年是转折与探索阶段,在新的社会制度基础上和毛泽东思想指引下,曲折地探索了什么是社会主义教育以及如何建设社会主义教育两大问题;1985年印发《中共中央关于教育体制改革的决定》和1986年颁布实施《中华人民共和国义务教育法》以来是新型现代化阶段,开始在改革开放和全球化的环境中,建设和发展中国特色的现代化教育体系。

中国现代教育是在三个层面依次启动,多层互动,整体联动的。一是学校层面,包括现代学校的产生,学校类型的丰富,以及学校课程、教学和师生观念、角色、活动的现代趋向等;二是教育制度层面,包括现代学制的建立,现代教育行政体制和教育管理制度的形成与调适等;三是教育思想层面,包括先觉者和领导者的教育思想、教育家的教育思想与理论、社会公众的教育观念、官方教育思想即教育方针及其政策化等。从世界范围来看,各国现代教育的发生发展大致可以分为五种模式,第一种是以西欧国家为代表的先发内生型教育现代化模式,第二种是以美国、日本为代表的学习先发国家而自我创新的教育现代化模式,第三种是以印度等亚非拉殖民地国家为代表的主要移植原宗主国体制的教育现代化模式,第四种是以部分中东国家为代表的在政教合一体制基础上发展起来的教育现代化模式,第五种就是以中国为代表的在本土基础上学习外国而走自己特色道路的教育现代化模式。可见,不同国家的教育现代化不能简单分为先发内生型、后发外源型两类,而是有着不同模式,每一大模式又可细分为不同的小模式,它们在全球化浪潮中相互联系更加密切,相互影响更加广泛,使得世界教育一体化不是单一化而是多元化、丰富化。也正是从这个意义上讲,一方面,中国现代教育是中国教育与世界教育一体化的过程;另一方面,中国现代教育又是世界教育一体化中独具代表性的一极,具有独特价值,中国现代教育应彰显光大此种价值,这是中国现代教育的全球价值和使命。

以上的"一体化说"解释框架,可以概括为"一体多向、二期四段、三层第五模式"。在中国现代教育发生发展的第一时期即体系形成时期,中国现代教育面临的重大问题或称中国现代教育的形成问题主要是:

其一,培养什么样的人即教育目的、教育方针问题。这是中国现代教育形成的核心性问题,其他问题是由此衍生和为此服务的。它在起初,既不像欧洲那样经历过一个宗教改革和文艺复兴的人本主义启蒙过程,也不是中国传统社会和传统教育自我发展、自我生发的结果,而是由于传统教育所培养的传统型人才无法应对严峻的外患内忧的紧迫需求而倒逼产生的,是外铄性和社会性的。也因此,这个问题经历了由培育精英化"人才"向养成现代性"国民"再到培养合格的"人"的转变,经历了由偏重政治化的"社会人"到全面发展的"知识人"再到综合中国人、现代人、世界人的"文化人"的认识发展。

其二,建立和发展学校教育即教育制度、教育体制问题。这是中国现代教育形成的结构性问题,是实现教育目的、教育方针的制度设计和制度选择。它在经历了起初的创设新式学校、建立现代学制和现代教育行政体制两步之后,便遇到三个更深层次问题:一是现代学校的内涵性建设。只有具备了现代课程教学和师生行为观念才是真正的现代学校,因此在中小学校要进行现代性的课程改革和教学实验,在大学要引入大学精神和科学研究。二是教育普及,确切地说是普及学校教育。学校教育的制度化优势也兼具高成本压力,在人多地广、一穷二白的当时中国如何普及教育,始终是必须直面的两难问题,面临采取单一的制度化教育还是融通制度化与非制度化教育的选择。三是对于旧教育、传统教育的认识和态度。传统教育既是现代教育的对立面,又是现代教育的参照系,甚至在现代教育中传统教育不会根除,只会通过传统教育的现代化转换成为现代教育的必然构成。

其三,教育与社会的关系即教育与社会改造、社会建设问题。这是中国现代教育形成的功能性问题。中国现代教育是在社会转型之际应需而生、应运而生的。正因为传统社会及其教育已经不能应对早期现代化的需要,所以必须在其之外引进和建设一套现代教育体系,而现代教育的发生发展又是以传统社会的改造、现代社会的建设作为基础和目的之一的。这就决定了中国现代教育形成时期在与社会的关系上呈现三个特征:一是偏重社会本位的教育,即在人与社会的关系方面更加关注后者,通过人的社会化来造就"新民"以改造旧的社会、缔造新的社会,注重人的社会工具价值,相对忽视人的自身意义和人的个性化;二是教育社会化,教育改造旧的社会、缔造新的社会的前提和途径,就是教育必须与社会实际、社会实践相联系,这一时期出现了形形色色的"教育救国论"者和教育试验运动,甚至在教育社会化中出现了轰轰烈烈的教育运动化、教育政治化,教育成为社会运动和政治活动的工具;三是社会教育化,社会改造论、社会建设论的教育家们提出的社会方案,几乎无一不是教育化的,即在教育社会化的同时社会教育化,按照教育的模式、体系去组织和构建新的社会体制,把教育社会化与社会教育化作为理想的教育和社会状态。

其四,教育与文化的关系特别是教育与中西古今文化的关系问题。这是中国现代教育形成的深层性问题。教育与文化密不可分,是文化的一部分,教育传承创新文化并受到文化的规定制约。中西古今文化的关系及其与教育之间的关系,可以归结为外来文化本土化、传统文化现代化、中华文化世界化三大命题。虽有所谓传统文化本位主义者和全盘西化论者,实际上都是基于自己的立场,对中西古今文化的关系命题进行着自己的思考和解答。对于外来文化和外国教育理论,通常采取实用主义态度加以选取、改造和利用,即所谓"洋为中用";对于中国传统文化和传统教育理念,也往往站在现实主义立场予以延续、变换和使用,即所谓"古为今用",两者共同构成了教育与文化关系的民族化、现代化趋向,此点从 20 世纪 30 年代以后表现得尤为明显。

其五,教育哲学特别是知识价值论、认识论与教育的关系问题。这是中国现代教育形成的基点性问题。什么知识是有价值的或是最有价值的,如何认识有价值的知识或如何认识这些知识是最有效率的,便构成教育中教什么、学什么和怎样教、怎样学的问题,亦即课程和教学问题。在中国哲学传统中,本体论多与修养论相合一,即本体论道德化,宇宙观多倾向朴素唯物主义或带有人格化特点的唯心主义。而且,在实用理性的传统惯性和社会问题导向的现实需求作用下,现代教育家们的哲学思考是较少以本体论和宇宙观作为出发点的,而多是直接从知识价值论、认识论层面切入,并在课程教学哲学上呈现两个鲜明的倾向:一是在课程上,重视社会性、实用性、生活化、大众化的知识,二是在教学上,强调理论联系实际,与社会实践相结合,为生产生活服务。这一方面改变了中国传统教育教学与现代社会、现代生活相脱离的问题,另一方面也使得社会本位和工具主义进一步强化,这也是杜威实用主义教育理论之所以能在中国流行的深层原因。

四、原创型教育家的代际分期与中国现代教育体系的形成问题

在中国现代教育体系的形成时期,堪称原创型教育家者主要有张之洞、康有为、蔡元培、黄炎培、晏阳初、梁漱溟、陶行知、陈鹤琴等。就其原创性教育贡献和教育影响来看,张之洞、康有为属于以维新运动和新政改革为背景的晚清一代,蔡元培、黄炎培属于以辛亥革命和新文化运动为背景的民初一代,其余四人属于以国内革命和全面抗战为背景的民国中后期一

代。以上八人历时半个多世纪，大约算是三代教育家。

由于中国的早期现代化是一种急剧突变式的"压缩"了的现代化，八位教育家也可以算是两代半人。蔡元培、黄炎培作为第二代，其创新性教育影响发轫于清末，从辛亥革命后到20世纪20年代后期持续约20年；第三代则在20年代前期崭露头角，20年代后期开始形成较大影响，三四十年代成为主角。第二代的两人，与第三代的主要重叠期在20年代中后期，进入30年代他们虽然依然活跃并发挥重要影响，但已经主要是社会政治活动家的身份了。第三代的四人，生年奇迹般地顺差一岁，除了陶行知突发脑出血中年而逝，其余三人又都出奇地长寿，他们作为原创型教育家的光耀之时是在20世纪三四十年代，后来的人生道路、境遇虽然不同，但在当时都是民主主义教育家的杰出代表。从文化的代际传承来看，第一代的张之洞、康有为与第二代的蔡元培、黄炎培之间的关联性更多，即使康有为几近周游世界，蔡元培多年游学欧洲，也都属于传统文化的最后一代人，传统文化是他们青年所习、终生浸润、晚年所归，是他们教育改革的对象，也是他们的思想资源和文化比较的坐标系。第三代虽在童年时期受过一些传统文化的教育，但少年以后的思想和价值观形成时期，主要接受的是现代学校教育，除梁漱溟是自学成才之外，其他三人都在美国取得硕士、博士学位，受到过规范的现代思维训练和西方思想影响。由此，三代教育家的问题指向虽然都是中国的，但第一代、第二代教育家除了蔡元培，多带有中体西用、以中释西的立场，第三代教育家除了梁漱溟，多是西方教育理论，确切地说是杜威现代教育理论中国化的产物。

第一代教育家张之洞（1837—1909）和康有为（1858—1927）是亦旧亦新、从传统走向现代的一代，他们共同的历史使命是建立现代学校系统，终结传统教育制度，以及从制度安排上回应中西文化的关系和传统儒学的命运。

张之洞是洋务教育的殿军后劲、清末教育改革的总设计师、中体西用论的集大成者，三重角色既是他教育思想和实践的分期，也反映了19世纪末到20世纪前10年中国教育由传统走向现代中的巨变。他在前期，主要延续或者说复兴了早期洋务派曾国藩、左宗棠、李鸿章、沈葆桢等人的教育事业，在甲午战争失败后更加深重的民族危机中，以更大的毅力和担当兴办洋务学堂、改革旧式书院、设立新式书院，特别是在国际国内的新形势和早期改良派的新思想影响下，开始由侧重军事应对转向全面改革，洋务学堂的办学重点也由军事技术领域拓展至社会政治学科，与之相应，培养目标由"新技术人才"拓展至"新国民"，办学视野由专业教育拓展至普通教育、由精英教育拓展至普及教育。这是清末全面教育改革的基础和前奏。进入 20 世纪，经历了八国联军战争和庚子赔款的剧痛，中国不得不在全面危机中开始史称"清末新政"的全面改革，包括其中的教育也在此前学校数量增加、类型增多的基础上，进行整体谋划、顶层设计，北方的袁世凯和南方的张之洞历史性地充当起设计师的角色。由于袁世凯更加侧重军政方面，张之洞调任中央后主抓教育，成为全面教育改革的总设计师，从"立新"和"破旧"两方面构建起中国现代教育的四大制度基础——颁行第一个现代学制"壬寅·癸卯学制"，建立与之相应的以学部为代表的现代教育行政体制，颁布"中体西用"思想指导的新旧参互的教育宗旨，停废科举考试直至最终废除科举制度。同时，张之洞作为政治化的儒家学者和道统承继者，一方面采取通经致用、经世致用的务实主义态度，另一方面坚守道统红线和文化底线。他 1898 年撰写的《劝学篇》，奠定了其作为"中体西用"论集大成者的地位。所谓"西用"即利用、吸收西方先进的科学技术乃至管理体制，所谓"中体"即保持、维护中国的君主体制和儒家道统。他晚年认为即使君主立宪亦未尝不可，但儒家道统不能失守，既反对康有为托古改制式的今文经学曲解，更感叹进入 20 世纪在立宪与革命思潮的博弈中民主共和观念的大行其道，进而横扫孔孟之道及其精神象征孔子。其实，中国人对于孔孟儒学多采取功利主义态度，学校已兴，科举既废，制度化儒学和道统的解构已经不可避免，所以作为兴学校、废科举设计者的张之洞在晚年陷入吊诡、反思和哀叹，认为自己实际成为传统文化掘墓人，有"我虽未杀伯仁，伯仁因我而死"的自责和懊悔，正因此才有倡办存古学堂的最后一搏。当然随着他的去世、清朝的终结，存古学堂很快也就烟消云散了。但他所留下的文化命题并没有结束，他解决问题的方式是传统的，但所要解决问题的意义是现代的。如果说张之洞作为教育家完成了建立现代学校系统、终结传统教育制度的使命，而从制度安排上如何安置传统儒学呢？他只是认识到这个命题，没有也不可能解答这个命题。

康有为是维新运动的领袖、著名的改革家和思想家,虽比张之洞晚生、晚逝约20年,但其教育思想和实践的辉煌期都集中在19世纪末20世纪初,与张之洞具有交集和重叠,从这个意义上讲两人属于思想上的同代人、同一代教育家。康有为与张之洞在19世纪最后几年的教育变革大潮当中,总体目标是一致的,就是都想兴学校、变科举,大办各级各类学校并使之体系化制度化,变八股取士为策论取士直至逐步停废科举制度,并且这些改革都必须在中央的强力领导下进行,无非康有为依赖光绪帝,张之洞乃实际掌权者慈禧太后的"手擢之人"。二人的区别就在于,张之洞是体制内的政治型教育家,康有为是体制外的思想型教育家。康有为虽以"帝王师"自命,拼命想挤进体制内却不得,即使"百日维新"期间曾短暂地进入过也未能成为核心和主流。体制外的改革家注定只是改革启蒙家和改革思想家,这也正是其意义所在。康有为的人格特点和知识结构,决定了其思想更具突破性、新锐性和挑战性、解构性,他希望构建一套新的思想和制度体系去取代原有体系,而张之洞偏重于从原有体制体系去补苴、生发出一套新的东西。这是两种不同的原创类型,或可分别名之"替代型创新"和"生发型创新"。当然,它们的共同指向是创新、是质变,前者是骤变,后者是渐变,二者即使在同一教育家身上,在一定条件下也可以转换,生发积累到一定程度就是替代。比较而言,康有为的思想更具有爆发力、震撼力,也易走向旁门左道,不见容于当道;张之洞的思想更具建设性,也更中庸、更易被接受、更具可操作性,当然思想的启蒙意义便相对逊色。"百日维新"期间,康有为虽可提出"废八股、变科举"的建议,但具体实施方案必须赖于张之洞,张之洞作为体制内、政治型、生发型创新的教育家,有学有术,有思想有担当,最善于四两拨千斤,用技术性设计解决体制性问题而不囿于技术官僚。康有为的教育原创性在于维新、孔教、大同三个方面或者说层面。维新教育是康有为作为清末改革家和维新运动"头儿"的贡献,其核心在于兴学校、废八股、变科举。但康有为与同侪的不同之处,是把维新教育作为维新变法的重要内容和途径,是想通过教育变革、维新教育来培养一批维新变法即搞资本主义一套的政治精英,这是他跟张之洞等洋务教育家的根本区别,也是他作为原创型教育家对同时代其他要求变科举、兴学校的教育家的超越。孔教教育是康有为作为文化学人的原创性建构。在 19 世纪中叶以降的中西古今文化之争中,无论何种解答方案,要想有效就必须指向中国文化问题的解决,又必须把中国文化置于世界文化的总格局中进行思考,这就容易在中西文化比较中走向中国文化本位、西方文化形式,与其说是"中体西用"毋宁说是"中本西形"。康有为正是从宗教政治学层面来思考和设计中国传统文化的时代命运、中国文化的时代使命,他把"保教"与"保国""保种"相联系,即由政府组织建立孔教并确立孔教为国教,从教义到仪式仪轨予以体系化、制度化、普及化。康有为从早年编撰《孔子改制考》直到晚年组织孔教会、创办《不忍》杂志,一以贯之,终身不懈。大同教育是康有为作为思想家的原创性贡献,对康氏的大同理想冠以"大同空想社会主义"可能更是政治家者流的现实解读和比附衍义。康有为的大同观实际是他所诠释的中国古代大同观与其流亡国外反思西方工业资本主义之弊,以及与其"天游"思想(以佛学思想为主融合了庄子一派道家思想)杂糅的产物。解读康有为的大同观,必须将《大同书》与其晚年最后一部主要著作《诸天讲》结合起来理解。他晚年所创造的《诸天讲》、天游园、天游老人等"天游"系列,实为其少年以来究研佛学思想的特质化个性化发展。至于为人所乐道的大同社会教育模式,不仅是看似严密的空想,也实非康有为措意之所在。他所关注者更在于宇宙之人(人居无限广漠之宇宙,人至为渺小,人生至为短暂)的形而上问题,这实开启蔡元培、梁漱溟同类思考的先声。

蔡元培(1868—1940)和黄炎培(1878—1965)属于第二代、民国初年一代的教育家,教育贡献集中于民国元年(1912 年)到 20 世纪 20 年代中期之前。蔡元培比黄炎培年长 10 岁,在南洋公学经济特科班与黄炎培还有师生之谊,在世时的政治地位、社会声望也远高于黄炎培,但两人的早期经历颇为相似。蔡元培是清朝翰林,黄炎培是举人,都在青壮年时期主动脱离清朝的政治体制和学术体系,游历游学国外,蔡元培甚至以访问学者身份在德国大学学习研究多年。可两人囿于自身的知识结构,对于外国思想理论文化的汲取和介绍充其量是"高级常识"级的,专深程度无法与后来的胡适等人相比。两人都极其聪明敏锐,默察世界大势,善假于势,知清廷无可救药,在清末的上海以办学为反清之掩护和张本,投身辛亥革命,分别是当时最有影响的教育派别——浙江籍教育派和江苏籍教育会派的代表,并以教育社团兼行社会政治活动,实开后来晏阳初、梁漱溟等人以教育改造社会之先河。1927 年以后,蔡元培对蒋介石经历了由支持"清党"走向反对独裁的转变,黄炎培也一度被国民党通缉,后由中华职教社而组党,成为第三方势力中的重要一派。两人都成为民主斗士、社会政治活动家,黄炎培在新中国成立后曾任政务院副总理。比较而言,蔡元培的教育贡献更大,影响和意义也更深远。

蔡元培对于中国现代教育的贡献主要有三:一是 1912 年他作为民国首任教育总长,提出"五育并举"的教育方针,在发展了清末"中体西用"教育宗旨合理成分的基础上,更增加了美感教育和世界观教育,并以世界观教育为实体的、根本的、本质性之教育目的,"以美育代宗教",美感教育是联系隶属于政治的德智体育和超轶乎政治的世界观教育之津梁。这不仅直指中国人、中国教育过分注重实用理性之病,更是迄今对于中国现代教育培养什么样人的最深刻思考。二是 1917 年就任北京大学校长后,他提出大学以"研究高深学问"为宗旨,学、术应当分途而治,第一次明确了中国现代大学的科学研究职能,而且大学所研究之科学具有高深、纯粹的特点,这便为中国的大学注入了灵魂,通俗地讲就是"大学像大学"了。由是,大学必须采取"思想自由,兼容并包"的办学方针,相应进行内部管理体制改革,学科专业结构调整,师资队伍优化,学校文化建设。北京大学为之焕然一新,成为中国大学、学术和思想界之"灯塔",进而由此成为新文化运动的发源地和"五四"运动的策源地,极大地改变了中国的思想文化面貌、社会政治生态以及历史走向。溯源推始,固是由于北大所处地位及当时国内外社会环境、思想潮流所致,亦不可忽视蔡元培顺势而发之伟力。三是他秉持"教育独立"思想,并在 1927 年前后进行了大学院制和大学区制试验,这些试验虽因制度缺陷、人事纷争、利益博弈等仅一年多便被废止了,但教育应独立于教会、政治之外,并从经费、政策上予以保证的思想成为一大潮流。归根结底,这是要求尊重教育规律、保持教育静气,是对教育过度社会化、政治化和运动化的反动。蔡元培的超凡之处在于,一方面他作为国民党元老是广泛而深入的社会政治参与者,尤以北京大学为基地从思想文化层面推动了中国的深层变革,另一方面他又始终有意无意地采取了既非入场又非离场的"即场"态度,研究人、教育、大学的本质,可谓"教育家之教育家"、原创型教育家之首。

黄炎培对于中国现代教育的贡献主要在两个方面:一是在清末发起成立江苏教育会,并使其成为全国最有影响的教育社团,兼具政治团体性质和政党雏形,不仅在江苏的辛亥革命中发挥了很大作用,而且在 20 世纪 20 年代前期的文教界和东南政坛影响巨大。正如他自称:"这是教育性的江苏中心组织,经过几年,成为政治性的江苏中心组织……在辛亥革命洪潮中,成为江苏有力的发动机构。"①二是组织成立中华职教社。他由民国初年倡导职业教育的前身——"实用教育"开始,到 1917 年组织成立中华职教社,其后创办职业学校、编印报刊、举办年会等,影响不断扩大,1926 年又在江苏昆山徐公桥设立乡村改进试验区。中华职教社成为被共产党争取的党派团体。黄炎培的两大教育事业——江苏教育会和中华职教社,都由教育团体走向政治团体,他自己也从教育家成为社会政治活动家,从清末在上海川沙办学,创办浦东中学,到新中国成立后任政务院副总理。他一生的教育路向,主要是指向社会改造的,通过教育来改造社会进而造福人,而教育改造社会的路径就是社团化、试验区化和社会化、政治化,即教育家们要组织起来、行动起来。在这一点上黄炎培不同于蔡元培,而更接近于晏阳初、梁漱溟,黄、晏、梁三人应该说是"教育救国"论的代表和实践家。

晏阳初(1890—1990)、梁漱溟(1893—1988)、陶行知(1891—1946)、陈鹤琴(1892—1982)属于第三代、民国中期一代的教育家。他们比蔡元培小 20 多岁、比黄炎培小 10 多岁,作为原创型教育家的集中作为在 20 世纪 30 年代及其前后。

晏阳初、梁漱溟可称乡村建设运动的双子星。晏阳初从事平民教育运动持续时间之长、影响之大,实无出其右者,包括梁漱溟。他在美国留学期间,于第一次世界大战中被教会派到法国从事华工识字教育,从此开始平民教育生涯;1920 年回国后,由平民识字运动而平民教育运动、乡村改造运动;1949 年后又在国外从事世界平民教育活动,具有世界性影响。梁漱溟所主持的乡村建设运动,则集中在 20 世纪 20 年代后期 30 年代前半期。

---

① 黄炎培:《八十年来——黄炎培自述》,文汇出版社 2000 年版,第 75 页。

所谓乡村改造、乡村建设运动,实质都是"五四"运动前后开始的平民教育运动由城市向农村的延展,由教育运动向社会运动的拓展。随着北伐战争前后社会动员向着农村的深入,以及随后开展的"中国社会性质问题论战",特别是到 20 世纪 30 年代中前期,论战重点转向中国农村社会性质,农村、农民、农业问题的严重性和迫切性引起广泛关切,国共两党以及民主主义者们对于"三农"问题探索了不同的利用和解决方案。"据统计,当时600 多个教育和学术团体及大中专院校在全国建立了 1000 多个乡村建设试验区。"①更深层原因,也是对于当时城市化浪潮中城市大量虹吸农村资源的反思与反动。民主主义教育家晏阳初、梁漱溟分别以河北定县、山东邹平为基地开展县域试验,影响一时,是以教育运动救治"三农"问题、"教育救国"思想实践于农村或称"教育救农"运动的杰出代表,是当时的新农村建设运动中最重要一派。二人思想的共同之处在于:一是都以中国社会的重整和复兴为目的、为己任,认为近代以来在西方列强的军事打击和经济冲击下,加之中国传统社会的自然老化,传统的中国社会走向破碎和衰败,只有进行社会重整和复兴中国才有希望。二是都认为中国社会重整和复兴的难点、重点和希望在农村。农村面积和人口占中国的大多数,中国的经济社会发展水平还是农业国,在工业化、城市化浪潮中,本来就困顿的农村更陷于破产的境敝,这不仅在于经济的凋敝,更在于基层组织的衰落、伦理文化的解体、人心的陷溺。中国的重整复兴包括并且必须依靠中国文化的更新复兴,而中国文化之根在农村,中国未来的新文化不可能由某种外来新文化替代,中国问题的解决要走"农村包围城市"的道路。这也是当时国共两党和民主主义派别的共同认识,只是具体路径、实施方案和效力效果有所区别。三是中国"三农"问题需要综合性的总解决方案,即所谓的乡村改造、乡村建设。中国"三农"问题是愚、弱、贫、私等并存,既有自然经济破产、民间借贷重压、疾病肆虐、游民流民问题,又有宗族社会解体、伦理道德沦丧、文化教育水平低下等问题。四是这些问题总解决的切入点、突破点就是文化教育,包括识字和扫盲教育、卫生知识普及和卫生清

---

① 郑大华:《民国乡村建设运动之"公共卫生"研究》,载《天津社会科学》2007 年第 3 期。并参见郑大华:《民国乡村建设运动》,社会科学文献出版社 2000 年版。

扫运动、科普和农业技术推广、经济互助组织，以及基层选举和政权建设、移风易俗运动、乡规民约订定、道德重整运动等，一般不出这些方面，亦即梁漱溟等人所谓的"教养卫"一体化。当时各派对于"三农"问题的解决方案基本都是综合性的，只是切入点、重点、路径和立场、目的有所区别。从切入点来看，有政治的、经济的、文化教育的之分，分别对应的是革命救国、实业救国和教育救国。晏阳初、梁漱溟等教育家，不同于卢作孚等实业家和国共两党，他们所能做的、所擅长做的就是教育。五是乡村改造建设的根本力量和关键问题在于农民的自觉自动，缺乏农民自觉自动的改造建设，就只剩一批"看热闹者"和"包办者"。平教会、乡建派等干部只是组织者、辅导者、帮助者，尽职而不越位，指导而不包揽，由此，乡村改造建设的关键在于发动农民，发动农民的利器在于教育农民。以上，就是当时晏阳初、梁漱溟的思维逻辑。在这种逻辑下，他们及其所领导的乡村改造、乡村建设必然走向社会化、运动化乃至政治化、政党化，既与当时国民党推行的新县治运动相因应，也如 1940 年 10 月 30 日中共中央宣传部所发的《中央宣传部关于向全国教育界各小派别小团体推广统一战线工作的指示》中所说："教育界各小派别中，以陶行知所领导的生活教育社，黄炎培、江问渔所领导的中华职业教育社，晏阳初、陈筑山所领导的平民教育促进会，梁漱溟所领导的乡村建设派等最有历史和地位。"[1]可见，他们的出发点和目的，都是社会的而不仅仅是教育的。

值得注意的是，晏阳初、梁漱溟对于自己的事业和理念都有着宗教家般的执着。作为基督徒的晏阳初是入世式的，他读的是教会学校，去欧洲从事华工教育是受教会派遣，回国后从事平民识字教育也是从基督教青年会起步的；作为新儒家的梁漱溟深研佛学而自称不是佛教徒，内热外冷，满腔热忱中装着坚毅的冷静。或许由于这种宗教性背景，二人都从文化层面去发现、发掘、解答、解决乡村改造和建设问题，他们既是行动的又是思考的，既是社会的又是文化的，相对于同侪更加坚定和深刻深沉。他们身上有一种信仰的力量，这种信仰来自于他们对于中国社会的文化认识、文化解读和文化图景建构。也正因为这种带有先验性、想象性的文化范式，使

---

① 　中央档案馆编：《中共中央文件选集》第十二册，中共中央党校出版社 1991 年版，第 536 页。

得他们的乡村改造和建设理路带有主观性,成败毁誉参半。

晏阳初认为乡村建设的根本在于开发"脑矿",发挥"民力",发扬"国族精神",以实现"民族再造"——"它的发生完全由于民族自觉及文化自觉的心理所推迫而出"①。"它对于民族的衰老,要培养它的新生命;对于民族的堕落,要振拔它的新人格;对于民族的涣散,要促成它的新团结新组织。"②"当今日全世界新旧文化过渡的时期,我中华四万万众多的人民,承五千余年文化丰富的历史,正当努力发挥新光彩,以贡献于全世界。"③由此,我们将其平民教育原则概括为"三四四四",即采取学校式、社会式、家庭式三种教育方式,实施"四大教育"以治"四病",以文艺教育治愚,以生计教育治穷,以卫生教育治弱,以公民教育治私,培养兼具知识力、生产力、健康力、团结力"四力"的"新民"。梁漱溟作为文化学者、文化大家,对于中华文化的思索更为深邃,也更带有先验性。他认为中国社会的特征是"伦理本位,职业分立,没有阶级分化","士人即代表理性以维持社会者"④,中国乡村衰败的原因在于组织涣散,而乡村组织"必须以中国的老道理为根本精神","发挥伦理关系,发挥义务观念"⑤,即西方社会是以法律精神或曰契约关系、选举程序组织起来的,而中国社会是基于伦理的,变契约关系为伦理关系,变权利观念为义务观念。"乡村建设,就是要先从乡村组织做起,从乡村开端倪,渐渐地扩大开展成功为一个大的新的社会制度,这便叫做'乡村建设'。"⑥而乡村组织要从两方面入手,一是"乡约"的补充改造,二是成立乡农学校。乡约类似于乡村自治宪法,乡农学校是

---

① 《十年来的中国乡村建设》(1937年),见宋恩荣总主编:《晏阳初全集》第2卷,天津教育出版社2013年版,第79页。

② 《农村运动的使命》(1934年10月),见宋恩荣总主编:《晏阳初全集》第1卷,天津教育出版社2013年版,第255页。

③ 《平民教育的宗旨目的和最后的使命》(1927年),见宋恩荣总主编:《晏阳初全集》第1卷,天津教育出版社2013年版,第105页。

④ 《乡村建设理论》,见中国文化书院学术委员会编:《梁漱溟全集》第二卷,山东人民出版社2005年版,第167、170、185页。

⑤ 《乡村建设大意》,见中国文化书院学术委员会编:《梁漱溟全集》第一卷,山东人民出版社2005年版,第665页。

⑥ 《乡村建设大意》,见中国文化书院学术委员会编:《梁漱溟全集》第一卷,山东人民出版社2005年版,第720页。

乡约的整体表现，是"推动设计机关"，并将此新的机关"嵌入"现行的基层体制当中。[①] 乡约以"向上学好"为目标，教养卫一体化，以教育为龙头。乡农学校由学众、学长、学董、教员等组成，主要负责两项工作，一是"酌设成人部、妇女部、儿童部等，施以其生活必须之教育"，二是"相机倡导本村所需要之各项社会改良运动（如反缠足、早婚等），兴办本村所需要之各项社会建设事业（如合作社等）"。[②] 从这些意义来讲，无论喝过洋墨水、与美国联系密切的基督徒晏阳初，还是自学成才的本土学者梁漱溟，都是在世界一体化大潮中、在中西文化范式比较中的中华文化本位论者、中华文化复兴论者。这是信仰的作用和力量。至于中西文化的原貌是否果真如此，则见仁见智。社会基层的契约关系果真不蕴含伦理关系吗？伦理关系不也是一种契约吗？

陶行知、陈鹤琴与晏阳初、梁漱溟同属第三代教育家，却类型不同。

陶行知是当时民盟的中央常委，是当时民族民主运动和社会政治活动的积极投身者，但比较而言他更偏为职业型的教育家。这主要体现在两个"一以贯之"的方面。第一个"一以贯之"，是他从事平民教育、乡村教育、普及教育、国难教育、全面教育到民主教育，与时俱进，不断从社会大变局、大格局来思考教育问题、提出教育的"新名词"，也曾希冀教育救国、通过教育改造社会，但他在教育与社会之间楔入了一个变量——"新人"，即通过培养千千万万新人来缔造一个新社会。晏阳初、梁漱溟在教育与社会之间也有一个变量——"新民"。"新人"与"新民"，一字之差，立意迥异。而且陶行知关注的重点在于中间变量的"人"，晏阳初、梁漱溟关注的重点在于教育所缔造的新乡村和新社会，所谓新民只是新社会的组成分子，培育新民只是构建新社会的一个过程、步骤乃或工具而已。无论"平民"教育还是乡村改造、乡村建设，都只是一套基层社会组织建构理论，是社会学的、政治学的，是着眼社会重构再造、社会本位的，他们都没有提出一套相对完整的创新性的育人理论体系。这不仅是社会活动型教育家晏、梁的不

---

① 参见《乡村建设理论》，见中国文化书院学术委员会编：《梁漱溟全集》第二卷，山东人民出版社2005年版，第320—366页。

② 《乡村建设大意》，见中国文化书院学术委员会编：《梁漱溟全集》第一卷，山东人民出版社2005年版，第672页。

足,更是中国教育早期现代化时期乃至整个中国现代教育时期教育家的群体性缺陷。在近代原创型教育家中,真正自觉而一贯地思考育人问题者,前有蔡元培,后有陶行知和陈鹤琴。这本身就是一个值得思考的命题——教育本是育人的事业,教育家本是育人的大师,而原创型教育家们因何较少立足于研究育人呢?第二个"一以贯之"就是他的生活教育论。陶行知曾说:"我们是发动了四个教育运动:即乡村教育、普及教育、国难教育、战时教育。这四个运动只是一个运动的四个阶段,这一个运动便是生活教育运动……"①所谓"生活教育是生活所原有,生活所自营,生活所必需的教育。教育的根本意义是生活之变化。生活无时不变,即生活无时不含有教育的意义。因此,我们可以说:'生活即教育。'到处是生活,即到处是教育;整个的社会是生活的场所,亦即教育之场所。因此,我们又可以说:'社会即学校'"②。他又说,"教学做合一","教和学都以做为中心","做是在劳力上劳心",生活教育必以生活工具为出发点。生活教育特质是生活的、行动的、大众的、前进的、世界的、有历史联系的;培养的人的特征是康健的体魄、农人的身手、科学的头脑、艺术的兴趣、改造社会的精神。③ 陶行知是他的老师、美国著名教育家杜威的现代教育理论在中国的重要引进者、传播者和修正者、发展者,一方面他批评杜威所倡导的"教育即生活""学校即社会"只是在学校里模仿社会生活、是虚拟的生活,并未真正将教育与生活融为一体,把杜威的名言"翻半个筋斗",另一方面他的生活教育论又是杜威现代教育理论中国化修正的产物,它既是指向中国教育问题的、总结和应用于中国教育实践的、中国化形式的,又与当时世界上方兴未艾的杜威现代教育理论相接轨。那些只看到陶行知对杜威理论的批评、强调生活教育论与杜威教育理论的区别者,我宁愿相信他们是出于非学术的深意,而没有领会杜威及其实用主义教育学在中国广泛传播的内因正在于其与中华文化、中国知识分

---

① 《告生活教育社同志书》(1939 年 3 月 25 日),见董宝良主编:《陶行知教育论著选》,人民教育出版社 1991 年版,第 520 页。
② 《生活教育》(1934 年 2 月 16 日),见董宝良主编:《陶行知教育论著选》,人民教育出版社 1991 年版,第 390 页。
③ 参见《生活教育之特质》(1936 年 3 月 16 日),见董宝良主编:《陶行知教育论著选》,人民教育出版社 1991 年版,第 462—464 页。

子精神、中国教育传统、中国现代教育问题的内在契合。① 陶行知的生活教育论是理论的又是行动的、是中国化的又是世界性的、是通俗的又是现代的,标志着中国现代教育理论的形成。此前的教育家可以称为教育实践家或教育思想家,但无一堪称教育理论家者。

陈鹤琴是中国近代教育家中的最后大师,也是最为专业化的教育家。长寿的他虽亦参与政治,但与实际参与最重要的第三党——民盟创建工作、曾任民盟秘书长和机关报《光明报》创办人的梁漱溟不同,也与曾任民盟中央常委、积极投身民族民主运动的陶行知不同,他曾任民盟中央常委,主要是荣誉性的,其实际最高官方职务就是新中国成立后长期担任南京师范学院院长,无论 1949 年前后,包括 20 世纪 50 年代批判陶行知进而批判他的“活教育”的时候,他都是被当作教育家,尤其是幼儿教育家看待的。陈鹤琴作为教育家的主要贡献,在于幼儿教育、家庭教育以及幼儿心理发展和测量研究三个方面。幼儿教育是最主要、最基本也是原创性的,家庭教育是幼儿教育在家园联系方面的必然延伸,幼儿心理发展和心理测量是幼儿教育的科学基础,是当时科学教育运动的成果之一。发轫于新文化运动时期的科学教育运动包括科学的教育化和教育的科学化两方面,前一方面主要是由任鸿隽等科学家和中国科学社等科学团体来倡导和实施的,后一方面则主要由教育家来承担。教育的科学化又包括教育教学试验运动、学业成绩和智力测量运动、儿童心理发展和测量研究等三方面,儿童心理发展和测量研究又是前两方面乃至整个教育科学化运动的基础,中国的儿童发展心理学进而教育心理学乃至心理学研究主要是沿着这条路径发展起来的。只是由于现代学科的分化,中国近代最有成就的心理学家艾伟等人,主要精力还是集中于心理学领域的研究,教育实验或教育试验不过是其心理学理论的实证来源和验证场,他们并没有把儿童发展和教育改造作为自己的主要目的。而陈鹤琴心理学功力深厚,既是心理学家又是教育学家并以幼稚园的教育实践统合二者,终成为以幼儿教育家知名的原创型教育家,构建起中国特色的幼儿教育理论体系。他相对于大多的心理学家是积极致力于教育行动的,相对于前辈教育家又是经过了科学思维训练和具

① 参见李剑萍、杨旭:《中国现代教育史》,人民教育出版社 2011 年版,第 208—213 页。

有深厚心理学功力的,更重要的是,相对于通常的科学型的心理学家或教育试验者,他又有着自己所秉持的哲学和价值观,即杜威现代教育理论中国化及其在中国幼儿教育实践化的产物——"活教育"。"活教育"是相对"死教育"而言的,它的"(1)一切设施、一切活动以儿童做中心的主体,学校里一切活动差不多都是儿童的活动。(2)教育的目的在培养做人的态度,养成优良的习惯,发现内在的兴趣,获得求知的方法,训练人生的基本技能。(3)一切教学,集中在'做',做中学,做中教,做中求进步。(4)分组学习,共同研讨。(5)以爱以德来感化儿童。(6)儿童自订法则来管理自己。(7)课程是根据儿童的心理和社会的需要来编订的,教材也是根据儿童的心理和社会的需要来选定的,所以课程是有伸缩性,教材是有活动性而可随时更改的。(8)儿童天真烂漫,活泼可爱,工作时很静很忙,游戏时很起劲很高兴。(9)师生共同生活,教学相长。(10)学校是社会的中心,师生集中力量,改造环境,服务社会"①。陈鹤琴自称:"我们要利用大自然、大社会做我们的活教材。我们要在做中教,做中学,做中求进步,我们要有活教师、活儿童,以集中力量改进环境,创造活社会,建设新国家。"②他后来把活教育的目的总结为"做人、做中国人、做世界人"。具体来讲就是,"第一是健全的身体;第二是要有创造的能力;第三是服务的精神;第四是要有合作的态度;第五是要有世界的眼光"③。可见,陈鹤琴教育哲学的主旨是指向幼儿个体发展的,即教育的最基础和最深层,这一点与陶行知相同且有过之,超越了晏阳初、梁漱溟二人而上承蔡元培。如果说,蔡元培的人学及其教育目的观是以康德哲学为底色的,那么陶行知和陈鹤琴则是以杜威现代教育理论及其中国化为基础的,陈鹤琴在此之外又增加了一个科学主义的心理学的支撑。而且,陈鹤琴选择幼儿这一社会化程度最低且与社会改造最为间接的教育领域,专以深耕幼儿教育领域为骛,以此卓

---

① 《活教育与死教育》(1941 年),见陈秀云、陈一飞编:《陈鹤琴全集》第五卷,江苏教育出版社 2008 年版,第 21—22 页。

② 《〈活教育〉发刊词》(1941 年 1 月),见陈秀云、陈一飞编:《陈鹤琴全集》第五卷,江苏教育出版社 2008 年版,第 1 页。

③ 《活教育目的论》(1948 年),见陈秀云、陈一飞编:《陈鹤琴全集》第五卷,江苏教育出版社 2008 年版,第 64 页。

然成家,究竟是专业使然、兴趣所在抑或智慧的选择? 从这个意义上来讲,陈鹤琴无疑是中国近现代原创型教育家中最为纯粹、最为专业者。

由上可见,如果说张之洞、康有为是政治家办教育,蔡元培、黄炎培是教育家办政治,晏阳初、梁漱溟则是社会活动家办教育,通过办教育改造社会,那么,陶行知、陈鹤琴则是教育家办教育,二人都以教育家为职志,是职业型的教育家。当然,比较而言,陈鹤琴更纯粹一些,陶行知介于陈鹤琴与晏阳初、梁漱溟之间。由此亦可知,中国教育早期现代化的主要命题以及所赋予教育家的主要使命,在于制度建设方面,如兴学校、立学制、废科举等,这便为张之洞、康有为等政治型教育家提供了空间,也只有这种类型的教育家才能开辟新教育之路。也就是说,中国现代教育的生成路径不是依赖职业型的教育家及其事业的积累,只有政治型的教育家构建了现代教育的基本制度架构之后,才为相对专门的、职业型的教育家的孕育和发展提供了平台。晏阳初、梁漱溟在社会政治层级上,难望张之洞和康有为、蔡元培和黄炎培之项背,也始终没有进入政治主流,他们顺应时代潮流,眼睛向下、向乡下、向下层平民,探索教育与政治、社会、救国相结合的新领域、新突破、新路向——平民教育和乡村建设,开辟了现代教育的新空间,找到了自己的新定位,成为当时的政治型教育家和理论型教育家之外的社会活动型教育家。但二人都没有受过教育学、心理学的专业训练,其教育理论主要是社会层面或文化层面的,或曰社会学、文化学在教育领域的延伸和应用,基本未能进入教学层面,甚至严格来讲,二人是教育家、教育思想家但非教育学家、教育理论家,这无疑限制了其作为教育家的专深、纯粹、专业化程度。中国近现代原创型教育家中真正能够进入教育理论思维层面者,前有蔡元培开启端绪,及至陶行知、陈鹤琴乃臻形成。

总而论之,中国近现代原创型教育家的根本使命在于构建中国特色现代教育体系。这个体系不是中国传统教育体系自我现代化的产物,在较长时期是由于外部刺激、学习西方而建立起来的,甚至起初相当时期还将中国传统教育体系当作一无是处的批判、改造和取代对象。但实际上,在中国这样一个地广人多、历史悠久、文化积淀深厚的国家,现代教育的发生发展必然包含着现代教育中国化与传统教育现代化两个方面,两个方面既不可或缺,又是相互扭结交织在一起的,一显一隐,前者显而得到重视,后者隐而易被忽视。无论现代教育的中国化,还是传统教育的现代化,其变革的广度、深度和复杂度,从历史和世界范围来看都是前所未有的,都是原创性的。由此,更加凸显原创型教育家的重要和艰辛。

三代教育家的贡献因时代而有侧重。张之洞、康有为作为第一代的主要使命是发展现代学校、构建现代教育制度。第二代、第三代出现分化。黄炎培、晏阳初、梁漱溟是一系,主要贡献在于推动学校教育走向平民、走向乡村、走向社会。这有助于救治现代教育体系的过分制度化之弊,为封闭的、体制化的现代教育制度打开了一个新的领域,开辟了更广阔的天地,不仅把现代教育制度与当时的工农运动、社会运动相结合,而且与中国的教育传统和理念相吻合,可谓中国传统教育与现代教育在思想与实践上的化合,探索了传统教育现代化和现代教育中国化相融合的命题,只是囿于自身的经历、知识结构和学养,提出相应思想却理论基础薄弱,有思想体系而无理论体系。蔡元培、陶行知、陈鹤琴又是一系,他们无不参与当时几乎所有的教育运动,更重要的是他们开始构建起富有中国特色的教育理论体系。从这个意义来讲,他们三人是近现代原创型教育家中的三座高峰,是最伟大的教育家,是中国特色又具世界水平。

五、教育家的文化自觉与教育家成长

其一,教育家尤其是原创型教育家的高明之处或者说本质特征就在于其文化自觉,这是他们区别于一般教育家、优秀教育工作者的"金标准"。

所谓文化,虽然言人人殊、人云亦云,却也有不言而喻的共同指向,即指像空气那样无处无时不包裹着我们的一种须臾难离而不自知的氛围,或者说是"场",就是每个人在"场"中的生活状态以及与"场"的互动、交融、同构。这其中最深层的是精神生活,精神生活中最核心的又是价值观和思维方式。文化自觉是文化自信、文化自强的理性基础和指南。缺乏文化自觉的文化自信可能陷于文化自恋、文化自闭、自我文化膨胀;缺乏文化自觉的文化自强可能走向文化输出、文化侵略、文化沙文主义、文化殖民主义。所谓文化自觉,费孝通曾简捷了当地说就是要有自知之明和知人之明,最终达到"各美其美、美人之美、美美与共、天下大同"之境。当然,他更多地是从民族学、社会学的中华民族多元一体观出发的。而从教育和教育家的角度来看，教、学、觉是同源字①，皆从"爻"得音得字。"爻"是教、学的音源，也是它们的义源，就是使人明白、觉悟之意。如果说"教"是使人明白、觉人觉他，"学"就是自己明白、自觉觉己，自觉与觉人是一体交融的，是一而二、二而一的。自觉是觉人的前提，否则就是以其昏昏，使人昭昭；觉人是自觉的施用延伸，并在看到他人的觉悟中体验成功、感受愉悦，进而体悟和深化自觉，在觉人中提升自觉。当然，被觉者的真觉、正觉，终究还是其自觉，觉人若不是为了使人自觉，则不是真正的觉人，被觉者也不可能真觉，那只能是一种不自觉的思想暗示、思想占领和思想剥夺。

相当多的教师一生都处于工作和人生的"滑行"状态，一生都处于集体无意识状态，一生都被外在所控制而不自知、不觉悟，有人偶有所觉悟却深陷其中、难以自拔、颇感痛苦。为什么相当多的教师没有自觉觉悟过呢？除了教师自身的天赋、水平因素之外，就是因为教师乃主流阶层、主流价值观的代言人，他们的第一职责是传授、传递、传播而不是转变、改变、创造、创新，某种意义上甚至不希望、不需要、不应该自觉。只有社会转型和教育转折时代，原有的"教育范式"已经难以包含、解释、规范先前和当下的教育，于是必须发生一场"教育范式的革命"，才可能有不世出的大教育家、原创型教育家自觉觉人而领袖群伦。这或许正是所谓承平时代、太平盛世反而原创型教育家少见的原因。教师就是自觉觉人者，教育家就是最能自觉觉人者，通俗地讲就是"最明白的人"，就是文化的智者达人。中国教师的理想境界是教育者与思想者的统一，觉人与自觉的统一，个人与家国的统一，一生自觉、一生觉人。正如孔子所谓"学而不厌，诲人不倦"②，"吾十有五而志于学，三十而立，四十而不惑，五十而知天命，六十而耳顺，七十而从心所欲，不逾矩"③。教育家的理想人格状态是，既能"举世誉之而不加劝，举世非之而不加沮，定乎内外之分，辩乎荣辱之境"④，用时又有"虽千万人吾往矣"的肝胆和执着。

---

① 参见李剑萍：《汉语"教""育"源义考略》，未刊稿；王力：《同源字典》，中华书局2014年版。

② 《论语·述而》。

③ 《论语·为政》。

④ 《庄子·逍遥游》。

　　其二,教育家文化自觉的核心或者说重点是价值观自觉、人性和国民性自觉以及思维方式自觉。

　　所谓价值观自觉,就是对一系列价值命题和价值关系的理性认知和情感秉持,从逻辑上可分为认知、判断、选择和秉持等环节或层面,在实际中却是高度混合的。真正的价值观自觉是建立在认知、判断等理性基础上的情感秉持,价值选择则介于知与情之间,两者兼而有之,或者说是由知向情的过渡,既以认知为前提又是情感的发动。价值观自觉的理想模式,应是理性认知基础上的情感秉持,两者不可偏颇偏废。一般教师与优秀教师、教育家的高下立见之处在于,前者仅仅是基于情感的选择和秉持,缺乏价值观的认知、判断等理性活动,就直接在人云亦云、集体无意识中选择、秉持了某种价值观,缺乏理性的反思、澄清,这充其量是囿于情感意志的价值观盲从;后者具有在理性认知基础上的价值观秉持并能与时俱进,这才是终究的价值观自觉。这种终究秉持的价值观就是理念乃至理想信念,缺乏情感和意志难以形成理想信念。"师者,所以传道受业解惑也。""传道"是第一位的,教师既要善于"受(通'授')业""解惑",更须以"传道"为责任和使命。所谓"道",主要不是指道德而是指"道统"。要真正理解韩愈的《师说》,必须与他的《原道》并读。《原道》是《师说》的原旨,《师说》是《原道》的推衍。韩愈作为宋明理学的先声,是"道统说"的主要发明者和首倡者。他编导了一个由尧、舜、禹、汤传至周文王、周武王再传至孔孟的统绪,孟子死后道统不传。孟子不能救之于未亡之前,他欲全之于已坏之后,就是要实现道统的复兴,以道统的继承者和挽救者自命,这里面包含了一种强烈的文化价值观秉持,并由此成为中国教育、中国教师的一个重要传统和理想。今天来看,所谓"道统"其实就是一种文化传统、文化使命。原创型教育家异于常人之处,在于无不以民族文化生命之继起复兴、发扬光大为使命,人生为一大事来、为一大事去。

　　所谓人性和国民性自觉,就是对于人类天性和国民文化共性的深刻自省。虽然理解两者都不可能脱离时空场域,但相对而言,理解后者时历史的理性更为突出,或者可以说,人性是国民性的基础和底色,国民性是人性在一定社会条件中的表现和具体化。理想的人性和国民性自觉状态,是在跨文化比较中对自我文化的自信性自省,以及对于异质文化的尊重性理解。人性论是教育哲学的基本问题之一,是教育活动展开的先验假设,也是中国传统教育和教育传统中最为古老恒久的话题,从孔墨孟荀等先秦诸子,以迄历代名儒大家多有论述,并以"人之初,性本善""墨悲丝染""近朱者赤,近墨者黑"等格言警句的形式普及化,成为中国教师和大众普遍尊奉的信条。一般来讲,先验道德本善论通常是与弘扬个性的个体本位教育观相联系的,先验道德本恶论或者无善无恶论、有善有恶论常是与强调教育的个体改造作用等社会本位教育观相联系的。由于中国的教育传统以及近世以降的社会现实,中国教育的主流文化是社会本位的,在人性论上也暗含着对本性之恶的改造。这种人性改造理论必然跟国民性的改造和建构具有天然联系。中国古代只讲人性而无国民性的概念,国民性是用"人心""民风"等相近词语来表示的。直到19世纪晚期,随着现代国家观念、现代民族国家概念的兴起,倡言保国保族保种保教,才开始从国民性方面反思中国落后的原因以及国民劣根性。教育的重要目的就是改造国民性、培养新国民,国民性问题取代人性问题成为中国教育的先验基础,或者说话语系统从讨论人性论问题转向了国民性问题。对于国民性最为自觉者当推鲁迅先生,其冷峻的认识、深入的剖析和犀利的表达,使人心惊、汗颜乃至不忍卒读,仿佛就在说我们每一个人,就在说我们自己。中国近现代原创型教育家无一不从人性和国民性的角度深刻认识中国人和中国教育的问题,无非有的立足于国民性以改造旧国民、造就新国民,进而造就一个新社会新国家,有的则从积极的人性论角度出发,尊重人的个性,培养健全人格,促进人的自由和谐发展,进而缔造民主自由的新中国。

所谓思维方式自觉,就是对于思考、认知、表达之方法类型的觉醒,可称"思维的思维""元思维",包括对于人类思维方式共性、民族思维方式特性、个体思维方式个性的自觉,这里主要指对于民族思维方式特性的自觉。民族思维方式是一个民族的历史传统和社会环境所造就的文化中极深层、稳定、复杂的部分,价值观和人性、国民性影响着思维方式,思维方式又表达和体现着价值观和人性、国民性。钱学森作为战略科学家也是创建思维科学部类的首倡者,不少人都熟悉他多次说过的话:"中国还没有一所大学能够按照培养科学技术发明创造人才的模式去办学,都是些人云亦云、一般化的,没有自己独特的创新东西,受封建思想的影响,一直是这个样子。"①这就是通常所称的"钱学森之问",我们更愿意称其为"钱学森之答"。钱学森以其智慧不可能不知道答案,其实他也给出了答案——这就是"受封建思想影响"。这种精辟的归因,便由制度性的显性因素深入到思想思维性的隐性因素,由制度环境的外部因素深入到文化基因的内部因素,由专制政治的单因素说拓展到多因素相互作用的系统论。所谓"封建思想"即指中国传统的专制主义思想,不仅指专制主义的社会政治观和历史观,也指专制主义的知识价值论和思维方式。知识价值论与思维方式是紧密联系的,认为什么样的知识最有价值,决定了用什么样的方式去认识和表达知识。中国传统的实用理性的知识价值论,也决定了以"语录思维"为特性的思维方式。"语录思维"崇尚思维霸权,定于一尊,不必质疑;本体论不发达,经验主义盛行,急用现学、立竿见影;形式逻辑不发达,重视结论,忽视论证;尊奉实用理性,重视结果,轻视过程,是社会政治中"成者王侯败者寇"在思维领域的表现。中国传统思维方式重经验、重直觉、重顿悟、重整体、重实用的特征,不仅与基于实证、分析、演绎的现代科学思维方式不同,更在专制主义和实用理性的作用下,未能彰显其利于创新思维的一面。钱学森认为创新型人才有两大思维特征,一是高度逻辑性,一是大跨度联想,而最好的训练学科分别是数学和艺术。就个体而言,思维发展和思维方式的形成具有关键期,一旦错过关键期,用功多而见效少,事倍功半。原创型教育家对于民族整体的思维方式和特性有所自觉,高明的教师对于自己和学生的思维方式有所自觉,促其优长,补其短板,整体提升,和谐发展。

其三,原创型教育家多生于文化灿烂时代,具有广阔文化视野。

原创型教育家多产生于文化灿烂的时代,尤其是文化的碰撞、融合、转型时代,诸如先秦、宋明以及19世纪末叶以来。最富强、鼎盛、承平的时代,可能是教育事业高度发达之时,却未必是教育家特别是原创型教育家群体涌现之际,因为此时,文化转型的使命已经完成,新教育开始定型,教育事业进入一种"滑行"和量增状态。原创型教育家必具广阔的文化视

---

① 涂元季等整理:《钱学森的最后一次系统谈话——谈科技创新人才的培养问题》,载《人民日报》2009年11月5日第11版。

野,并沿着三个向度展开:一是纵向的即历史的文化视野,从历史演进中体察"数千年未有之变局";二是横向的即空间的文化视野,从异质、异域文化的比较中生成文化自觉;三是综合的即"教育·社会·人"的系统视野,对于教育与社会进步、国家前途、人类命运以及与"新人"的关系进行综合性文化思考。19世纪末叶以后的教育家们正值这样的时代。从纵向来看,不仅文化积淀的丰厚度超过任何前代,先秦、汉唐、宋明都无法比拟,更为关键的是文化传承不再是沿袭延续的,而是呈现前所未有的历史大断裂乃至自我质疑、自我否定,所带来的文化焦虑感、迷茫感、痛苦感也是前所未有的。也就是说,文化自信所遭受的冲击前所未有,文化自强所面临的使命前所未有,文化自觉所面临的压迫也前所未有。从横向来看,文化碰撞交流的广度、深度和复杂性、剧烈性是空前的。它是在地理大发现、全球一体化的大背景大格局中展开的,第一次把中国置于世界体系、全球视野来思考,第一次把中国置于衰落者、落后者、蒙昧者、学习者,而西方国家乃至近邻日本才是强大者、先进者、文明者、被学习者的境地。夷夏大防的文化中心体系与万国来朝的朝贡体系一同崩溃,文化交流融合实际是在列强的武力、经济和文化侵略与中国的民族主义抗拒中进行的,这必然要求文化自觉者要有大视野、大胸襟、大智慧。从综合性来看,教育与政治、经济、军事等各个社会领域发生着前所未有的紧密联系、交互影响,教育系统自身的复杂性、精密性前所未有,教育对于人的影响的广泛性、深刻性前所未有。这是一个以新文化运动为中心的新的文化"轴心时代",胡适等人将之称为"中国的文艺复兴运动"是有道理的,如果以更大时段视野来看,其对于中国乃至世界历史的影响,意义可能不逊于欧洲的文艺复兴运动。社会文化的巨变,必然催生新形态的教育予以回应,这里便成为中国现代教育、现代文化、现代历史的起点,也是中国近现代原创型教育家涌起的原点。

与以上相联系,中国的现代教育体系是在文化碰撞中学习西方而建立起来的,必然面临两大问题,一是此种体系在中国的适切性问题,二是中国原有的传统教育体系的转换问题。前者可称为现代教育的中国化,后者可称为传统教育的现代化,两者相辅相成,也是每位原创型教育家无法回避的命题,或者说,只有思考、回答出这两大问题的解决之道者,才是真正的原创型教育家。他们相对于传统的教育家,必须置身世界一体化背景来思考中国问题,无论他们对于世界的认识还多么有限。其中,蔡元培、陶行知、晏阳初、陈鹤琴多年游学留学国外,康有为、黄炎培多年多次游历海外,张之洞、梁漱溟虽然没有出过国,但他们都从中西古今、传统与现代、中国与世界的关系角度来思考中国文化。张之洞提出著名的"中体西用论",梁漱溟从诸种文明比较中阐释中华文化的特点和前途。蔡元培更说:"教育家最重要的责任,就在创造文化,而创造新文化,往往发端于几种文化接触的时代。"[1]"东西文明要媒合","媒合的方法,必先要领得西洋科学的精神,然后用他来整理中国的旧学说,才能发生一种新义"[2];"一战"前"以西方文化输入东方"为特征,"一战"后"以东方文化传布西方"为趋势。[3]

其四,原创型教育家思考的核心问题是培养什么样的人,培养文化自觉的现代中国人是教育家的最大文化自觉。

培养什么样的人是教育的根本性、原点性问题,教育的其他问题都是由此衍生并为此服务的。教育的本质是育人,育人的专门性是教育赖以存在的基础,如果失去了育人功能,专门的教育、学校就没有了存在的价值,当然,也就不会再有专门的教师和教育家。而且,现代教育从诞生起就不是一般意义上的育人,而是与人本主义启蒙运动相结合的,现代教育的育人就是启蒙人、解放人,就是培养文化自觉的人;同时,现代教育又是工业化的产物,是为了适应现代大机器生产的需要,像批量化生产产品那样生产学生,学校制度、班级授课制、集体教学等又从一个方面禁锢着、剥夺着人的文化自觉。由此,现代教育的育人功能,天然上存在着启蒙主义传统与其工具理性、功利主义传统之间的矛盾。如果说传统教育的育人功能天然上存在着自然主义传统与政治、思想、宗教控制传统之间的矛盾,那么现代教育诞生以来,这种矛盾发生了转向。在中国,这种情况与西方不尽相同且更为复杂。中国现代教育的发生,既不像欧洲那样经历过一个宗教改

---

[1] 《在檀香山华侨招待太平洋教育会议各国代表宴会上演说词》(1921年8月18日),见高平叔编:《蔡元培教育论著选》,人民教育出版社1991年版,第350页。

[2] 《杜威六十岁生日晚餐会演说词》(1919年10月20日),见高平叔编:《蔡元培教育论著选》,人民教育出版社1991年版,第240页。

[3] 参见《东西文化结合》(1921年6月14日),见高平叔编:《蔡元培教育论著选》,人民教育出版社1991年版,第335页。

革和文艺复兴的人本主义启蒙过程,也不是中国传统社会和传统教育自我发展、自我生成的结果,而是由于传统教育所培养的传统型人才无法应对外患内忧的严峻紧迫形势而倒逼产生。一方面,传统教育中的自然主义追求与政治、思想控制之间的矛盾依然存在,甚至在新的背景下政治、思想控制更趋严密,另一方面,现代教育中的启蒙主义发育不完全、大工业需求也不充分,主要是在反帝反侵略的军事现代化需求中成长起来的,并且与战时集权主义相伴的政治集权主义始终存在,可谓传统与现代相交织,脚步和大腿已经跨入现代,而上肢尤其大脑还常常停留在传统。

这个总背景必然影响着中国现代教育培养什么样人的问题,使得培养文化自觉的人更为重要,更为复杂,也更为幽隐难识,非大教育家、原创型教育家难以探赜索隐、学究天人、卓力以成。19世纪末叶以降,对于这个问题的认识逐渐深化,经历了由培育精英化"人才"向养成现代性"国民"再到培养合格的"人"的转变,经历了由偏重政治化的"社会人"到全面发展的"知识人"再到综合中国人、现代人、世界人的"文化"的认识发展。由此,更凸显了蔡元培、陶行知等人本主义教育家的洞识和远见。中国现代教育在培养什么样人的问题上,一直或显或隐地存在着两个普遍性问题,一是严重的社会本位倾向导致的教育"目中无人",只记得教育如何适应和服务于社会政治经济的需要,反而忘记了教育如何满足和促进人的发展,忘记了教育是做什么的,忘记了教育在根本上是育人的活动;二是"泛道德主义"倾向导致的教育"以德杀人",把主流价值观作为道德的唯一标准,把主流道德作为衡量一切的绝对尺度,仿佛占据了这个道德制高点就可睥睨六合、雄视一切,一方面,只要符合了这种道德规范其余都是细枝末节,另一方面,又容易把所有问题归因为道德问题。

其五,原创型教育家是立足于解决中国教育问题并用中国形式、中国话语系统来表达的。

中国教育现代化问题必然和必须是立足中国的,原创型教育家就是为了解决中国教育现代化问题应运而生,或者说,正因为他们立足于并分别从不同方面解决了中国教育现代化的一系列重大问题才成为原创型教育家。他们不单纯是传统教育的延续者、西方教育的速递员,他们不是"吃教育者",而是把解决中国教育现代化问题作为自己的使命。中国教育现代化问题,包括现代教育(西方教育)中国化和传统教育现代化两方面。严格来讲这种二分法是不准确的,源于西方的现代教育和带着强大历史惯性的传统教育,在现代中国的时空中化合,彼中有我、我中有彼、难分彼我、化成新我,在此意义上讲,现代中国化与中国现代化是交织在一起的。原创型教育家深刻认识和正视中国教育问题,既认识到中国传统教育已经不适应、不适合于现代世界,又认识到传统教育以其强大的教育 DNA 作用于每个中国人,源于西方的现代教育无法在中国照搬照套,必须建立中国特色的现代教育体系;原创型教育家也深刻认识和正视中国现代教育体系是中国的、也是世界的,是世界教育体系的重要组成和独具特色的一支,并应为人类教育做出特别且更大的贡献,必须具有现代意识和世界眼光,必须推旧中国于新世界、揽新世界于旧中国。原创型教育家立足解决的中国现代教育问题具有重大和深邃的特点,一是教育自身的重大体系性问题,二是教育与社会、政治、经济发展的重大互动性问题,三是培养什么样的人和怎样培养人的重大根本性问题。

原创型教育家是用中国形式来表达中国教育问题的。使用中国形式和中国话语系统来表达中国教育问题,是中国现代教育、现代教育家走向成熟的重要标志,也是原创型教育家与一般教育家、教师相区别的重要思维标志和文化标志。一个教育家只有真正形成具有自己特色的、中国式的表达方式和话语系统,才达到了文化自觉、成为原创型教育家。张之洞、康有为、蔡元培、黄炎培、梁漱溟这些从传统文化中走来者自不用说,就是晏阳初、陶行知、陈鹤琴这些留学美国多年、受过美国式现代学术训练者,其教育话语系统也无不是中国式的,用惯常的话来讲就是"民族的""大众的"。原创型教育家都有丰厚的文化思想积淀,其原创性不是割断历史、割裂世界联系而独生的,他们善于从广阔的文化视野、中西古今比较中汲取文化资源,对于传统资源的继承发扬是创造性的,而非墨守成说、食古不化,对于外国资源的汲取吸收是中国化的,而非照搬移植、食洋不化,在与传统文化、异质文化的多重互动中,重构、创造了一种明显高于原来的思想文化。正如朱熹所构建的哲理化儒学及其教育思想体系,就超越了孔孟为代表的先秦古典儒学、董仲舒为代表的天人感应式儒学,在对佛学的批判中隐借了禅宗思想及其言说方式,把儒学推入一个全新阶段;近现代的康有为利用今文经学来表达维新教育思想,附会议会、选举、宪政等时代命题;陶行知则把美国杜威的教育信条以所谓"翻半个筋斗"的方式中国化、大众化乃至乡村化。

其六,原创型教育家具有共同的文化成长规律。

原创型教育家都是学思互进、知行合一的典范,终其一生都行走在学习、思考、行动、著述的路上,只有进行时,没有完成时。他们具有共同的文化成长规律。

一是学有本源,取法乎上。张之洞、康有为、蔡元培都是清朝进士出身,黄炎培明于世道、用意事功,也是举人出身,梁漱溟自学成才而成为新儒家的代表、不世出的思想家,晏阳初、陶行知、陈鹤琴在少年及文化养成的"关键期"深受传统教育和传统文化的熏陶,后留学美国多年并获得名校硕士或博士学位。他们不仅天资超伦、终身学而不厌,更因为有条件或自己抓住机遇、创造条件,经历了中国传统学术或西方现代学术的规范训练、系统涵养,避免了仅凭天资、自矜小智走向急用先学、学必由径、局促一隅的野狐禅之路,而能植养深厚、洞窥门径、登堂入室,也就是说,他们稔熟传统或现代学术的来龙去脉和体系结构,知道什么是高水准的,遵循规范并能推陈出新。仅以张、康而论,糅合汉宋之学的张之洞与作为今文经学最后大师的康有为,虽然学派不同,各有秉持,但学问格调之高都非同凡响,这从张之洞所著《书目答问》《劝学篇》和康有为所著《新学伪经考》《孔子改制考》等书中可见一斑,它们不仅在晚清时期是高水准的,就是置于"近三百年学术史"中乃至放大至宋元以降的学术史中也必有一席之地,是思想的高水准,也是学术文化的高水准。他们之所以能够达到这种高水准,是因为他们知道什么是高水准,并系统掌握了学术文化的高水准,进而努力看齐高水准,努力创造一种新的高水准。

二是神接中西,思究天人。这些原创型教育家都从中西关系、天人关系的时空坐标中,来思考中国现代教育的构建问题、现代中国人的培养问题。他们都具有当时所能达到的世界眼光,穿梭于中西文化两大体系之间。多年游学、留学欧美的蔡元培、晏阳初、陶行知、陈鹤琴自不必说,康有为流亡海外十余年,几乎周游世界,黄炎培多次到美日和东南亚考察。张之洞虽然没有出过国,但他在国门打开不久,凭借自己的悟性、地位和信息渠道,尽可能多地了解外国尤其是日本,原创性地提出了"中体西用论"。梁漱溟虽然没有出过国,却终生从世界不同文明的比较中来思考中华文化的前途和人类的命运问题。同时,他们将人置于宇宙中来思考人之为人等本体问题。康有为从《大同书》到《诸天讲》构建起一个"天民"系列,蔡元培以美育代宗教、把美育作为人由现象世界通向实体世界(本体世界)的津梁,晏阳初以宗教家的精神做教育事业,梁漱溟出入新儒家与佛家之间,以出世之精神做入世之事业,以入世之事业求出世之境界。

三是力行一生,思想一生,学习一生,著述一生,总结一生,进步一生。原创型教育家都是伟大的力行者、实践家,他们都有清晰的问题指向、强烈的行动意识和以天下教育为己任的担当情怀,从来没想做空头的教育著述家、理论家、思想家,教育行动和实践是教育思想的动力源、应用场和检验所。原创型教育家又都是伟大的思想者、思想家,他们不是人云亦云的,而是在中西比较融汇之中、在智慧力行的教育实践之中、在苦思开悟的融会贯通之中,提出原创性教育设想或思想。思想是行动的先导和指南,思想走多远行动就走多远,思想是教育家想过的路,实践是思想家走过的路。原创型教育家无不兼具实践家和思想家之质,无论实践还是思想都有"聪明人下苦功夫、硬功夫乃至死功夫、笨功夫"的特点,既智慧圆融,又艰苦力行。想得开、做得成是评价原创型教育家的金标准,正如张之洞在废除科举制中的策略谋略,他们做的是前无古人、终结古人的开辟性事业,是要从旧体制中打出一番新天地,任何自我的惰怠、思想的羁绊、环境的阻力都可能功亏一篑,非大勇气、大担当不敢为;同时为了避免赤膊上阵而惨遭排箭,又非大智慧、大谋略不足为。原创型教育家都是学习型、博通型教育家,活到老、学到老,改造到老、进步到老,学思结合、知行合一,学思和真知的成果一是力行的事业事功,一是勤于笔耕的等身著述,立功与立言同是思想表达和传播的载体,也是自我总结和进步的标志。

其七,一个时代是否涌现出原创型教育家群体,一方面与如何产生教育家有关,即与教育家的成长机制和作用发挥机制,尤指教育家脱颖而出的时代环境和土壤有关;另一方面与如何成为教育家有关,尤指教师、一般教育家成为原创型教育家的个人条件和际遇。

原创型教育家集中出现于什么时代?有无一般规律性可寻?从中国

的大历史时段来看,原创型教育家是为了解答原创型教育问题而生,一般产生于社会转型时期。最多、最集中的出现期有两次,一次是出现了先秦的诸子百家,延续至西汉的董仲舒;另一次是出现了宋代的理学、心学教育家张载、周敦颐、程颐、程颢、朱熹和陆九渊等。这两个时代,都是中国历史的最大转型期,先秦是由上古进入中古的前夕,宋代是由中古进入近古之门槛。当然,每一大的历史时段之内还有小的分期,也会出现一些转折时期。明代就是由近古进入近世的前夜,出现了以王阳明为代表的一批心学教育家,一方面发展了宋代以来的哲理化儒学,一方面又揭橥人的主体性和能动性,反映了专制重压下市民社会的兴起和重商言利的社会风气。明季清初、汉满鼎革又是一次社会转折,涌现出顾炎武、黄宗羲、王夫之等一批大思想家、教育家。他们都是百科全书式的大学者,对于中国传统思想、学术具有总结性质,同时又半只脚开始跨出传统、跨入近代。相对于王阳明的揭橥主体性之外,他们还祭起质疑君权专制的启蒙主义大旗,开启实学思潮的近代理性主义之路,奠定乾嘉学派的现代学术范式。可见,原创型教育家群体的涌现与所谓"盛世"并不一定吻合。从大的历史时段来看,巍巍汉唐并没有集中出现震古烁今的原创型教育家,从小的历史阶段来看,"文景之治""贞观之治""开元盛世""仁宣之治""康乾盛世"等时期也都没有出现多少原创型教育家,相反,他们大都产生于所谓治世、盛世的前夕,即历史的转型时期。由此,进一步考察可知:进入治世、盛世之后,教育事业虽然相对高度发达,但由于新的教育体制已经确立、成型,教育发展所需解决的"范式转换"问题已经解决,原创型教育家无论思想还是实践的启蒙任务已经完成,其作用和地位就不再凸显了;而且,在中国的威权体制下,教育事业的发展往往更多依靠领导人的意志意愿、社会动员、政策倾斜、资源支撑等,教育家个体的智慧型力量便显得微不足道了。而所谓治世、盛世也正是君权高涨的时代,良好的历史机遇、外部环境、资源禀赋加上幸运地遇到了"明君",这位明君雄才大略、开明而乾纲独断,此时又怎么可能需要和诞生原创型教育家呢?而从大的历史时段来看,近代以降是中国历史上的第三次大转型时期,从小的历史时段来看,19世纪末20世纪前期又是这次大转型的开始期,是新的治世、盛世的前夕,于此时期集中涌现出一批原创型教育家恰合规律。

教育家不同于教育名家,更不是教育名人或教育闻人。教育家的创造性与其影响力不一定总是成正比的,一个末流教育家可能煊赫一时,甚至非教育家可能被冠以教育家的称号,相反,一位具有非凡教育思想创造力、创新性的教育家,可能相当时期隐而不显或者只在一定区域、特定圈子有所影响。王夫之作为中国古代总结性、综合型、百科全书式的大学者、大思想家和教育家,生前学术思想影响力只限于同侪师友、船山学派内部和湖湘一隅,著述均未刊行,直至近 200 年后世道丕变,湘人曾国藩等挖掘显扬,王夫之的影响才横空而出。就近现代原创型教育家群体而论,张之洞、康有为是以政治家而兼教育家,以政治家为主业而兼办教育;蔡元培和黄炎培是以教育家为体、以政治家为用,以教育事业作为社会政治活动之张本;晏阳初、梁漱溟是教育家而兼社会活动家,或者说是以社会活动家的方式来办教育事业,把教育事业、教育活动作为社会活动;陶行知、陈鹤琴则主要是教育家,虽间有社会活动,而以教育家作为自己的专业和职业。这三代四类教育家,论社会历史名气、论生前身后之名是依次递减的,论教育家的专门程度却是依次递增的,这实反映了中国现代教育的形成过程,由外部关系走向内部关系,教育逐步走向专门化,教育家也逐步走向专业化。《孙子兵法》云:"古之所谓善战者,胜于易胜者也。故善战者之胜也,无智名,无勇功。"育人是沉潜的、个性化的事业,成名成家是轰轰烈烈的名头,在当下尤需运作炒作,从这个角度讲,教育名家越多,可能越是教育家的异化。

(李剑萍系天津市教育科学研究院副院长、教授、博士生导师,杨旭系天津市教育科学研究院副研究员)

目　录

绪　论

一

　　近代中国,中华民族遭遇了前所未有的生存挑战:一家一户的小农经济面临着激烈的大工业经济竞争;政治上等级森严的皇权制与思想上尊卑有序的家长制遭逢了相对自由而民主的分权制与个人主义观的激烈挑战;军事上的土枪、旧式兵器遭遇了射程远、威力猛的洋枪洋炮的全方位包抄;文化上的礼仪制度与古圣先贤的道德羽翼无法抵挡现代科学武装起来的五彩缤纷的崭新思想观念的冲击。这些挑战是你死我活的,直接涉及民族的存亡兴衰。对于深受传统文化侵染、皇权思想浓厚的遗老遗少以及目不识丁的大多数底层人来说,上述挑战直接带来国家和家庭中的法礼和经济秩序的紊乱,他们千百年来一直习以为常的"天朝幻梦"破灭了,这种幻灭让他们感觉天翻地覆、措手不及。处于封闭与半封闭状态且自成一体的华夏民族从来没有遇到过如此剧烈的时代变局,从来没有遇到过如此强大的政治、军事、经济、文化对手。我们似乎处处不如人,我们还能挽救自己吗?我们还有希望吗?中国向何处去?

对于忧民济世的儒家知识分子来说,这些都是全新的时代课题,他们的前辈从来没有面对过如此棘手的政治难题与文化困境。作为那个时代知识分子中的一员,蔡元培(1868—1940)的心灵深处无疑时常萦绕着这类问题,且他不断地思考着、探索着、尝试着。1894年,蔡氏成了翰林院编修。按往常的历史传承与官场惯例,蔡氏在士大夫的位子上再接再厉,青云直上多半是没问题的。不巧的是,世界历史已向华夏民族提出一个严峻的时代课题与生存挑战:在洋枪洋炮及其背后的思想观念面前,中国被迫"世界化"的时代已经来临了,中西不仅存在着地理上的空间观念的差异,而且存在着精神层面的信念、信仰的巨大差异。政治、军事、经济、文化等硬实力、软实力诸方面的挑战"汹涌而至"。这对于历史传承久远的国人来说,从思想认识深处,一时还很难接受,毕竟几千年以来,国人普遍认同:我们是世界的中央,我们是礼仪之邦,一切外来的都是夷狄、番邦乃至异类。如果说第一次鸦片战争与第二次鸦片战争使得中国人面临帝国主义强国军事占领的危险,那么,1894年爆发的甲午中日战争则预示着华夏文明所维系的大一统观念的彻底坍塌,因为我们败在一个以前根本不如我们,只相当于我们一个藩属国地位的"小邻居"的手中。这一看似"突发"的历史事件活生生地展现在国人面前,展现在儒家知识分子与士大夫面前。

正是在这样的奇耻大辱面前,热血的知识分子、激进的士大夫与试图变法自强的年轻的皇帝走到了一起,掀起了"百日维新"运动,但由于反对变法的顽固派与既得利益集团的联手,幼弱的帝党与稚嫩的书生维新力量被残酷镇压下去。不事参与、冷眼旁观这一切的蔡氏终于认识到"清廷不足为",抱定"教育救国"的目标,毅然决然地辞官南下,投入到底层救亡图存的文教运动中。这样的教育活动遇到顽固派、保守势力及既得利益集团的阻挠是不可避免的,于是蔡氏来到了当时最为自由的上海进行教育活动,但仍施展不了手脚。在时代变局与思想革命的感召下,蔡氏从事了一段时间的暴力革命,以学校为掩护机关,希冀通过暗杀与暴动来推进中国社会根本性的变革,但由于其书生本色不变,不大擅长人际交往与沟通,加之革命党内部复杂的人事斗争,使得不谙人情世故的蔡氏感到无可奈何、茫然失措,继而又重新认识到教育应是自己的本行,升起"本是书生"的旧念头。于是,他出国留学,以提升自身学术素养,变革思想观念,提高认识水平。他到了向慕已久、文化繁荣的德国专心学习哲学,试图进行学术救国——回归教育救国,且是在此思想基础上的深化。

二

蔡氏以教育为志业,是在新的历史条件下的职业选择。他是较早认识到民族、国家命运与教育事业紧密相连的近代人士。传统意义上的教育职业选择无外乎以下三种情况:自谋生计的塾师;致力于"政教合一"的修齐治平的朝廷命官;祖述孔孟、为往圣继绝学的积极入世的儒家学人。第一种情况,如考中秀才后的蔡氏为补贴家用当过两年乡间的私塾先生;第二种情况,如蔡氏升为翰林院编修积极参与朝中政治生活未尝不是为教化万民做准备;第三种情况往往是落第的读书人亦工亦学的自然选择,如历史上衰落时代书院的教员。蔡氏所生活的时代已很大程度上失去了这样的历史选择,因为挽救亡国灭种的紧迫的时代任务成为摆在入世的儒家学人面前唯一的选择,修齐治平的传统老路已行不通了。尽管有人认为,只要恢复儒家文教、礼仪,就能挽救危亡、兴盛国家——言下之意是因为我们丢失了儒学精义,才导致近代亡国灭种的残局。而事实却是,正是因为千百年来我们"从一而终",抱残守缺,执迷于专制与尊卑等级制度,不作权变,不事更改,教义陈腐,权术泛滥,才落得战场上一败涂地的后果。

在儒家传统文化圈内,封闭、半封闭的地理环境与独立主权的政治结构结成一个稳定的连体;即便政权四分五裂或边疆少数民族入主中原,但文化上的一统(或儒、释、道合流)与地理上的一体大致是稳定的,不会出现根本观念的冲突,但这一长久稳定的文化机制在 1840 年开始的鸦片战争后就出现了危机——地理上的中央帝国及其番邦或附属国第一次遭受境外军事势力的强大攻击,随之政治主权遭受打压,如领土完整、海关主权等遭受破坏;继而,截然不同的宗教信仰、文化观念等无形的精神元素无孔不入,极力渗透。这样,稳定的政体被打破了,熟巧的惯性文化观念遭到诘问、质疑、颠覆。传统政体的破裂与传统文化观念所遭受的冲击是密切相关的,外来的军事势力、政治实体与我们截然不同,其文化观念、宗教信仰更与我们迥然不同。

蔡氏以教育为志业的背景就植根于此。他需要考量中西文化观念的差异,并在此基础上权衡优劣得失、高下新旧、善恶美丑,而后进行引进、消化、嫁接、创造。这是一个系统的社会工程。它的首要前提是进行文化观念的革新,自然少不了教育的出场、登台、布道、演出。所以教育救国不同于军事上、政治上直接的力量对抗、对立与体制上的变革、颠覆,而是抓住军事、政治背后所支撑的软力量——思想观念,进行研究与传播、引进与移植、消化与创新,实质就是学术救国。反过来,学术救国就是通过学术自由、思想繁荣而达到思想观念的变革,并通过后者推进包括政治变革在内的系列社会变革。

近代中国,蔡氏的教育思想及其教育实践曾产生过重要的社会推动作用。比如他曾主持的北京大学对于推动五四运动和新文化运动的蓬勃发展,对于推动中西文化交流①和中国共产党的成立,对于启蒙积贫积弱的近代中国和反帝反封建的民族独立运动等,都曾做出过不可磨灭的历史贡献。杜威(John Dewey)曾指出:"拿世界各国的大学校长来比较,牛津、剑桥、巴黎、柏林、哈佛、哥伦比亚,等等,这些校长中,在某些学科上,有卓越贡献的不乏其人;但是,以一个校长身份,而能领导那所大学对一个民族、一个时代,起到转折作用的,除蔡元培而外,恐怕找不出第二个。"②

三

本书就是基于这样的时代背景与历史境遇而作。而且,在世界风云变幻的新世纪,教育已成为一国发展的主要生长点,教育家蔡元培研究的主要内容是什么,创新点在哪里,特色在什么地方,缺憾与不足在何处,这些都需要分析、把脉与总结,以资借鉴。这是写作本书的主要缘由。本书的写作思路大致如下:第一章侧重阐释蔡氏以教育为志业,论述蔡氏早期尤其是 1912 年之前的教育探索与教育实践活动,意在表明蔡氏教育理论与

---

① 2006 年 10 月 26 日,法国前总统希拉克去北大演讲,学界某名流致辞时,在提及中法两国文化交往方面的事业时,谈到陈独秀和辜鸿铭的贡献,却只字不提蔡氏。稍微懂点蔡氏生平常识的人都知道,在北大历史上,乃至在中国近代史上,对推动中法文化交流事业做出巨大贡献的莫过于蔡氏了。

② 高平叔:《北京大学的蔡元培时代》,见中国蔡元培研究会编:《蔡元培研究集》,北京大学出版社1999 年版,第 122 页。

教育实践的社会历练与生活源泉。第二章是从文化的视角阐释蔡氏教育思想的渊源,既是回应中西文化观念冲突的时代挑战,又是揭示蔡氏教育思想及其实践探索的影响因子。第三章侧重阐释蔡氏就任教育总长期间提出的"五育并举"观,并揭示他在教育总长任内所做的贡献。第四章主要概述蔡氏主持北京大学的教育实践,即教育理念、机制革新与社会意义。第五章重点论述蔡氏就任大学院院长期间所推行大学区制的试验,即大学区制的概况、缘起与影响。北京大学教育的实践与大学区制的试验都是基于"五育并举"观的统领,即对教育兴国、学术兴邦的期许;同时,"五育并举"观也是蔡氏生平主要教育经历的呈现,一并与北京大学教育的实践、大学区制的试验构成蔡氏一生教育事功的主体。第三章至第五章是一个整体,是蔡氏一生教育实践与教育思考的概貌,足以凸显作为"教育家"的蔡元培的精神风貌。在此基础上,第六章主要阐释蔡氏的人格特质,即性格特征、哲学爱好和独立人格,是对蔡氏精神风貌的素描,也是第三章至第五章"教育家"蔡氏的影响因子。第七章着重分析蔡氏教育思想与教育实践的精神追求,即蔡氏的教育目的。蔡氏的精神追求有三:一是教育救国、学术兴邦,这是对晚清及民国救亡图存的时代主题的回应;二是中西文化的融合,这是对"千古未有之大变局"的文化回应;三是对自由的追寻,这是对人的发展的终极探索。如果说教育救国、学术兴邦及中西文化的融合是救亡图存的策略,那么对自由的追寻则是更高层次的精神追求,是对教育目的、人的目的的思考与探索,也是最终意义上根本解决救亡图存、民族兴盛与人类和谐发展的时代课题探索。

第一章　以教育为志业

作为教育家的个体，蔡元培的志趣尤其是他早年的社会经历有什么值得探讨的地方，这对他后来致力的事业有何影响？本章主要阐释蔡氏早期致力于教育事业的志向、事功及其社会历练。

由于晚清政权"不足为"，1898 年 10 月 15 日，蔡氏辞官南下，回到故乡绍兴，致力于教育事业，试图以教育来挽救日益沉沦的母邦。

第一节　学校教育

蔡氏所理解所致力的教育包括两个方面：学校教育与社会教育。蔡氏一生从事学校教育事业的经验非常丰富。其中，1912 年之前比较突出的教育活动有：1898 年 12 月至 1901 年 2 月主持绍兴中西学堂，1901 年 9 月至 1902 年 11 月执教南洋公学，1902 年 11 月至 1903 年 6 月主持爱国学社，1902 年 12 月至

1903 年 6 月主持爱国女学,1904 年 7 月至 1905 年暑假重掌爱国女学;1912 年后,蔡氏致力教育事业的典型活动莫过于 1917 年到 1927 年主持北京大学。下面主要阐释蔡氏 1912 年之前致力绍兴中西学堂和南洋公学时,在其所秉持的教育理念指导下的学校教育。

一、绍兴中西学堂

绍兴中西学堂是一所新式学校,是用绍兴公款设立的。1898 年 12 月,回乡的蔡氏接受绍兴知府熊再莘和乡绅徐树兰的邀请,出任中西学堂总理,即校长。徐氏是捐资创办人,自任督办。

(一)学堂的师生

学堂创立于 1897 年初,蔡氏接掌初的 1899 年 3 月有学生 27 人(按国学程度分级的学生 23 人,附课生 3 人,算学师范生 1 人)[①],分级学生的文化水平相当于后来的高小至中学程度。

1. 教师:"极一时之选"

蔡氏接办学堂后不久就在绍兴当地聘用了大批优秀教员,如胡道南任监学,马用锡任经学、史学、词学教员,薛阆仙为经学、词学教员,马水臣、冯仲贤任词学教员,赏星槎、褚闰生为蒙学教员,蓝筠生、俞伯音、陈子仪为英文教员,戴铭甫为法文教员,杜亚泉为算学、物理教员,寿孝天为算学教员等。他们中的优秀代表,兹简介如下:

胡道南(? —1910),山阴县人。"幼而颖悟","内行甚修,跬步不苟,而不肯以道学为标榜","自奉甚俭,而欣助戚友"[②],力倡公益事业,并身体力行;以依附权贵为耻。为蔡氏举人同年,交谊甚深。后与章太炎等人创办《经世报》,以介绍国内外大事与新学术、新知识为主,并译介国外相关理论;同时兼任中西学堂监学,"不支俸给"。"革新的主张并不后人,但对

---

① 《日记》,见中国蔡元培研究会编:《蔡元培全集》第十五卷,浙江教育出版社 1998 年版,第 211 页。

② 《亡友胡钟生传》,见中国蔡元培研究会编:《蔡元培全集》第二卷,浙江教育出版社 1997 年版,第 285 页。

于革命的进行,不敢助长。"①秋瑾被害,有人疑胡告密,将胡暗杀。后蔡氏特撰《亡友胡钟生传》,为其鸣冤。胡钟生即胡道南。

马用锡(?—1900),会稽县人。"少慧,口诵书数十行。"②治哲学。兴趣、爱好与蔡氏颇同。蔡氏曾说:"所著诗词,均为我所不及。"为中西学堂最高年级的国学教员,也为新派教员中提倡民权、女权最力者。蔡氏受反对时,其亦为最受攻讦的一人。③蔡氏对他评价极高,"君治一学,辄奔轶绝尘,为余十驾所不及",学问进步极快;"君性沈挚,虽处人世极困顿无聊之境,不以动容",性格坚毅;"其所持之说,将一一实地行之而不可动"。④

薛阆仙(1866—?),山阴县人。少时与蔡氏同受业于王懋修学馆。蔡氏曾说,在购书、读书上,"我很受君的益"。其与蔡氏是僚婿。为清贡生。蔡氏说:"君不甚赞同革新的理想,绍兴中西学堂中,反对我及马君的,实自君始。"⑤曾任北京大学附设国史馆编纂。

杜亚泉(1873—1933),会稽县人。秀才,自学日文及西方自然科学。"对于革新政治、改良社会诸问题,常主急进,所以那时候与马君同受攻讦。"⑥创办上海普通学书室。长期担任商务印书馆编译所理化部主任、《东方杂志》主编。编有《植物学大辞典》《动物学大辞典》等书,著有《自然科学》《动物学精义》《人生哲学》等。

寿孝天,生卒年不详,绍兴人。后曾任爱国学社、爱国女学教员,长期担任商务印书馆编辑。蔡氏曾与他在信函中探讨过素食问题:"蔬食主

---

① 《自写年谱》,见中国蔡元培研究会编:《蔡元培全集》第十七卷,浙江教育出版社1998年版,第440—441页。
② 《马用锡〈讲义录〉序》,见中国蔡元培研究会编:《蔡元培全集》第一卷,浙江教育出版社1997年版,第376页。
③ 《自写年谱》,见中国蔡元培研究会编:《蔡元培全集》第十七卷,浙江教育出版社1998年版,第439页。
④ 《马用锡〈讲义录〉序》,见中国蔡元培研究会编:《蔡元培全集》第一卷,浙江教育出版社1997年版,第376页。
⑤ 《自写年谱》,见中国蔡元培研究会编:《蔡元培全集》第十七卷,浙江教育出版社1998年版,第440页。
⑥ 《自写年谱》,见中国蔡元培研究会编:《蔡元培全集》第十七卷,浙江教育出版社1998年版,第440页。

义,先生之论,实获我心,盖吾两人之性质,实最相近者也。"①

上述诸人任教中西学堂,蔡氏认为,"在当时的绍兴,可为极一时之选"②。此外,除原有的法文、英文教习外,蔡氏又在学堂拟设日文教习,并四处寻觅。"近从日本领事速水一孔君访得中川外雄君,兼通东西文及体操,堪为教习。"③

2. 学生:分斋教学

有教师必有学生,在蔡氏所生活的时代,中西学堂是如何进行教育教学的呢?

在教育程度上,据蔡氏的回忆,学堂依学生学力的程度,分为三等,即蒙学、词学、理学三斋,大致相当于 1937 年时的高小、初中、高中的一年级。④ 此外,还有不习国学、专习算学等附课生、师范生的班级。

分斋是按学生国学水平的高低而分别授以国学课程的,但算学与外语例外。就是说,学生可按算学、外语不同的学力程度到不同的级别去听课,也即算学和外语课程另按学力程度分班,不受原来所在斋的限制。

每一斋有一国学教员督导学生攻读。当时督导理学斋的是新派教员马用锡。马氏要求该斋学生每日上交日记,共四类,一是讲义,二是新知,三是读书心得,四是时事评论。⑤

在日常生活中,学堂的学生可以与教员共进午餐和晚餐:餐室是一大厅,有很多方桌,每桌教员 1 人,学生 6 人;凡不与学生同桌的教员与总理(校长)同坐中间圆桌。⑥ 在 100 多年前的中国,在师道尊严盛行久远的国度,学生与老师、校长天天共进午餐、晚餐,是一件相当了不起的事情,应算

---

① 《致寿孝天函》,见中国蔡元培研究会编:《蔡元培全集》第十卷,浙江教育出版社 1998 年版,第84 页。

② 《我在教育界的经验》,见中国蔡元培研究会编:《蔡元培全集》第八卷,浙江教育出版社 1997 年版,第 505 页。

③ 《日记》,见中国蔡元培研究会编:《蔡元培全集》第十五卷,浙江教育出版社 1998 年版,第 220 页。

④ 《我在教育界的经验》,见中国蔡元培研究会编:《蔡元培全集》第八卷,浙江教育出版社 1997 年版,第 505 页。

⑤ 高平叔撰著:《蔡元培年谱长编》第一卷,人民教育出版社 1999 年版,第 147 页。

⑥ 《自写年谱》,见中国蔡元培研究会编:《蔡元培全集》第十七卷,浙江教育出版社 1998 年版,第 436 页。

是开风气之先。而且,在餐桌上,老师们可以随意聊天,难免涉及政治、风俗上的问题,见解不同,自然互相辩驳,新派人物人多势众,旧派人物往往相形见绌。在这种情境中,学生自然受到思想交锋的感染,自然于潜移默化中倾向于新思潮。"润物细无声。"蒋梦麟此时为低年级学生,后来蔡氏出任北京大学校长,蒋氏为总务长;蔡氏多次辞职或出国,多半由蒋代理校长,蒋成为蔡氏的得力助手。其他出名的还有北大地质学教授王烈、教育家许寿裳等。

(二)课程设置和教学条件

课程如何安排,教学物质条件怎么样,这些都是教育教学展开必须要考虑的问题。

1. 课程设置

课程是整个教育体系中的核心要素之一,是实现教育目标的手段,是决定教育质量的重要环节。在蔡氏掌校期间,中西学堂的课程除讲授传统的经学、史学和词学外,还开设了西学课程,如物理、化学、生物学、算学(含代数、几何)、外语(含英语、法语、日语)、体操等。可以想见,在100多年前的中国,在被四书五经浸染了2000多年的教育机制架构内,在一个只是地级区域的政治、经济、文化中心的绍兴,在一个相当于小学、中学级别的学校内大胆开设自然科学、外语、体操课程,且还配备教学仪器设备,聘请外籍教师,无论如何,都是一个了不起的社会事件。尽管当时传授的西方科学知识还非常粗浅,但在思想蒙昧的时代,仍然起到巨大的社会启蒙作用。

比如,当时在低年级读书的蒋梦麟曾回忆中西学堂所设课程及教学对自己思想产生的巨大影响。"我在中西学堂里首先学到的一件不可思议的事是地圆学说。我一向认为地球是平的。后来先生又告诉我,闪电是阴电和阳电撞击的结果,并不是电神的镜子里发出来的闪光;雷的成因也相同,并非雷神击鼓所生。这简直使我目瞪口呆。从基本物理学我又学到雨是怎样形成的。巨龙在云端张口喷水成雨的观念只好放弃了。了解燃烧的原理以后,我更放弃了火神的观念。过去为我们所崇拜的神佛,像是烈日照射下的雪人,一个接着一个溶化。这是我了解一点科学的开端,也是我思想中怪力乱神信仰的结束。"①思想启蒙与科学传播的力量由此可见一斑。

2. 图书和教学仪器设备

聘任教师是蔡氏接办中西学堂的首要事情,其次就是想方设法购置图书和教学仪器设备。1899 年 2 月,接办学堂不久的蔡氏就为新设立的"养新书藏"藏书室手订条例 15 条,规定除本校师生借阅外,校外凡捐银 10 元以上者,允许 1 人借书;50 元以上者,允许 4 人借书,其余以此类推。② 这是学校与社会联系的重要桥梁:既利用社会力量添置图书,服务学校,又使学校藏书有偿向社会开放,取之于社会,服务于社会。

同时,蔡氏利用机会托人购买新书和教学仪器设备。如校董徐树兰前往上海,蔡氏就托其购买日本教育社物理、化学、助力器械及化学药品和动物、植物标本等。③ 还托人购得日本所制小学校物理器械第二号一组,33 种;化学器械二号一组,31 种(及药品);化学标本一组,40 种;庶物标本一组,200 种;动物标本乙号一组,85 种;植物标本乙号一组,105 种;矿物标本乙号一组,65 种;三球仪 1 架;三角及两角定规 3 具;助力器模一组 8 种;立体几何一组;平面几何 1 种。④ 综观这些教学仪器和各种教学标本,可以看出蔡氏积极学习资本主义国家的后起之秀——日本对教育科学与教育实验的重视,这在 100 多年前的中国,如果没有教育智慧的洞识和远见,是不可能开这样的风气之先的。

(三)教学实施

在教育教学实践中,如何根据一定的教育理念,把具体的教育主体和教育资料组织、结合起来,取得既定的效果?于是就需要教学管理、教学原则及教学方法的具体运作。

---

① 蒋梦麟:《蒋梦麟自传》,团结出版社 2004 年版,第 55—56 页。
② 《〈绍郡中西学堂借书略例〉序》,见高平叔编:《蔡元培全集》第一卷,中华书局 1984 年版,第 86 页。
③ 《日记》,见中国蔡元培研究会编:《蔡元培全集》第十五卷,浙江教育出版社 1998 年版,第 223 页。
④ 《日记》,见中国蔡元培研究会编:《蔡元培全集》第十五卷,浙江教育出版社 1998 年版,第 228 页。

1. 教学管理

学校的组织管理是进行教育教学的必要手段,在这个问题上,蔡氏是比较严格的。他手订学堂的授课及作息时间表,规定学生每天早晨 5 点起床、盥洗,6 点吃早餐,7 点开始上外语、算学课,12 点吃午餐;14 点开始上国学(含读书、温书、讲书),18 点做体操,19 点吃晚餐,20 点上余课,21 点就寝。① 同时,学堂还聘请不支薪俸、无偿服务、诚实认真的胡道南为监学,在大门左旁辟一房间,设高座,从窗口监察学生出入。② 此外,每一斋派一名国学教员监督学生读书。

2. 教学原则

前述绍兴中西学堂的学生分为三等,就是根据学生的学力程度(主要是国学水平)而划分的。自然,三等划分法具有一定的科学性和实际操作性,便于教学与管理。第一等叫蒙学斋,第二等叫词学斋,第三等叫理学斋。"但同时学生又可按自己算学、外语的程度,到不同的级别去听课,并不受原来所在斋的限制。"③如有的学生据其国学程度被分在第三斋,但外语可到第二斋去读,算学或可到第一斋学习,等等。

3. 教学方法

在绍兴中西学堂,蔡氏、马用锡、杜亚泉、胡道南等新派教员受西学影响,笃信进化论,或在校内宣扬民权、女权思想,反对尊卑等级、重男轻女,或主张革新政治、改良社会,其言行自然影响着学生向慕进步的思想观念。如前述中西学堂的学生与教员可以共进午餐和晚餐,用餐时教师之间可以自由讨论。虽然讨论不是发生在正规课堂教学时,但这是一种侧面教学④,无形中也会对学生产生潜移默化的作用。新派教员"笃信进化论,对

---

① 《日记》,见中国蔡元培研究会编:《蔡元培全集》第十五卷,浙江教育出版社 1998 年版,第 221—223 页。

② 《自写年谱》,见中国蔡元培研究会编:《蔡元培全集》第十七卷,浙江教育出版社 1998 年版,第 440 页。

③ 崔志海:《蔡元培》,浙江人民出版社 1998 年版,第 35 页。

④ 参见汤广全:《侧面教学的缘起、特征、案例及实质》,载《教育学术月刊》2014 年第 2 期。

于旧日尊君卑民、重男轻女的习惯,随时有所纠正"①。旧派教员却不以为然。双方之间自然有辩论,辩论的结果显然有高下、是非之分。生活在这样的舆论变迁和思想交锋的氛围中,身心正在成长的学生得到进步思想的陶养是顺理成章的事。

总之,就师资力量、教学管理、课程开设和教学设备而言,应该说,绍兴中西学堂不仅在当时的浙江是顶尖的,就是把它放在全国范围内考量也是屈指可数的。问题是,用开明思想治理这样的学校,尤其是在以旧学为主导的教育境况中,新学如何得到有效的传播,自然成了问题。这成了蔡氏辞职的主要原因之一。

二、南洋公学

南洋公学于 1896 年由盛宣怀奏请设立②,分师范院、上院、中院和外院四部。外院即小学,三年毕业可入中院,中院即中学,中院毕业升入上院,即专门学堂。1901 年增设特班——"都是擅长古文的;拟授以外国语及经世之学,备将来经济特科之选"③。该年 9 月,蔡氏被聘为特班总教习。这里主要阐释特班所设课程、教学管理及教学方法。

(一)课程设置

特班课程重在西学。特班章程第一条规定:"以待成才之彦之有志西学者。"④据蔡氏日记记载,初级课程为:伦理——孝经、伦理、曾子十篇,政治史——国政大纲,博物——矿物学、植物学教科书并备标本、动物学,卫生——生理学启蒙,外国语——英文,文词学——诗经文选诸子及道学家

---

① 《自写年谱》,见中国蔡元培研究会编:《蔡元培全集》第十七卷,浙江教育出版社 1998 年版,第436 页。

② 唐振常认为南洋公学成立的时间是 1896 年(唐振常:《蔡元培传》,上海人民出版社 1985 年版,第24 页)。崔志海著的《蔡元培》(浙江人民出版社 1998 年版,第 40 页)和陈科美主编的《上海近代教育史》(上海教育出版社 2003 年版,第 106 页)则认为是 1897 年。

③ 《我在教育界的经验》,见中国蔡元培研究会编:《蔡元培全集》第八卷,浙江教育出版社 1997 年版,第 505 页。

④ 转引自唐振常:《蔡元培传》,上海人民出版社 1985 年版,第 24 页。

政治家之文。高级课程为:伦理——二戴记(大学中庸在内)、孟子、伦理史(如孝友传、独行传之属)、公羊春秋、万国,政治史——公法国政、三通典、纪事本末、外国新史、中国外交史,哲学——学案、哲学概论(和文可译),博物——矿物、用和文、植物学译讲、动物,外国语——和文汉读法、英文。此外,政理、地理、算术、物理、化学出现词条,但未列具体科目名称。① 对于外国语,学生除在中学插班学习英文外,也有想学习日文的。蔡氏说自己不能说日语,但能看书,就用自己的看书法教学生,他们就试用译书的学习方法。②

(二)教学管理

蔡氏对特班的管理可分为两部分:

一是起草特班生的学习办法,具体内容如下:

首先,中学(含译本)课程和西学课程共 7 小时,时间均分;每日 3 小时课编纂,3 小时课讲义,1 小时修辞。其中,编纂为探迹之学。凡所阅记叙之书均属此类。读书摘记的要点和心得分为三类:第一是查考本末(即因果,凡下论断,必先推其前因后果),相当于纪事本末之类的手法;第二是排列史实,相当于某某札记一类的手法(即论理学上的归纳法,于纷纭的事例之中,抽出共性);第三是添加佐证,相当于商榷、考证一类的做法(本书不详,另引其他材料证明,或援引类似的时事材料,只是不可纠缠于琐屑环节)。讲义为探理之学,凡所看论著均属之(即日本人所理解的理论)。读书心得,一要节选精要,二要撰写心得,三要记下疑问。每 7 日一交。

其次,在课堂 7 小时以外,随意看书;如有心得和疑义,可单独记录,与

---

① 《日记》,见中国蔡元培研究会编:《蔡元培全集》第十五卷,浙江教育出版社 1998 年版,第 364—365 页。据《交通大学校史》载,按章程规定,特班功课分为前后两期,前期为初级,后期为高级,各限 3 年毕业。初级课程为英文、算学、格致化学,高级课程为格致化学的理论、地志、史学、政治学、理财学,并规定:"西课余暇,当博览中西政事诸书,以为学优则仕之地。"(转引自高平叔撰著:《蔡元培年谱长编》第一卷,人民教育出版社 1999 年版,第 214 页。)

② 《我在教育界的经验》,见中国蔡元培研究会编:《蔡元培全集》第八卷,浙江教育出版社 1997 年版,第 505—506 页。

札记同交。①

需要加以指出的是,蔡氏未去南洋公学之前,曾经在杭州方言学社开学日发表演说,力主输入西学,当以语言、文字为门径,间或介绍立宪思想。在演说中,蔡氏就提及探理之学、探迹之学。他认为,我国原有的探理之学必须与西洋理论结合起来演绎、推理,以避免二者格格不入。"由六经、诸子以推于名臣硕儒论议语录之属,抉择而演绎之,而后证之以西国理论,则无方凿圆枘之患。"②同样,对于我国旧有的探迹之学,蔡氏认为必须与西洋的政治结合起来分析、考察,方能避免机械教条的弊端。"由现行事例以追溯国初掌故,与夫历代制度之沿革,事变之孳乳,知其流弊之所由,而后矫之以西国政治,则无胶柱鼓瑟之患。"③这样的教学管理和学习态度已经是一种严格的学术研究了,由此可见蔡氏对待中西文化态度的端倪:分析、考察、比较,以我为主,为我所用。

二是制定特班生游息规则,具体内容有:

①学生的游息空间规定:打球、竞走等体育活动,只限于体操场;如雨天或寒冷的日子不能去操场,就只能在食堂、走廊等处散步,不可结队跳舞,妨碍他人。②学生出入食堂、操场时,皆当整齐,不可争先恐后,乱走。③学生平常走路时,皆当有步骤,不得冲撞他人。④即便在游息之地,学生之间也不可有戏言放荡、愤怒叫骂之事。④

显然,这个游息规则的中心内容就是培养学生的公德和规则意识。无论是"妨碍""乱走""冲撞"的禁止,还是"戏言放荡""愤怒叫骂"的防范,均是着眼于这一点。

---

① 《南洋公学特班生学习办法》,见中国蔡元培研究会编:《蔡元培全集》第一卷,浙江教育出版社1997年版,第328—329页。

② 《在杭州方言学社开学日演说词》,见中国蔡元培研究会编:《蔡元培全集》第一卷,浙江教育出版社1997年版,第309页。

③ 《在杭州方言学社开学日演说词》,见中国蔡元培研究会编:《蔡元培全集》第一卷,浙江教育出版社1997年版,第309页。

④ 《南洋公学特班生游息规则》,见中国蔡元培研究会编:《蔡元培全集》第一卷,浙江教育出版社1997年版,第375页。

（三）教学方法

如果说，蔡氏在绍兴中西学堂出任总理时，对于教学方法还只是一种宏观的把握，那么在南洋公学的蔡氏出任特班总教习则可以直接参与班级管理，面对面和学生打交道，其教学方法就更加细微、具体。其教学方法主要有以下三种：

一是读书指导法。读书指导法是指教师指导学生通过阅读教科书与课外资料获取知识，养成良好读书习惯，培养自学能力的教学方法。前述蔡氏让学生写札记，由教师批阅，就是这样的方法。这种札记，与读书笔记差不多，由蔡氏为学生规定修学门类及应读的参考书，门类涵盖政治、法律、外交、财政、教育、经济、哲学、文学、逻辑、伦理，以及各种自然科学。学生按其规定选取一门或两门，每天写读书札记递交，蔡氏亲自批改，隔一两天发下。"学生自由读书，写日记，送我批改。"①另外一种，月终由教员命题考试，评定甲乙两个层次，送总理鉴定。此外，每月作文一篇，由蔡氏出题和批改。

二是谈话法。即问答法，是教师根据一定的教学目的和教学内容，提出问题，引导学生在既有知识、经验的基础上进行思考，回答教师提出的问题，进而获得知识、受到启迪的一种教学方法。如果说前述绍兴中西学堂教师之间的谈话法，学生是被动地静听，那么，南洋公学特班学生所受的谈话法则是个别的、具体的、师生互动的。蔡氏每晚召集两三个学生作个别谈话，或发问，或叫学生口述学习心得，或谈时事感想。全班42人，每人隔十来天都有机会到他房内谈话一次。学生每次去，看见满室图书，蔡氏伏案其间，"无疾言，无愠色，无倦容，皆大悦服"②。

三是练习法。练习法是在教师指导下，使学生学会应用知识，形成技能技巧，达到学以致用的目的。蔡氏令学生佩服的地方是在正课之外，前述让学生读日文、试着译书就是一例。为此，蔡氏曾对学生说，今后学人须具有世界知识，因世界每日都在进化，每日都有新事物的发明创造，学说日

---

① 《我在教育界的经验》，见中国蔡元培研究会编：《蔡元培全集》第八卷，浙江教育出版社1997年版，第505页。

② 蔡建国编：《蔡元培先生纪念集》，中华书局1984年版，第53页。

新月异;欧洲书籍价格昂贵,不是一般人力所能及的;日本翻译的西方书籍
很多,而书价便宜;能读日文书,则无异于能遍读世界新书;至于日语,将来
如去日本留学,再学不迟。①

在以新学为主导的南洋公学特班教育教学中,蔡氏的指导思想显然有
违公学办理者"中学为体,西学为用"的办学宗旨。这注定了蔡氏的辞职
是不可避免的。②

尽管蔡氏在绍兴中西学堂和南洋公学所待的时间不长(实际时间均
是 1 年左右),但这两段经历在蔡氏 1912 年前的教育活动中显示出了重要
意义。

第一,为了理想,选择叛逆。翰林是封建时代文人向往的最高荣誉之
一,蔡氏为此倾注了大量心血,但他不满清廷镇压维新党人,厌恶官场腐
败,毅然决然地辞官南下,致力教育,足见蔡氏意志的坚决。这种行为本身
就具有一定的社会影响力,意味着封建文人读书做官的传统老路已遇到了
问题,表明旧式知识分子所钟情的修齐治平开始出现内在的困境:在一个
天崩地解的时代,如何回应传统,怎样直面现实。在全新的西学扑面而来
的时代大潮面前,旧学深厚而又绵绵吸收新学的灵魂深处,弥散着五味杂
陈的惊奇、困惑、苦恼。在外国的坚船利炮面前,天朝大国濒临被瓜分的边
缘,传统教育所培养出来的忠君报国的士子在情感上应该是鲜血淋漓的。
此情此景,国破家亡,君忧民苦,蔡氏的举动无疑具有一定的象征意义,预
示着时代的风暴即将来临。

第二,观念革新始终脱离不了传统母邦的思想脐带,叛逆如蔡氏也不
例外。蔡氏的思想言行需要依托他所处的时代,作为个体,其学脉中流淌
的文化因子也无法摆脱几千年沉淀而成的华夏传统。因此,我们说,蔡氏

---

① 蔡建国编:《蔡元培先生纪念集》,中华书局 1984 年版,第 53—54 页。

② 蔡氏离开南洋公学是因为支持学生运动。学校里向有新旧之争。旧派在教学思想和教学管理上
都显得老套、过时,不为学生欢迎。校方因一件小事而无理开除第五班一名学生而引起该班全体
学生退学,进而引起全校公愤,以 200 多人交涉、退学声援。特班学生也参与了退学事件,有人借
此责怪这是蔡氏平常提倡民权的影响,而蔡氏也完全同情和支持学生:学生退学之前,为学生免于
开除而斡旋;学生退学之时,告知学生将独立组织学校;辞职,为组织学校而奔走。最终,爱国学社
成立。(参见唐振常:《蔡元培传》,上海人民出版社 1985 年版,第 31 页;崔志海:《蔡元培》,浙江
人民出版社 1998 年版,第 49—51 页。)

的思想此时处于开明时期,证据在于:其一,中西学堂的课程偏于中学,出资办学的校董本人就是旧派①,绍兴太守具有人事安排的最终决定权②。1901年4月19日,蔡氏《在杭州方言学社开学日演说词》中说:"欲复吾祖宗之法训,其必取资东西邻矣。"③在这里,他所持的文化立场实质就是洋务派的思想宗旨"中学为体,西学为用"。其二,南洋公学是洋务派代表人物之一盛宣怀督办而成的,其办学宗旨就是"中学为体,西学为用"。尽管蔡氏所管理的特班偏重西学,但在官府督办的背景下,蔡氏还是要遵守其规范,不可能放开手脚,全面革新;否则,只有辞职。

第三,思想要革新,不仅须有新学的引进、消化、吸收和甄别,而且须有新思想、新理念作指导。所有这一切都需要新学的输入这个前提。在一个传统久远、旧学弥漫、观念顽固的国度,一切外来的学说和思想无疑是"异端""邪说";若要在官府主办的学校教育中毫无顾忌地传播新思想,尤其是颇有颠覆色彩的进化论和民权观念,无异于在一座密闭的房子上敲开了一扇天窗,新鲜的空气与灿烂的阳光涌流而进是必然的。就此而言,蔡氏的办学理念、教学方法和教学内容已显露出思想自由的端倪。

第二节　社会教育

蔡氏是中国近代社会教育的积极倡导者。1912年,蔡氏出任教育总

---

① 说徐树兰是旧派是就维新、民权、进化论等思想而言的。对此,学界有人为徐树兰辩护,说徐氏是开明士绅,捐资办学,其识见是当时的蔡元培所不及的;蔡元培的辞职不是思想观念的冲突,而是办事方式的问题,即与蔡氏参与列名经元善反对清廷立储的通电有关,进而危及学堂,招致徐氏干涉。这是其一。其二,蔡、徐二人的冲突还在于办学经费的紧张,这在一定程度上与蔡氏办学方式脱离学堂发展实际,为学堂增加了不少资金负担有关。蔡、徐冲突实质是蔡氏要与徐氏争夺办学主导权。其三,蔡氏辞职是相当冲动、决绝的,没有为他人留下一丝一毫的回旋余地,近乎不近人情。(参见项义华:《蔡元培与绍兴中西学堂——一个超越"新旧冲突"的分析视角》,载《浙江学刊》2010年第6期。)
② 《日记》,见中国蔡元培研究会编:《蔡元培全集》第十五卷,浙江教育出版社1998年版,第192页。
③ 《在杭州方言学社开学日演说词》,见中国蔡元培研究会编:《蔡元培全集》第一卷,浙江教育出版社1997年版,第309页。

长时,"为提倡补习教育、民众教育起见,于教育部中增设社会教育司"①。这在我国教育史上是个创举。从此,中国社会教育有了一个全国性的管理机构,社会教育一词在我国开始成为一个专有名词,并沿用至今。在民国首任教育总长任内及此后,蔡氏身体力行,为中国近代的社会教育倾注了大量心血。与此相应的是其社会教育思想的内容也颇为丰富。金林祥先生对此进行了颇为详细的探讨。② 笔者在此探讨的主要是蔡氏1912年之前所致力的社会教育活动及其指导思想。

蔡氏于1898年10月回归故里致力教育事业,从此时到1907年出国留学止,蔡氏的主要活动范围就是在上海和浙江两地。他除致力绍兴中西学堂和南洋公学两处学校教育外,其他大部分时间都花在社会教育上。同时,在蔡氏眼中,学校教育中也蕴含着丰富的社会教育内容。

一、学校与社会

前文已述,蔡氏在主持绍兴中西学堂时在校内设立图书馆,一方面想方设法筹集社会资金购书,利用社会力量增加学校藏书;另一方面,学校丰富的藏书有偿向社会开放,既是为了利用社会资金办理资金有限的学校教育,又是取之于社会,为社会服务。蔡氏认为,学校藏书少,购书又颇破费,所以要利用社会资金购买图书;同时,学校藏书一旦丰富起来,应当向社会开放,使那些不能上学的人也能通过借书的方式而有机会阅读。③

蔡氏鼓励、指导学生演说、辩论。如在南洋公学时,蔡氏曾对学生说:"今后学人,领导社会,开发群众,须长于言语。"④于是,蔡氏组织学生进行演说、辩论,并加以辅导,开列日文演说方面的书目,让学生学习;还提倡学习用普通话演说,不用方言。蔡氏为辩论会第一次拟定的题目为《世界进化,道德随而进化乎? 抑否乎》。⑤ 这种论题,既引进了时新的观念,又糅

① 《自写年谱》,见中国蔡元培研究会编:《蔡元培全集》第十七卷,浙江教育出版社1998年版,第468页。
② 金林祥:《蔡元培教育思想研究》,辽宁教育出版社1994年版,第196—206页。
③ 《〈绍郡中西学堂借书略例〉序》,见中国蔡元培研究会编:《蔡元培全集》第一卷,浙江教育出版社1997年版,第243页。
④ 蔡建国编:《蔡元培先生纪念集》,中华书局1984年版,第54页。
⑤ 蔡建国编:《蔡元培先生纪念集》,中华书局1984年版,第53页。

进了永恒的时代课题,富有思辨性、开放性和挑战性,在 100 多年前的中国,说是领风气之先,是一点也不为过的。蔡氏这样做的目的是什么呢?

按照当时特班学生黄炎培的理解:"盖在启发青年求知欲,使广其吸收,由小己观念进之于国家,而拓之为世界。又以邦本在民,而民犹蒙昧,使青年善自培其开发群众之才,一人自觉,而觉及人人,其所诏示,千言万法,一归之爱国。"①应该说,这既与蔡氏教育救国的理念一脉相承,又可理解为他为 1912 年的教育方针设想中所提及的道德教育和世界观教育内容所做的铺垫,而后者则深化了此前的思想内容,由政治内的事走向超轶政治的事——为群伦,为将来,为精神的愉快。

在力倡学校教育服务社会这一方面,蔡氏以实际行动来践行自己的教育理想,如在任绍兴中西学堂总理期间,他还同时关心整个绍兴地区、浙江乃至全国的教育改革。清末因政治动荡、思想混乱而教育也变动无常。"朝三暮四,新耳目尔。"②由于教育教学不统一,课本不定,蔡氏试图改变这种现状,他借鉴他国学校评议的经验,于 1899 年 11 月发起组织绍兴府学堂学友会,"广援同志,联为学友"③,以推动绍兴地区的教育改革。"已通国文溥通学,而究心教术,不沾沾于利禄者",均可引为同志,并对学友做了如下规定:

(1)对学堂办事授业的章程有乐于促成、纠正之责。

(2)学友有志于算学及外国语者,可住学堂,可不出膳金,但须为学堂编写教科书,或负责检束学生。

(3)入住学堂的学友须于每月 15 日在学堂集议;离学堂相距一两日路程的学友,须在特别议期——孔子生卒日(生日为阴历八月二十七日,卒日为阴历二月十一日)参会,无论远近。

(4)如学友不住学堂而又自愿编写教科书,书成,经众学友评议,可为

---

① 蔡建国编:《蔡元培先生纪念集》,中华书局 1984 年版,第 54 页。
② 《绍兴府学堂学友约》,见中国蔡元培研究会编:《蔡元培全集》第一卷,浙江教育出版社 1997 年版,第 247 页。
③ 《绍兴府学堂学友约》,见中国蔡元培研究会编:《蔡元培全集》第一卷,浙江教育出版社 1997 年版,第 247 页。

善本者,即由学堂出资付费,且为付刻,但仍署编者名。①

上述 4 条规定表明,蔡氏试图利用社会办学力量推进学校教育。

1899 年 12 月,蔡氏又撰写《绍兴推广学堂议》一文,宣传教育救国的主张。"且今天下志士,所抵掌奋谭,为保国强种之本者,非学堂也哉。"②理由是中国虽名为一统,但实则各自为政;甲午屈辱以后,中国睡而将醒,虽学堂兴起有点苗头,但屈指可数,且县、府、省都在教育事业上混乱不堪:"宗旨不一也,阶级不差也,师范不同也,课本不编也,公费不筹也,学友不联也。"③因此,蔡氏呼吁绍兴所属八县改变各自为政的弊端,筹集绍兴八县公款,统一兴办学校,在府城设立高级、中级学堂各一所,在县城各设初级学堂,为本省和全国的教育改革树立模范,因为"层台基于尺土,乔木孕于寸萌"④。

破旧未必是立新的唯一途径,有时鉴于事物的错综复杂性,改革也不失为一种适宜的选择方法。在 19 世纪末 20 世纪初的绍兴地区,蔡氏曾推动书院改革。在任中西学堂总理期间,蔡氏同时兼任嵊县剡山、二戴书院和诸暨翊志书院院长。1900 年 2 月 27 日,在《剡山二戴两书院学约》中,蔡氏提出一套崭新的办学宗旨和教学方法,认为"学当以益己、益世为宗旨",为学者"平日当究心有用之学",追求自立自强,戒除盲从、失职的积习;实事求是,闻一言,见一事,须探由溯源,追根究底,破除捕风捉影、伤天害理、逢迎谄媚、趋炎附势的陋俗,专心致志。

他特别指出,读书人须摒弃做官的思想,认为无论做官还是为师,都是做工,不能不劳而获。他说:"诸生有志为士,当思自有生以来,一切养生之具,何事不仰给于农工商,而我所以与之通易者,何功何事? 不患无位,

① 《绍兴府学堂学友约》,见中国蔡元培研究会编:《蔡元培全集》第一卷,浙江教育出版社 1997 年版,第 247—248 页。
② 《绍兴推广学堂议》,见中国蔡元培研究会编:《蔡元培全集》第一卷,浙江教育出版社 1997 年版,第 252 页。
③ 《绍兴推广学堂议》,见中国蔡元培研究会编:《蔡元培全集》第一卷,浙江教育出版社 1997 年版,第 252 页。
④ 《绍兴推广学堂议》,见中国蔡元培研究会编:《蔡元培全集》第一卷,浙江教育出版社 1997 年版,第 252 页。

患所以立,怵然脱应试求官之积习,而急致力于有用之学矣。"①只有这样,才能改变亡国灭种的命运,洗刷国家的耻辱。

在教学方法上,除听课外,蔡氏要求学生另准备日记两本(缴甲,则写乙;缴乙,则写甲)每日记下读书心得,每月随课卷上缴,以便院长结合课卷,评品优劣得失,考查进退。

在教学内容上,蔡氏认为学生可以选择心理学、教育学、政治学、社会学、伦理学、文辞学、美术学、公法学等作为课程。同时,蔡氏再次强调实学,希望学生多多研究,并愿助力达成。"如有英俊后生,破除俗见,志为实学,以备致用,则鄙人不量识途之微明,愿助及群之孟晋。"这里的"俗见"主要是针对学生中存在的追求科举得第、做官的想法。蔡氏联系自身经历,希望学生摒弃科举考试的观念,志于实学。对于八股文、八韵诗,要坚决反对,"鄙人自二十岁以后,即已屏弃,虽侥幸得第,并不系此"。为此,他力倡书院通过捐款方式添置新学书籍,"院中藏书,经史大部已具,所必须增加者,惟新学书而已"。而且,蔡氏还指出,在一个月中的几个特别的日子,希望在院董事致力于邻近乡里的社会教育,"当集邻近不识字人及儿童、妇女,为讲朱子小学及《圣谕广训》之属"②。

1900 年 11 月,蔡氏因友人之邀,赴嘉善一行,协助嘉善的宁绍会馆筹建学塾,改进会务;继而,为嘉善客农垦荒纳租问题草拟建议。1901 年 4 月 19日,杭州方言学社开学,受人之邀,蔡氏前往观礼,并发表演说。在演说中,蔡氏着重阐述三个问题:一是我国学塾"恋旧之习太深",当以崇实为旨要;二是欲改变我族积贫积弱的现状,须"取资东西邻",而输入西学当以语言文字为锁钥;三是学校机制与国体变迁有关,而"我国苦专制久矣",学人当以崇实之正,"引而申之","扩而充之","以灌输立宪思想于国民之脑中"③。

1901 年 8 月 3 日,蔡氏在综合理论与实践两方面的教育情形后,撰写

---

① 《剡山二戴两书院学约》,见中国蔡元培研究会编:《蔡元培全集》第一卷,浙江教育出版社 1997 年版,第 255 页。
② 《告嵊县剡山书院诸生书》,见中国蔡元培研究会编:《蔡元培全集》第一卷,浙江教育出版社 1997 年版,第 283—285 页。
③ 《在杭州方言学社开学日演说词》,见中国蔡元培研究会编:《蔡元培全集》第一卷,浙江教育出版社 1997 年版,第 307—310 页。

了《浙江兴办学堂节略》一文,为推动浙江全省的教育改革提出了具体建议。他主张,在省城,设立一所师范学堂,"以为各府州县学堂养教习之材,是为各学堂根本"。另设一所高等学堂、一所中学堂,以及若干小学堂和蒙学堂。在县城,各设一所小学堂和若干蒙学堂。在各乡,则宜设若干蒙学堂。教育经费则从正赋正额以外的收受部分,货捐以及灯节、演剧、迎神、赛会的缴费中设法筹措。

与此同时,蔡氏继续呼吁改造传统书院、义塾,因为当时的书院、义塾"专课举业,无裨实用",且其中一些师生为牟利而来,"品类不齐,辄为人心风俗之害,而办事之人不免舞弊中饱,实与初设之意大相刺谬",不如一律改订课程,按照相应的中小学堂办理。① 此后,蔡氏虽离开浙江,远赴上海,但仍不忘绍兴和浙江的教育事业。如 1903 年 3 月 8 日,蔡氏在上海向旅沪绍兴人士发表演说《绍兴教育会之关系》,重申教育的重要性,呼吁利用上海便利的交通输入文化,以振兴绍兴地区的教育和社会事业。1906年 4 月 22 日,蔡氏应邀离沪返回故里,在绍兴学务公所成立会上发表演说,敦促绍兴所属八邑联合起来振兴教育,改良社会,独立不惧。

在当时的中国,绍兴与浙江虽受新潮、西学影响不小,但毕竟无法满足胸怀全国、志存高远的蔡氏。1901 年 5 月,应上海澄衷学堂总理刘葆良的邀请,蔡氏前往襄助校务。同年 9 月,蔡氏受聘南洋公学特班总教习,前文已述,兹不赘述。除投身学校教育外,蔡氏在上海致力的社会教育莫过于参加中国教育会,组织爱国学社和爱国女学。这期间,蔡氏富有教育救国的理想,并进行思想传播,参与革命活动。

中国教育会成立于 1902 年 4 月,蔡氏为会长。② 中国教育会成立的初衷在于编写教科书和函授教学。同年 11 月,恰逢南洋学生发生退学风潮。一部分学生"借中国教育会之助,自组爱国学社"③。其中,蔡氏曾起积极推动作用。

---

① 《浙江兴办学堂节略》,见中国蔡元培研究会编:《蔡元培全集》第一卷,浙江教育出版社 1997 年版,第 323 页。

② 蔡建国编:《蔡元培先生纪念集》,中华书局 1984 年版,第 28 页。

③ 《我在教育界的经验》,见中国蔡元培研究会编:《蔡元培全集》第八卷,浙江教育出版社 1997 年版,第 506 页。

（一）爱国学社

南洋公学发生退学，作为特班总教习的蔡氏也辞职。"南洋公学学生既退学，谋自立学校，乃由子民为介绍于中国教育会，募款设校，沿女学校之名，曰爱国学社。"[①]

爱国学社是由南洋公学学生为反抗压制而组成的，希望自由、无所羁绊。这可由学社章程对其宗旨内容的规定看出："重精神教育"，"所授各科学，皆为锻炼精神、激发志气之助"[②]。这应是一种人格教育、一种灵魂塑造的教育。所以学社极其自由是无疑的，这里成了一个无所拘束的新天地。他们称学社为共和学校。[③] 其内部组织以联为单位，全体学生分若干联，每联二三十人，由学生自由加入。凡是学社的方针大计，多由学联开会决议，交由主持者执行。中国教育会与爱国学社成了一个二而为一、一而为二的机构。"那时候学社中师生的界限很宽，程度较高的学生，一方面受教，一方面即任低级生的教员；教员热心的，一方面授课，一方面与学生同受军事训练。"[④]

精神教育的实施、内部组织的运行、师道尊严的打破等表明爱国学社彻底跳出传统师塾、学堂及书院的等级阈限，预示着自由、平等的人权观念在蔡氏的教育实践中生根、发芽、发展、壮大起来了。

（二）爱国女学

蔡氏深受俞理初的女权思想的影响，认识到男女平权的意义所在，后经发展，其女学思想逐渐丰富。在 1901 年 10 月出版的《学堂教科论》的结尾部分，蔡氏详细探讨了女学问题。为什么要探讨女学，蔡氏提出如下理由：第一，我国在相当漫长的时间里不讲女学。第二，女子不学，无以自立，

---

① 蔡元培：《蔡子民先生言行录》，山东人民出版社 1998 年版，第 5 页。
② 《爱国学社章程》，见中国蔡元培研究会编：《蔡元培全集》第一卷，浙江教育出版社 1997 年版，第406 页。
③ 唐振常：《蔡元培传》，上海人民出版社 1985 年版，第 34 页。
④ 《我在教育界的经验》，见中国蔡元培研究会编：《蔡元培全集》第八卷，浙江教育出版社 1997 年版，第 506 页。

危害甚大。所以,"正本清源,自女学堂始"①。

因为对女学的重视,1902 年 12 月,蔡氏与蒋观云、黄宗仰等在上海创办爱国女学,不久被推为女学总理。一年后离开爱国女学,1904 年 7 月,又任爱国女学校长。爱国女学的宗旨是"增进女子之智德体,力使有以副其爱国心"②。其教员多由中国教育会会员担任,为义务会员;如会员不足,才向社会聘请积学之士。

1903 年 5 月,中国教育会通过修改的《改良章程》,其宗旨有所发展,"本会以教育中国国民高其人格以为恢复国权之基础为目的"。根据章程,该会设立学校教育部和社会教育部:前者"主输灌学理,开发智识,凡设立学堂、编辑教科书等事隶之";后者"主提倡政论,改良风俗,凡书报演说等事隶之"③。

中国教育会和爱国学社还致力于张园演说,自 1903 年首次在上海张园安垲第开始,以后多次举行。④ 初期参加演说的人成分复杂,政见各异,且演说内容起初也漫无中心,有鼓吹罢学的,有宣传体育的,有主张改革教育的,有提倡工商的。后来,因抵制法国军队干涉中国内政和抗议俄国军队违背协议拒不撤离东三省,主题逐渐集中,成为一股熊熊燃烧的爱国火焰。远达留日学生,近至全国各地,纷起而相应,由宣传爱国反对卖国,进而最终演变为"排满"革命,上海由此一时成为中心。张园演说,为朝野所瞩目。中国教育会与爱国学社的成员,多为张园演说的积极参加者,"若蔡元培与吴稚晖,则是其主干"⑤。

中国教育会通过学校教育和社会教育,尤其是公开演说,把思想观念公之于众,这对于一个言论自由向来匮乏的国度来说,不仅宣传了民族国家观念,而且也是在进行思想的传播和真理的布道。"承认真理有权被所

---

① 《学堂教科论》,见中国蔡元培研究会编:《蔡元培全集》第一卷,浙江教育出版社 1997 年版,第 344 页。

② 《爱国女学章程》(补订),见中国蔡元培研究会编:《蔡元培全集》第一卷,浙江教育出版社 1997 年版,第 440 页。

③ 高平叔撰著:《蔡元培年谱长编》第一卷,人民教育出版社 1999 年版,第 265 页。

④ 唐振常:《蔡元培传》,上海人民出版社 1985 年版,第 34 页。据蒋维乔回忆说,张园演说每周举行一次。(蔡建国编:《蔡元培先生纪念集》,中华书局 1984 年版,第 32 页。)

⑤ 唐振常:《蔡元培传》,上海人民出版社 1985 年版,第 35 页。

有人得到,就是允许把真理像政治辩论一样交给所有人去评判,并希望它最终能被所有人接受和认可。"①这无疑极大地改变了人们的思想观念,对培养具有独立人格的国民起着积极的推动作用。

二、书报与观念

除致力学校教育与社会教育外,中国教育会还致力报刊的建设与办理。办理报刊的目的就是为了宣传新思想、新观念,乃至最终破旧立新,以推动社会进步。因张园演说倡言革命,震动全国,对此,顽旧分子极力反对。上海主要报刊如《申报》《新闻报》都持反对论调。鉴于此,中国教育会乃以《苏报》为机关报②,针锋相对。于是,由蔡氏等人每日轮流为《苏报》撰写论说。1903 年 6 月,《苏报》开始报道全国各地的爱国学生运动,先后发表章太炎、章士钊为邹容的《革命军》所作的序和所写的评介,还发表了章太炎的《驳康有为书》等论文,鼓吹革命。一时,"'排满'兴汉之激烈议论,高唱入云"③。

在这场"排满"运动中,蔡氏的思想与众不同。早在 1903 年 4 月 11 日,面对革命党人中激烈的"排满"情绪,蔡氏在《苏报》上发表《释"仇满"》一文,主要内容有三点:

一是论说"满汉"两族通过多年的交往与相处,已在血统和习俗上渐趋同化,所谓"满洲人"实为政治上特权人物的代名词——世袭君主、驻防各省八旗子弟和不劳而获者。即便这三种人一开始是寄生虫,但后来也发生了变化:第二、第三类人日渐贫苦。所以,"仇满"之论纷纷,"皆政略之争,而非种族之争"④。

二是汉族也有种族偏见,随着进化论的流布,种族贵贱意识渐趋消亡。而政治上特权人物在中国的存在是"仇满"论的根由。所以,那种"无满不仇,无汉不亲;事之有利于满人者,虽善亦恶,而事之有害于满人者,虽凶亦吉"的种族偏见是狭隘的。

---

① 〔法〕让-皮埃尔·韦尔南:《希腊思想的起源》,秦海鹰译,三联书店 1996 年版,第 41 页。
② 蔡建国编:《蔡元培先生纪念集》,中华书局 1984 年版,第 32 页。
③ 蔡建国编:《蔡元培先生纪念集》,中华书局 1984 年版,第 33 页。
④ 中国蔡元培研究会编:《蔡元培全集》第一卷,浙江教育出版社 1997 年版,第 416 页。

三是民权大势如江河之流,势不可挡。原因就在于"非以多数幸福为目的者,无成立之理;凡少数特权,未有不摧败者"①。

应该说,蔡氏上述的分析是较为周全的,在近代"驱除鞑虏"的民族主义浪潮中,蔡氏对满族、世袭君主、八旗子弟、不劳而获者等进行严密细致的厘清,凸显其理性的冷峻——持中、公允、合理。这不是传统儒者中庸之道的真传,又是什么呢!

显然,报刊对人们的思想观念的改变具有很大的作用。对此,蔡氏有着深刻的认识:国人思想幼稚,必须通过报刊来揭示积弊,澄清事实,转变观念。"丁戊之际,有《时务报》,始欲以言论转移思想,抉摘弊习,有摧陷廓清之功;其后有《知新报》,参以学理;有《湘学报》,参之以掌故。嗣是人心为之一变。"②实践上,蔡氏身体力行,亲自办报。1901年10月,蒋智由、赵祖德等在上海创办旬报《选报》,蔡氏为其撰写发刊词,宗旨为"荟域中域外之国文报而抉择之,其在关天下之故、通古今之变者,咸具本末,间附评议,托体于温故,而取径于开新"③。同年11月,蔡氏与张元济、杜亚泉等议办旬报《开先报》,并撰写《开先报》叙例,报名"开先",取英语pioneer(前队、冲锋)之义。④ 后改名为《外交报》。报刊不为牟利,志在裨益时局;董理和编辑概不支薪。"他们还是继续着维新时期的爱国热忱和启发民智的宗旨,所考虑的也必然是社会效益。"⑤1903年12月,蔡氏与陈镜泉等合作创刊《俄事警闻》日报,谋划和宣传对俄运动。该报初由王季同主编,蔡氏撰写论说兼译日文稿件;不用清朝年号,而以干支纪日,附注西历,文体也兼采白话,富有革新精神。"不直接谈革命,而常译述俄国虚无党历史以间接鼓吹之。"⑥1904年2月,因日俄战争爆发,《俄事警闻》改名为

---

① 中国蔡元培研究会编:《蔡元培全集》第一卷,浙江教育出版社1997年版,第417页。

② 《〈开先报〉叙例》,见中国蔡元培研究会编:《蔡元培全集》第一卷,浙江教育出版社1997年版,第367页。

③ 《〈选报〉叙》,见中国蔡元培研究会编:《蔡元培全集》第一卷,浙江教育出版社1997年版,第352页。

④ 《〈开先报〉叙例》,见中国蔡元培研究会编:《蔡元培全集》第一卷,浙江教育出版社1997年版,第368页。

⑤ 张人凤:《张元济》,山东画报出版社2001年版,第43页。

⑥ 蔡元培:《蔡孑民先生言行录》,山东人民出版社1998年版,第7页。

《警钟日报》，蔡氏任主编。其间，蔡氏除每日撰写文言和白话论说各一篇外，还要负责编务、印刷和发行，且常为经费所困。但蔡氏的独角戏苦撑达四五个月之久。蔡氏此时深信西洋社会主义，"废财产、废婚姻"①。蔡氏在《警钟日报》上连载发表小说《新年梦》表达的就是这种理想。

值得注意的是，蔡氏认为社会主义理想须得到世界上大多数人承认后，方有可能实行。所以，"传播此等主义者，万不可自失信用"②。这是有针对性的，因为当时的中国确有一些人打着主义的幌子而沽名钓誉，损人利己。后来的问题与主义之争，何尝不是肇始于这样的社会境遇！

撰写、编译书籍也是蔡氏致力于思想观念变革的重要举措之一，如1901年，他撰写的《学堂教科论》就是在搜集国内外参考资料的基础上完成的，该书对各级学校的课程进行了研究，指出科举导致了晚清学风败坏，并分析了语言与思想之间的关系，此外，还指出女学的重要意义。1902年，蔡氏编写《文变》一书，萃取严复、梁启超，日本人深山虎太郎、山根虎侯、石川半山等，以及黄宗羲、俞正燮（理初）等人的著作编订而成，以使"读者寻其义而知世界风会之所趋，玩其文而知有曲折如意应变无方之效用"③，重在改变人们的思想观念，除旧布新。后文提及的《哲学要领》《妖怪学讲义》《伦理学原理》《德意志大学之特色》《中国伦理学史》等莫不如此。

这一时期，蔡氏还为同时代的作者出书作序，介绍、推广这些书籍所蕴含的精义。如1899年4月，蔡氏为徐维则编辑的介绍东西方图书的著作《东西学书录》作序，以推广与时俱进的学术；1901年3月，为杜亚泉所写的《化学定性分析》两篇作序，介绍其文章所采用的方法打破通常的演绎推理而代之以归纳的科学方法；同年12月为马用锡的《讲义录》作序，介绍此讲义"尽弃旧日迂谬诬诡之习"，足以为新学提供难得的门径。④ 1902年11月，为徐维则增版《东西学书录》作序，介绍此书有利于新学传播，裨

---

① 蔡元培：《蔡孑民先生言行录》，山东人民出版社1998年版，第7页。
② 蔡元培：《蔡孑民先生言行录》，山东人民出版社1998年版，第7页。
③ 《〈文变〉序及目录》，见中国蔡元培研究会编：《蔡元培全集》第一卷，浙江教育出版社1997年版，第400页。
④ 《马用锡〈讲义录〉序》，见中国蔡元培研究会编：《蔡元培全集》第一卷，浙江教育出版社1997年版，第376—377页。

益学界匪浅;同年为麦鼎华编译的《中等伦理学》作序,介绍此书兼采直觉说和经验说,调和中西方伦理精神,热切希望中国从事教育的人"亟取而应用之",不要仅仅只用四书五经一类的参考书束缚学生的思想发展。①

总之,蔡氏所理解的教育,是一种大教育观,不仅涵盖传统的学校教育,而且渗透在社会生活的各个方面。虽然他没有提出学校即社会、社会即教育之类的主张,但其宏大的教育视野无疑内容丰富,博大精深。"夫教育者,非徒一二学堂之谓,若演说,若书报,若统计,若改革风俗,若创立议会,皆教育之所范围也。"②后来,蔡氏就任教育总长时设立社会教育司;在执掌北京大学时,力主教育服务社会③;就任大学院院长时,积极推动高等教育服务社会,也是出于同一思路。

三、思想与革命

在办理绍兴中西学堂、就任南洋公学特班总教习时期,应该说蔡氏仍然推崇的是教育救国,因为这两所学校事实上都倾向保守,前者偏重中学,课程设置内容以中学为主,西学为辅。尽管教员在餐厅与学生共餐时,偏重新学的教员在言论上暂时领先旧学教员,但不要忘了以下两点:一是学生文化程度的划分是以国学程度为依据;二是校董为旧派,干涉学校事务,这也是蔡氏辞职的主要原因。后者的指导思想是"中学为体,西学为用"。蔡氏主持的特班教学内容以西学为主,中学为辅。这为蔡氏进行思想自由教育留下了一定的回旋空间。但由于办学的主导思想与新学、民权之间仍然存在一定的距离,学生争取民权运动不可避免,同情和支持学生的蔡氏

---

① 《〈中等伦理学〉序》,见中国蔡元培研究会编:《蔡元培全集》第一卷,浙江教育出版社1997年版,第410页。张之洞见此书后,"既不满麦书,而谓蔡序尤谬妄"。清学部也认为此书中西学说杂糅,蔡序尤荒谬,下令查禁。(高平叔撰著:《蔡元培年谱长编》第一卷,人民教育出版社1999年版,第252页。)
② 《绍兴教育会之关系》,见中国蔡元培研究会编:《蔡元培全集》第一卷,浙江教育出版社1997年版,第413页。
③ 如当时北京大学服务社会的举措,诸如(一)学生组织讲演会,逢礼拜日讲演,与中小校教员听;(二)教授创办孔德学校,概用新法,由小学一年始至中学末年止,定为十年;(三)办平民学校,夜间及礼拜日授课,无论男女老幼,均可往学;(四)组织平民讲演团,到处讲演;(五)办白话书报分发。(参见《在旧金山华侨欢迎会的演说词》,见中国蔡元培研究会编:《蔡元培全集》第四卷,浙江教育出版社1997年版,第358页。)

的辞职也势在必行。在社会教育方面,对浙江传统书院的改造,富有立宪思想内容的《学堂教科论》《在杭州方言学社开学日演说词》等无不昭示蔡氏还是一个开明的旧式知识分子的形象。这是问题的一方面,问题的另一方面则是蔡氏最终走上了革命道路。

"自三十六岁以后,我已决意参加革命工作……在爱国学社中竭力助成军事训练,算是下暴动的种子。又以暗杀于女子更为相宜,于爱国女学,预备下暗杀的种子。一方面受苏凤初君的指导,秘密赁屋,试造炸药,并约钟宪鬯先生相助,因钟先生可向科学仪器馆采办仪器与药料。又约王小徐君试制弹壳,并接受黄克强、蒯若木诸君自东京送来的弹壳,试填炸药,由孙少侯君携往南京僻地试验。一方面在爱国女学为高材生讲法国革命史、俄国虚无党历史,并由钟先生及其馆中同志讲授理化,学分特多,为练制炸弹的预备。年长而根柢较深的学生如周怒涛等,亦介绍入同盟会,参加秘密小组。"[1]

1904年11月,一个重要革命团体光复会在上海成立,蔡氏为会长[2],主要骨干有陶成章、徐锡麟、秋瑾等。光复会以"光复汉族,还我山河,以身许国,功成身退"为宗旨,具有较为浓厚的"反满"色彩。光复会成立后,就着手联络江浙一带的会党,努力策划武装起义,并以此与湖南的华兴会遥相呼应。

早在1904年7月,蔡氏就已决意参加革命活动。那时,他"以女学作为革命党通讯与会谈的地点"。蔡氏说,爱国女学教员龚宝铨"本随陶君焕卿(成章),属往金、衢、严、处等地,运动会党,劝他们联合起来,待时起事。而绍兴又有一派秘密党,则为嵊县王君金发、祝(竺)君绍康所统率,而主动的是徐君伯荪(锡麟)。此两派各不相谋,而陶、徐两居(君)均与我相识,我就约二君到爱国女学,商联络的方法,浙东两派的革命党由此合

---

① 《我在教育界的经验》,见中国蔡元培研究会编:《蔡元培全集》第八卷,浙江教育出版社1997年版,第507页。蔡氏兼任《警钟日报》编辑和爱国女学校长,"其时并不取贤母良妻主义,乃欲造成虚无党一派之女子"。(蔡元培:《蔡孑民先生言行录》,山东人民出版社1998年版,第8页。)

② 蔡氏由于"人望"而被推为会长。(高平叔撰著:《蔡元培年谱长编》第一卷,人民教育出版社1999年版,第291页。)

作,后来遂成立光复会"①。

作为恂恂儒者的蔡氏是如何由致力教育而走上革命道路的？其一,蔡氏青年时代的性格中已显露出叛逆的痕迹,他考中秀才后钟情于怪八股就是例证之一。这个问题将留待后文阐释,兹不赘述。其二,蔡氏因不满校董干涉而辞去中西学堂总理这一事件已初步显露出其反叛旧势力的端倪。在致徐树兰的信函中,蔡氏表明自己决不畏祸,并愿意效仿谭嗣同的坚贞而不惜献出自己的生命。其三,无论是在中西学堂佑助新派宣传进化论,提倡民权、女权思想,还是在南洋公学提倡民权、让学生自由读书,蔡氏内心深处已微露出向慕自由、人权的萌芽。其四,身受爱国学社革命环境的耳濡目染,蔡氏开始放言革命。"那时候同任教员的吴稚晖、章太炎诸君,都喜昌言革命,并在张园开演说会,凡是来会演说的人,都是讲'排满'革命的。"而且,他"在南洋公学时,所评改之日记及月课,本已倾向于民权女权的提倡,及到学社,受激烈环境的影响,遂亦公言革命无所忌"②。

值得注意的是,蔡氏的革命行动既不同于孙中山、黄兴等人利用会党等组织发动起义,又不同于武昌革命党人孙武等在新军中下级军官和士兵中宣传革命。

如果说孙中山、黄兴等人属于职业革命家,那么蔡氏被归为书生革命家就确切无疑了。终生致力教育的蔡氏,始终脱离不了教育这个职业本性——依托学校,把学校教育与社会教育结合在一起,宣传进步的思想观念,进行革命活动。后来的五四运动、"一二·九"运动何尝不是这样的革命活动。就此而言,尽管书生革命带有其不可避免的局限性——缺乏暴力武装的"硬气",没有职业军人富有的有形的"摧毁"力量,但是,书生革命也有它的优势,即能从根本上改变人的思想观念,把学校教育与社会教育、学生教育与平民教育结合起来,向全社会传播新思想、新观念,富有"精神渗透"和摧毁"思想堡垒"的无形威力,甚至利用学校这一特殊机关进行暴

---

① 《自写年谱》,见中国蔡元培研究会编:《蔡元培全集》第十七卷,浙江教育出版社1998年版,第448页。

② 《我在教育界的经验》,见中国蔡元培研究会编:《蔡元培全集》第八卷,浙江教育出版社1997年版,第506页。

力活动,隐蔽性颇高。

如果说,孙、黄等人早就为清政府所"关注"、欲捉拿的革命党人,那么,作为翰林的蔡氏,其革命行为无疑是"逆子贰臣"的举动。异端一旦显现,就更易引起传统士林阶层的侧目和清廷的精神悸动以及广大市民的心理震撼,预示着中国文化及其所依存的社会已经很难一如既往地维持下去了。纵观中国历史,尤其是隋唐以后的中国政治史和思想文化史,得第做官是举子们梦绕神牵的向往,以进士与翰林之身反叛朝廷实属冒天下之大不韪,极为罕见。就此而言,蔡氏的革命举动已经具有一定的文化象征意义:濒临亡国灭种的时代境遇投射出士子们的传统老路已经行不通了;四面楚歌中的晚清政权和中华民族屈辱沉浮的命运联为一体,中国人面临的不仅仅是揭竿而起、取而代之的传统抉择,更为迫切的是挽救亡国灭种危局和洗刷耻辱。这本身就是一个系统的社会工程,既非简单的推倒重来和破旧立新,又非片面的"头痛医头、脚痛医脚"似的修修补补;它首先需要的自然是从整体上改变人们的思想观念,并借此改造社会,振兴国家。"国大器也,人质点也。集腐脆之质点以为器,则立坏;集腐脆之人以为国,国必倾。居今日而欲自强,其必自人心风俗始矣。"①这无疑离不开学校教育和社会教育。因为没有思想观念启蒙的革命,"你方唱罢我登场"也好,"城头变幻大王旗"也罢,形式再新,口号再响,也无法改变人们骨子里的尊卑等级意识。而后者一直是社会革命中最为重要的内容,因为"思想有多远,我们就能走多远"。对于这一点,蔡氏始终有着清醒的认识。"有思想而后有言论,有言论而后有实事,是故以思想为言论、实事之根源。"②实际上,这也是蔡氏主张宏大的教育视野的原因所在。

蔡氏一生致力的社会教育内容异常丰富,典型表现主要有两个方面,一是对女权思想的探讨与践行,一是对美学教育的思考与实践,前者突出体现在其早期,后者集中体现在后期。

---

① 《书姚子〈移居留别诗〉后》,见中国蔡元培研究会编:《蔡元培全集》第一卷,浙江教育出版社1997年版,第287页。

② 《〈开先报〉叙例》,见中国蔡元培研究会编:《蔡元培全集》第一卷,浙江教育出版社1997年版,第367页。

第三节　女权思想

社会教育能移风易俗,破除陈旧保守的思想观念。考察蔡氏在婚姻上的言行变化,可以为我们提供一个很好的视点。透过它,我们可以发现,蔡氏的婚姻观及与此密切相关的女权观,能够起到良好的社会教育效果。

一、女权观

蔡氏于 1889 年 4 月与王昭女士结婚。虽说蔡氏一生追求进步和自由、平等、博爱,但他的先进思想及其为人称道的高尚品格不是天生的,而是逐步形成的,后文把蔡氏 1912 年之前的思想划分为旧学时代、开明时代和思想自由时代,传达的也是这个意思。蔡氏在婚姻观上同样也经历一个由传统迈进现代、落后走向进步的过程。为此,有三件事须提及。

一是蔡氏于 1900 年 6 月 5 日为去世不久的王昭所写的祭文。该文除表达蔡氏对亡妻的挚爱之情外,还勇于袒露了自己曾经有过的大男子主义言行,并为此而自责。蔡氏自述王氏有洁癖,而他本人"恶其繁琐,常与之争"。同时,因在节俭与奢侈、勤与懒的问题上,王、蔡所持观念也不一样,蔡氏说自己那时持守女子"既嫁从夫之义","时有以制裁之"①。但后来,蔡氏因信奉、践履男女平权思想而使得夫妻"伉俪之爱,视新婚有加"。具体根由在于此时,"余深绎平权之义,自由之界,乃使君一切申其意,而余惟时时以解足缠、去华饰、不惑鬼怪为言,君颇以为然,而将次第实行之,余亦不之强,而俟其深悟而决去也"②。"平权""自由""解足缠"等内容透露出蔡氏深受严复等传播的外来思想影响的痕迹,也折射出蔡氏已接受女权观并践履男女平等的形象。

① 《悼夫人王昭文》,见中国蔡元培研究会编:《蔡元培全集》第一卷,浙江教育出版社 1997 年版,第 277—278 页。
② 《悼夫人王昭文》,见中国蔡元培研究会编:《蔡元培全集》第一卷,浙江教育出版社 1997 年版,第 278 页。

二是蔡氏于王氏去世一年后提出的续娶条件。主要内容有五点：第一是女子须不缠足；第二是女子须识字；第三是男子不娶妾；第四是男死后，女可再嫁；第五是夫妇如不相合，可离婚。[①] 就 100 多年前的传统中国而言，以翰林之身的蔡氏公开宣示五条续娶条件，极富革命性。

三是蔡氏于 1902 年 1 月 1 日在第二次婚礼上的改革。虽未按浙江风俗挂福禄寿三星画轴，但代之以绣着"孔子"两个大字的红幛子，且以来宾的演说代替闹洞房的习俗，这种婚礼"颇为古怪，显得不中不西，有新有旧"[②]。这同样预示着此时的蔡氏在思想发展上尚处于过渡时代，在由旧趋新的路途上，既不落入俗套，又不完全新潮；既未彻底摆脱传统，又没有全盘西化。尽管如此，在这次婚礼上，已经透露出新潮盖过旧习、追求人格独立的价值取向。如演说的内容，是新旧思想的争鸣。来宾陈介石引经据典，阐述男女平等的观念；而宋燕生则以男女学行相较，谓平等之不可能："倘黄夫人学行高于蔡先生，则蔡先生自应以师礼事之，何止平等？倘黄夫人学行不及蔡先生，则蔡先生当以弟子视之，又何从平等？"蔡氏致答词说："就学行言，固有先后，就人格言总是平等。"[③]

无疑，人的行为背后都有思想、观念在支撑着。蔡氏的悼亡妻祭文、他提出的续娶条件及其在婚礼上的言行与其所持的女权思想是一脉相承的。蔡氏的女权思想渗透在其婚姻观中。

在传统中国，男尊女卑是心照不宣的社会定律，反映在婚姻问题上则是"既嫁从夫"和"嫁鸡随鸡，嫁狗随狗"之类的夫妇之间的不平等关系。宋儒"饿死事小，失节是大"的清规戒律则是对妇女身心戕害的反动言论，成为中国封建社会晚期主流社会的价值取向。晚清自然也不例外。前述 1898 年之前，开明如蔡氏在夫妇关系上因泥守女子"既嫁从夫之义"而时常制裁与自己观念、言行不同的妻子王昭，足以说明：在婚姻家庭中，男尊女卑的夫妇关系是如何渗入到国人，尤其是男子的内心深处。蔡氏的可贵之处在于他没有始终停留在陈腐观念及其支配下的非人道的行为之中，而

① 蔡元培：《蔡孑民先生言行录》，山东人民出版社 1998 年版，第 3 页。
② 唐振常：《蔡元培传》，上海人民出版社 1985 年版，第 23 页。
③ 转引自唐振常：《蔡元培传》，上海人民出版社 1985 年版，第 23 页。

是借俞理初等人的女权思想①和西学新潮以及男女平等的时代变革而趋
向进步的婚姻观。

1900 年 3 月,蔡氏曾撰写《夫妇公约》一文。所谓公约,当然是夫妇双方
共同认可的契约。该文一共提出 25 条协约,归纳起来主要有 5 点。其中,最为
突出的有两点:一是男女平等,自主择偶;二是夫妇同心协力,禁止女子缠足。②

比如,对于男女平等,自主择偶,蔡氏指出,"夫妇之事,当由男女自
择,不得由父母以家产丰俭、门第高卑悬定"③。男女自择成家后,当同心
协力,不可随意乱来。蔡氏沉痛指出,封建包办、买卖婚姻,不顾男女感情
适合与否,以致影响家庭和后代,是弱国弱种的祸患之源。同时指出,"世
间男女,不遇同心之人,慎勿滥为体交哉。此关雎之所以求之不得而展转
反侧者也"④。既然夫妇同心协力,在家庭事务的操办上,有能力大小、主
副之分,但人格上无尊卑、高下之别。既可女嫁男,又可男嫁女。"男子而
胜总办与,则女子之能任帮办者嫁之可也;女子而能胜总办与,则男之
(子)可任帮办者嫁之亦可也,如赘婿是也。"⑤如果夫妇不能尽职尽责,则
可选择离异。"无论男主、女主,臣而不称职者,去之可也;主而不受谏者,
自去可也。"⑥而且,夫妇离异,双方均有重新选择嫁娶的权利。

1901 年 4 月,蔡氏在《家道论》中进一步阐述管理家庭的道理和方法。
在该文中,蔡氏仍然把男女婚姻问题看作家庭的首要问题。他揭示我国男
女婚姻因门第攀比、媒妁之言的主导作用,使得当事人无权过问,进而酿成
婚姻苦果。对于早婚、指腹为婚、贪图虚荣而婚的怪现状,蔡氏直陈其弊
端。最后,蔡氏认为婚姻问题是一项"极正大极紧要之事",与进学堂、办

---

① 　详见第二章有关"俞理初"的内容。
② 　《夫妇公约》,见中国蔡元培研究会编:《蔡元培全集》第一卷,浙江教育出版社 1997 年版,第 269—
　　271 页。
③ 　《夫妇公约》,见中国蔡元培研究会编:《蔡元培全集》第一卷,浙江教育出版社 1997 年版,第
　　270 页。
④ 　《夫妇公约》,见中国蔡元培研究会编:《蔡元培全集》第一卷,浙江教育出版社 1997 年版,第
　　269 页。
⑤ 　《夫妇公约》,见中国蔡元培研究会编:《蔡元培全集》第一卷,浙江教育出版社 1997 年版,第
　　269 页。
⑥ 　《夫妇公约》,见中国蔡元培研究会编:《蔡元培全集》第一卷,浙江教育出版社 1997 年版,第
　　270 页。

实业同等重要,父兄师长当培养年轻男女自主择偶的能力。

尽管蔡氏的婚姻观是关于男女择偶、子女养育问题的,但投射出的社会变革意识不容小看,如婚姻自主,解除女子缠足等,尤其是蔡氏通过自身的婚姻观及其指导下的言行举动,不能不说具有一定的社会变革的示范意义。

二、女学观

蔡氏婚姻观变化发展的根由在于他对于女学的充分认识。蔡氏深受俞理初的女权思想与严复引进的自由思想的影响,认识到男女平权的意义所在;后经逐步发展,其女学思想非常丰富。

1901 年 10 月,蔡氏在《学堂教科论》的结尾部分中详细探讨了女学问题。为什么要探讨女学问题,蔡氏提出如下理由:第一,我国在相当漫长的时间里不讲女学。第二,女子不学,无以自立,危害甚大。女子不能自立,则必然倚赖男子,如矫揉造作,化妆打扮,以求容于男子,就会做妾,卖身;女子不学,制约男子的发展,也能败坏男子的事业。而且,对于人种的危害最大,如人种的遗传、孩子的胎教、儿童的蒙养,都与女子有关。正因为这样,那些知识浅陋,以不正当手段讨好别人的人才会当道。根本原因在于我国种性衰退而致政治腐败。所以,"正本清源,自女学堂始"[①]。为此,蔡氏制订了女子普通学级表,并且认为普通学初二级,男女所学相同,但三级、四级的课程,男女就应有所不同了。具体如下:

表 1 - 1　　　　　　　　普通学级表

大别名	初级(6 岁起)	二级(8 岁起)	三级(11 岁起)	四级(14—17 岁)
名	官话	解字　造句 切音记号	解字　短章 文法	论说　论理学 外国语
理		数学	代数初步 几何初步	代数　几何
		全体学浅说 动植物学浅说	矿物学 地质学	全体学　动植物学

[①] 《学堂教科论》,见中国蔡元培研究会编:《蔡元培全集》第一卷,浙江教育出版社 1997 年版,第344 页。

续表

大别名	初级（6岁起）	二级（8岁起）	三级（11岁起）	四级（14—17岁）
理		数学	代数初步 几何初步	代数　几何
		全体学浅说 动植物学浅说	矿物学 地质学	全体学　动植物学
	卫生浅说	卫生	物理浅说	物理学　气候学 生理学
			无机化学	有机化学
	嬉游	体操	体操	体操
群	对亲长伦理	家庭乡党伦理	国民伦理	伦理通理
		地理略说 外国地志略	本国地志 交涉各国地志	本国地志沿革略 外国地志
			国政纲要	本国历史　外国政略　外国史略
				法学纲要
				计学纲要
道				心理学纲要　哲学纲要　宗教学纲要
文	实物画	图画	图画	自在画
		正书镏篆象形	正书　小篆	行书　草书
	伦理诗歌 景物诗歌 （皆用官话长短句）	伦理及景物诗歌 （浅易文言）	伦理诗歌 政治诗歌 （浅易文言）	伦理及政治诗歌 （文言仿作）
			伦理小说	伦理及政治小说

资料来源　中国蔡元培研究会编：《蔡元培全集》第一卷，浙江教育出版社1997年版，第340—341页。

表 1-2　女子普通学级表（普通学初二级，男女同；二级以上始异地。其课程亦
　　　　有异同，故表之）

大别名	三级	四级
名	解字　短章	论说
理	代数初步 矿物常见品 物理浅说 化学要略 体操	几何初步 全体学 生理学　医学要略（妇科、产科、儿科） 女工 体操
群	国民伦理 本国地志 国政	伦理通义 外国地志略 本国历史　外国政略 法学、计学纲要　家事
道		哲学、心理学、宗教学纲要
文	图画　正书 伦理诗歌　风俗诗歌 伦理小说　家事小说	正书　刺绣　音律 伦理及风俗诗歌 伦理及家事小说

　　资料来源　中国蔡元培研究会编：《蔡元培全集》第一卷，浙江教育出版社
1997 年版，第 344 页。

　　综观列表，三级课程中，在"名"一栏，男子比女子多学一门文法；在"理"
一栏，男女共同的课程是代数初步、物理浅说、体操，而相异的课程颇多，如
男子要学几何初步、矿物学、地质学、无机化学，而女子要学的只有矿物常见
品、化学要略两门；在"群"一栏，男女同学的有国民伦理、本国地质、国政，相
异的如男子学交涉各国地质，女子则不学；在"文"一栏，男女同学的有正书、
伦理诗歌、伦理小说，不同的则是：男子要学小篆、政治诗歌（浅显文言），而
女子学的则是图画、风俗诗歌、家事小说。四级课程中，男女差异就更大，主
要表现为男子要学的侧重自然科学和政治学，女子侧重的是医学（妇科、产
科和儿科）和家事。可以发现，男子课程偏于理、国政、自然科学的多，女子
课程偏于常识、家事、医学的多。为什么会出现这种情况？

　　蔡氏认为，相对于西方女权的兴盛，"我国女权尤稚"，所学内容不能

不逐步发展,"学程所揭,详家事而略国政者以此"①。蔡氏还特别加以解释的是女子为什么要学习医学。他认为,我国男女之防极严,不讲解剖学,男子对于妇科就更难以清楚了解;而小孩得病自己不能说得清楚,须按其前后声色、饮食的变化加以判断,仓促之间很难加以诊断,所以女子不可不学医学。② 为了男女平等的缘故,蔡氏在其 1904 年 2 月所著的小说《新年梦》中甚至设想废除婚姻制度。③

正是因为对女学的重视,1902 年 12 月,蔡氏与蒋观云、黄宗仰等在上海创办爱国女学,不久被推为女学总理。一年后他离开爱国女学,1904 年暑假,又任爱国女学校长。爱国女学的宗旨是"增进女子之智德体,力使有以副其爱国心"④。其教员多由中国教育会会员担任,为义务会员;如会员不足,才向社会聘请积学之士。

女子修业分预科和本科。预科分初级和二级两等,前者学制 2 年,后者 1 年。初级科目有修身、算学、国文、习字、手工、体操、音乐;二级科目为:修身、算学、国文、历史、地理、理科、家事、裁缝、手工、体操、音乐、图画。本科分为文科和质科两类,2 年毕业。文科科目为伦理、心理、论理、教育、国文、外国文、算学、历史、地理、法制、经济、家事、图画、体操;质科科目为伦理、教育、国文、外国文、算学、博物、物理、化学、家事、手工、裁缝、音乐、图画、体操。对于学生的行为有如下规约:不得缠足(已缠足者入校后须渐次解放);不得涂脂抹粉;不得穿着华丽、戴首饰,严禁装饰和行为诡异;集会、演说等场所,须由监督率领,不得私自参与;不得请人代作文字发表,以猎取虚名;不得以女权自由之名而"径情直行,致为家庭、乡里所不容"⑤。此外,对于学生的请假,女学章程规定,"须由家族告知理由"⑥。

① 《学堂教科论》,见中国蔡元培研究会编:《蔡元培全集》第一卷,浙江教育出版社 1997 年版,第 344—345 页。
② 《学堂教科论》,见中国蔡元培研究会编:《蔡元培全集》第一卷,浙江教育出版社 1997 年版,第345 页。
③ 《新年梦》,见中国蔡元培研究会编:《蔡元培全集》第一卷,浙江教育出版社 1997 年版,第 426 页。
④ 《爱国女学章程》(补订),见中国蔡元培研究会编:《蔡元培全集》第一卷,浙江教育出版社 1997 年版,第 440 页。
⑤ 《爱国女学章程》(补订),见中国蔡元培研究会编:《蔡元培全集》第一卷,浙江教育出版社 1997 年版,第 442 页。
⑥ 《爱国女学章程》(补订),见中国蔡元培研究会编:《蔡元培全集》第一卷,浙江教育出版社 1997 年版,第 441 页。

这里的课程与《学堂教科论》中的内容大体一致,但少了医学的内容,具体原因不明,推测可能是当时这门课既无教材也无师资,与其空列其名,不如取消。富有意味的是女学章程对学生的规定:一是女生不得私自参与公共活动,须由监督率领;二是女生的独立自由活动不得率性而为,以免为家庭和乡里所不容。这两项内容的规定虽切合当时中国的实际,但与蔡氏的女权思想有所冲突——透射出蔡氏思想半新半旧、不中不西、新旧杂陈的时代烙印,也是其思想开明时代真实思想的反映。

三、社会启蒙

虽然蔡氏的婚姻观及其亲身践履与社会教育没有直接的关系,但它对于改变社会风俗的影响不能说没有,而且蔡氏是以一位翰林和社会活动家的身份出现在世人面前的,他的言行举止的社会示范功能是不容置疑的。其婚姻观及其指导下的行为与女学思想是一脉相承的。其女学思想及其指导下的教育实践活动——爱国女学的创办,形式上和实质上确实是一种学校教育,但其功能上又具有一定的社会启蒙教育作用,主要表现在如下三个方面:

其一,就时代背景而言,20 世纪初,虽然晚清王朝行将就木,外来思潮滚涌而至,男女平等、女权思想有所萌芽,但男尊女卑、男女授受不亲、女子无才便是德等腐朽落后的文化幽灵毕竟缠绕在国人心头达两千余年之久,公开宣传女权思想、开办女校的举动无疑具有社会启蒙意义。说爱国女学的创立,具有惊世骇俗的影响,也不算为过。一些发起人第一次开会商讨,都带着自己的女眷参加,如蔡氏携其夫人黄仲玉女士,林少泉携其妻及妹林宗素,吴彦复携其女亚男、弱男及其妾夏小正,陈范携其女撷芬及二妾。开会时,蔡氏、林少泉、陈范三人演讲。会后,在弄堂空地上照相,吴彦复的夫人从窗口望见,就破口大骂。不久,薛锦琴女士来上海,蒋观云设席欢迎,但自己不敢入席做主人,就请蔡夫人与林氏姑嫂作陪。爱国女学成立后,所有学生都是发起人家里的妻女,总数只有十人左右。① 由此可见,当时男女规矩、男女之防的程度:相对开明的发起人尚且如此,其他人就更不用说了。

---

① 参见蔡建国编:《蔡元培先生纪念集》,中华书局 1984 年版,第 30 页。

爱国学社成立后,社员家中的妇女,均进爱国女学,学生人数大增。

其二,前述爱国女学的教员多为义务尽职的中国教育会会员——均为男士,这在"男女授受不亲"思想根深蒂固的晚清,男教师竟然给清一色的女学生上课,在当时即使算不上是洪水猛兽,也会被看作是一发重磅炸弹。殊不知,17 年后的 1919 年,北京大学践履男女同学尚且招致社会非议,更何况后者的社会环境相比前者应该开放多了。而且中国教育会致力的就是社会教育;即便它后来演化为宣传革命的团体,仍然具有社会教育、社会启蒙的内涵。

其三,女学课程中的自然科学、外语的学习,女子不缠足,参与集会、演说等都富有社会教育、社会启蒙的作用。早在 1900 年 10 月,蔡氏就撰文认为,维新派变法失败的原因之一就是操之过急,忽视个体人心的陶养和社会风俗的变革。"国大器也,人质点也。集腐脆之质点以为器,则立坏;集腐脆之人以为国,国必倾。居今日而欲自强,其必自人心风俗始矣。"①

女学观是蔡氏女权思想的集中反映。1902 年 5 月,蔡氏选编的《文变》中含有丰富的女权思想内容,如《男女婚姻自由论》《女子亟宜自立论》《论女权之渐盛》《妒非女子恶德论》《节妇说》《记江西女士》等。女权思想是蔡氏思想革命中的重要内容,且是其社会教育、社会启蒙中不可缺失的一部分。1912 年 1 月 19 日,南京临时政府教育部制定的《普通教育暂行办法通令》规定初等小学男女同校②,蔡氏主持北京大学期间推行男女同校、男女同学,这些教育实践都是蔡氏早年女学思想的必然推演。

蔡氏晚年力倡的美育尤其是社会美育,也是其一生鼓与呼的社会教育不可缺少的一部分,后文将对此进行阐释,兹不赘述。

总之,1912 年之前的学校教育、社会教育等具体的实践活动表明以教育为志业的社会历练是造就教育家蔡氏不可或缺的一部分。

---

① 《书姚子〈移居留别诗〉后》,见中国蔡元培研究会编:《蔡元培全集》第一卷,浙江教育出版社 1997 年版,第 287 页。

② 高平叔撰著:《蔡元培年谱长编》第一卷,人民教育出版社 1999 年版,第 400 页。

第二章　中西会泽

"问渠哪得清如许？为有源头活水来。"作为教育家的蔡元培，其教育事功一定存在着坚实的思想文化基础。蔡氏批判地继承了中西文化的精髓，为其教育思想、实践历练及教育事功提供了丰富的思维养料。

第一节　传统文化精神的继承

作为翰林与坚定的爱国主义者，蔡氏无疑深受传统文化的深刻影响。这里主要探析蔡氏对传统文化的扬弃与他对传统精粹的汲取。

一、旧式教育的浸染

据说明清之际，绍兴盛行一种风俗：稍富一点的家庭，大凡家中有两个以上的儿子，往往一个从商或经营家产，另一个则去读书，希望考取功名，以光耀门楣，同时也可凭借政治靠山来守护和扩大家产。蔡元培的父亲蔡光普为钱庄经理,育有 4 男 3 女。其中 3 女 1 男未成年即去世。蔡光普在世时,家人选择蔡元培作为读书出仕的培养对象。

(一) 私塾教育

在蔡元培虚龄 6 岁时,蔡家请了一位塾师到家授教。从塾师那里,蔡元培接受的完全是传统教育。他最初所读的是《百家姓》《千字文》和《神童诗》,然后是儒家经典,即《大学》《论语》《孟子》《中庸》和《诗经》《尚书》《周易》《礼记》《春秋》等。对于这些书,塾师只强调熟读背诵,而不讲解。对于这种教学方式,蔡元培后来曾痛心疾首地抨击道:"吾国之旧教育以养成科名仕宦之材为目的。科名仕宦,必经考试,考试必有诗文,欲作诗文,必不可不识古字,读古书,记古代琐事。于是先之以《千字文》《神童诗》《龙文鞭影》《幼学须知》等书;进之以四书五经;又次则学为八股文,五言八韵诗;其他若自然现象,社会状况,虽为儿童所亟欲了解者,均不得阑入教科,以其于应试无关也。是教者预定一目的,而强受教者以就之;故不问其性质之动静,资禀之锐钝,而教之止有一法,能者奖之,不能者罚之,如吾人之处置无机物然,石之凸者平之,铁之脆者煅之;如花匠编松柏为鹤鹿焉;如技者教狗马以舞蹈焉;如凶汉之割折幼童,而使为奇形怪状焉;追想及之,令人不寒而栗。"①这种旧教育以读书做官为目的;限于故纸堆,视野狭窄,脱离实际;强调死记硬背,以成人规定的单一、僵死的标准来框架儿童天性的自然发展,把儿童丰富多彩的个性生吞活剥了,令人触目惊心,不寒而栗。

除读书外,塾师还教蔡元培识字、习字、学做对句。识字法既教读法、字形,又讲字义,与现代儿童所受教育的方法差不多。习字则先摹后临,摹是先描红字,后用影格;临则先在范本的空格上照写,后把帖子放在面前,在其他空白纸上照写。对句由一字到四字,塾师出上联,学生对下联。对句非常严格,不仅要词性相对,而且要取其品性相近的来对,如"山"字就要以"水"或"海"来对;又如"桃红"二字,第一字要用植物的名词,第二字

① 《新教育与旧教育之歧点——在天津中华书局"直隶全省小学会议欢迎会"上的演说词》,见中国蔡元培研究会编:《蔡元培全集》第三卷,浙江教育出版社 1997 年版,第 337—338 页。

要用形容颜色的词来对,如"柳绿"或"薇紫"等。同时,对句时还要兼习四声的分别,要求平声字对平声字,仄声字对仄声字,且在仄声字中还要把握上、去、入三声的区别。平心而论,这种严格的文字训练不失为提高语文水平的一种有效方法。

蔡元培在家中接受了5年的私塾教育。父亲逝后,家道衰落,他就寄居姨母家附读1年,后又去邻居家就读私塾,大约2年。因塾师教法过于呆板、严厉,蔡元培便转学于王子庄处。王氏虽为秀才,但博学通经。王氏的教学内容差别不大,但其较一般塾师负责、耐心。他本人兴趣广泛,看书随意,甚至连《西厢记》之类的所谓"淫书"也读。对于蔡元培偷看经书以外的书,或做错作业,王氏并不训斥,只是讲道理,或是耐心指导。

此外,王氏还向学生讲述清初反清志士的故事,这些使蔡元培在少年时代受儒家思想和民族主义思想的影响较深。

蔡元培接受私塾教育约10年。其间,他所学的内容主要是应付科举考试。这既是他接受教育的开始,为他后来的求学打下了扎实的基础,又使他对旧式私塾教育的弊端有了切肤之感。

(二)自由阅读

1883年,蔡元培考中秀才。其后,他当了两年的塾师,一面教书,一面借阅六叔的藏书,继续求学,并学作散文和骈文。1886年,经人举荐,蔡元培到藏书家徐友兰家陪读,并帮助校勘所刻藏书。[①] 在这里以书会友的便利,扩大了蔡氏的社会交往。如持论严正的王佐,为人豪爽、擅长八股文和桐城派古文的朱莳卿,有拳勇、擅长诗文和书法的魏铁珊等都是那时相识的;年龄和辈分相同的薛阆仙、马湄纯、何阆仙等常来徐家,看书谈天。其中,王氏为蔡元培乡试中举的同年。薛氏为中西学堂经学、词学教员,蔡氏在购书、读书上受其恩惠颇多,但反对蔡氏的革新思想。马氏曾协助蔡氏办理绍兴中西学堂,任经学、史学、词学教员;他与蔡氏志同道合,为新派教

---

① "徐友兰及其兄徐树兰搜藏的图书及碑版异常丰富。"自1886年至1889年的4年间,蔡氏在那里博览群书,学识大长。这期间,蔡氏与徐友兰及其次子维则(以愻)、徐树兰及其次子尔谷(显愍)结下了深厚的交谊。(高平叔撰著:《蔡元培年谱长编》第一卷,人民教育出版社1999年版,第36页。)

员中提倡民权、女权最力者。何氏曾任绍兴中西学堂首任校长。徐家藏书达 4 万余卷。这是蔡氏一生中难得的机遇,为他求学交友创造了良好条件。

　　这样,因不再受王子庄的束缚,蔡元培开始"放胆阅书",自由地阅读考据和词章方面的文献,也不再练习八股文了。① 那时蔡氏还没有购书的能力,其六叔所有的藏书,都可随意翻阅,如他最喜欢读的书有朱骏声的《说文通训定声》(18 卷)、章学诚的《章氏遗书》(章氏全集)、顾炎武的《日知录》(32 卷)、王应麟的《困学纪闻》(20 卷)、清代 600 余家诗作辑录《湖海诗传》(46 卷)、清代 43 家骈体文文集《国朝骈体正宗》(13 卷)、南宋 132 位词家作品《绝妙好词笺》(7 卷)等。后来,在回忆这段往事时,蔡元培还特意提到:朱骏声的《说文通训定声》,例证周全,纠正了不少前人的错误;章学诚的《文史通义》,详细地指正搭空架子、抄旧话、文风不实的弊端;俞正燮的《癸巳类稿》和《癸巳存稿》考证详博,认为"一时代有一时代的见解与推想,不可以后人的见解与推想追改他们",而且,俞氏还能"从各方面证明男女平等的理想"②。1892 年,蔡元培考中进士。两年后,通过考试,升为翰林院编修,登攀到了科举道路的巅峰。

　　考中进士,尤其是升为翰林院编修后,蔡氏有能力购书,有机会借书,加之对官场失望,无心参与,蔡氏就有更多的时间阅读书籍。在 1894 年到 1899 年间,除了后文提及西学书籍外,蔡氏所阅中文书籍颇多,根据蔡氏日记整理,兹列表如下:

表 2 - 1

年份	书目
1894	《元史类编·帝纪》,邵远平编撰;《师郑堂骈体文存》(2 卷),孙雄(师郑)纂;《盘茝文甲乙集》,汤纪尚(伯述)撰;《说文补例》,张度(吉人)著;《快雪堂日记》(5 卷),冯梦桢(开)著;《郇学堂日记》,李慈铭著;《〈三国志〉注》,著者不详;《管子》(10 卷),著者不详;《学海堂生童卷》(10 余本),著者不详;《三国志》,陈寿著;《汉书·高纪》,班固撰;《史记三

① 《我所受旧教育的回忆》,见中国蔡元培研究会编:《蔡元培全集》第七卷,浙江教育出版社 1997 年版,第 554 页。
② 《我青年时代的读书生活》,见中国蔡元培研究会编:《蔡元培全集》第八卷,浙江教育出版社 1997 年版,第 86 页。

年份	书目
1894	书正伪》，王元启（苣孙）著；《樊川诗集》（20 卷），樊增祥（嘉父）著；《辽史纪事本末》（40 卷），李有棠（芾生）撰；《郑君粹言》（3 卷），潘任（希郑）著；《金史纪事本末》（52 卷），李有棠（芾生）撰；《元史纪事本末》，著者不详；《宋史纪事本末》，著者不详；《补晋艺文志》（4 卷，附录 1 卷），丁国钧（秉衡）撰；《晋书校文》，丁国钧（秉衡）撰；《通鉴地理通释》，著者不详；《理学辨似》，著者不详；《鬼谷子》，著者不详；《帝京景物略》（8 卷），纪昀撰；《越缦堂戊午日记》，李慈铭著；《日下旧闻》，朱彝尊、朱昆田撰；《宫室通诂》，著者不详；《啸亭杂录》（8 卷，续录 2 卷），昭梿著；《郎潜纪闻》（14 卷）、《燕下乡脞录》（16 卷），陈康祺（钧堂）著；《池北偶谈》（26 卷），王士禎撰；《明史纪事》，著者不详；《荟蕞编》（20 卷），俞樾编；《笠泽丛书》，著者不详；《养一斋诗话》（10 卷）、《李杜诗话》（3 卷），潘德舆（彦辅）著；《樊山公牍》，著者不详；《南史》，著者不详；等等
1896	《水窗春呓》（2 卷），欧阳兆荣著；《伊蒿室文集》（4 卷，外编 2 卷），王效成（约甫）著；《寓山注》，著者不详；《点勘记》，欧阳泉（省堂）撰；《金源纪事诗》（8 卷），杨运泰撰；《水笺》（4 卷，补 3 卷），徐沁（野公）著；《白华绛跗阁诗》（10 卷），李慈铭著；《楞严经》（10 卷），著者不详；《明远寓简》，沈作哲撰；《韵石斋笔谭》（2 卷），姜绍书（二西）撰；《七颂堂识小录》（1 卷），刘体仁（公勇）撰；《独醒杂志》，曾敏行（达臣）著；《随园诗话》（16 卷，补遗 10 卷），袁枚著；《无邪堂答问》（5 卷），朱蓉生（一新）著；《金壶七墨》（19 卷），黄钧宰（天河）著；《挑灯新录》（6 卷），吴荆园著；《寄龛三志》（24 卷），孙彦清（德祖）著；《阅微草堂笔记》（24 卷），纪昀撰；《骈枝集》（8 卷），沈堡（可山）撰；等等
1897	《揅经室诗》，阮元著；《读碑小笺》《存拙斋札疏》《面城精舍杂文》，罗陆嗝撰；《王荆公集》，薛昂编；《竹汀日记抄》（3 卷），著者不详；《花甲闲谈》，张南山著；《明史》（18 卷）；等等
1898	《齐民四术》，包世臣（慎伯）撰；《明史》（28 卷）；《缀学堂初稿》（4 卷），陈汉章撰；《唐书》，著者不详；《惜抱轩尺牍》（8 卷），著者不详；《果堂集》（12 卷），沈彤撰；《揅经堂文集》，著者不详；等等
1899	《明儒学案》，黄宗羲著；《康逆纪事》，著者不详；《池上草堂笔记》，梁恭辰撰；等等①

---

① 蔡氏这段时间曾阅读了大量的报刊，校勘了一些书籍文献，翻译了一些外文材料，还进行外语学习。

综览上表所列,可以看出,蔡氏阅读中文的范围已完全跳出陈陈相因的四书五经、孔孟程朱陆王等传统儒学的范围,而注重历史、诗歌、散文、考据等"旁门左道"类的阅读,尤其特别注重明清时代的文献阅读,进而大大拓展了知识的范围与时代的视野。

二、中国文化精粹的汲取

作为深受传统文化浸染的饱学硕儒,蔡氏的思想学脉中自然渗透着华夏民族优秀的文化因子。

(一)儒学观

近现代中国,孔子及其所代表的儒学思想命运可谓大起大落,跌宕起伏。有人激烈地提出"打倒孔家店",有人把孔子当作偶像来崇拜,乃至把儒学当作宗教来供奉。然而蔡氏有关孔子及其所代表的儒家思想的思维发展轨迹并没有偏激或保守地局限于这两个极端。根据一定的时间、地点和条件等因素,他对孔子及其思想有褒有贬,而非简单地全盘否定,或盲目地纯粹肯定,走出了一条"调和"式的中间道路。

1. 对孔子及其学说的肯定

蔡氏认为,孔子本人的道德、文章可为楷模。[①] 孔子学无常师,继承了自尧舜至西周以来的思想,并加以冶炼、创新。他以尧舜为理想人物。他的道德勇气也非一般人可比:其言行无不合于礼法;他"乐天知命",虽屡遭困厄,但不怨天尤人;他教育弟子,循循善诱;他推崇中道,并以身作则。

面对孔子的学说,蔡氏总是不一概而论,而是把它放在特定的历史条件下加以理解、分析和评价:

如在推崇法兰西的自由、平等、博爱等道德精神时,蔡氏极力标榜孔子的道德理想。他认为,孔子的"匹夫不可夺志"等同于自由;孔子的"己所不欲,勿施于人"类似于平等;孔子的"己欲立而立人,己欲达而达人"符合博爱的内涵。这里,虽有比附之嫌,但可以看出蔡氏对孔子的道德思想是

---

① 《中国伦理学史》,见中国蔡元培研究会编:《蔡元培全集》第一卷,浙江教育出版社 1997 年版,第476 页。

极大地加以肯定的。

蔡氏曾特别赞赏孔子及其儒家所倡导的中庸之道,称它代表着中华民族精神。他坚持认为,"自希腊民族以外,其他民族性,都与中庸之道不相投合"(亚里士多德除外),而中华民族推举的中庸之道"为多数人所赞同,而且较为持久"。最典型的例证就是儒家思想因此而延续了两千余年。他认为,儒家的开山孔子特别看重中庸,"道之不行也,贤者过之,不肖者不及也;道之不明也,知者过之,愚者不及也",又说,"过犹不及";等等。而蔡氏同时代的三民主义就是中庸之道的实际运用,"实在是适合于中华民族性"。①

蔡氏认为孔子一生偏重精神生活,不因为物质生活的改变而改变。在智的方面,他认为孔子是一个热爱智慧的人,博闻强识,好学深思,"知之为知之,不知为不知";教育弟子通六艺(礼、乐、射、御、书、数);教学内容上分设德行、言语、政事、文学四科;涉略心理、伦理和生物等。孔子是一个"朝闻道,夕死可矣"的高尚君子。在仁的方面,他赞扬孔子具有"杀身成仁"的伟大精神;在勇的方面,他认为孔子的"勇"不是漫无边际的莽撞,而是一种节制。他赞扬孔子的"勇"蕴含着谨慎和谋略。在宗教和美术方面,他认为孔子没有宗教上的迷信,而在音乐欣赏方面有很深的造诣和修养。②

蔡氏认为,孔子是中国旧文明的代表。与杜威倡导的平民主义、男女平权思想、创造精神有所不同,孔子说"尊王""女子难养""述而不作",但我们不能苛求他。"因为孔子所处的地位、时期"与杜威"所处的地位、时期,截然不同"③。进而,他说,在孔子所代表的旧文明中,也有些许现代科学精神的颗粒,如就教育而论,孔子是我国第一个平民教育家:弟子三千,有激进的,有矢志不移的,有蠢笨的,有迟钝的,有鄙陋的,有粗鲁的,有富有的,有贫贱的。"这是破除阶级的教育的主义。"④这是其一。其二,孔子用六艺作普通的学问,用四科作专门的学问。其三,他注重因材施教,注意

---

① 高平叔编:《蔡元培哲学论著》,河北人民出版社 1985 年版,第 397 页。

② 《孔子之精神生活》,见中国蔡元培研究会编:《蔡元培全集》第八卷,浙江教育出版社 1997 年版,第 363 页。

③ 高平叔编:《蔡元培哲学论著》,河北人民出版社 1985 年版,第 207 页。

④ 高平叔编:《蔡元培哲学论著》,河北人民出版社 1985 年版,第 207 页。

发展个性,以适应社会需要。其四,他讲求学、思结合。

2. 对孔子及其学说的批判

既然有时代与阶级局限,孔子及其所代表的儒家思想中就有消极因素的存在。

蔡氏认为,由于以儒学为代表的中国传统哲学缺乏对科学的研究,没有科学作前提,所以,我国的哲学"永远以'圣言量'为标准,而不能出烦琐哲学的范围"①。孔子也不例外,他"虽号为博物,然而教人的学问,止有德行、政治、言语、文学等科";农业和园艺不在行;对于自然界相当淡漠,只说"多识鸟兽草木之名"②。可是,"教育本从职业而起,孔孟授政治学,不学农圃"③。因此,蔡氏终生身体力行,吁求向西方学习,用科学方法整理国故,研究和发展中国自己的科学事业,以求"科学救国",就是出于这种思考。比如,中年以后的蔡氏积极参与中国科学社④(1914—1960),晚年提出教育科学化、缔造中央研究院等。

蔡氏认为,孔子尊王忠君的保守思想,为后世历代帝王所利用,"实与现代思想自由原则——大相悖谬"⑤。正因为如此,就任教育总长时,蔡氏认为,清代教育宗旨中的"忠君"与"尊孔"违背民主共和国的教育方针,"忠君与共和政体不合,尊孔与信教自由相违",应该废弃,就是要反对君主复辟和崇奉孔教的反动逆流,以维护民主共和,推进思想自由;就任北大校长时,蔡氏主张兼容并包,思想自由;就任大学院院长时,蔡氏力主废止春秋祀孔旧典,以推动中国社会的全面进步,也是出于这种考量。

---

① 高平叔编:《蔡元培哲学论著》,河北人民出版社 1985 年版,第 311 页。
② 高平叔编:《蔡元培哲学论著》,河北人民出版社 1985 年版,第 310 页。
③ 《日记》,见中国蔡元培研究会编:《蔡元培全集》第十六卷,浙江教育出版社 1998 年版,第 306 页。
④ 中国科学社是一群留美学生创办的民间私立社团。1914 年创办,1960 年解散。1917 年 3 月,蔡氏加入中国科学社,当年被选为该社首位特社员。1918 年中国科学社迁回国内,资金短缺,蔡氏以北大校长身份每月补助中国科学社 200 元。1922 年中国科学社改组,蔡氏成为新的董事会成员,并当选为资金监,从此成为该社名誉领袖,全面介入中国科学社各项种活动,直至 1940 年 3 月 5 日在香港逝世。(张剑:《蔡元培与中国科学社》,载《史林》2000 年第 2 期。)
⑤ 《废止春秋祀孔旧典的通令》,见中国蔡元培研究会编:《蔡元培全集》第六卷,浙江教育出版社 1997 年版,第 181 页。

3. 对孔子的结论

蔡氏对孔子的评价是复杂的,甚至在不同的场合说出截然不同的话。一方面,作为清末的硕学鸿儒,蔡氏身上浸透着儒家知识分子的学脉传承,自然对儒家的祖师孔子情有独钟。同时,作为华夏的子民,他对这个古老而又神秘的家园产生了浓厚的故国情长和赤子之诚。另一方面,亲眼看见清政府的腐败及其因此招致的民族屈辱,蔡氏的灵魂深受电击一般的触动,他迅速接受新学,接受外来文化,进而对本民族的文化尤其是尊奉孔子的儒家文化提出了批判——缺少科学研究和科学方法,始终以"圣言量",而难以摆脱烦琐哲学的束缚,两千多年徘徊不前,令人痛心疾首。同时,面对辛亥革命后出现的尊孔复古的反动逆流,蔡氏旗帜鲜明地予以反对。尽管如此,对于孔子及其所代表的儒家思想,蔡氏又能具体地历史地加以评价,而非全盘否定,以偏概全。笔者认为,蔡氏的探索至少有三个方面值得关注:

其一,他承认孔子是儒家的祖师,孔子所创立的儒家学派最能代表中华民族性,典型的莫过于中庸之道。

其二,针对近代中国出现的立孔子及其所代表的儒家思想为宗教一事,蔡氏坚决加以反对,并明确地区分了孔子与宗教的关系。他说:"宗教是宗教,孔子是孔子,国家是国家,各有范围,不能并作一谈。"[1]这是有明确的时代政治指向的:反对复古、保皇的时代逆流,反对军阀政府借孔子之名而行专制之实,并非反对孔子本人。

其三,对于先秦诸子,蔡氏都给予评价性的结论,唯独没有给孔子与庄子[2]作结。这是一个值得注意的文化现象。想必蔡氏充分认识到了孔子及其思想的复杂影响对华夏民族的深远意义,一时还不能明确地下定论;或者是因为蔡氏担心自己的言论"冒天下之大不韪",为时势及世人所不容。这是 1910 年的蔡氏对孔子及其思想所持的学术态度。

事实上,蔡氏对孔子及其儒学的评价走的正是一条名副其实的中庸之

---

[1] 《在信教自由会之演说》,见中国蔡元培研究会编:《蔡元培全集》第二卷,浙江教育出版社 1997 年版,第 493 页。

[2] 庄子汪洋恣肆的文风、逍遥的自由风范和形而上的精神追寻应该令蔡氏向慕不已,但其消极、退隐的人生态度想必不是恂恂儒者的蔡氏所能推崇的。这大概是蔡氏面对庄子时的复杂心情,因而不便下结论。

道。这也是蔡氏在学术上坚持兼容并包和思想自由、反对独尊的必然结果,自然有利于新文化、新思想的传播。

4. 对后儒的评判

由孔子开创的儒学经由孟子的阐发,政治上力倡"仁政",人性论上主张"性善",道德上讲"养浩然之气",奠定了中国封建社会一以贯之的孔孟之道。此后,汉代董仲舒糅合了儒、道、法三家思想,提出了"天人感应"论,力倡"罢黜百家,独尊儒术",经由封建君主的权柄,确立了儒家两千多年的思想统治地位。后虽经宋代程、朱援佛入儒,重新打磨了儒家学说,名之为"理学",又叫儒学的新发展,但其实已经僵化了,背离了原始儒学的精义,这也就是戴震所批判的儒学"以理杀人"的缘故——这同样是为蔡氏所赏识的真知灼见。

(1) 褒贬参半的孟子、朱熹

在儒家历史人物的谱系中,孟子和朱熹可以说是继孔子之后的第二、第三号人物了。蔡氏对儒家"亚圣"孟子的评论颇耐人寻味:其学说继承孔子、子思,"其精深虽不及子思,而博大翔实则过之,其品格又足以相副,信不愧为儒家巨子"。"既立性善说,而又立欲以对待之,于无意识之间,由一元论而嬗为二元论,致无以确立其论旨之基础。"是非相间,褒贬杂陈。最后,他对孟子及其学说作结道:"盖孟子为雄伟之辩论家,而非沈静之研究家,故其立说,不能无遗憾焉。"①

对于后世尊崇的朱熹学说,蔡氏认为,一方面,它"矫恶过于乐善,方外过于直内,独断过于怀疑,拘名义过于得实理,尊秩序过于求平衡,尚保守过于求革新,现在之和平过于未来之希望"。"与吾族大多数之习惯性相投合,而尤便于有权势者之所利用,此其所以得凭借科举之势力而盛行于明以后也。"这是对朱熹思想消极性的结论。另一方面,他又认为宋有朱熹,就像东周有孔子,是我国道德思想的集大成者;他认为朱熹"研究之勤,著述之富,徒党之众,既为自昔儒者所不及"②。这是对朱熹本人及其

---

① 《中国伦理学史》,见中国蔡元培研究会编:《蔡元培全集》第一卷,浙江教育出版社 1997 年版,第 484 页。

② 《中国伦理学史》,见中国蔡元培研究会编:《蔡元培全集》第一卷,浙江教育出版社 1997 年版,第 567 页。

思想的肯定。这与今天的一些学者不大一样：要么把儒家捧上天，要么把儒家打入十八层地狱。其他诸如肯定先秦农家、墨家思想的存在，从另一个侧面折射出蔡氏对儒家思想部分的否定，因为后者向来看不起农圃及技艺，认为那是"小人"干的行当。

（2）推崇儒学异端

蔡氏向来推崇创新，反对守旧，即使那些非正统人物或政治导控下流行的观点不大看好的思想者，只要他们的思想观念中充满革新精神，蔡氏都会格外重视，毫不含糊。比如，对于儒家的非正统人物荀子，蔡氏就大加赞赏。他说："荀子著书，多根据经训，粹然存学者之态度焉。"[1]对于荀子的"性恶说"，他认为，"其说尚不足以自立，而其依据学理之倾向，则已胜于孟子矣"[2]，而不是学术界惯常表现的褒孟抑荀的姿态。蔡氏曾对荀子的学说作了一个结论，他认为荀子学说难免存在矛盾，但是"其思想多得之于经验，故其说较为切实"。他最后以充满赞赏的语气说："荀子之性恶论，虽为常识所震骇，然其思想之自由，论断之勇敢，不愧为学者云。"[3]这与其对孟子的评价截然不同。蔡氏曾撰文《荀卿论》，先是简要等量齐观评述孟、荀一番，然后具体论述荀子的功绩："儒林文苑，是之自出"；"有宋以来，儒先精语，多胎于是"；兼容众家，各取所长。最后，以赞赏的口吻称荀子及其思想为"六艺之大师，百虑之要归"[4]。

对于同样是非正统儒家的王充，蔡氏毫不吝啬自己褒扬的语词，他说，汉代董仲舒、扬雄、刘向、桓谭等人都不愧为儒家，却没什么创见，只有王充是"抱革新之思想，而敢与普通社会奋斗者"[5]。同样，对于非正统儒家的王安石，蔡氏也持不同于流俗的观点，他认为，王氏以政治文章著称，不是

[1] 《中国伦理学史》，见中国蔡元培研究会编：《蔡元培全集》第一卷，浙江教育出版社1997年版，第485页。

[2] 《中国伦理学史》，见中国蔡元培研究会编：《蔡元培全集》第一卷，浙江教育出版社1997年版，第486页。

[3] 《中国伦理学史》，见中国蔡元培研究会编：《蔡元培全集》第一卷，浙江教育出版社1997年版，第488—489页。

[4] 《荀卿论》，见中国蔡元培研究会编：《蔡元培全集》第一卷，浙江教育出版社1997年版，第129—130页。

[5] 《中国伦理学史》，见中国蔡元培研究会编：《蔡元培全集》第一卷，浙江教育出版社1997年版，第531页。

纯粹的思想家,但是他"言性情非可以善恶名,而别求善恶之标准于外,实为汉唐诸儒所未见及,可谓有卓识者矣"①。发他人所未发,更不人云亦云,凸现出其强烈的批判意识和独立思考精神,这本身就是创新。破旧方能立新,本来就是创新的本义。

(3)对宋明儒学的评判

尽管蔡氏对以朱熹为代表的宋儒及其思想有所肯定,甚至在一段时间内加以崇拜,但另一方面,他对有宋以来的儒学思想也颇有微词,如他对宋明理学,尤其是对理学的集大成者朱熹,言语中流露出些许批评与否定。他说:"盖孔子之道,在董仲舒时代,不过具有宗教之形式。而至朱晦庵时代,始确立宗教之威权也。"②众所周知,蔡氏向来反对历史上专断一时的宗教,而提倡"以美育代宗教",主张精神独立和思想自由。他认为以朱熹为代表的理学家的通病在于"皆主强制而无诱导,言其当然而不能言其所以然"③。

进而,他认为儒家学说发展到朱熹而成为宗教,不利于思想自由地发展,他极力赞扬陆九渊的心学"思想之自由,工夫之简易,人生观之平等,使学者无墨守古书拘牵末节之失,而自求进步,诚有足多者焉"④。同样,他对于王阳明的思想加以充分肯定,主要原因也在于王氏学说能够使"思想界之气象又一新焉",在于能"矫朱学末流之弊,促思想之自由,而励实践之勇力者,其功固昭然不可掩也"⑤。对陆王心学的肯定就是对宋学的纠偏和微词。

上述肯定和"微词",本身就坚持了儒学中庸之道的态度和方法,可谓学以致用,身体力行。

---

① 《中国伦理学史》,见中国蔡元培研究会编:《蔡元培全集》第一卷,浙江教育出版社1997年版,第548页。

② 高平叔编:《蔡元培哲学论著》,河北人民出版社1985年版,第94页。

③ 《〈四语汇编〉读后》,见中国蔡元培研究会编:《蔡元培全集》第一卷,浙江教育出版社1997年版,第281页。

④ 《中国伦理学史》,见中国蔡元培研究会编:《蔡元培全集》第一卷,浙江教育出版社1997年版,第571页。

⑤ 《中国伦理学史》,见中国蔡元培研究会编:《蔡元培全集》第一卷,浙江教育出版社1997年版,第575页。

(二)墨学观

在中国传统哲学思想中,除了看重孔子及其创立的儒家学说外,蔡氏还非常赏识墨子及其创立的墨家学派。相比孔子的盛名,墨子、墨学的历史命运就要悲怆多了①,但在蔡氏眼中,墨子及其所代表的学说同样富有重要的思想价值。

1. 儒墨并提

虽然蔡氏认为儒家及其中庸之道最贴近中华民族精神,但是他并不否认其他学说尤其是墨家学说,时常儒、墨并提,坚持学术平等。蔡氏在送友人诗中说,"先秦儒墨多名手"②。在《中国伦理学史》中,谈及墨子及其学说,蔡氏认为:"孔、老二氏,既代表南北思想。而其时又有北方思想之别派崛起,而与儒家言相抗者,是为墨子。"③对于先秦诸子百家,蔡氏也是儒、墨并提。"其时学说,循历史之流委而组织之者,惟儒、墨二家。"④在述说先秦教育时,蔡氏指出,儒、墨是当时的两大显学。⑤ 在谈到先秦私学教

---

① 秦汉后,墨学几成绝学。近代,墨家学说开始得到重视,如梁启超认为"墨学救国",胡适的《先秦名学史》和《中国哲学史大纲》(上)均用了将近 1/3 的篇幅讲墨学。(孙中原:《墨学通论》,辽宁教育出版社 1993 年版,第 329—331 页。)胡适著的《中国哲学史大纲》(上)是中国近代第一部系统地应用西方学术的观点和方法并用白话文写成的中国古代哲学史。蔡氏曾为此书作序,认为此书有四大特长:考证严密;简明扼要;学术平等;追根溯源。其中,谈及学术平等,蔡氏认为,"古代评判哲学的,不是墨非儒,就是儒非墨"。而胡适破除了这种学术积习,"对于老子以后的诸子,各有各的长处,各有各的短处,都还他一个本来面目,是很平等的"。(《〈中国古代哲学史大纲〉序》,见中国蔡元培研究会编:《蔡元培全集》第三卷,浙江教育出版社 1997 年版,第 375 页。)有人认为胡适请蔡氏为《中国哲学史大纲》(上)作序,刻意为之,是为了借重蔡氏名气以在北大立脚。(周勇:《大学教授的学术生活空间——以蔡元培、胡适与顾颉刚为例》,载《北京大学教育评论》2007 年第 2 期。)这种说法颇值得推敲。其实,一个重要原因被论者忽略了:所谓物以类聚,人以群分——蔡、胡都推崇思想自由,是中国近现代文化史上自由主义的代表性人物;二人均力主用西方科学的方法来研究学问。

② 《送湄莼之江右四绝》,见中国蔡元培研究会编:《蔡元培全集》第一卷,浙江教育出版社 1997 年版,第 173 页。

③ 《中国伦理学史》,见中国蔡元培研究会编:《蔡元培全集》第一卷,浙江教育出版社 1997 年版,第 501 页。

④ 《中国伦理学史》,见中国蔡元培研究会编:《蔡元培全集》第一卷,浙江教育出版社 1997 年版,第 518 页。

⑤ 《中国教育的发展》,见中国蔡元培研究会编:《蔡元培全集》第五卷,浙江教育出版社 1997 年版,第 254 页。

育的影响时,蔡氏也是孔、墨并称:"孔墨时代的这种与古希腊学院相当的私人讲学形式,在当时教育界中是颇为突出的、有影响的组成部分。"①儒、墨并提表明蔡氏一反正统社会儒学独尊或儒道齐名或儒道释兼容的一贯提法,具有一定的思想反叛和批判精神。② 至于孟子为维护儒学的霸权而斥责墨子的"兼爱"为"无父",蔡氏认为那完全是狭隘的门户之见。③

　　2. 墨翟的果敢

　　蔡氏与吴稚晖是知己,面对章太炎对吴的诽谤,蔡氏深感不平,并为之辩护。蔡氏认为吴稚晖是一个坚贞不渝的人,可比大禹、墨翟。"其为人勇猛、坚忍、克苦,牺牲其家之利益,而专心一志以从事于利他之事业,历久而不渝。虽古之大禹、墨翟,殆无以过也。"④蔡氏极力颂扬墨翟的胆识:"夫以五千里之楚,欲攻五百里之宋,而又在攻机新成、跃跃欲试之际,乃欲以一处士之口舌阻之。"⑤

　　这是因为墨翟具有一种坚不可摧的果敢精神:"有计画,有次第,持定见以进行,而不屈不挠,非贸然从事者也。"⑥对于这种果敢精神,晚年的蔡氏还专门写了一篇文章《墨子的非攻与善守》,详细谈及墨翟面对侵略所做的准备工作,认为墨子有学术的根柢,能够从事科学研究;能够进行工艺创造,技术精湛;严格训练弟子,使其具备赴汤蹈火的执着精神;勤俭节约,以身作则;执法严正,不徇私情。由此,"墨子与其徒属,有这些物质的设备,精神的训练,所以能替弱小国家抵抗侵略,用武装和平的手续,把战争

---

① 《中国教育的历史与现状——在世界教育会联合会第二次大会上的演说词》,见中国蔡元培研究会编:《蔡元培全集》第五卷,浙江教育出版社1997年版,第345页。
② 有趣的是,今日学界正在力挺儒学,却鲜闻阐扬墨学的声音,尤其是在以科学发展观统领全局的当下,这种文化现象就更为令人深思了。
③ 《中国伦理学史》,见中国蔡元培研究会编:《蔡元培全集》第一卷,浙江教育出版社1997年版,第506页。20世纪的"问题与主义"之争,后人褒李贬胡,何尝没有意识形态掺杂其间的痕迹!
④ 《读章氏所作〈邹容传〉》,见中国蔡元培研究会编:《蔡元培全集》第一卷,浙江教育出版社1997年版,第456页。
⑤ 《华工学校讲义》,见中国蔡元培研究会编:《蔡元培全集》第二卷,浙江教育出版社1997年版,第409页。
⑥ 《华工学校讲义》,见中国蔡元培研究会编:《蔡元培全集》第二卷,浙江教育出版社1997年版,第408页。

消弥(弭)于事前"①。值得注意的是,这篇文章写于日本虎视乃至全面侵略中国前夕,不能不说具有深刻的社会政治含义,隐含着对国民党蒋介石政权战备松弛、抗日不力的批判。

3. 墨家的科学精神

蔡氏特别推崇墨家的科学精神。"墨子,科学家也,实利家也。其所言名数质力诸理,多合于近世科学。"②蔡氏认为中国伦理学不像西方伦理学那样能够始终"与时俱进"③,秦汉以后的思想始终未能走出儒家的范围。蔡氏认为有四点脱不了干系:无自然科学作基础;无逻辑学规范思想;政治、宗教、学问杂糅在一起;没有别国的学说作比较、参照。但是蔡氏不忘对墨子及其学说的赞许:科学上,"先秦惟子墨子颇治科学,而汉以后则绝迹";逻辑学上,"先秦有名家,即荀、墨二子亦兼治名学,汉以后此学绝矣"④。蔡氏认为,墨子对于政治与道德教育的强调不亚于孔子,还"传授一种具有逻辑性的、形象化的辩证的工作方法"。而且,不可思议的是,"在墨子的学说中,还涉及到光学和力学,而这些同现代科学竟息息相关"⑤。在外国人面前介绍中国古代灿烂的文化时,蔡氏还把墨翟与亚里士多德相媲美。"以数学、物理学、论理学、政治学、道德学教人的墨子,很像 Aristotle。"⑥这里虽有比附不当之嫌,但足以说明蔡氏对墨家的科学精神和逻辑思想的充分肯定。

当然,蔡氏眼中的墨子思想也有瑕疵,"不知美术有陶养性情之作用",

① 《墨子的非攻与善守》,见中国蔡元培研究会编:《蔡元培全集》第八卷,浙江教育出版社1997年版,第406页。

② 《中国伦理学史》,见中国蔡元培研究会编:《蔡元培全集》第一卷,浙江教育出版社1997年版,第506页。

③ 《中国伦理学史》,见中国蔡元培研究会编:《蔡元培全集》第一卷,浙江教育出版社1997年版,第583页。

④ 《中国伦理学史》,见中国蔡元培研究会编:《蔡元培全集》第一卷,浙江教育出版社1997年版,第583页。

⑤ 《中国教育的发展》,见中国蔡元培研究会编:《蔡元培全集》第五卷,浙江教育出版社1997年版,第254页。

⑥ 《中国的文艺中兴——在比利时沙洛王劳工大学演说词》,见中国蔡元培研究会编:《蔡元培全集》第五卷,浙江教育出版社1997年版,第86—87页。

"非乐,是其蔽"①。

(三)道家与法家

对于道家和法家学说,蔡氏褒贬参半,总体上认为它们不如儒、墨两家,不能顺应中国社会的历史发展潮流。

1. 道家

蔡氏充分肯定道家学说的革命性——对北方文化的反动,认为老子学说能"刺冲思想界",庄子为周代伦理学界的"大革命家"②。其一,富有开创性。他赞扬老子的学说能够"开后世思想家之先导",认为庄子"超绝政治界,而纯然研求哲理之大思想家也"。其二,倾心学理探讨。认为道家学说偏重形而上学的探究,属于纯粹哲学。所以,儒家学说不如道家学说"闳深"③。其三,暗含自由的种子。老子非议儒家仁义;庄子持守道德的相对性,是对儒家末流僵化的道德观的否定。道家反对儒家"修明礼教,使贵贱同纳于轨范",以为礼法仅仅只有束缚人民自由的效力,须去之。④

但老庄学说与"吾族父兄政府之观念相冲突",不仅政治家反对,普通人也难以信服,只有隐君子们情有独钟。⑤ 所以,这样的学说不能"久行于普通健全之社会",只有诸如魏晋六朝这样不健全的时代才得以盛行。⑥

2. 法家

蔡氏认为,法家糅合北方的孔孟与南方的老庄两股思潮,"以道为体,

---

① 《中国伦理学史》,见中国蔡元培研究会编:《蔡元培全集》第一卷,浙江教育出版社 1997 年版,第506 页。

② 值得注意的是,在《中国伦理学史》一书中,蔡氏给予庄子的笔墨最多。

③ 《中国伦理学史》,见中国蔡元培研究会编:《蔡元培全集》第一卷,浙江教育出版社 1997 年版,第518 页。

④ 《中国伦理学史》,见中国蔡元培研究会编:《蔡元培全集》第一卷,浙江教育出版社 1997 年版,第499 页。

⑤ 《中国伦理学史》,见中国蔡元培研究会编:《蔡元培全集》第一卷,浙江教育出版社 1997 年版,第518 页。

⑥ 《中国伦理学史》,见中国蔡元培研究会编:《蔡元培全集》第一卷,浙江教育出版社 1997 年版,第493 页。

以儒为用"①。韩非为集大成者。一方面,韩非学说自成一体,"以中部思潮为根据,又甄择南北两派,取其足以应时势之急,为法治主义之助,而无相矛盾者,陶铸辟灌,成一家言"②,重变通,不泥古。另一方面,其学说"以法律统摄道德,不复留有余地",偏重刑罚,不容于伦理;且"君主以外无自由"。所以,"秦用其说,而民不聊生",其根本难容道德界,不足取。③

因此,对于先秦诸家学说,蔡氏较为推崇儒、墨两家,认为它们能够顺应历史的发展潮流。"其时学说,循历史之流委而组织之者,惟儒、墨二家。"④

(四)自由思想⑤的洗礼

除儒、墨两家外,蔡氏还比较推崇明清以后的戴震、黄宗羲、俞理初⑥三人的自由思想;近代龚自珍、严复和谭嗣同等人的思想也受其青睐。

1. 自由思想的先声

黄宗羲(1610—1695),明清之际思想家、史学家。浙江余姚人。其父被魏忠贤陷害,他受遗命问学于刘宗周。蔡氏认为,黄宗羲对于君民关系和君民平权思想,古义正大,与西方政体相差不远。但由于秦汉以来极端尊崇君权,民权丧失,与古义相背离。唐朝以后,没有人从思想上回归古

---

① 《中国伦理学史》,见中国蔡元培研究会编:《蔡元培全集》第一卷,浙江教育出版社1997年版,第507页。

② 《中国伦理学史》,见中国蔡元培研究会编:《蔡元培全集》第一卷,浙江教育出版社1997年版,第512页。

③ 《中国伦理学史》,见中国蔡元培研究会编:《蔡元培全集》第一卷,浙江教育出版社1997年版,第516页。

④ 《中国伦理学史》,见中国蔡元培研究会编:《蔡元培全集》第一卷,浙江教育出版社1997年版,第518页。

⑤ 这里的"自由思想"是相对于理学而言的。"梨洲、东原、理初诸家,则已渐脱有宋以来理学之羁绊,是殆为自由思想之先声。"(《中国伦理学史》,见中国蔡元培研究会编:《蔡元培全集》第一卷,浙江教育出版社1997年版,第583页。)

⑥ 值得注意的是冯契主编的《哲学大辞典》(修订本)(上、下)、谷方著的《中国哲学人物辞典》、万中航等编的《哲学小辞典》均未收录俞氏词条,一如我们的中国哲学教科书中找不到蔡氏的踪影一样。应该说,蔡氏独具慧眼,发现了俞氏这位富有自由思想的哲学人物。由此可以推演,我们的学术史总是存在改写、重写的思想空间。

义;回归古义,伸张民权,黄宗羲开了一个良好的头。蔡氏指出,黄宗羲的
"原君"力倡以天下为主,君主为从;天下不得安宁的原因就在于君主视天
下为一人一家一姓的私产,而黎民百姓为鱼肉。虽然黄宗羲的民权思想在
西方思潮扑面而来的近现代是众所周知的,但在黄宗羲所生活的时代,
"不得不推为特识"①。

戴震(1724—1777),清代思想家。安徽休宁人。蔡氏认为戴氏思想
的卓异之处在于"窥破宋学流弊,而又能以论理学之方式证明之"②。其学
说的优点在于:首先,心理分析的方法。戴氏以欲、情、知三者为人性的元
素,在蔡氏眼中,这与西方心理学家把人的心智分为意志、感情与知识三种
是大体相同的。其次,情欲的域限。蔡氏认为,在中国思想史上,戴震第一
次把别人的欲求当作自身欲求的界限,把别人的情感看作自身情感的域
界,这与西方功利主义伦理学所理解的人的自由是以他人的自由为界是相
一致的。再次,至善的状态。蔡氏认为,戴震所理解的至善与先儒不大一
样,前者认为至善在于使人满足自己的欲求,满足自己的情感需要,大意相
当于孔子的仁、恕,"不但其理颠扑不破,而其致力之处,亦可谓至易而至
简"③。这是戴震思想的优点,条理清晰,首尾连贯。

俞理初④(1775—1840),清代学者。安徽黟县人。蔡氏对俞理初的思
想赏识有加。"余自十余岁时,得读俞先生之《癸巳类稿》及《存稿》,而深
好之。历五十年而好之如故。"⑤对于与妇女地位所连带的一系列问题,

① 《中国伦理学史》,见中国蔡元培研究会编:《蔡元培全集》第一卷,浙江教育出版社1997年版,第581页。
② 《中国伦理学史》,见中国蔡元培研究会编:《蔡元培全集》第一卷,浙江教育出版社1997年版,第576页。
③ 《中国伦理学史》,见中国蔡元培研究会编:《蔡元培全集》第一卷,浙江教育出版社1997年版,第579页。
④ 当代国内哲学教科书或哲学大辞典一般都没有俞氏生平及思想简介。这从侧面投射出蔡氏思想的独特及对正统哲学思想的反叛。
⑤ 《〈俞理初先生年谱〉跋》,见中国蔡元培研究会编:《蔡元培全集》第七卷,浙江教育出版社1997年版,第571页。

"皆前人所不经意"①,而俞理初却深为关注和思考。蔡氏最为推崇俞理初的主要有两点:其一,认识人权。俞理初认为,男女都是人,但我国旧社会的习惯却把女子不当人。蔡氏指出,"种种不平,从未有出而纠正之者"。而"俞先生从各方面为下公平之判断"②。他所思考的女权内容,"无一非以男女平等之立场发言者"③。前文阐释蔡氏力倡与践行女权思想与其深受俞氏思想影响密切相关。其二,认识时代。人类的认识无不随着时代的发展而发展,无不带着时代的印记。后人因崇拜先人,"认为古人无所不知,好以新说为古人附会"。但俞理初认为,"一时代有一时代之见解与推想",当具体问题具体分析。④

之所以将上述三人单独列出来,认为蔡氏深受他们的思想影响,是基于以下一点考虑:蔡氏认为他们"已渐脱有宋以来理学之羁绊,是殆为自由思想之先声"⑤。就是说,我国学说,自从汉代以后,思想家固然不少,但"大旨不出儒家之范围"⑥。而上述三人,很大程度上颠覆了宋明理学精神而回归儒家古义,尤其是俞理初的思想已经突破儒家原始思想的精髓,认识到男女人权的平等,逐渐走出了国人崇古信圣的传统积习,富有强烈的时代革新意义。这种强烈的时代感同样表现在蔡氏对近代开风气之先的龚自珍的思想认识上。

2. 近代思想家的引领

龚自珍(1792—1841),清末思想家、文学家。浙江仁和(今属杭州)人。蔡氏深受龚自珍的影响主要体现在文风与精神两个层面。蔡氏的怪

---

① 《中国伦理学史》,见中国蔡元培研究会编:《蔡元培全集》第一卷,浙江教育出版社 1997 年版,第583 页。
② 《〈俞理初先生年谱〉跋》,见中国蔡元培研究会编:《蔡元培全集》第七卷,浙江教育出版社 1997 年版,第 571 页。
③ 《〈俞理初先生年谱〉跋》,见中国蔡元培研究会编:《蔡元培全集》第七卷,浙江教育出版社 1997 年版,第 573 页。
④ 《〈俞理初先生年谱〉跋》,见中国蔡元培研究会编:《蔡元培全集》第七卷,浙江教育出版社 1997 年版,第 573 页。
⑤ 《中国伦理学史》,见中国蔡元培研究会编:《蔡元培全集》第一卷,浙江教育出版社 1997 年版,第583 页。
⑥ 《中国伦理学史》,见中国蔡元培研究会编:《蔡元培全集》第一卷,浙江教育出版社 1997 年版,第583 页。

八股——"多用周秦子书典故,为读书人吐气,打倒高头讲章"①,很大程度上就是受到龚自珍的影响而形成的。蔡氏曾言,"余自戊己来,读定庵先生文,喜而学之"②。"戊己"即 1888 年、1889 年;"定庵"就是龚自珍。那么,龚自珍的文风及思想到底是什么样的?

"定庵为文,结体于公穀、《檀弓》《考工记》,而调气于诸子、太史公及释藏,而又言之有物,故其文恣肆而实谨严,精悍而极疏宕。"③就是说龚自珍的文字既古雅、隽永,又一丝不苟、掷地有声。对龚自珍的诗才,蔡氏更是推崇有加:"余观近代之诗,以精悍著者,莫如龚定公。定公生长浙西,壮而宦京华,跳荡江淮间,好涉猎诸子百家,抱民族主义,而不敢质言之,故其所作,精悍而诙诡。"④因为蔡氏一心向学,加之自身的努力,所以其文字颇神似龚自珍。对此,当时的举人、也是蔡氏长辈和挚友陶濬宣曾这样评价蔡氏文字:"鹤庼太史洽熟经传,博精群籍,童年下笔,辄如古子,当代之龚定盦也。"⑤

应该说,龚自珍的文风、叛逆精神和强烈关怀家国兴亡的民族主义精神深深感染了蔡氏。龚氏又是蔡氏同乡,蔡氏对其情深意笃,自不待言。如果说蔡氏深受自孔子至龚自珍这些古人的思想影响是其旧学时代的事,严复、谭嗣同二人对其思想的影响则是其新学时代的开始。

严复(1854—1921),中国近代启蒙思想家、翻译家。福建侯官(今福州)人。蔡氏在述说自己的思想历程时,对严复学说及其翻译的书籍内容推崇备至:"阅严幼陵氏之说及所译西儒《天演论》,始知炼心之要,进化之义,乃证之于旧译《物理学》《心灵学》诸书,而反之于《春秋》《孟子》及黄梨洲氏、龚定盦诸家之言,而怡然理顺,涣然冰释,豁然拨云雾而睹青天。"⑥可以看出,严复及其思想是蔡氏幡然醒悟的精神触媒。因此,蔡氏

---

① 蔡建国编:《蔡元培先生纪念集》,中华书局 1984 年版,第 90 页。
② 《日记》,见中国蔡元培研究会编:《蔡元培全集》第十五卷,浙江教育出版社 1998 年版,第 95 页。
③ 《日记》,见中国蔡元培研究会编:《蔡元培全集》第十五卷,浙江教育出版社 1998 年版,第 95 页。
④ 《〈陈浮生诗歌集〉题词》,见中国蔡元培研究会编:《蔡元培全集》第二卷,浙江教育出版社 1997 年版,第 209 页。
⑤ 高平叔撰著:《蔡元培年谱长编》第一卷,人民教育出版社 1999 年版,第 61 页。
⑥ 《剡山二戴两书院学约》,见中国蔡元培研究会编:《蔡元培全集》第一卷,浙江教育出版社 1997 年版,第 257 页。

进一步由严复学说和译著而感慨道:"近之推之于日本哲学家言,揆之于时局之纠纷,人情之变幻,而推寻其故,益已深信笃好,寻味而无穷,未尝不痛恨于前二十年之迷惑而闻道之晚。"①可以说,严复学说及其译著对蔡氏的影响是革故鼎新的。蔡氏在《译学》中指出,严复因译述西学诸家之论而渐成自己的哲学思想。"近五六年,侯官严氏译述西儒赫胥黎、斯宾塞尔诸家之言,而哲学亦见端倪矣。"②正因对严复的慕名,身在绍兴办学的蔡氏曾致信上海的好友张菊生(元济)替自己抄录严复的杂著。③蔡氏曾读到他人写的《书曾袭侯〈中国先睡后醒论〉后》和《新政论议》,觉得豁然开朗,柳暗花明,并评价道,"自侯官严氏外,无足抗颜行者"④。在《五十年来中国之哲学》一文中,蔡氏认为,最近五十年中,虽没有独创的哲学,但国人在整理古代哲学和介绍西方哲学方面还是有一定的成绩。"五十年来,介绍西洋哲学的,要推侯官严复为第一。"⑤并说,严复翻译的书籍是平常研究过的;译时又能旁征博引,加按语;译文古雅。所以,"他在那时候选书的标准,同译书的方法,至今还觉得很可佩服的"⑥。

谭嗣同(1865—1898),中国近代维新派思想家。湖南浏阳人。蔡氏曾自述读到《农学报》登载谭嗣同的《浏阳土产表叙》一文,并评价道:不仅富有思想,且"文笔尤古雅"⑦。足见对谭文的看重。戊戌政变,蔡氏离京返乡,谭嗣同死难。京城的朋友把谭氏狱中所作诗文遥寄蔡氏,蔡氏均录于日记中。⑧ 可见谭氏在蔡氏心中的地位。后来,蔡氏在致徐树兰的信件

① 《剡山二戴两书院学约》,见中国蔡元培研究会编:《蔡元培全集》第一卷,浙江教育出版社 1997 年版,第 257 页。
② 《译学》,见中国蔡元培研究会编:《蔡元培全集》第一卷,浙江教育出版社 1997 年版,第 372 页。
③ 《日记》,见中国蔡元培研究会编:《蔡元培全集》第十五卷,浙江教育出版社 1998 年版,第 235 页。
④ 《日记》,见中国蔡元培研究会编:《蔡元培全集》第十五卷,浙江教育出版社 1998 年版,第 237 页。
⑤ 《五十年来中国之哲学》,见中国蔡元培研究会编:《蔡元培全集》第五卷,浙江教育出版社 1997 年版,第 102 页。
⑥ 《五十年来中国之哲学》,见中国蔡元培研究会编:《蔡元培全集》第五卷,浙江教育出版社 1997 年版,第 102 页。
⑦ 《日记》,见中国蔡元培研究会编:《蔡元培全集》第十五卷,浙江教育出版社 1998 年版,第 133 页。
⑧ 《日记》,见中国蔡元培研究会编:《蔡元培全集》第十五卷,浙江教育出版社 1998 年版,第 190—191 页。

中表达自己不惧一切,力行教育和公事的决心。"元培近得炼心之要,时无古今,地无中西,凡所见闻,返之吾益己益世之心而安,则虽阻之以白刃而必行;返之吾心而不安,则虽迫之以白刃而不从",一副置生死利害于度外的气魄。"盖元培所慕者,独谭嗣同耳。"① 蔡氏在其自传中还回忆道:"于戊戌六君子中,尤佩服谭复生君。"② 在《五十年来中国之哲学》一文中,蔡氏指出,在伦理道德上,谭嗣同主张破除对立,张扬平等,反对名教,反对三纲;主张开通,反对闭关自守。"他在那时候,敢出这种'冲决网罗'的议论,与尼采的反对基督教奴隶道德差不多了。"③ 在科学上,谭嗣同重视用西方的科学知识来整理中国哲学。"那时候西洋输入的科学,固然很不完备,但谭氏已经根据这些科学,证明哲理,可谓卓识。"④ 而且,在蔡氏看来,谭嗣同的精神和眼光对后世影响颇大。"他那思想的自由、眼光的远大,影响于后学不浅。"⑤

可以说,严、谭二人是蔡氏进入哲学殿堂的入门介绍人。"丁戊之间,乃治哲学。侯官浏阳,为吾先觉。"⑥ "丁戊之间"就是指 1897 年、1898 年期间。"侯官"即严复,他所翻译、诠释、宣传的进化论思想对蔡氏影响较大;加之此时的蔡氏开始大量阅读西方书籍,并深受维新派宣传的西学——新学的浸染,开始在思想领域里从固守儒家思想一隅而开始"面向世界"。"浏阳"即谭嗣同,其"冲决网罗"的革命精神、言行一致的果敢品格以及献身维新的无畏勇气深深感染着蔡氏,使其在意识上能够批判性地对待传统文化尤其是儒家思想,而倾慕西学。如果说严复是把西方哲学文化系统介绍到中国的第一人,谭嗣同则是利用西方科学知识整理、批判国

① 《致徐树兰函》,见中国蔡元培研究会编:《蔡元培全集》第十卷,浙江教育出版社 1998 年版,第25—26 页。
② 《传略》(上),见中国蔡元培研究会编:《蔡元培全集》第三卷,浙江教育出版社 1997 年版,659 页。
③ 《五十年来中国之哲学》,见中国蔡元培研究会编:《蔡元培全集》第五卷,浙江教育出版社 1997 年版,第 122—123 页。
④ 《五十年来中国之哲学》,见中国蔡元培研究会编:《蔡元培全集》第五卷,浙江教育出版社 1997 年版,第 123 页。
⑤ 《何谓文化》,见中国蔡元培研究会编:《蔡元培全集》第四卷,浙江教育出版社 1997 年版,第290 页。
⑥ 《自题摄影片》,见中国蔡元培研究会编:《蔡元培全集》第一卷,浙江教育出版社 1997 年版,第313 页。

故的第一人。

有趣的是,黄宗羲以下,蔡氏向慕的思想者都是南方人,这是一个值得研究的文化现象。固然可以说蔡氏本人是南方人,且多数时间也是生活在中国南部,地理上的亲近感和文化上的认同感难以避免。更为重要的是,南宋以来,江南商品经济的发展,中国经济中心的转移,也带来了文化上的繁荣,如桐城派的崛起和考据学的发达进一步佐证了此点。它表明在传统中国,在北方专制集权的政治下,正统文化(儒家文化的发源地和大本营主要集中在淮河以北),也即中原文化占据主流的北方,思想独尊已与专制政治联袂,僵而不死,失去鲜活的生命力。而中原文化的异端,诸如淮、楚、闽、越等均是旁门左道,因受正统政治、文化的浸染较少,反而生气勃勃。曾国藩的湘军和李鸿章的淮军及其北洋水师,二者的崛起,成了撑起晚清帝国的中坚力量,就是例证。加之列强洞开国门自东南始,伴着政治、经济和文化的侵略与渗透,也带来了思想"异端"的因子,弥漫而激荡。蔡氏向慕追求进步的南方思想家是符合历史发展潮流的。

从幼年的私塾向学到青年登科进士、点翰林、任编修,蔡氏自然博通儒学经典,但蔡氏又不是那种典型的旧式文人,面对正统儒学之外的旁门左道,面对汹涌而来的西学,面对变化日新的现实和多灾多难的祖国,他跳出正统且已僵化的国学,追慕富有创新倾向的异端杂学和与时俱进的新学。这是其思想开明的原因所在,也是其思想开新的前提。

从先秦的孔、墨学说到近世的严、谭思想,在穿越传统时空的学术旅途上,蔡氏一路走来,广征博收,集民族思想精华于一身,表现出一个儒者的兼收并蓄、卓然独立、前行不已的精神风貌。

从儒家的中庸与入世、墨家的兼爱与科学,到黄宗羲、戴震、俞理初等人的自由精神,再到龚自珍的开风气和严复译介的新学进化论以及谭嗣同的冲决网罗的锐气,弥散在蔡氏的救国热忱和道德理想中,其后来的"五育并举"观、思想自由与兼容并包的大学理念及教育独立之梦自然少不了传统文化精神的滋养与催化。这些均是其思想深处的精神脐带。蔡氏的可贵之处在于他能突破和挣脱旧学和新学的有限,而奔向更加开阔的思想之海。

第二节　西方文化的抉择

1912 年之前,蔡氏学习和吸纳西方文化主要有两个阶段,一是在 1894 年到 1907 年期间阅读和翻译西方书籍以及介绍西方文化的报纸和杂志。二是在 1907 年到 1911 年之际,蔡氏留学德国,直接学习、体察西方文化。前者为其思想开明时代,后者为其思想自由时代。[①] 这只是粗略的划分。因为思想本身的发展具有一定的内在联系,没有截然的分野。

一、新学激荡

1894 年,甲午中日战争爆发,蔡氏深受刺激,开始在阅读中国古书的同时,广泛涉略有关日、俄和西方的书籍。这是蔡氏接受新学的开始。据蔡氏日记所载,他在 1894 年到 1899 年期间所读的有关日、俄、西方及中国问题观察的图书很多,所阅新式书籍目录(含中国人著、编),兹列表如下:

表 2 - 2

年份	书目
1894	《朔方备乘》(80 卷),〔清〕何秋涛撰;《游历日本图经》(30 卷),《游历古巴图经》(2 卷),〔清〕傅懋元著;《日本新政考》,顾厚琨著;《东槎闻见录》(4 卷),陈家麟撰;《四洲记》《海国图志》(100 卷),魏源著;《瀛环志略》,〔清〕徐继畬撰;《疆域考》,〔清〕何秋涛撰;《群书正误》,著者不详;《环游地球新录》(8 卷),李圭撰;等等

[①] 有人认为蔡氏游学西欧以后就进入其思想的西化时代。(李雄挥:《蔡元培美感教育思想述评》,台湾省立台东师范专科学校 1980 年出版发行,第 2 页。)笔者不赞成随便使用"西化""全盘西化"一类的语词,因为这类词语让人很自然地联想到"被西化"的论断。其实,对于中西文化交流来说,无论是陈序经的"全盘西化",还是胡适的"充分世界化",不仅隐约淡出了人的主体选择权,而且也有某某文化中心论的偏执。笔者以为,对于一切有自我独立判断能力的个人或群体来说,"被西化"是不妥当的——易使人联想到失却主体性而成为被动的受体。那换成"化西"妥帖吗?似乎也不准确,一是模糊不清,口气太大;二是语感不适。"充分世界化"也是同样道理。所以笔者干脆名之为思想自由时代,以凸显蔡氏一贯的个人风格和思想本身自有的特质。

年份	书目
1896	《日本史略》,〔日〕阿波冈本监甫著;《日本师船考》,〔清〕沈敦和(仲礼)著;《俄游汇编》(12卷),〔清〕缪祐孙(右臣)著;《盛世危言》(5卷),郑观应著;《电学源流》(1卷),未署著译者;《电学纲目》(1卷),〔英〕田大理原辑,〔英〕傅兰雅口译,周郇笔述;《电学入门》(1卷),〔美〕丁韪良辑;《电学问答》(1卷),天津水雷局辑译;《列国海战记》(1卷),〔清〕李凤苞辑译;《化学启蒙初阶》(1卷)、《化学分原》(8卷)、《化学鉴原》续编(12卷),〔美〕林乐知及徐寿等译述;《光学量光力器图说》(11卷),〔英〕克罗克司著,〔英〕傅兰雅译;《梅氏丛书》(62卷),〔清〕梅文鼎撰;《代数难题》(16卷),〔英〕伦德编,〔英〕傅兰雅译,华蘅芳述;《算草丛存》(8卷),华蘅芳著。《声学》,〔英〕田大里著,〔英〕傅兰雅译,徐建寅述;《井矿工程》,〔英〕白尔奈辑,〔英〕傅兰雅译,赵元益述;《开煤要法》,〔英〕史密德辑,〔英〕傅兰雅译,王德均述;等等
1897	《几何原本》,〔希腊〕欧几里得著,前6卷由〔意〕利玛窦口译,〔明〕徐光启述,后9卷由〔英〕伟烈亚加译,〔清〕李善兰述;《庸书》《续富国策》,陈炽著;《形学备旨》(10卷),〔美〕狄考文著,〔清〕刘永锡译,邹立文述;《八星之总论》,〔英〕李提摩泰著;《农学新法》,〔英〕李提摩泰辑译,蔡尔康述;《适可斋记言》(4卷)、《记行》,马建忠著;《采风记》(3册),宋育仁著;《支那教案论》,〔英〕宓克著,严复笔译;等等
1898	《中国度支考》,〔英〕哲美森辑,〔美〕林乐知译;《代数通艺录》(16卷),〔清〕方恺编;《谈天》(18卷),〔英〕侯失勒·约翰著,〔英〕伟烈亚力译,李善兰、徐建寅述;《大东合邦论》,〔日〕森本丹芳著;《西学启蒙》(16卷),〔英〕艾约瑟编;《佐治刍言》,〔英〕傅兰雅辑译,应祖锡述;《启悟要津》,〔美〕卜舫济撰;《心灵学》,〔美〕海文著,〔清〕颜永京译;等等
1899	《天演论》,〔英〕赫胥黎著,严复译;《西药大成》16册,〔英〕莱生等编,傅兰雅译,赵元益述;《庸庵笔记》,薛福成著;《金石识别》12卷,〔美〕代那著,〔美〕玛高温译,华蘅芳述;《古教汇参》3卷,〔英〕韦廉臣著,董树棠译;《日清战史》《生理学》(日文),著者不详;《进化新论》,〔日〕石川千代松著;《日本国鹿门观光纪游》,著者不详;等等

综览上表,可以看出,在短短5年内,除阅读大量中学书籍外,蔡氏博览西学群书,历史、地理、政治、军事、宗教、心理、数学、物理、化学、医学、农

学等均有所涉略。① 既有原著,又有译本;既有本国人写的,又有外国人著的,涉及中国、英国、美国、日本等。其中,尤以老牌资本主义国家英国与亚洲新兴资本主义国家日本的为多。值得注意的是,蔡氏阅读了不少自然科学书籍,表明蔡氏的视野敏锐而开阔,这与他后来强调用科学整理国故、教育科学化、"科学救国"意识的形成是分不开的。

同时,蔡氏在这几年还阅读了大量的报刊,如《新闻报》(1894)、《国闻报》(1896)、《时务报》(1897)、《知新报》(1897)、《农学报》(1897)、《经世报》(1897)、《湘学报》(1898)、《蒙学报》(1898)、《萃报》(1898)、《亚东新报》(1898)、《新闻报》(1898)、《倡言报》(1898)等;《万国公报》(1899)、《广学会年报》(1899)、《蒙学报》(1899)、《格致益闻汇报》(1899)、《中西日报》(1899)、《中外日报》(1899)、《亚东时报》(1899)、《东亚报》(1899)、《新闻报》(1899)、《国闻报》(1899)、《知新报》(1899)等。

此外,其他诸如 1900 年、1901 年、1902 年、1906 年的日记中还记有不少西学书籍及报刊,兹不一一列举;至于其他相关年份的阅读情况,因日记缺失,具体的就更不得而知了。无论是阅读西学书籍,还是浏览报刊,均说明蔡氏不局限于国学、旧学和故纸堆,而把眼光投射到新学、外面的世界和鲜活的现实中来,以拓展思想的视野,开阔精神的维度。这是因为"只有新的事物才能唤起我们的想象"②。

二、哲学学习

因向慕德国学术,蔡氏于 1907 年赴柏林留学。一年后,前往莱比锡大学哲学系学习,历时 3 年。这是蔡氏第一次游学。其间,蔡氏选修了诸多的哲学或与哲学相关的课程,了解这些有助于我们理解他接受西方文化教育的范围及程度。兹列举如下:

(一)哲学史课程

从康德到现代新哲学的历史　　　　Wundt 讲授　　　　1908/1909 年

---

① 蒋梦麟曾以敬佩的语气叙说蔡氏读书时的情形:"他读书时,伸出纤细的手指迅速地翻着书页,似乎是一目十行地读,而并有过目不忘之称。"(蒋梦麟:《蒋梦麟自传》,团结出版社 2004 年版,第 165 页。)

② 〔法〕卢梭:《爱弥尔》(上),李平沤译,人民教育出版社 2001 年版,第 164 页。

叔本华哲学	Brahn 讲授	1908/1909 年
哲学基本原理	Richter 讲授	1909/1910 年
康德以后的哲学史	Vokelt 讲授	1910 年
希腊哲学史	Vokelt 讲授	1910/1911 年
伦理学基础	Vokelt 讲授	1910 年
康德哲学	Vokelt 讲授	1911 年

(二) 心理学课程

心理学原理	Lipps 讲授	1908/1909 年
心理学	Wundt 讲授	1909 年
儿童心理学及试验教育学	Brahn 讲授	1909 年
心理学实验方法	Wirth 讲授	1910 年
心理学实验	Wundt 讲授	1910/1911 年
民族心理学	Wundt 讲授	1911 年
语言心理学	Dittrich 讲授	1908/1909 年
现代德语语法与心理学基础	Dittrich 讲授	1910/1911 年

(三) 文化史和欧洲历史课程

德国现代文明史:过去与现在	Lamprechs 讲授	1909 年
德国古代与中世纪的文明史	Lamprechs 讲授	1909/1910 年
德国现代文明:世界观与科学观	Lamprechs 讲授	1909/1910 年
宗教改革与文艺复兴时期的 　德国文明	Lamprechs 讲授	1910 年
古典时期的德国文明	Lamprechs 讲授	1911 年
欧洲从中世纪过渡到近代的历史	Lamprechs 讲授	1910/1911 年
专制主义时期的德国文明史	Lamprechs 讲授	1910/1911 年
文化的起源与原始形态	Weule 讲授	1910/1911 年

(四) 美术史、美学课程

德国戏剧及演艺艺术史章节选读	Köster 讲授	1910 年

舞台艺术从 15 世纪到 20 世纪的 发展	Köster 讲授	1911 年
史学方法与历史艺术观	Lamprechs 讲授	1910 年
美学	Vokelt 讲授	1910/1911 年
古典希腊雕塑艺术	Schreiber 讲授	1911 年
罗马式的建筑学与雕塑	Eckstädt 讲授	1911 年
莱兴(Lessing)之 Laokoon: 艺术对美学的贡献	Schmalso 讲授	1911 年
古代荷兰绘画	Schmalso 讲授	1911 年
造型艺术与美学	Schmalso 讲授	1911 年

(五)文学史课程

德国文学发展现状	Wittknowski 讲授	1908/1909 年
歌德的戏剧	Wittknowski 讲授	1909/1910 年
德国文学史概况—— 自古代至现代	Wittknowski 讲授	1909/1910 年
18 世纪德国文学史	Köster 讲授	1909/1910 年
歌德《浮士德》注解	Köster 讲授	1911 年

(六)其他

作为一个哲学家和自然科学 家的歌德	Brahn 讲授	1908/1909 年
现代自然科学的主要研究成就	Brahn 讲授	1909 年[①]

可以看出,在 3 年时间内,在半工半读的间隙,蔡氏选修 40 门课程。特别是一开始,德语还不大精通,课堂上听不懂;既要学德语,又要在课下请人代为讲授,以加深理解。"我一面听讲,一面请教师练德语,一面请一

---

① 参见《自写年谱》,见中国蔡元培研究会编:《蔡元培全集》第十七卷,浙江教育出版社 1998 年版,第 453 页;蔡建国:《蔡元培与近代中国》,上海社会科学院出版社 1997 年版,第 101—102 页;蔡元培研究会编:《论蔡元培》,旅游出版社 1989 年版,第 461—463 页。

位将毕业的学生弗赖野氏(Freyer)摘讲冯德(即冯特)所讲之哲学史,借以补充讲堂上不甚明了的地方。"①学习的艰难程度可想而知。综览上述课程,可归结出以下三点:

其一,蔡氏是为学习哲学而来的。3 年中,蔡氏选修的课程均有哲学,尤其是康德哲学和叔本华哲学。康德、叔本华哲学对蔡氏影响较大,后文将有所交代,兹不赘述。心理学原本也包含在哲学中,只是到 19 世纪晚期,冯特(Wundt,1832—1920)在莱比锡大学创立了世界上第一座心理学实验室,标志着心理学从哲学中分化出来,成为一门独立的学科。20 世纪初,心理学与哲学之间的分野应该不是那么明显,何况冯特本人就兼哲学家、心理学家于一身。

其二,蔡氏注重对美学与艺术史的学习。随着学习的推进,蔡氏觉得哲学的范围太广,就把研究的范围缩小,打算专攻实验心理学,但又受实验美学的影响,在阅读美学书籍时兴味特浓,尤其是对康德美学印象深刻,加之学校周围美的环境的陶养,于是就专攻美学。而且,美学本身也是哲学的分支学科。蔡氏后来钟情美学,致力于美育理论及其实践,提出"以美育代宗教",力倡"美育救国",应该肇始于此。本来,文、史、哲是一家,加之美学、艺术与文学是相通的,所以蔡氏也选修了文学史课程。蔡氏早年就喜爱小说、诗歌。

其三,蔡氏重视对文明史和文化史的学习。蔡氏早年向慕西学,后来力主国人留学西洋,并多次亲身留学、考察西方文化,为的就是振兴中国文化。后文提及蔡氏谈到中国伦理学不发达和他的中西文化观以及他留学前在学校教育中所提出的部分论题,都与这些学习内容相关,可以互证,表明蔡氏注意中西文化的比较研究。如莱比锡大学设有中国文史研究所,主持者为孔好古(August Conraty),"有练习班,我也参加"②。同时,在文明史研究中,蔡氏结识了研究东方文化的但采尔(Teodos Wilherm Danzel),其毕

---

① 《自写年谱》,见中国蔡元培研究会编:《蔡元培全集》第十七卷,浙江教育出版社 1998 年版,第453 页。
② 《自写年谱》,见中国蔡元培研究会编:《蔡元培全集》第十七卷,浙江教育出版社 1998 年版,第455 页。

业论文题目为《象形字》，有关"中国象形字一节，我代为选择"①。可以看出，蔡氏在此已经参与中西文化比较的实证研究了。后来蔡氏因研究美术史而旁及民族学研究，可看作是蔡氏研究文明史的深化。

值得一提的是，蔡氏留学德国，乃至他后来的几次国外游学，均不是冲着学位和文凭，而是为思想探求和学术研究而来的。

三、美学熏陶

蔡氏注册莱比锡大学哲学系，开始听课。"我所听的讲义，是冯德（Wilhelm Wundt）的心理学或哲学史（彼是甲年讲心理，乙年讲哲学史，每周四时，两种间一年讲的）、福恺尔（Vokelt）的哲学、兰普来西（Lemprechs）的文明史、司马罗（Schmalso）的美术史，其他尚听文学史及某某文学等。"②在此，蔡氏深受美学、美术的影响。

授课内容上。冯特在讲授哲学史时，"提出康德关于美学的见解，最注重于美的超越性与普遍性，就康德原书详细研读，益见美学关系的重要"③。兰普来西在讲授文明史时，"最注重美术，尤其造形艺术，如雕刻、图画等"④。兰氏认为史前人类的语言、音乐都已失传，只有"造形艺术"还可以在洞穴中发现，通过举一反三和类比推理，可以窥见文化史的大概。同时，兰氏所创设的文明史与世界史研究所中搜集了各地的儿童图画，不但可以观察儿童心理，而且还可以与未开化的人相对照。冯特一派的学者摩曼教授（Meumann）应用心理学的实验法于教育学及美学。他所著的《现代美学》及《实验美学》两书，虽篇幅不大，但研究方法和研究路径分明。"我想照他的方法，在美学上做一点实验的工作。"⑤实验到中途，由于

---

① 《自写年谱》，见中国蔡元培研究会编：《蔡元培全集》第十七卷，浙江教育出版社 1998 年版，第 458 页。
② 《自写年谱》，见中国蔡元培研究会编：《蔡元培全集》第十七卷，浙江教育出版社 1998 年版，第 453 页。
③ 《自写年谱》，见中国蔡元培研究会编：《蔡元培全集》第十七卷，浙江教育出版社 1998 年版，第 457 页。
④ 《自写年谱》，见中国蔡元培研究会编：《蔡元培全集》第十七卷，浙江教育出版社 1998 年版，第 455 页。
⑤ 《自写年谱》，见中国蔡元培研究会编：《蔡元培全集》第十七卷，浙江教育出版社 1998 年版，第 458 页。

辛亥革命爆发蔡氏归国而中断。

学习环境上。莱比锡大学礼堂中正面的壁画富有想象力。左边画一裸体而披蓝衫的少女,有各民族雏形的人物环拱周围,这是希腊全部文化的象征。中部画多数学者,以柏拉图和亚里士多德为核心。柏拉图身着黑衣,一手指天,富于理想色彩;亚里士多德身着白衣,一手指地,象征着实证科学的创设。右部画亚历山大率领群臣向左迈进,象征着希腊人的权威。美术馆庭中有一贝多芬坐像。本地的美术馆以图画为主。文艺复兴以后诸多的美术家,都有一些代表作品陈列其间。美术馆外还有一民族学博物馆。学校附近有一演奏厅,于周日午后及晚间奏音乐,蔡氏常去聆听。"德国音乐名家最多,普通人多能奏钢琴或提琴者,我也受他们的音(影)响,曾学钢琴,亦曾习提琴。"[1]学校附近有一戏院,每日演话剧或小歌剧。话剧多为古今文学家作品,寄托遥深;小歌剧轻松婉丽。蔡氏偶尔也去观看。

"我于讲堂上既常听美学、美术史、文学史的讲(演),于环境上又常受音乐、美术的熏习,不知不觉的渐集中心力于美学方面。"[2]德国学者所著的美学书籍非常多,而蔡氏最喜欢读的是栗丕斯(T. Lipps)的《造形美术的根本义》,"因为他所说明的感入主义,是我所认为美学上较合于我意之一说,而他的文笔简明流利,引起我屡读不厌的兴趣[3]。这里的"感入主义"实际上就是美学上的移情说,是指主体在观察外物时,将情感移植于对象中,使后者仿佛也具有感觉、情绪、意志、思想和活力的一种心理活动;主体在移情中也或多或少和事物发生同情和共鸣。移情说的最大代表为里普斯,即当年蔡氏所指的栗丕斯。里普斯把移情说作为其美学理论的基础,

---

① 《自写年谱》,见中国蔡元培研究会编:《蔡元培全集》第十七卷,浙江教育出版社1998年版,第456页。这在蔡氏的日记中也有所反映:1911年5月8日的日记记有"始学Klavier于Schultz"的字样,该月21日的日记中载有"辞Violin教习(Schultz)"的语段。(中国蔡元培研究会编:《蔡元培全集》第十五卷,浙江教育出版社1998年版,第428页。)这里的Klavier,Violin分别表示钢琴和小提琴。

② 《自写年谱》,见中国蔡元培研究会编:《蔡元培全集》第十七卷,浙江教育出版社1998年版,第457页。

③ 《自写年谱》,见中国蔡元培研究会编:《蔡元培全集》第十七卷,浙江教育出版社1998年版,第457页。

界定了审美移情作用的三个特征:审美对象不是与主体对立的事物的存在或实体,而是一种受到主体灌注生命的形象;审美主体是观照的自我;主体和对象相互渗透,融为一体。①

此外,暑假中,蔡氏还游历了德国和瑞士的湖光山色,观看了部分教堂、博物馆的艺术作品。耳濡目染,蔡氏渐渐对美学产生了浓厚的兴趣。

当然,这并不是说蔡氏的美学情结陡然形成,没有传统文化陶养的底子。蔡氏生平爱好中国古典文学、诗歌;朝考的题目就是《审乐知政疏》,论述古代音乐产生和发展的历史,说明其社会功能及政治作用,批评否定音乐的观点;撰写的《中国伦理学史》肯定孔子、荀子关于礼乐对性灵的陶冶作用,反对墨子"非乐"的观点;等等。

总之,蔡氏在莱比锡大学的三年深受美学熏陶,对其后来倡导美学、美术教育、美感教育,乃至提出教育艺术化、"以美育代宗教"的口号具有很大的催化作用。

1912 年 7 月 14 日,蔡氏因反对袁世凯专权辞去教育总长,11 月 1 日,复在德国莱比锡大学注册入学,注册专业为哲学。这是蔡氏第二次游学。主要是在兰普来西教授主持的文明史与世界史研究所从事研究工作。本学期选修的课程如下表②:

表 2 - 3

欧洲史:自古至现代	Lamprechs 讲授
艺术(指建筑、雕刻、绘画)美学	Schmalso 讲授
Barock 时代之艺术	Schmalso 讲授

后来,蔡氏于 1913 年 10 月至 1916 年 10 月在法国游学,学习法语,编书,协助李石曾、汪精卫等办理留学俭学会,组织华法教育会,编辑《哲学大纲》一册,编《康德美学述》一卷,编《欧洲美学小史》中的《赖斐尔》一卷;为华工学校编辑修身讲义,办理《旅欧杂志》等。但因事杂,"不能如留德时之专一"③。这是蔡氏第三次游学。

---

① 冯契主编:《哲学大辞典》(下),上海辞书出版社 2001 年版修订本,第 1791 页。
② 高平叔撰著:《蔡元培年谱长编》第一卷,人民教育出版社 1999 年版,第 489 页。
③ 蔡元培:《蔡孑民先生言行录》,山东人民出版社 1898 年版,第 12 页。

蔡氏第四次游学始于 1923 年 8 月,终于 1926 年 2 月。其间,1924 年春,蔡氏来往于比利时与法国之间,照料夫人与子女的学业,因为蔡夫人周峻进巴黎美专,女公子威廉入里昂美专,男公子柏龄在比利时学习工科。同时,蔡氏襄助李石曾、吴稚晖等办理里昂中法大学及华法教育事宜。1924 年 3 月 28 日,到伦敦,同英国朝野各方洽商退还庚子赔款,用于中国教育事业。同年 11 月 21 日,到德国,入汉堡大学,研究民族学。

正是在西方文化潜移默化的熏陶中,蔡氏深受西方哲学思想的影响。因为"哲学是文化的中坚"[①]。

四、西方哲学思潮的甄选

不仅对中国哲学思想广泛涵容,而且对西方文化尤其是西方哲学,蔡氏也是兼收并蓄,积极吸纳,显示出一颗思考的大脑一往无前的精神追求。

(一)康德哲学

蔡氏在莱比锡大学选修哲学时,较为全面地"认识"了康德哲学及其美学。蔡氏开始系统地接触康德思想,进而阅读其著作,并发生兴趣。

康德(Immanuel Kant,1724—1804),哲学家,德国古典唯心主义的创始人,自然科学家。1770 年以前,康德主要研究自然科学,一般称为前批判时期。1770 年以后提出的先验唯心主义体系,着重批判理性,称为批判时期。在批判时期,康德提出先验唯心主义体系——以《纯粹理性批判》《实践理性批判》和《判断力批判》为主要代表。三者是一个有机整体。《纯粹理性批判》论述认识论,即理性认识的来源和范围;认为在认识的范围内,人为必然所控制。《实践理性批判》论述伦理学,阐明人的伦理行为的动力和规范,从伦理道德和信仰的角度说明设定上帝存在、灵魂不死和意志自由的意义;认为在伦理行为的范围内,人是自由的。《判断力批判》试图解决前两个批判中阐明的必然与自由之间的对立,认为判断力在美感和自然界的有机性的说明中的作用正是把必然和自由结合起来达到最后

[①] 《五十年来中国之哲学》,见中国蔡元培研究会编:《蔡元培全集》第五卷,浙江教育出版社 1997 年版,第 137 页。

的和谐。①

对于深受德国哲学,尤其是康德哲学影响的蔡氏来说,又是如何看待康德哲学的呢? 对于这个问题,可分两个方面来阐述:一是蔡氏经受康德哲学的影响,二是蔡氏如何看待康德哲学。

先看第一个问题。早在 1903 年,蔡氏就赴青岛学习德文,为留学德国做准备的间隙,蔡氏就翻译了《哲学要领》。此书为德国科培尔在日本文科大学讲课的内容,由日本下田次郎笔述。蔡氏据日文译出。通阅全书汉译内容,关涉康德哲学的文字颇多。所以,蔡氏在译者序言中说,全书"皆以最近哲学大家康德、黑智尔(黑格尔)、哈尔妥门诸家之言为基本"②。这大概是蔡氏生平第一次具体接触康德哲学。1909 年,蔡氏翻译了泡尔生的《伦理学原理》。泡尔生为新康德主义者,主张以康德哲学为依据调和宗教世界观和对自然界的科学解释。蔡氏在译者序言中也指出,泡尔生哲学为康德派。③ 这是蔡氏在德国第一次留学期间(1907—1911),一面听课,一面编译书籍,半工半读的结晶。前文已述,1908 年、1909 年蔡氏听冯特讲授《从康德到现代新哲学的历史》,同时,还"一面请一位将毕业的学生弗赖野氏(Freyer)摘讲冯德所讲之哲学史,借以补充讲堂上不甚明了的地方"④。而且,"尤因冯德讲哲学史时,提出康德关于美学的见解,最注重于美的超越性与普遍性,就康德原书详细研读"⑤。此外,1911 年,蔡氏又听福恺尔讲授康德哲学。所以蔡氏在 1912 年有关教育方针的设想中提及康德两个世界的划分也就不难理解了。1924 年,蔡氏编写了《简易哲学纲要》。此书除绪论及结论外,多取材于德国文德尔班的《哲学入门》。⑥ 而

① 冯契主编:《哲学大辞典》(上),上海辞书出版社出版 2001 年版修订本,第 711 页。
② 《〈哲学要领〉序》,见中国蔡元培研究会编:《蔡元培全集》第九卷,浙江教育出版社 1997 年版,第 1 页。
③ 《〈伦理学原理〉序》,见中国蔡元培研究会编:《蔡元培全集》第九卷,浙江教育出版社 1997 年版,第 245 页。
④ 《自写年谱》,见中国蔡元培研究会编:《蔡元培全集》第十七卷,浙江教育出版社 1998 年版,第 453 页。
⑤ 《自写年谱》,见中国蔡元培研究会编:《蔡元培全集》第十七卷,浙江教育出版社 1998 年版,第 457 页。
⑥ 《简易哲学纲要》,见中国蔡元培研究会编:《蔡元培全集》第五卷,浙江教育出版社 1997 年版,第 155 页。

文氏为新康德主义弗莱堡学派的创始人,以复活康德哲学为主旨,以研究历史、文化及价值问题为中心;他在哲学上的主要特点是试图把康德的批判主义原则推广应用于研究自然科学以外的整个知识领域,从价值的观点出发重新确定哲学的对象和任务。①

正是在这种影响下,蔡氏还相继向国内思想界介绍了康德哲学思想和美学思想,如 1916 年,他在法国编写《欧洲美学丛述》,《康德美学述》就是其中一种。前半部着重介绍康德美学的基本问题、优美的分析。还附带简介了康德的三大批判:纯粹理性批判,是为了明晰认识力的界限;实践理性批判是为了明确道德心的自由问题;判断力批判是作为上述两大批判的中介和桥梁。② 后半部至今尚未发现。1921 年,蔡氏在北大和国立北京高等师范学校讲授美学课程时,也谈及康德美学的定义以及康德三大批判的简介。③ 1923 年,在《五十年来中国之哲学》中,在评介西方哲学的同时代的学者时,蔡氏详细地谈及王国维介绍德国哲学的状况,说王氏始读康德,苦不能解;继而读叔本华哲学,非常喜爱;经由叔本华哲学,王氏始解康德认识论,返身研究康德哲学。④ 王氏虽精心研究康德哲学,但最终没有发表研究成果。蔡氏对王氏研究哲学的评价极高:"他对于哲学的观察,也不是同时人所能及的。"⑤试想,如果蔡氏对康德哲学不理解,没有受其影响,是不会轻易得出这样的结论的。

深受康德哲学影响的蔡氏是如何评价这个德国哲学家的思想的呢?就哲学观来说,一方面,蔡氏肯定了康德对于现象世界与实体世界的划分,但是不赞成他把两个世界对立起来的做法。蔡氏认为,世间存在一种厌恶世俗社会的宗教观和哲学观,为了培养实体世界的观念而排斥现象世界;

---

① 冯契主编:《哲学大辞典》(下),上海辞书出版社 2001 年版修订本,第 1533 页。
② 《康德美学述》,见中国蔡元培研究会编:《蔡元培全集》第二卷,浙江教育出版社 1997 年版,第 506 页。
③ 《美学讲稿》,见中国蔡元培研究会编:《蔡元培全集》第四卷,浙江教育出版社 1997 年版,第 432 页。
④ 《五十年来中国之哲学》,见中国蔡元培研究会编:《蔡元培全集》第五卷,浙江教育出版社 1997 年版,第 105 页。
⑤ 《五十年来中国之哲学》,见中国蔡元培研究会编:《蔡元培全集》第五卷,浙江教育出版社 1997 年版,第 110 页。

以为现象世界的文明为罪恶之源,而统统加以排斥。这虽不是康德本人的观点,但康德确实认为实体世界不可知。"我们必须在经验中处理的对象绝非物自身,而仅仅是现象;并且虽然对于物自身,人们完全不了解,确实也无法明白。"①对此,蔡氏的回答是:"吾以为不然。"理由是:现象世界与实体世界本是一个整体的两个方面,不是截然冲突的两个世界,"所谓实体者,即在现象中,而非必灭乙而后生甲";只要破除人我之间界限分明的差别和对幸福的刻意追求,就能"合现象世界各别之意识为浑同,而得与实体吻合焉"②。且通过美感教育,使人摆脱现象世界一切相对的感情,浑然一体,与造物为友,就能接触实体世界的思想观念。

　　另一方面,对于哲学与宗教的关系,康德承继上述现象世界与实体世界的划界标准,认为经验世界是哲学和科学的领域,宗教寄托在实体世界中,因为"后者完全越出了我们的知识范围之外"③。在《哲学大纲》中,尽管蔡氏指出,"历举各派之说,不多下十成断语,留读者自由思考之余地"④,但是对于康德上述的划界标准,蔡氏仍然表达了自己些许微妙的个人思考:"虽然,哲学与宗教之离绝,良非易易,盖思想与信仰,虽异其方面,而要同托于一人之意识界,若截然界别之,则人类趋向统一之本性,为之不安。"⑤这里传达了蔡氏不满足于康德的划界而试图追寻现象与实体统一的思想倾向。

　　蔡氏最为推崇的是康德的美学思想。康德的美学思想主要见于《判断力批判》中。如果说《纯粹理性批判》是理论哲学,研究的是通过纯粹知性的自然概念的立法,《实践理性批判》是实践哲学,研究的是通过纯粹理性的自由概念的立法,那么,理论哲学与实践哲学、必然与自由之间就留下了一条鸿沟。为了架接这条鸿沟,调解二者之间的冲突,康德就试图通过

① 〔德〕康德:《实践理性批判》,韩水法译,商务印书馆2003年版,第57页。
② 《对于新教育之意见》,见中国蔡元培研究会编:《蔡元培全集》第二卷,浙江教育出版社1997年版,第12页。
③ 〔德〕康德:《纯粹理性批判》,邓晓芒译,杨祖陶校,人民出版社2004年版,第177页。
④ 《哲学大纲》,见中国蔡元培研究会编:《蔡元培全集》第二卷,浙江教育出版社1997年版,第300页。
⑤ 《哲学大纲》,见中国蔡元培研究会编:《蔡元培全集》第二卷,浙江教育出版社1997年版,第307页。

《判断力批判》来加以解决。"康德把判断力理解为知性与理性之间的中间环节。"①而审美判断力所关涉的美学思想是康德第三大批判的一个重要内容。在第一次留学德国期间,蔡氏在冯特讲授哲学史时,接触到冯特有关康德美学的见解,特别推崇他有关美的超越性与普遍性,"就康德原书详细研读,益见美学关系的重要"②。这里的"康德原书"虽没有确指,想必应是康德三大批判一类的书。因为蔡氏多次提及这些书的内容。③ 在《美学的进化》一文中,蔡氏指出,鲍姆加登在其著作中首次提出"Aesthetica"(美学)一词,尔后各国学者相继沿用。这是美学的第一个纪元。接着,蔡氏说,鲍姆加登之后,在美学上起着重要作用的就是康德及其著作。"康德的哲学,是批评论。他著《纯粹理性批评》,评定人类和知识的性质。又著《实践理性批评》,评定人类意志的性质。前的说现象界的必然性,后的说本体界的自由性。这两种性质怎么能调和呢?依康德见解,人类的感情是有普遍的自由性,有结合纯粹理性与实践理性的作用。由快不快的感情起美不美的判断,所以他又著《判断力批评》一书。"④蔡氏对《判断力批判》评价较高。在述说此书有关美学的超越性与普遍性后,说:"他分析美与高的性质,也比褒尔克进一步。"⑤这里的褒尔克(Burke,1729—1797),通译为伯克,英国政治家、哲学家和美学家,经验主义美学的集大成者。因为在蔡氏眼中,对于美感的种类,伯克认为美是"一见就生快感的,这是与人类合群的冲动有关。高,初见便觉不快,仿佛是危险的,这是与人类自存的冲动有关。但后来仍有快感,因知道这是我们观察中的假象"⑥。而康

---

① 〔德〕奥特弗里德·赫费:《康德:生平、著作与影响》,郑伊倩译,人民出版社2007年版,第241页。
② 《自写年谱》,见中国蔡元培研究会编:《蔡元培全集》第十七卷,浙江教育出版社1998年版,第457页。
③ 《哲学大纲》《德德美学述》,见中国蔡元培研究会编:《蔡元培全集》第二卷,浙江教育出版社1997年版,第306、506页;《美学的进化》《美学讲稿》,见中国蔡元培研究会编:《蔡元培全集》第四卷,浙江教育出版社1997年版,第307、432页。
④ 《美学的进化》,见中国蔡元培研究会编:《蔡元培全集》第四卷,浙江教育出版社1997年版,第307页。
⑤ 《美学的进化》,见中国蔡元培研究会编:《蔡元培全集》第四卷,浙江教育出版社1997年版,第307页。
⑥ 《美学的进化》,见中国蔡元培研究会编:《蔡元培全集》第四卷,浙江教育出版社1997年版,第306页。

德认为"高有大与强二种,起初感为不快,因自感小弱的原故。后来渐渐消去小弱的见,自觉与至大至强为一体,自然转为快感了"。而且,康德的美与崇高"完全属于主观,完全由主观上想象力与认识力的调和,与经验上的客观无涉。所以必然而且普遍,与数学一样"①。由此,蔡氏得出结论,康德的美学思想要比伯克的进步。进而,蔡氏认为,自从康德的《判断力批判》出版发行后,美学就在哲学中占有重要地位;哲学的美学由此诞生。② 在《美学讲稿》中,蔡氏再次提及康德美学的普遍性与超越性,并以赞扬的语气说:"他说明优美、壮美的性质,亦较前人为详尽。"同时,又高度评价了康德的美学思想:"自有康德的学说,而在哲学上美与真善有齐等之价值,于是确定;与论理学、伦理学同占重要的地位,遂无疑义。"③1912 年,蔡氏在"五育并举"观中提出美感教育,强调美感的普遍性与超越性,不能不说与康德的美学思想的影响是分不开的。"提出美育,因为美感是普遍性,可以破人我彼此的偏见;美感是超越性,可以破生死利害的顾忌,在教育上应特别注重。"④1917 年、1930 年、1932 年,蔡氏先后发表同为"以美育代宗教"主题的文章,既可看作他对美育的重视,又可看作他是在承继康德美学思想基础上的创造。

(二)叔本华哲学

除康德哲学外,蔡氏还深受叔本华思想的影响。叔本华(Arthur Schopenhauer,1788—1860),德国哲学家、美学家,唯意志论代表之一。叔本华认为意志高于认识;理性和认识只是意志的一种辅助工具;直观是一切知识的根源;在伦理学上提出悲观主义的人生哲学。叔本华认为伦理学考察的是意志,因人的生命意志不断追求欲望的满足,而后者是无止境的;欲求

---

① 《美学的进化》,见中国蔡元培研究会编:《蔡元培全集》第四卷,浙江教育出版社 1997 年版,第307 页。

② 《美学的进化》,见中国蔡元培研究会编:《蔡元培全集》第四卷,浙江教育出版社 1997 年版,第307 页。

③ 《美学讲稿》,见中国蔡元培研究会编:《蔡元培全集》第四卷,浙江教育出版社 1997 年版,第432 页。

④ 《自写年谱》,见中国蔡元培研究会编:《蔡元培全集》第十七卷,浙江教育出版社 1998 年版,第461 页。

满足就快乐,反之就痛苦。所以,人生是痛苦的。摆脱痛苦的唯一出路就是清心寡欲,彻底否定个体的生命意志,获得内心安宁。叔本华的唯意志论开现代西方非理性主义思潮的先河,并产生重要影响。主要代表作为《论充足理由律的四重根》《作为意志和表象的世界》等。

叔本华哲学与康德哲学大有关联。"没有任何哲学家比康德对叔本华的影响更大。"因为后者的基本观念来自前者:康德在物自体和现象之间所作的区分体现在叔本华的形而上学中。[①] 而且,叔本华还把现象与自在之物的区分看作近代最具决定性的哲学成就,因而也是康德最重要的功绩。[②] 所不同的是,叔本华认为物自体能够被认识——物自体就是意志或欲求。这也是叔本华哲学的根本所在。[③]

为什么说蔡氏深受叔本华哲学思想的影响? 蔡氏翻译的《哲学要领》中多次提及叔本华哲学思想,此时蔡氏把叔本华(Arthur Schopenhauer)翻译为旭宾海尔;蔡氏在翻译新康德主义者泡尔生的《伦理学原理》序言中谈到,泡尔生的哲学为康德派,也吸收了叔本华的学说。[④] 该书内容涉及叔本华的悲观主义厌世观,书后还附有叔本华小传。蔡氏第一次留学德国时,冯特(Wundt)讲授《从康德到现代新哲学的历史》;Brahn 讲授《叔本华哲学》;福恺尔(Vokelt)讲授《康德以后的哲学史》等,这些都会涉及叔本华哲学思想,想必蔡氏自然会受到浸染。后来,在《哲学大纲》中,蔡氏多次提及叔本华的哲学思想。这是外在根据。内在根据则在于蔡氏的文字中散发着叔本华的哲学气息。如在"五育并举"观中,谈及世界观教育时,蔡氏指出,世间有一种厌世的宗教或哲学认为现象世界的文明是罪恶之源,力倡实体世界的观念,而排斥现象世界。蔡氏认为,现象世界之所以成为实体世界的障碍,是由以下两种意识造成的:一是人与我的差别。个体因自卫能力的不同而产生强弱,因生存能力的不同而产生贫富。有强弱、贫富差别的存在,就会产生人我差别的意识。有了这种差别意识,就会在

---

① 〔美〕S. 杰克·奥德尔:《叔本华》,王德岩译,中华书局 2002 年版,第 3 页。
② 〔德〕阿本德洛斯:《叔本华》,李淑英译,河北教育出版社 2001 年版,第 53 页。
③ 〔美〕S. 杰克·奥德尔:《叔本华》,王德岩译,中华书局 2002 年版,第 4 页。
④ 《〈伦理学原理〉序》,见中国蔡元培研究会编:《蔡元培全集》第九卷,浙江教育出版社 1997 年版,第 245 页。

现象世界中表现出种种界限,而与没有差异的实体世界相抵触。二是追求幸福的意识存在。弱者、贫者,为幸福不足而生痛苦,进而谋求幸福的意识产生。欲求不成而生无限的痛苦,欲求达成则愈贪得无厌。斤斤计较于现象世界,周而复始,就会与自由的实体世界相隔绝。如果能够平衡现象世界与实体世界,则肉体上感官享受,顺其自然,这样追求幸福的意识就会泯灭,人我之间的差别意识也就随之化解了。如果现象世界的种种意识浑然一体,就会与实体世界相合拍。这里的"厌世的哲学""欲求不成而生无限的痛苦,欲求达成则愈贪得无厌"等流露出叔本华悲观哲学的蛛丝马迹。

受叔本华哲学影响最为明显的则是蔡氏1912年底发表的《世界观与人生观》一文。"虽然,吾人既为世界之一分子,决不能超出世界以外,而考察一客观世界,则所谓完全之世界观,何自而得之乎?曰:凡分子必具有全体之本性;而既为分子,则因其所值之时地而发生种种特性;排去各分子之特性,而得一通性,则即全体之本性矣。吾人为世界一分子,凡吾人意识所能接触者,无一非世界之分子。研究吾人之意识,而求其最后之原素,为物质及形式。物质及形式,犹相对待也。超物质形式之畛域而自在者,惟有意志。于是吾人得以意志为世界各分子之通性,而即以是为世界之本性。"[①]在蔡氏眼中,世界的根本特性是意志;意志是超物质的,是绝对的。这不是自在之物又是什么呢?这与叔本华哲学精神是一致的:物自体就是意志。再如,在1915年出版的《哲学大纲》中:"盖意志者,吾人最后之元素,而情感者常为表示意志之朕兆。至于知识,则为一种达意志所赴之的之作用也。以生物学证之,高等动物,及未开化之人类,其意志力早已发展,而知识之程度甚浅,吾人幼稚之年亦然。证之植物,其体合生埋之作用,不得不认为意志之良能,而未可谓之知识。至于地之绕日,月之绕地,以意志说之易了,而以知识说之则难通,此皆意志论优于智力论之证据也。"[②]显然,这非常接近叔本华的意志论:意志是万事万物的本质,即世界的本质;这种意志论属于本体论,而不属于知识论;世界的终极不是经验和

---

① 《世界观与人生观》,见中国蔡元培研究会编:《蔡元培全集》第二卷,浙江教育出版社1997年版,第215页。

② 《哲学大纲》,见中国蔡元培研究会编:《蔡元培全集》第二卷,浙江教育出版社1997年版,第328页。

认识的对象,而是信仰与直观的对象,用智力说是不能解释的,只有意志论的解释才能释然。所以,蔡氏说,"至于心灵最后之元素,则往昔哲学家多主智力论,自叔本华主张意志论,而近世哲学家多从之"①。言语中流露出对叔本华意志论的首肯。在1912年有关教育方针的设想中,蔡氏提出通过美育破除人我之别、营求之苦的意识,可以看出叔本华的生命哲学、艺术哲学观的痕迹;在提及实体世界时,蔡氏谈到的"黑暗之意识"和"无识之意志"也投射出叔本华哲学影响的蛛丝马迹。

(三)其他西方思想的影响

除了深受康德和叔本华哲学思想的影响外,蔡氏借鉴、吸收的西方文化的精神还有不少,诸如进化论、实利主义、无政府主义等,兹简介如下。

1. 进化论

进化论通常是指阐述生物演化发展的理论。法国博物学家拉马克在《动物学哲学》(1809)一书中最早提出"进化论"一词,并提出用进废退法则和获得性状遗传法则来解释生物的进化。英国博物学家达尔文1859年的《物种起源》一书根据大量地质学、古生物学、比较解剖学、胚胎学等方面的资料,提出生物通过生存斗争和适者生存的自然选择而实现进化,奠定了进化论的科学基础。此后,在英国,进化论因赫胥黎和斯宾塞力倡而声誉日隆。自称"达尔文的随从"和达尔文进化论的"总代理人"的赫胥黎是达尔文主义的维护者和宣传者。其代表作之一为《进化论与伦理学》,其中的一部分由严复于1894年译成中文后称《天演论》。前述蔡氏1899年所阅西学书籍中就有《天演论》。蔡氏全集中《严复译赫胥黎〈天演论〉读后》一文也可作为例证。英国哲学家、社会学家斯宾塞继达尔文《物种起源》发表后,决心将进化论运用于一切科学,建立一种包罗万象的哲学理论,称之为"综合哲学"。其反映进化论思想的著作《社会学研究》为严复所翻译,中文译名为《群学肄言》。如前所述,蔡氏非常推崇严复及其翻译、传播的进化论思想,深受进化论的影响也就不足为奇了。

---

① 《哲学大纲》,见中国蔡元培研究会编:《蔡元培全集》第二卷,浙江教育出版社1997年版,第328页。

而且,在 1919 年之前,在马克思主义成为传播于中国社会的主要思潮之前,进化论传播的势力一直非常强劲,倾心西学的蔡氏,受进化论的影响也是自然的。

进化论思想的引进与传播在近代中国的思想启蒙意义不容低估。其一,进化论宣扬"优胜劣败",而落后的近代中国自国门洞开始,就饱受帝国主义国家的侵略、蚕食,血的事实和光天化日之下的耻辱表明:中国确有可能被帝国主义鲸吞而亡。其二,经过严复"润色"的进化论同时告诉人们,只要发挥主观能动性,就可"与天争胜",中国还可得救,前途还可光明。其三,更为重要的是,进化论中浸透着科学的精神和真理的光辉,对传统中国的神权观念和"天不变,道亦不变"以及"祖宗之法不可变"的思想不啻为一场风暴和雷霆,掀起了巨大的思想革命浪涛。因为在一个弥漫着"法先王"和"言必称古圣先贤"之风的国度,信古从圣从来就是王朝政治和社会运行及为人处世的法宝,不能怀疑也不敢怀疑的臣民在思想上永远是祖宗的子孙。借此,蔡氏把进化论解读为为义务、为全体、为精神愉快的理想追寻。这是蔡氏承继无政府主义者克鲁泡特金的观点,即把生存竞争解读为互助论,具体详见后文,兹不赘述。

2. 实利主义

实利主义也即通常所说的实用主义,现代西方哲学流派。19 世纪 70 年代产生于美国,19 世纪末至 20 世纪上半期成为美国影响最大的哲学流派,并广泛流行于西方各国。关于它传入中国的年限说法不一,应不迟于 1912 年。① 实用主义继承经验主义传统,反对思辨的形而上学和心物分裂的二元论,批判既往的唯物主义和理性派唯心主义在经验之外寻求绝对的物质或精神实体和客观的或先天的必然性和绝对原则,认为哲学的范围只能是人的经验。经验既不是认识结果的知识,也不是与客体相分离的主体的心理状态,而是心与物、主体与客体相互作用、相互统一的过程。真理就

---

① 冯契主编的《哲学大辞典》(上海辞书出版社出版,2001 年版修订本,第 1340 页)认为实用主义思想传入中国是在 20 世纪 20 年代;董宝良、周洪宇主编的《中国近现代教育思潮与流派》(人民教育出版社 1997 年版,第 148 页)认为蔡氏首次向国人推荐了杜威及其实用主义教育;元青著的《杜威与近代中国》(人民出版社 2001 年版,第 171 页)认为蔡氏是中国知识界较早接受和宣传杜威及其实用主义教育学说的人。

在于人们的行动、实践是否有用、成功。以此哲学观点研究教育问题自然就是一种实利主义教育观。如前所述,蔡氏多次提及美国的实利主义和杜威的相关思想。蔡氏早年极为推崇颜元的实学①、墨家的科学态度,担任教育总长时期提出实利主义教育,晚年提出教育科学化,矢志不渝地致力于我国科学事业的发展,都可看作富有实利主义精神的表现。

事实上,进化论是实利主义的一个重要理论来源。因为进化论"强调生物界的有机统一性、有机体与环境之间的共生关系以及生命的延续性",这是引发实利主义代表性人物之一杜威转向哲学研究的重要思想触媒,其哲学思想中也打上了生物学的烙印——环境、有机体、互动、连续性等。② 而其哲学正是其教育理论的思想基础,其教育信条诸如"教育即生长""教育是经验的不断改造或改组"以及主、客体的共同参与等无不渗透着进化论思想的痕迹。

3. 无政府主义

无政府主义产生于19世纪中叶,主张个人绝对自由,反对一切权威;否定一切国家政权和任何政治组织,主张"无政府"的社会,采取盲动的政策,反对无产阶级革命和无产阶级专政。主要代表人物有德国的施蒂纳,法国的蒲鲁东和俄国的巴枯宁、克鲁泡特金等。蔡氏曾深信社会主义、无政府主义,尤其是克鲁泡特金的互助理论。

克鲁泡特金(1842—1921),俄国无政府主义理论家和社会活动家。代表作有《互助论》《我的自传》《面包与自由》等。他的理论深受进化论的影响,认为人类社会是不断进化的,但这种进化不是通过残酷的生存竞争的方式来实现的,而是通过人类的互助来实现。互助是人类的本能,依靠互助,人类能够建立和谐的社会。作为无政府主义社会活动家,克鲁泡特金流亡在外40年,历经磨难。他的思想,在20世纪初至20世纪30年代后期,对中国的思想界产生过较大影响。像梁启超、孙中山、章太炎、刘

---

① 《日记》,见中国蔡元培研究会编:《蔡元培全集》第十五卷,浙江教育出版社1998年版,第347—349页。

② 〔美〕罗伯特·B. 塔利斯:《杜威》,彭国华译,中华书局2002年版,第3页。

师培、吴稚晖、李石曾等都曾受其思想的影响。①

1904 年，在蔡氏主编《警钟日报》期间，《警钟日报》曾连载日文译稿《俄国虚无党源流考》。虚无党是俄国一些革命派的总称，主要是指"民粹派"。19 世纪六七十年代，俄国具有激进民主主义思想的青年知识分子，为推翻沙皇的反动统治，提出"到民间去"的口号，自称是人民的精粹，故称民粹派。他们主张在小农经济的基础上立即进行社会主义变革。② "是时西洋社会主义家，废财产、废婚姻之说，已流入中国。子民亦深信之。曾于《警钟》中揭《新年梦》小说以见意。"③在《新年梦》中，蔡氏借主人翁一民之口道出了无政府主义的梦想："大家商量开一个大会，想把这些国口（原文如此，笔者注）都消灭了，把那个虚设的万国公法裁判所、世界军也废掉了，立一个胜自然会，因为人类没有互相争斗的事了，大家协力的同自然争。"④第一次留学德国期间，蔡氏又一次深受无政府主义思想的影响，主要是通过与身在巴黎的吴稚晖等人通信往来以及阅读《新世纪》周刊。该刊是由吴稚晖、李石曾等在巴黎创办的，宣称反对帝国主义，介绍各国革命风潮，主张社会革命；始于 1907 年，终于 1910 年。⑤ 而《新世纪》多次介绍克鲁泡特金的著作。⑥ 后来，在演说或论文、著作中，蔡氏还多次提及克鲁泡特金的互助论。

需要指出的是，当时人们对虚无党、民粹派、无政府主义和社会主义之间的区别并不太在意。这折射出传统逻辑思维的欠缺与文化交流中的"译不准"及思想贫瘠等问题的存在。

其实，虚无党、虚无主义思潮是经日本而介绍到中国来的。19 世纪

---

① 李存光：《世纪回眸——关于〈克鲁泡特金在中国〉》，载《中国社会科学院研究生院学报》2003 年第 1 期。

② 〔韩〕曹世铉：《清末民初无政府派的文化思想》，社会科学文献出版社 2003 年版，第 25—26 页。

③ 蔡元培：《蔡孑民先生言行录》，山东人民出版社 1998 年版，第 7 页。

④ 《新年梦》，见中国蔡元培研究会编：《蔡元培全集》第一卷，浙江教育出版社 1997 年版，第 435 页。

⑤ 1908—1910 年，蔡氏致吴稚晖的信函中多次提及、评论《新世纪》的内容；1910 年 4 月，蔡氏在致寿孝天的信函中讨论素食问题，提及李石曾力倡素食，并表示赞成、亲身实践，且找来相关书籍加以研究；当看到《托尔斯泰及蔬食主义》一书中提及托氏常演说"屠肆及猎场之惨状"，深受刺激，遂不肉食。（参见中国蔡元培研究会编：《蔡元培全集》第十卷，浙江教育出版社 1998 年版，第 84—86 页；蔡元培：《蔡孑民先生言行录》，山东人民出版社 1998 年版，第 9 页。）

⑥ 〔韩〕曹世铉：《清末民初无政府派的文化思想》，社会科学文献出版社 2003 年版，第 62 页。

末,日本输入俄国虚无主义、民粹主义、无政府主义等。在初期的一些著作里,恐怖主义、民粹主义等成了无政府主义的译名。作为引进者,中国人也不可避免地出现这种概念上的混乱。有人认为,无政府主义是18世纪法国圣西门等人的社会主义与19世纪英国达尔文、斯宾塞等人的进化论交汇而产生的一种新主义。[①]

面对多彩多姿的西方哲学思想和文化思潮,如饥似渴的蔡氏就像扑在面包上的饿汉,津津有味,乐此不疲。从德国古典哲学的奠基人康德到德国非理性主义哲学的创始人叔本华,从俄国的民粹主义、虚无主义、无政府主义到法国的自由、平等、博爱,从欧洲划时代的进化论思想到富有美国特色的实用主义,蔡氏均有所涉略、汲取,注重消化、扬弃,为我所用。

蔡氏通晓中国传统哲学和近代西方时新的学术思想,融会了两类不同的哲学精神,实质是对中庸之道的忠实践履。在继承与批判、汲取与阐发之间倾心于道德的高尚、科学的重要和自由的神圣,蔡氏确立了牢固的理论根基与超越的思想视野,投射出哲学与教育之间存在着密不可分的内在联系。经由传统文化潜移默化的熏陶,外来思想的激荡,留学海外的耳濡目染,蔡氏身在文化交融的大泽中,涵泳着思想之水,沐浴着精神之光,最终浇灌出兼容的智慧之花,结出流传后世的教育事功之果。

---

① 参见〔韩〕曹世铉:《清末民初无政府派的文化思想》,社会科学文献出版社2003年版,第26—29页。

第三章　民国首任教育总长

1911 年 11 月 28 日,蔡元培从游学 4 年多的德国回国参加辛亥革命。1912 年 1 月至 7 月,蔡氏就任南京临时政府和北洋政府的教育总长。其间,随着旧王朝的倒台、新生的资产阶级临时政府的成立,教育文化事业百废待举。在这个节骨眼上,教育指导思想的确立至关重要,因为它代表着宏观教育的发展航向和微观教育的行动基准。只有抓住这个龙头,才能提纲挈领,把握全局,指导具体的教育教学实践,为新兴的资产阶级国家政权服务,为中国社会的全面进步服务,为培养独立人格和思想自由的新型公民服务。在这样的历史境遇中,教育方针的设想及制订呼之欲出。蔡氏于该年 2 月发表《对于新教育之意见》一文(后改题为《对于教育方针之意见》),第一次明确提出"五育并举"观。

第一节　"五育并举"观的主要内容

"五育并举"观的主要内容即军国民教育、实利主义教育、公民道德教育、世界观教育和美感教育。

一、军国民教育

军国民教育,这个术语是一种使动用法,就是使全体国民接受一种军事教育、体育训练、体格锻炼,以求得全民皆兵、保家卫国的效果。它的使用本身就带有士大夫用语遣词时咬文嚼字式的古风遗韵,所以读起来有点拗口,不符合现代汉语的习惯。当然,这不能简单地说是蔡氏的过失,他只是拿别人用过的语词用用而已,也方便别人(那个时代的读书人)按约定俗成的方式理解。应该说,这样的术语也是汉语在从文言走向现代白话过程中的"夹生儿",是过渡时代的产物。① 有人考证军国民教育是清末的蔡锷于 1905 年率先提出来的。② 有人认为这一思想是清末从国外引进的教育思想。③ 后者比前者的判断当要稳妥些,因为蔡锷曾在日本学习军事,而日本又是清末中国留学生最多的国家,也是晚清政府接受西方文化思想最便捷的去处,尤其是甲午战争后,清政府的惨败使其认识到对手日本"小不点"的强大。

其实,早在 1902 年,蔡氏等人在爱国学社就组织了义勇队,呼应留日学生发起的军国民教育会,以应对"东三省俄兵不撤事"④。所以,蔡氏说,军国民教育在"清之季世,隶属政治之教育,腾于教育家之口者"⑤。这是历史的发展潮流。尽管蔡氏曾说,军国民教育与怀抱社会主义理想的人的观点,无疑是背道而驰的,在其他国家已有消弭的痕迹。为什么这样说?

因为当时的社会主义者认为,在他们理想的社会里,没有军队,只有警察;如国家之间存在矛盾,就交由万国公法裁判所裁决;没有战事,人民自然安居乐业。⑥ 至于其他国家军国民教育"已有道消之兆",那是因为这些

---

① 语言是思想、思维的载体,研究语词的组合、特性及其内涵就是研究思想、思维本身存在的状貌。
② 常国良:《试从"五育并举"看蔡元培融通中西的教育思想》,载《青海师专学报》(教科版)2004 年第 6 期。
③ 金林祥:《蔡元培教育思想研究》,辽宁教育出版社 1994 年版,第 147 页。
④ 蔡元培:《蔡孑民先生言行录》,山东人民出版社 1998 年版,第 5 页。
⑤ 《对于新教育之意见》,见中国蔡元培研究会编:《蔡元培全集》第二卷,浙江教育出版社 1997 年版,第 9 页。
⑥ 《新年梦》,见中国蔡元培研究会编:《蔡元培全集》第一卷,浙江教育出版社 1997 年版,第 434 页。

国家不像中国——处于半殖民地半封建社会的形成过程中。所以,在中国,只有实行军国民教育,才能摆脱被动挨打的局面,进行有效的自卫,且能凭借武力收复失去的国家主权。对此,蔡氏分析说,当时的中国所面临的处境是,"强邻交逼,亟图自卫,而历年丧失之国权,非凭借武力,势难恢复"①。

日本早在1874年就发动侵略中国台湾的事件。1879年,日本吞并琉球。1894年,朝鲜东学党起义,日本趁机出兵朝鲜,并于当年7月对中国海陆军发动突然袭击,遂有甲午中日战争。结果清军大败,日本占领朝鲜。对此,1894年8月9日,身在北京的蔡氏在写给友人的信中透露出内心的不安与忧虑:"东邻构衅,渤海军兴,涓涓不塞,杞忧方大。"②"东邻构衅,渤海军兴"就是指:1894年6月,朝鲜发生东学党领导的农民起义,执政者要求清政府派兵镇压。日本乘机以保护旅朝侨民为借口,急剧出兵占领汉城。东学党起义被镇压后,日本拒不撤兵,并屡向中国军队挑衅。8月1日,中日正式开战。蔡氏的忧虑同样表现在同年9月写给友人的信函中:"东邻消息,抢攘如故","鼎折栋桡,殷忧方剧"③。前两句的意思是:来自东方邻居的消息,战争的烟云纷乱不已。对此,当时蔡氏的日记有详细的记载。④ 后两句的意思则是:朝中大臣无能(指权臣李鸿章对日避战求和),如委以重任,必败坏国事;严峻的忧患剧幕正在上演。这在蔡氏当时的日记中有详细的描述和分析。⑤ 此时日本"已有夺取我东三省土地的野心,所以议和的时候要求割让辽东半岛,后因俄、德、法三国干涉,才由中国加给赔款,把辽东赎回"⑥。晚年的蔡氏对此仍然记忆犹新,曾说,"亦尝赋

---

① 《对于新教育之意见》,见中国蔡元培研究会编:《蔡元培全集》第二卷,浙江教育出版社1997年版,第9页。

② 《复陶濬宣函》,见中国蔡元培研究会编:《蔡元培全集》第十卷,浙江教育出版社1998年版,第3页。

③ 《复陶濬宣函》,见中国蔡元培研究会编:《蔡元培全集》第十卷,浙江教育出版社1998年版,第6页。

④ 《日记》,见中国蔡元培研究会编:《蔡元培全集》第十五卷,浙江教育出版社1998年版,第6页、第16页。

⑤ 《日记》,见中国蔡元培研究会编:《蔡元培全集》第十五卷,浙江教育出版社1998年版,第44页。

⑥ 《日本对华政策——在上海青年会国耻讲演会演说词》,见中国蔡元培研究会编:《蔡元培全集》第七卷,浙江教育出版社1997年版,第436页。

诗寄愤"①。1895 年,日本占我台湾。这一年,蔡氏的日记所记内容尽管非常少,但蔡氏的爱国情怀还是通过有限的文字表露无遗,如 1895 年 4 月 30 日(阴历四月初六)的日记有如下的字句:"日蹙百里,且伏祸机。韩魏于秦,宋于金,不如是之甚也! 倭饷竭师罢,不能持久。而依宋、聂诸军,经数十战,渐成劲旅,杀敌致果,此其时矣。圣上谦抑,博访廷议,而强臣跋扈,政府闒茸,外内狼狈,虚疑恫喝,以成炀灶之计,聚铁铸错,一至于此,可为痛哭流涕长太息者也!"②其抗日之心、忧愤之情溢于言表。这一年,蔡氏的日记内容颇少,但诗作颇多,共有 8 首,想必是"愤怒出诗人"吧。1933 年 5 月 7 日国耻日,面对日本的蠢蠢欲动,蔡氏曾详细地陈述日本侵略中国的狼子野心,吁请国人认清日本,毋忘国耻:1900 年,日本的台湾总督儿玉源太郎(1852—1906)就想进兵厦门,占据福建,只是当时的日本首相伊藤博文(1841—1909)认为不妥,才没有实行。1904 年,日俄在我东北开战,日军打败俄军,进而取代沙俄在我东北南部的特权。1910 年,日本吞并朝鲜。日本吞并朝鲜的方法,是先怂恿朝鲜独立,从而夺去它的实权,进而吞并。③ 史实斑斑,其心路人皆知。

尽管当代有人为日本侵略中国的罪恶历史进行辩护,认为近代日本,在对中国发动长期侵略战争之前,为了在一个动荡不安的世界里共同生存,和平地和中国进行合作,并热切地把中国带进 20 世纪。④ 诚然,1898—1911 年间,赴日留学的中国学生达 2 万多人,这些人归国后对推动中国的现代化进程助力不少。不可否认,这是日本为中国青年学子提供了接受新思想、新技术、新事物的机会。但是,不要忘了日本对中国的主流行为:侵略、瓜分、独占的行径。上文的史实就是铁证,毋庸赘言。事实上,当武昌起义暴发、革命成功在望之时,日本舆论就高唱干涉之论,希望将中国一分

① 《自写年谱》,见中国蔡元培研究会编:《蔡元培全集》第十七卷,浙江教育出版社 1998 年版,第432 页。

② 《日记》,见中国蔡元培研究会编:《蔡元培全集》第十五卷,浙江教育出版社 1998 年版,第 59 页。

③ 《日本对华政策——在上海青年会国耻讲演会演说词》,见中国蔡元培研究会编:《蔡元培全集》第七卷,浙江教育出版社 1997 年版,第 436—437 页。

④ 〔美〕任达:《新政革命与日本:中国,1898—1912》,李仲贤译,江苏人民出版社 2006 年版,第 194 页。蔡氏曾说,日本是个不知道道德的国家,为什么要抄用它的法律。(蔡建国编:《蔡元培先生纪念集》,中华书局 1984 年版,第 123 页。)

为二,北方维持清廷,而以割让东北为交换条件;南方建立共和,但须置于日本的保护之下。进而,日本以保护侨民为名,向北京、天津、武汉等地出兵。后来,利用承认民国政府的问题,夺取了满蒙五条铁路的修筑和管理权。① 狼子野心,可见一斑。

正是基于中国近邻俄、日,尤其是后者对中国的步步紧逼,蔡氏着眼于中国国家主权防卫和收复的考虑,力主军国民教育。晚年的蔡氏对日本侵略中国的罪恶仍然不能释怀:"夫台湾割弃,为日本辱我之开端。四十年来,雪耻无从,含垢弥甚。"②这是其一,是基于晚清耻辱的历史和残酷的现实考虑的。其二,就长远来看,蔡氏认为,军人革命以后,如果一旦采取文官执政方略,届时,军人就有可能成为国家中一个特别的阶级;如果他们恣意妄为,就不可收拾;只有采取军国民教育,才能避免军人成为"全国中特别之阶级",进而"平均其势力"。后来的历史都一一证明蔡氏的远见与卓识:从"二次革命"、军阀混战到中原大战,无一不是武人为争权夺利、鱼肉百姓而兵戎相见,祸害的是整个中华民族。

上述提出军国民教育是基于中国政治的历史、现实和未来的考虑。除此之外,还有其他因素的催发吗?

答案是肯定的。应该说,作为思想观念的军国民教育是蔡氏对前人思想资源的汲取和阐发,准确地说,它是对清末钦定的教育宗旨之一"尚武"的继承与发展。1906 年,清廷学部奏请宣示教育宗旨:忠君、尊孔、尚公、尚武、尚实。其对尚武一项作了较为详细的阐述,主要内容有二:一是"东西各国,全国皆兵",以报国为荣;二是寓军国民主义精神于中小学教育,使"儿童熟见而习闻之",以扫除我国民"饷糈之心厚而忠义之气薄,性命之虑重而国家之念轻"的积弊。③ 蔡氏认为:"尚武,即军国民主义也。"④问题是,蔡氏为何不取"尚武"的名称?

① 余杰:《铁与犁:百年中日关系沉思录》,长江文艺出版社 2004 年版,第 40 页。
② 《〈嚶鸣集〉序》,见中国蔡元培研究会编:《蔡元培全集》第七卷,浙江教育出版社 1997 年版,第 241 页。
③ 舒新城编:《近代中国教育史料》,中国人民大学出版社 2012 年版,第 245—246 页。
④ 《对于新教育之意见》,见中国蔡元培研究会编:《蔡元培全集》第二卷,浙江教育出版社 1997 年版,第 16 页。

　　笔者以为,大概有三点值得思考:其一,"尚武",字面上的意思仅注重军事或武术。大概没有"军国民"来得文雅、周全,也不太符合近代文明社会的语言习惯。其二,"军国民"是一种使动用法,其命令与动感的音调中伴着紧迫与威严,流露出一种急切与果决。其三,与第二点相适应,更为重要的是,近代中国,面对暮气沉沉的大清帝国,一些有识之士深受西方和日本的影响,认为要改变中国被动挨打的落后局面,就必须改变国民衰弱的体质和堕落的品德,就必须施行西方和日本推崇的尚武精神教育,即军国民教育。体强,魄必健;身壮,魂也雄。"健全的精神,必宿在健全的身体。"①蔡锷、蒋百里和梁启超就是这方面的典型代表。早在1902年,蔡锷就在其文章《军国民篇》里明确表达了军国民教育的内涵:对全国国民和学生进行军人尚武精神教育和军事训练,以强健体魄,抵御外辱。同年,蒋百里在其《军国民之教育》一文中,明确提出军国民教育的主张,并作了较为详细的论述;不仅提出了实施军人精神教育的纲领,而且还制订了在学校和社会中实施这种教育的方法。② 1903年,梁启超在《新民说》中就力倡效法斯巴达、德意志、俄罗斯的军国民教育。③

　　其实,除了上文蔡氏提及的为了防范"强邻紧逼"和"平均"军人独断的势力外,军国民教育还有一个重要的历史背景和思想渊源,即两千多年以来,中国读书人一贯缺少体育锻炼,体质较弱。蔡氏经受10年左右的传统教育,他感同身受。"以言体育,旧时习惯,偏重勤习,而于身体之有妨碍与否,皆所不顾,且以身体与灵魂为二物。"④早在1902年的爱国学社时,蔡氏就主张体育锻炼和军事训练。"请彼等教授兵式体操,子民亦剪发,服操衣,与诸生同练步伐。无何,留日学生为东三省俄兵不撤事,发起军国民教育会,于是爱国学社亦组织义勇队以应之。"⑤这里的"彼等"是指1902年南京陆师学堂退学的十余名学生,他们来到上海,加入了爱国学社。

---

① 《运动会的需要》,见中国蔡元培研究会编:《蔡元培全集》第四卷,浙江教育出版社1997年版,第600页。
② 董宝良、周洪宇主编:《中国近现代教育思潮与流派》,人民教育出版社1997年版,第239页。
③ 董宝良、周洪宇主编:《中国近现代教育思潮与流派》,人民教育出版社1997年版,第242页。
④ 《在浙江旅津公学演说词》,见中国蔡元培研究会编:《蔡元培全集》第三卷,浙江教育出版社1997年版,第101页。
⑤ 蔡元培:《蔡孑民先生言行录》,山东人民出版社1998年版,第5页。

总之,蔡氏把军国民教育列为"五育"之一,主要是着眼于国计民生,顾及历史、现实与未来,考虑到继承与发展,是全局筹划,整体设计。

二、实利主义教育

实利主义教育以美国教育家杜威的实用主义教育理论为思想基础:主张"教育即生长""教育即生活""学校即社会""做中学",强调教育与生活、学校与社会的联系,力倡教育的实用性、生活性,反对既往的传统教育中弥漫着的形式主义和机械主义风气。实利主义教育主要是指以民生为"普通教育之中坚",尤其是那些主张最力的人,甚至提出一切普通文化科学知识都应寓于"树艺、烹饪、裁缝及金、木、土工之中"。蔡氏认为,这种学说"创于美洲,而近亦盛于欧陆"[1]。这种名之为"现代教育"的思潮与以赫尔巴特为代表的"传统教育"在一定程度上是相互对立的。而19世纪末20世纪初欧洲的新教育思潮和新教育运动就是针对后者而发的,它"在一定程度上推动了实用主义教育思想在欧洲国家中的传播"[2]。

为什么蔡氏主张在中国也要推行实利主义教育?就理论而言,在纷争四起的世界政治舞台上,竞争的实力主要依赖财力。虽然他说,竞争也需要武力,但尤其需要财力,而且武力大半还需要财力滋养、保障。就实践来说,蔡氏认为,我国地宝不发,实业界的组织尚幼稚,人民失业颇多,国家十分贫穷。所以,"实利主义之教育,固亦当务之急者也"[3]。

那么,这个"当务之急"的具体的历史背景又是什么呢?这自然涉及近代中国的民生问题。就农业而言,甲午战争后,随着各帝国主义国家在政治、经济、文化上对中国的全面操控,随着资本的大量输入和技术含量相对较高的商品的倾销,中国传统自给自足的小农经济已经到了濒临破产的边缘。就传统的小手工业(官府主导或操纵的手工业不在讨论之列)而言,少数手工业因其性质特殊如陶瓷、宣纸、中草药等得以保存下来,甚至

---

① 《对于新教育之意见》,见中国蔡元培研究会编:《蔡元培全集》第二卷,浙江教育出版社1997年版,第10页。
② 单中惠主编:《西方教育思想史》,山西人民出版社1996年版,第642页。
③ 《对于新教育之意见》,见中国蔡元培研究会编:《蔡元培全集》第二卷,浙江教育出版社1997年版,第10页。

逐步过渡到机器工业。除此之外,大部分手工业不外乎以下两种命运。一方面,"凡是与进口商品相同,或可以用进口洋货替代的产品……都只有被逐步淘汰的命运,而不可能获得新的发展机会",另一方面,丝、茶等手工业则"陷入了依附于外国资本主义的境地,成为其附庸经济,仰其鼻息,随其波动"①。鸦片战争后,中国开始出现的机器工业有了缓慢发展,由于半殖民地半封建的社会环境造成其先天不足、后天失调。尽管当时我国工业门类日渐增多,数量日渐增大,生产技术和产品质量明显提高,工业资本空前增大,从而大幅度拓宽了我国的工业基础,增强了经济实力,但是,就近代中国经济的总体发展而言,民族工业仍未能成为社会经济的主要形式,作为基础工业的重工业仍然相当薄弱,帝国主义列强所控制的工业在众多领域仍占据垄断地位。正是处于这样的背景下,蔡氏大声疾呼实用主义教育是当务之急。

其实,这个反映"当务之急"所需的教育也非蔡氏首创,也是其在继承和发展前清的教育宗旨之一——"尚实"的基础上提出来的。此前清廷宣示的"尚实"大致有以下四层意思:其一,教育所追求的最为可贵的就是要有实用、实效。其二,诉诸中国历史和西方历史事实,强调事功,发展实业。其三,普通教育的内容应讲授"浅近之理与切实可行之事",发展实科,注重理论联系实际。其四,环顾当时世界各国,无不以追求实利、实业为要政;这是富强的要旨,也是教育所最应追求的实利。②

同样的问题是,蔡氏为何不取"尚实"教育,而取实利主义教育?笔者以为,"尚实"过于笼统,文言气息较浓,不利于一般民众通俗地理解。再者,实利主义这个用语既能展示一定的功用色彩,又能显示出一定的理论韵味。更为重要的是,蔡氏联系当时中国的实际,撷取西方时兴的教育理论,并把哲学与教育、历史与现实结合起来,提出了实利主义教育主张。"今日美洲之杜威派,则纯持实利主义者也。"③此后,蔡氏多次提及杜威这一教育理论,如1913年他在上海的演说《养成优美高尚思想》、1915年他

① 白寿彝主编:《中国通史》第十一卷,上海人民出版社1999年版,第400—402页。
② 舒新城编:《近代中国教育史料》,中国人民大学出版社2012年版,第246页。
③ 《对于新教育之意见》,见中国蔡元培研究会编:《蔡元培全集》第二卷,浙江教育出版社1997年版,第14页。

代表教育部向巴拿马万国教育会议提交的报告《一九〇〇年以来教育之进步》、1918 年在天津的演说《新教育与旧教育之歧点》、1919 年在北京的演说《贫儿院与贫儿教育的关系》和《杜威六十岁生日晚餐会演说词》等都谈到杜威的实用主义教育,可见蔡氏对杜威实用主义教育思想的重视。

需要指出的是,实用主义全面传入中国是在 1919 年杜威访问中国前后达到高潮的,而蔡氏早已先行一步了。另一方面,为了便于国人理解,蔡氏又举出古代中国六艺中的书、数,认为它们就是实利主义的教育内容。[①]晚年蔡氏主持中央研究院,致力经济研究,所倡导的科学教育、劳动教育是对其教育总长时期实利主义教育思想的补充与完善。

借此,蔡氏认为军国民教育和实利主义教育是"强兵富国"的主义。到了这样的地步,教育是不是就算达成自身的目的了? 答案是否定的。为什么? 对此,蔡氏接连提出两个问题。

第一,兵力可以变得强大起来,但有时可能勇于私斗,侵略他国,怎么办?

第二,国家可以变得富裕起来,但有时难免会出现有知识的欺负愚笨的,强壮者欺负弱小者的情形,进而导致贫富差距悬殊,资本家与劳动者血战的惨剧,又怎么办?

蔡氏认为,为解决上述两个问题,就必须进行第三种教育。

三、公民道德教育

第三种教育就是公民道德教育。蔡氏认为,法国大革命所标榜的自由、平等、博爱的口号就是公民道德教育的要旨。为了便于国人理解,蔡氏试图运用古圣先贤的语录来加以说明、阐释。他认为,孔子的匹夫不可夺志,孟子的大丈夫——富贵不能淫,贫贱不能移,威武不能屈,就是自由。这也是我们古人所说的"义"。进而,蔡氏认为,一方面,自由是就主观而言的;另一方面,自由又与客观是相通的,因为如果一个人自己希望自由,他就应尊崇别人的自由。接着,他列举了如下内容:孔子认为,"己所不

---

① 《对于新教育之意见》,见中国蔡元培研究会编:《蔡元培全集》第二卷,浙江教育出版社 1997 年版,第 14 页。

欲,勿施于人"。子贡说,我不希望别人强加于我,我也不强加于别人。《礼记·大学》记载,厌恶前辈的所作所为,就不要用同样的方法对待后辈。厌恶后辈的方法,就不要用同样的方法对待前辈。厌恶在我右面的人的所作所为,就不要用同样的方法对待在我左面的人;厌恶在我左面的人的所作所为,就不要用同样的方法对待在我右面的人。这些都有平等的意思,这也是我们古人所说的"恕"。

蔡氏认为,平等是就客观方面而言的。但是,如果我不以不平等待人,也就不会容许别人以不平等待我,这一点表明平等与主观也是相通的。自由与平等都是相对的,实质又是相辅相成的。这些是从消极方面来说的。如果不从积极道德着眼,那么,在我们的同胞中,因遗传素质不一样,又为境遇所逼迫,希冀获得自由而得不到满足,希望求得平等而不能达到。如果对这些漠然置之,所谓的自由、平等,就不能不有缺陷。进而,蔡氏认为,博爱就是不可缺少的了。他说,孟子所言,老而无偶的男女,幼年丧父和老而无子的人,就是世间贫穷而又无人可以诉说的人。而张载所言,衰老病残之人,孤独无依的人,老而无偶的男女,都是其穷困而无处诉说的兄弟。大禹想到世间溺水的人,是由于自己也有溺水的遭遇;稷想到世间存在饥饿的人,是由于自己也挨过饥饿的痛楚。伊尹想到世间一定存在未能享受尧舜恩泽的人,如同自己未能沐浴这种恩惠一样。孔子说,自己想有建树的也帮助别人有建树,自己想要做到的也帮助别人做到。上述这些都可称作博爱。我们古人大概称之为仁。

最后,蔡氏总结说,自由、平等、博爱是一切道德的根源,而公民道德教育所要致力的主要内容就是这些。

蔡氏为何如此看重公民道德教育?除了上文提及的两点:一是由于兵力变得强大起来时,有可能出现勇于私斗、侵略他国的现象。这就需要博爱之心。二是当国家变得富裕起来时,有时难免会出现有知识的欺负愚笨的,强壮者欺负弱小者的情形,进而导致贫富差距悬殊,资本家与劳动者血战的惨剧。这些需要依靠公民道德教育来解决。

如前所述,19世纪末20世纪初的中国,外辱接踵而至。从鸦片战争到日俄战争,清王朝横遭英军掠夺,日寇蹂躏,沙俄抢占我大片国土,至

1898 年,主要帝国主义国家掀起了瓜分中国的狂潮;八国联军进京,《辛丑条约》签订,强邻环伺,豆剖瓜分。腐败的清廷,对外屈辱投降,对内残酷镇压,横征暴敛。同时,民不聊生,民风不淳,民气低落。正是在这种情况下,风起云涌的革命浪潮最终颠覆了行将就木的清王朝。这是一个动荡的时代,这是一个革命的时代。革命派高举自由、平等、博爱的大旗,试图摧毁一切腐朽没落的东西,以建立资产阶级民主共和国。就是说,蔡氏的公民道德教育思想与这一历史事实是合拍的。

蔡氏试图借助自由、平等、博爱的公民道德教育思想以破旧立新,但是他并未彻底割断与历史思想资源联系的脐带。前述蔡氏大段地引用古圣先贤的话注解公民道德教育,虽有牵强之嫌,但毕竟那是一个过渡的时代,新思想、新观念才刚刚出现在一个古老的国度,圆场与附和是难免的。

值得一提的是,公民道德教育与晚清的教育宗旨中"尚公"一项仍然具有一定的历史继承性。在晚清教育宗旨中,"尚公"的提出主要基于三点:其一,列强崛起,并非依靠少数英雄豪杰,而在于"尚信义,重亲睦"的蒙养与教育,进而培育起国民万众一心、众志成城的爱国心。其二,我国学风蜕变,人心离散,"群情隔阂,各为其私"。其三,欲改此状,须以"尚公"为确定不移的教育标准,以求得"人人皆能视人犹己,爱国如家"的效果。[①]

既然是继承,那么蔡氏为何不照搬"尚公"的名称?在形式上,"尚公"固然有"博爱"的部分内容,但是公民道德教育与"尚公"之间仍然存在着本质的区别。首先,服务对象不一样。前者致力于民主共和国的建设,后者服务于专制王朝。其次,内容的广狭度不一样。前者除"博爱"之外,尚有自由、平等的重要义项相配合。事实上,只有自由、平等这个前提确立,才有可能建立博爱的国家。而"尚公"的内容只局限于传统意义上的修身、齐家、治国、平天下。而且这个"天下"还是一人一家一姓的天下,并非天下人的天下。最后,内涵清晰度不一样。"尚公"的提法过于笼统;"公民道德教育"的说法相对清晰些——与资产阶级民主共和国的政治体制相一致的"公民"道德教育显然迥异于君主专制下奴化的"臣民"道德教

---

① 舒新城编:《近代中国教育史料》,中国人民大学出版社 2012 年版,第 245 页。

育。后来蔡氏发起组织或积极参与的各种社会道德团体,力倡与践行道德教育的社会示范作用,产生了广泛的社会影响,如 1912 年 2 月 23 日与唐绍仪、宋教仁、汪精卫等人发起组织的社会改良会,1918 年 1 月 19 日,蔡氏发起组织的北京大学进德会等。

至此,公民道德教育是不是教育追求的最终目的? 蔡氏有关教育方针的内容是不是就谈清楚了?

问题远非这么简单。因为在他看来,教育有两大类别:一类隶属于政治,一类超越于政治。"专制时代(兼立宪而含专制性质者言之),教育家循政府之方针以标准教育,常为纯粹之隶属政治者。共和时代,教育家得立足于人民之地位以定标准,乃得有超轶政治之教育。"[1]在蔡氏看来,无论是军国民教育、实利主义教育,还是公民道德教育,都没有超越政治的范围。因为在蔡氏眼中,即使世间最优良的政治,也不过是以最大多数人的最大幸福为目的;最大多数的群体是由无数单个人累积而成的;这里每个人的幸福不过是丰衣足食、无灾无害,也不过是现世的幸福;一个人的幸福是这样,最大多数人的幸福也是这样;"立法部之所评议,行政部之所执行,司法部之所保护,如是而已矣"[2]。蔡氏进一步指出,即使是中国古人所梦想的大道为公,今日社会主义者所津津乐道的黄金时代,各尽所能,各取所需,追求的都不过是现世的幸福。一切政治的最终目的都不过如此。因此,一切隶属于政治的教育,所追求的目标都不过如此。

尽管在共和时代,在落后的近代中国,由于强邻紧逼,为恢复国权,为平均"军人社会"的势力,需要倡导军国民教育;为解决民生问题,需要实利主义教育;为解决强兵富国中容易出现的私斗、侵略、智欺愚、强欺弱和因贫富差距悬殊而导致血战惨剧的问题,需要公民道德教育。但是,上述内容都隶属于政治的教育。在蔡氏看来,这还远远不够。因为教育不仅具有世俗的政治追求,而且具有超越的"眼光","立于现象世界,而有事于实

---

① 《对于新教育之意见》,见中国蔡元培研究会编:《蔡元培全集》第二卷,浙江教育出版社 1997 年版,第 9 页。

② 《对于新教育之意见》,见中国蔡元培研究会编:《蔡元培全集》第二卷,浙江教育出版社 1997 年版,第 11 页。

体世界"①。就是说,教育在追求世俗幸福的同时,还要借此达到自由的境界,这就需要进行世界观教育。

四、世界观教育

若想理解世界观教育,就必须首先把握世界观的概念。何为世界观?一说到这三个字,今日国内凡接受过高中教育、中等职业技术教育或高等教育的人们就会条件反射似的记得教科书或老师反复提及的如下或类似的话语:世界观就是人们对整个世界即对自然界、人类社会和人的思维的总的根本看法,有什么样的世界观就有什么样的方法论,等等。这是现当代我们对世界观的一种理解。蔡氏所理解的世界观与现行有关世界观的看法有同也有异。相同的是都要对国民进行哲学教育,以陶养世界观与人生观。不同的是前者的理论基石是康德哲学,后者的理论原点是马克思主义哲学;前者强调哲学思想多元竞争,在竞争中寻求动态平衡;后者突出哲学思想一元化的纯粹与忠诚,求得"一揽子"的和谐。

谈到蔡氏对世界观的理解,就不可避免地涉及蔡氏深受影响的康德哲学,涉及后者对于世界的哲学理解。康德把整个世界一分为二:现象世界与实体世界。这种理论认为,现象世界立足于时间和空间,重在事物之间的因果联系,强调事物之间存在的相对性;实体世界超越了时空的界限,突出了精神自由,绝对性强。前者可以靠经验,可以为人的认识所把握;对于后者,人是不可知的,只能靠直感。在这里,康德把现象世界和实体世界分成两个互不相干的部分,前者可以靠认识,属于科学范围内的事,受必然性的制约,人是不自由的;后者是理性所无法把握的,需要借助于直觉,属于世界、意识和上帝的范围,人的感情和意志可以自由驰骋,是信仰,是思想自由。对于康德哲学及其对蔡氏的影响,前文已有所讨论,兹不赘述。

康德两个世界的截然划分对于蔡氏而言,是一种机械的理解,是西方传统思维主客二分的必然。对于受中国传统思维影响甚深的蔡氏来说,无

---

① 《对于新教育之意见》,见中国蔡元培研究会编:《蔡元培全集》第二卷,浙江教育出版社1997年版,第12页。

论世界如何划分,它们原本就是一个整体。"盖世界有二方面,如一纸之
有表里。""表里"当然是一个整体。"现象实体,仅一世界之两方面,非截
然为互相冲突之两世界。"①一个世界的两个方面是可以和谐共处的。进
而,蔡氏认为,我们的感觉,就是依托于现象世界而来的,而实体就存在于
现象之中,并非你死我活,针锋相对。②

　　蔡氏指出,现象世界之所以成为实体世界的障碍,不外乎由以下两种
意识造成:一是人与我的差别。个体因自卫能力的不同而产生强弱,因生
存能力的不同而产生贫富。有强弱、贫富差别的存在,就会产生人我差别
的意识。有了这种差别意识,就会在现象世界中表现出种种界限,而与没
有差异的实体世界相抵触。二是追求幸福的意识存在。弱者、贫者,为幸
福不足而生痛苦,进而谋求幸福的意识产生。当追求不成时,就会产生无
限痛苦;当追求达成时,就会更加贪得无厌。斤斤计较于现象世界,周而复
始,就会与自由的实体世界相隔绝。如果能够平衡现象世界与实体世界,
则肉体上的感官享受,顺其自然,这样追求幸福的意识就会泯灭,人我之间
的差别意识也就随之化解了。如果现象世界的种种意识浑然一体,就会与
实体世界合拍。

　　如何能做到呢? 蔡氏认为,对现世幸福的追求,是不幸福的人类到达
自由的实体世界的一条途径。他论证道,军国民教育和实利主义教育的实
施,可以弥补自卫能力、自我生存能力的不足;道德教育(此处未提公民道
德教育)则可以使得人我彼此相互帮助,相互共存,可以淡化、泯灭狗苟蝇
营而忘记人我之间的差异。由此,就可以进入到陶养自由的实体观念
中去。③

　　进行陶养实体观念的方法到底是什么? 蔡氏认为,消极方面,就是
要对现象世界,既不厌弃也不偏执;积极方面,就是对于自由的实体世

---

① 《对于新教育之意见》,见中国蔡元培研究会编:《蔡元培全集》第二卷,浙江教育出版社 1997 年
版,第 12 页。
② 《对于新教育之意见》,见中国蔡元培研究会编:《蔡元培全集》第二卷,浙江教育出版社 1997 年
版,第 13 页。
③ 《对于新教育之意见》,见中国蔡元培研究会编:《蔡元培全集》第二卷,浙江教育出版社 1997 年
版,第 13 页。

界,怀抱向慕之心,进而求得领悟之道。具体来说,就是"循思想自由言论自由之公例,不以一流派之哲学一宗门之教义梏其心,而惟时时悬一无方体无始终之世界观以为鹄"①。最后一句话有点晦涩、拗口。大意是说,时刻把无始无终的实体世界放在心间,并以此为最终目的,这就是世界观教育。

蔡氏提出的世界观教育也能在历史中找到蛛丝马迹。如前所述,清末教育宗旨中有尚武、尚实、尚公的内容,按蔡氏的理解,在教育形式上可大致对应军国民教育、实利主义教育和公民道德教育的内容。值得注意的是清末教育宗旨中还有另外重要的两条:忠君与尊孔。清廷认为,中国政教固有的东西就是忠君与尊孔,只是一直没有明示出来,现在必须加以阐发,以抵制国门洞开后纷纷涌进的"异端邪说"。对于忠君,清末的教育宗旨是从以下三个方面来加以阐述的:首先,东西方各国都以崇敬国主为政治的根本。其次,主忧臣辱必须通告全国,以求君民荣辱与共之效。再次,普及忠君教育,以抵制一切异端邪说。对于尊孔,清末教育宗旨也是从三个方面来加以论述的:第一,孔子为万世不祧之宗,是五洲共仰之圣。第二,大小学堂当读经尊孔。第三,国教愈崇,民心愈固。② 忠君尊孔,就是一种世界观教育。清末教育宗旨把忠君与尊孔看作五项教育宗旨中最为重要的根本,其重要性不言而喻。而在蔡氏看来,"忠君与共和政体不合,尊孔与信教自由相违"③,民主共和时代不应有它们的存身之地。

尽管蔡氏认为,孔子的学术,与后世所谓的儒教、孔教当有所区分,以后教育界如何对待孔子,以及如何对待孔教,应另当别论,但显而易见的是立足于信仰自由、思想自由的教育理念,蔡氏力主舍弃尊孔,而倡导世界观教育。"世界观教育,就是哲学的课程,意在兼采周秦诸子、印度哲学及欧

---

① 《对于新教育之意见》,见中国蔡元培研究会编:《蔡元培全集》第二卷,浙江教育出版社 1997 年版,第 13 页。
② 舒新城编:《近代中国教育史料》,中国人民大学出版社 2012 年版,第 245 页。
③ 《对于新教育之意见》,见中国蔡元培研究会编:《蔡元培全集》第二卷,浙江教育出版社 1997 年版,第 16 页。

洲哲学,以打破二千年来墨守孔学的旧习。"①这是蔡氏倡导世界观教育的要旨所在。其实质是一种哲学教育、思想自由教育。

从军国民教育到世界观教育,是不是到此为止,新教育就完满了?

答案是否定的。蔡氏认为还需要另外一种教育——能够嫁接由现象世界到实体世界的桥梁;能够为喧闹、枯燥、乏味的军国民教育、实利主义教育、公民道德教育和世界观教育提供滋润和趣味的美感教育。

五、美感教育

何为美感教育?通俗地说就是美育。蔡氏认为,美感教育是进行世界观教育的主要途径,是培养人由现象世界走向实体世界的桥梁。对此,蔡氏是这样阐释的:

其一,美感教育是连接现象世界与实体世界的中介。"世界观教育,非可以旦旦而聒之也。且其与现象世界之关系,又非可以枯槁单简之言说袭而取之也。然则何道之由?曰美感之教育。美感者,合美丽与尊严而言之,介乎现象世界与实体世界之间,而为津梁。"②这是因为,在蔡氏看来,如果没有美,我们的自然规定与理性规定之间的冲突将持续不断。③

其二,美感教育能够破除人的思想杂念,陶冶人的情操。在蔡氏看来,在现象世界,人人都有喜怒哀乐、好恶是非的情感,并随着人世的生死祸福和利害冲突的现象而变化。而对于美感来说,则会以上述现象为资料,进行加工、创造,能够使人产生愉悦,而无私心杂念。比如采莲、煮豆这类事,一旦进入诗歌的内容,则别有雅趣;再如火山赤舌、大风破舟这类惊骇、恐怖的场景,一旦成为图画的内容,则可欣赏把玩。这就是美感能够使人对于现象世界产生既不厌弃也不偏执的情感的效果。人既然能够摆脱一切现象世界相对的情感缠绕,就会产生浑然一体的美感,就是与造物为友,就

---

① 《我在教育界的经验》,见中国蔡元培研究会编:《蔡元培全集》第八卷,浙江教育出版社 1997 年版,第 508 页。

② 《对于新教育之意见》,见中国蔡元培研究会编:《蔡元培全集》第二卷,浙江教育出版社 1997 年版,第 13 页。

③ 〔德〕弗里德里希·席勒:《审美教育书简》,冯至、范大灿译,北京大学出版社 1985 年版,第 268 页。

能够接触自由的实体观念了。"故教育家欲由现象世界而引以到达于实体世界之观念,不可不用美感之教育。"①

美感教育与世界观教育是清末五项教育宗旨中所没有的,是蔡氏的创新。这里需要提出三个问题:一是蔡氏的美感教育有没有思想资源可以继承? 二是美感教育是蔡氏一生所孜孜以求的,为什么? 三是在具体的理论与实践两方面,蔡氏是如何倡导美感教育的? 为了便于行文的安排,第一个问题,前文已有交代,第二个问题的解答需要放到后文加以论证,兹不赘述。下面着重解释第三个问题。

蔡氏曾深情地说:"美育者,孑民在德国受有极深之印象,而愿出全力以提倡之者也。"②那么,蔡氏到底是如何全力倡导美育的呢? 可大致归纳为如下三点:

第一,译介西方美育、美学理论。尽管王国维是中国近代美育倡导的先驱者,但蔡氏却是美育这一专有名词的译介者,也是美育、美术思想的积极鼓吹者。蔡氏曾撰文指出:"美育的名词,是民国元年我从德文的 Ästhetische Erziehung 译出,为从前所未有。在古代说音乐的,说文学的,说书画的,都说他们有陶冶性情的作用,就是美育的意义,不过范围较小,教育家亦未曾作普及的计划。最近二十五年,受欧洲美术教育的影响,始着手于各方面的建设,虽成绩不甚昭著,而美育一名词,已与智育、德育、体育等,同为教育家所注意,这不能不算是二十五年的特色。"③该文还详细介绍美育、美术事项。再如蔡氏 1916 年发表的《赖斐尔》和《康德美学述》等,前者较详细地介绍了赖斐尔(通译名为拉斐尔)的美术生涯及其美术作品,试图表明他的作品所蕴含的精神:"虽托像宗教,而绝无倚赖神佑之见参杂其间。教力既穷,则以美术代之。"④显然,这里已显露出"以美育代宗教"思想的雏形了。后者主要是译介了康德《判断力批判》中美学的一

---

① 《对于新教育之意见》,见中国蔡元培研究会编:《蔡元培全集》第二卷,浙江教育出版社 1997 年版,第 14 页。

② 蔡元培:《蔡孑民先生言行录》,山东人民出版社 1998 年版,第 10 页。

③ 《二十五年来中国之美育》,见中国蔡元培研究会编:《蔡元培全集》第七卷,浙江教育出版社 1997 年版,第 79 页。

④ 《赖斐尔》,见中国蔡元培研究会编:《蔡元培全集》第二卷,浙江教育出版社 1997 年版,第 454 页。

部分(不完整,另一部分尚未发现)。

第二,大力宣传美育和美学思想。早在朝考时,蔡氏就撰写了《审乐知政疏》,论述中国古代音乐产生和发展的历史,说明其社会功用,批评否定音乐的观点。1917 年 4 月 8 日,蔡氏发表《以美育代宗教说》演说;该年8 月 1 日,在《新青年》刊登《以美育代宗教说》。1930 年 12 月,又连续两次以《以美育代宗教》为题发文或演说,力倡"以美育代宗教"。1932 年又发表《美育代宗教》一文。与此相关,1919 年 12 月 1 日,蔡氏发表文章《文化运动不要忘了美育》,表明文化进步尤其需要普及美术教育,以鼓励研究科学的兴会。① 1920 年 5 月,蔡氏发表演说《美术的起原》。1920 年 10月 26 日至 11 月 3 日,蔡氏在湖南的 7 场演说中就有 4 场专题谈及美学、美术,分别是《美术的进化》《美学的进化》《美术与科学的关系》《美学的研究法》。1922 年,蔡氏专门撰文《介绍艺术家刘海粟》,介绍、赞扬、宣传刘海粟的艺术贡献。此前此后,蔡氏还鼓励、奖掖、扶持刘海粟及其艺术,并帮助刘氏在国内外举办画展等。1931 年前后,蔡氏发表《美育与人生》,阐发美育可以调和知识与情感,借此可以更好地陶冶人生,认识人生的价值。

第三,身体力行,积极落实美学、美术实践。蔡氏就任教育总长期间,鲁迅任事的社会教育司就设置了科学、艺术科;蔡氏在担任北大校长期间,曾积极倡导、支持成立各种与美育、美术有关的学术团体,如音乐会、画法研究会、书法研究会等;蔡氏本人于 1921 年秋在北大讲授美学课程,并兼任国立北京高等师范学校教育研究科教授,讲授美学课程。更为重要的是,在蔡氏的积极倡导与力行下,中国两所后来驰名中外的艺术院校先后得以成立。一是 1927 年创立于上海的国立音乐院(即今天的上海音乐学院的前身),蔡氏兼任第一任院长;二是 1928 年创立于杭州的国立艺术院(即今天的中国美术学院的前身);等等。

总之,蔡氏一生力倡"美育救国",直至暮年,乃至生命垂危之际,仍不

---

① 《文化运动不要忘了美育》,见中国蔡元培研究会编:《蔡元培全集》第三卷,浙江教育出版社 1997年版,第 739 页。

失美育情怀。①

第二节 "五育并举"观的辨明

蔡氏的"五育并举"观自其提出之时就存在一定的争议,后世的研究者也未能取得一致,这里有待进一步的说明与辨析。

一、"五育并举"观的争议

对于教育方针的看法,1912年2月《民立报》连载了蔡氏的《对于新教育之意见》(后改题为《对于教育方针之意见》)一文。同月《教育杂志》和同年4月的《东方杂志》都刊载了此文。文章发表后,教育界人士有所反应,如庄俞(1876—1938)撰文《论教育方针》发表于同年的《教育杂志》第四卷第一号,认为"当以实利主义为方针之主,以军国民主义教育为方针之从"。且认为方针与主义不同,教育方针当视国家大势而定。再如陆费逵(1886—1941)直接发文《民国教育方针当采实利主义》,反对蔡氏的教育方针,认为"兼采多数方针,实不啻无方针",且认为蔡氏"并非兼采五端,而实以世界观及美感二者,为教育方针"②。陆氏指出,教育方针当与国是一致,合乎世界潮流,不可一味地超轶政治;实利主义不仅可以药贫而且足以"增进国力,高尚人格";教育宗旨以"成人"为要义——自食其力,不可不采实利主义方针,而世界观教育和美感教育可养成文学家,可为文科大学宗旨,不当为普通教育所推重;实利主义精神就是养成普通人民"勤俭耐劳"的学风,自立自营,而后方可为军国民,为公民;进而方可研究哲学,讲求美丽与尊严。③ 综合庄、陆二人的观点,可以看出,他们一致赞成以实利主义作为教育宗旨,尤其是陆费逵认为哲学教育与美感教育不符

---

① 蔡氏绝世前的遗言为"科学救国""美育救国"。(参见唐振常:《蔡元培传》,上海人民出版社1985年版,第245页。)

② 吕达主编:《陆费逵教育论著选》,人民教育出版社2000年版,第118页。

③ 吕达主编:《陆费逵教育论著选》,人民教育出版社2000年版,第120页。

合当时的中国国情。应该说,这种观点在当时的中国具有一定的代表性。同年 7 月 10 日,蔡氏在《全国临时教育会议开会词》中对于"五育并举"观的表述与此前相比,发生了一些细节上的变化:以公民道德教育为中坚,以世界观与美育教育完成道德教育;军国民教育与实利主义教育必以道德为根本。[①] 仍然强调世界观教育与美育的重要性,只是把公民道德教育置于前列,并指出其"中坚"地位。但又说道德教育须要世界观教育与美育的共同作用才能完成。

反观蔡氏同年 2 月提出的教育方针:如陆费逵所言,把世界观教育与美育置于重点。问题是为什么会出现这样细微的变化?

笔者以为,促使蔡氏发生思想变化的可能原因有以下两点:其一,关注教育的蔡氏想必注意到庄、费等人发出的不同声音,进而重新思考了此前的教育方针,于是在临时教育会议的开幕词中提出与此前略有不同的"五育并举"观。其二,想必蔡氏重新思考了道德与自由、自由与哲学之间的关系。同时,这也涉及中西文化对道德的理解问题。为了行文的便捷,这个问题留待下文一并解决,兹不赘述。

在临时教育会议期间,关于教育方针的提案,除了教育部提的"五育并举"案(实际上就是蔡氏提出的"五育并举"观)外,其他还有诸如刘以钟、吴曾褆合提的相对的国家主义教育方针案,侯鸿鉴提的请明定教育方针案,徐炯提的确定教育方针以固国本案。[②] 根据黄炎培的《临时教育会议日记》的记载,参加 1912 年临时教育会议人员对教育宗旨讨论并付诸表决时(此时蔡氏已辞教育总长,未能出席会议),一方面,参会人员赞成部交议案,决议:注重道德教育,以国家为中心,以实利教育与军国民教育为辅助,把美育一层加入中小学校、师范学校教则内,另一方面,有议员认为中国国民素来缺乏世界观念,力主将其与美育一并加入教则内,不应废弃;也有议员认为世界观教育属于宗教哲学,不应将其加入普通教则内。

面对争论双方各不相让的态势,议长"以加入世界观三字于教则内付

---

① 中国蔡元培研究会编:《蔡元培全集》第二卷,浙江教育出版社 1997 年版,第 178 页。
② 舒新城编:《近代中国教育史料》,中国人民大学出版社 2012 年版,第 470 页。

表决"，表示赞成的有25人，未获通过（到会者54人；临时教育会议议员共有82人，总长和前总长不在其列）。这时，又有人认为，世界观与世界观念截然不同，应将世界观念加入教则，付诸表决时，赞成者也为少数，未获通过。① 这样，同年9月，教育部公布了教育宗旨："注重道德教育，以实利教育、军国民教育辅之，更以美感教育完善其道德。"② 应该说，这样的结果是把道德教育放在核心地位的。

有人说，这样的结果基本坚持了蔡氏的原意。③ 果真这样吗？笔者以为，这样的结果有四点背离了蔡氏的本意。

首先，世界观教育的内容失却了。世界观教育不仅是蔡氏1912年2月提出的"五育并举"观中的核心内容之一，而且也是同年7月提及的"五育并举"观中的主要内容，"盖世界观及美育皆所以完成道德"。有人甚至认为，蔡氏大度雍容地接受了临时教育会议的结果，以后不大讲这些了。④ 其实不然。证据有四：

一是1912年冬，再次留学德国的蔡氏撰写了《世界观与人生观》一文，强调世界观与人生观的重要性，想必这是他念兹在兹的。二是1915年，在巴拿马举行的万国教育会议上，蔡氏向大会提交了《一九〇〇年以来教育之进步》一文。在该文中，蔡氏提到教育的高尚理想，其中首要的一条就是突出世界观与人生观的重要性。三是蔡氏主持北京大学期间（1917—1927），上任伊始就是改变文科，聘请思想界的领袖人物陈独秀为文科学长，兼容并包，使大学朝着研究高深学术的方向发展。其中，尤以哲学教育为主导，坚持思想自由，打破专己守残的传统积习。据梁漱溟回忆，在其任教的7年中，北大的"哲学系始终是最重要的一个学系。当其盛时，比任何一学系的学生都多。除了注册选修哲学课程者外，其他学生自由来听讲的亦很多。校外的人（例如琉璃厂高师的学生、太仆寺街法专的学

---

① 《教育杂志》，1912年第4卷第6号。
② 舒新城编：《近代中国教育史料》，中国人民大学出版社2012年版，第254页。
③ 如孙培青主编：《中国教育史》，华东师范大学出版社2000年版，第359页；喻本伐、熊贤君：《中国教育发展史》，华中师范大学出版社1999年版，第427页；叶隽考释：《蔡元培：大学的意义》，山东文艺出版社2006年版，第17页。
④ 钱曼倩、金林祥主编：《中国近代学制比较研究》，广东教育出版社1996年版，第151页。

生,还有些不是学生的人)经常来听讲者亦颇有之"①。这一思想在蔡氏1918年11月10日撰写的《〈北京大学月刊〉发刊词》中同样得到了集中反映:其一,大学不仅仅是多数学生按时上课,以期毕业,更是研究学术的机关。这种研究"非徒输入欧化,而必于欧化之中为更进之发明;非徒保存国粹,而必以科学方法,揭国粹之真相"。其二,破除学生专己守残的陋习。"有《月刊》以网罗各方面之学说,庶学者读之,而于专精之余,旁涉种种有关系之学理,庶有以祛其褊狭之意见,而且对于同校之教员及学生,皆有交换知识之机会,而不至于隔阂矣。"其三,思想自由是大学的通则,既可破除"吾国承数千年学术专制之积习,常好以见闻所及,持一孔之论",又能使校外读者"知吾校兼容并收之主义,而不至以一道同风之旧见相绳"②。有人为此可能要加以辩驳说那是大学教育,不是普通教育和中小学教育,后者根本无须进行哲学教育,如同当年陆费逵对蔡氏的"五育并举"观提出的诘疑一样。问题是,普通教育和中小学教育需要教师指导,需要家长和社会人士的共同参与,需要哲学观念的陶养。而指导者和参与者如果没有一定的哲学素养,没有世界观与人生观的润泽,能够指望他们进行世间最为艰难、复杂的灵魂塑造吗?再者,不要忘了,"五育并举"是从宏观战略的角度来思考国家教育的指导方略,而非仅仅拘泥于具体、细枝末节的大中小学的教育教学。四是1928年2月18日,蔡氏以中华民国大学院院长名义发布《废止春秋祀孔旧典的通令》,指出,孔子"布衣讲学,其人格学问,自为后世所推崇。惟因尊王忠君一点,历代专制帝王,资为师表,祀以太牢,用以牢笼士子,实与现代思想自由原则及本党主义,大向悖谬。若不亟行废止,何足以昭示国民"③。这不是还了蔡氏16年前世界观教育的愿吗?"这是教育总长任内未能实现的愿望,于今达成。"④但反对蔡氏废止祀孔的声音仍一如1912年。对于蔡氏的大胆举措,守旧派"群起而攻之"⑤。20世纪30年代初,随着国民党法西斯统治的加强,国统区出

---

① 梁漱溟:《忆往谈旧录》,金城出版社2006年版,第100页。
② 中国蔡元培研究会编:《蔡元培全集》第三卷,浙江教育出版社1997年版,第450—452页。
③ 中国蔡元培研究会编:《蔡元培全集》第六卷,浙江教育出版社1997年版,第181页。
④ 唐振常:《蔡元培传》,上海人民出版社1985年版,第206页。
⑤ 崔志海:《蔡元培》,浙江人民出版社1998年版,第249页。

现了一股尊孔复古的逆流,继而在蒋介石发起的新生活运动的推波助澜下,尊孔读经的论调开始在国民党内"泛滥一时"①。对此,蔡氏公开撰文指出,"若要小学生也读一点经,我觉得不妥当,认为无益而有损"。理由有二:一是主张读经的人认为经中有很好的格言,可终生应用,所以要熟读。但有用的格言,可用别种方式发挥,"不一定要用原文",因为儿童不易理解经文;在司马迁的《史记》里,引用《书经》的话,已经用翻译法了,"为什么我们这个时代还要小孩子读经书原文呢?"二是在经书中,存在许多不合现代事实的话,如用来教现代儿童,"就不相宜了"②。为配合国民党守旧的文化导向,以何炳松为首的十名教授起草了《中国本位的文化建设宣言》,并寄给蔡氏,希冀获得响应。对此,蔡氏致信何炳松:力倡研究,反对空谈;主张以我为主,为我所用;提倡超越文化本位的狭隘的民族观,胸怀中外,放眼世界。③ 试想,若无超远的哲学襟怀和世界观的前瞻,蔡氏能够这样思考吗?

其次,临时教育会议所确定的教育宗旨固然选择了道德教育这一明晰的提法,但未能具体规范道德教育的内容,未能分清当时中国社会面临的轻重缓急问题,未能结合军国民主义与实利主义教育谈及"义利"之辨,和传统中国主流文化中语焉不详的重义轻利的老路没有什么两样,即便开明如庄俞、陆费逵等人提出的以实利主义为主导的教育宗旨也未能占上风。

再次,临时教育会议置美育于等而下之的地位有违蔡氏初衷,实质是取消了美育。"至美育一层,加入中小学校、师范学校教则内,俾知注意。"④蔡氏主持教育部时,宗教与美育属社会教育司,司长为夏曾佑,原因是社会教育关联宗教,而夏氏是研究宗教问题的,"以防致牵涉孔教"。鲁迅为社会教育司第二科科长,主管博物院、图书馆、美术馆、音乐会、演艺会

---

① 崔志海:《蔡元培》,浙江人民出版社1998年版,第250页。

② 《关于读经问题》,见中国蔡元培研究会编:《蔡元培全集》第八卷,浙江教育出版社1997年版,第56—57页。

③ 《致何炳松函》,见中国蔡元培研究会编:《蔡元培全集》第十四卷,浙江教育出版社1998年版,第14页。

④ 舒新城编:《近代中国教育史料》,中国人民大学出版社2012年版,第470页。

等,多涉美育。在提倡美育上,蔡、鲁二人是一致的。[1] 据鲁迅日记记载:"闻临时教育会议竟删美育,此种豚犬,可怜可怜。"[2]蔡氏一生身体力行,为美育鼓与呼,直至老终,其浓厚的美育情结自不待言。

最后,临时教育会议没有就"尊孔"的提案进行表决。理由是:为避免当时社会上尊孔势力因此而掀起风潮,引起无谓的论争,会议决定不予表决,只在有关学校管理规则中不提拜孔一事,让其自行消亡。[3] 没有广泛的社会启蒙,没有充分的讨论、争议与甄别,就不会有具体而明晰的规定,似乎是在"打侧边球",息事宁人,虽避免了暂时的争议,但却埋下了日后的隐患。[4]

二、"五育并举"观的辨析

笔者此书的基调仍秉承蔡氏 1912 年 2 月的"五育并举"观。在此,笔者所要辨析和说明的有两点:其一,为什么世界观教育不被接受。其二,在临时教育会议的开幕词中,蔡氏提出公民道德教育的中坚地位意味着什么。

先看第一个问题,世界观教育不被接受的首要原因,应是中国社会政治与思想文化上顽旧势力异常强大,忠君尊孔的思想幽灵并没有随着王朝政治的倒台而烟消云散,而是潜藏于华夏民族的集体无意识中,根深蒂固。当时,顽旧势力对于蔡氏废除祀孔、中小学废止读经的思想,"早已群起攻击";临时教育会议举行期间,也有报纸发文攻击蔡氏废除祀孔的主张;后

---

[1] "这种教育方针,当时能够体会者还很寥寥,惟鲁迅深知其原意。"鲁迅好友许寿裳在回忆录中如是说。(参见荣挺进主编:《许寿裳讲鲁迅》,新华出版社 2005 年版,第 26 页。)"不要说顽固保守人士,就是主张有所改革的人,也未见得能理解元培从西方引进的美育教育。"(唐振常:《蔡元培传》,上海人民出版社 1985 年版,第 86 页。)

[2] 转引自唐振常:《蔡元培传》,上海人民出版社 1985 年版,第 98 页。

[3] 舒新城编:《近代中国教育史料》,中国人民大学出版社 2012 年版,第 469 页。

[4] 蔡氏辞职后,临时教育会议继续进行,最终议案有半数以上尚未能讨论。其中,关于废除祀孔一案,由教育部提出,自是蔡氏思想的反映;临时教育会议在蔡氏辞职后讨论了这个议案,因议论纷纷而终将议案撤销;在教育管理通则中也未提这个问题。(参见唐振常:《蔡元培传》,上海人民出版社 1985 年版,第 102 页。)后来袁世凯、蒋介石等人的尊孔复古固然有其特定的历史原因,但当时的主流社会未能就道德教育的具体内容进行严肃而公开的辨明是脱不了干系的。国人向来崇尚含混、糊涂、没有明确立场的"韬光养晦",看似精明,实则愚蠢。"争论往往导致事情向好的方向发展,过去如此,将来也会如此。"参见〔美〕奥兹门、克莱威尔:《教育的哲学基础》,石中英、邓敏娜等译,中国轻工业出版社 2006 年第七版,第 5 页。

来北方的守旧人物更是形容蔡氏"罪大恶极"①。此后的张勋复辟、袁世凯称帝、孔教运动等闹剧都是活生生的历史见证。即便是100多年后的今天,皇帝虽然没了,但某些国人心中的皇帝仍在"风光无限"。我们的文学、影视作品中每每充斥着"皇帝戏"即是例证。

其次是蔡氏本人的责任。何以如此?就是前文所述的蔡氏在表述上未能通俗化,且拗口难解。这也是引起时人误解的原因之一,如陆费逵就认为世界观与美感教育,"非普通国民所当重也"②。上文已述,在参加临时教育会议的议员中,有的认为世界观就是世界观念,有的认为世界观属于宗教哲学,有的认为世界观与世界观念不一样。就是在当代,仍然有人认为蔡氏的世界观教育是虚无缥缈的教育,理由是"康德的实体非人类知识所能及,因而人类无法形成任何关于它的概念"③。根本原因在于,蔡氏对世界观教育的解释既用词不当又不合中国文化精神。④

其实世界观教育就是哲学教育,就是坚持思想自由,蔡氏晚年的表述非常清楚⑤,而1912年2月的蔡氏也有此意,只是表述泛泛,既晦涩、冗长,前后不一,又不能集中表达而已。

再次是不同语言、文化之间存在的"译不准"问题也是世界观教育不被接受的潜在原因之一。德语与汉语,康德哲学、西方文化与儒学、中国文化之间存在的天然性差异很大程度上不仅妨碍着国人的理解,而且也不利于蔡氏准确地阐释,尤其是在西潮与新潮剧烈撞击时。

再看第二个问题:公民道德教育的中坚地位意味着什么。解决这个问题之前,必须先搞清楚公民教育、道德教育和公民道德教育三者之间的关系。⑥

---

① 唐振常:《蔡元培传》,上海人民出版社1985年版,第102页。
② 吕达主编:《陆费逵教育论著选》,人民教育出版社2000年版,第119页。
③ 李雄挥:《蔡元培美感教育思想述评》,台湾省立台东师范专科学校1980年出版发行,第78页。
④ 李雄挥:《蔡元培美感教育思想述评》,台湾省立台东师范专科学校1980年出版发行,第99页。
⑤ 《自写年谱》,见中国蔡元培研究会编:《蔡元培全集》第十七卷,浙江教育出版社1998年版,第461页。
⑥ "甚至在我们试图说清楚自己的观点之前,概念就已经使我们可能去认识世界中的事物了。"参见〔美〕罗伯特·所罗门:《大问题:简明哲学导论》,张卜天译,广西师范大学出版社2004年版,第15页。

公民教育是指传授有关政治知识,教人如何享权利,怎样尽义务,如结社、集会等言论自由,公民的选举权和被选举权,参与公共事业管理等。这一点正是传统文化稀缺的,也即蔡氏所说的:"详于个人与个人交涉之私德,而国家伦理阙焉。"①

道德教育是指自由、平等、博爱等内容的倡导。道德是人类社会一种核心的文化现象,如果说人类一直处于必然与自由的张力与对峙中,道德则是二者之间的调停者,起到平衡、安宁的作用,使社会与人回归到良性发展状态;尽管它无法做到完美极致,更不能包办一切,但人类道德的理想追寻却始终不会停止。道德是以善恶评价为标准,依靠社会舆论、传统习惯和内心信念的力量来调整人们之间相互关系的行为原则和规范的总和。英文 morality,源于拉丁文 moralis,意为风俗、习惯、个性、品性等。在伦理思想史上,有关道德的起源和发展有两种典型的观点。一是神意说,认为道德起源于上帝或天的意旨,这在柏拉图、基督教神学、董仲舒和程朱理学那里都有所体现。二是人性说,其中又可分为两类:一类认为人生来就有同情心、道德感和先验的理性,如孟子、宋明理学所持的"性善论"或先验的"性即理"等;在西方,如康德提出的先验的"善良意志"也属此类。二类是将道德的起源归于人的感觉和欲望,认为人具有趋乐避苦的本能,如霍布斯、爱尔维修、费尔巴哈等认为道德就是人的自然本性的表现。辩证唯物主义认为,道德是一种具体的历史范畴,随着社会生产方式的变化,形成不同的道德历史类型。它包含客观和主观两方面的内容;客观方面指一定的社会对社会成员的要求,贯穿于社会生活的方方面面;主观方面指个人的道德实践。道德又具有相对独立性:对社会经济基础具有能动的反作用,且同其他上层建筑、意识形态共同影响着社会生活,特别是其直接影响社会精神文明的发展,并通过后者间接影响社会物质文明的发展;有自身的历史继承性,有自己特殊的发展规律。道德具有阶级性。道德的主要社会职能是通过确立一定的善恶标准和行为准则,来约束人们的相互关系和个人行为,进而调节社会关系。

---

① 《〈中等伦理学〉序》,见中国蔡元培研究会编:《蔡元培全集》第一卷,浙江教育出版社 1997 年版,第 409 页。

此外,道德有时也专指道德品质、道德行为等。① 具体到本书,道德主要偏重于它的最一般的用法,即道德是一套指导我们行动的原则或规则——告诉我们应该做什么,不要做什么,如说真话、待人如己、不要撒谎、不要偷窃等。② 概括地说,其主要内容就是蔡氏提到的法国大革命所尊崇的自由、平等、博爱的原则。

而公民道德教育,应该可以理解为前面二者的兼容与折中,但既与公民教育有距离——偏于现实政治,如民主选举等,又与道德教育有距离——偏于理想,如博爱,一般公民是很难达到的。所以,笔者的理解是想必蔡氏在潜意识中试图把公民教育与道德教育冶为一炉,否则就不易理解如下两个问题:一是蔡氏以为公民道德教育属于政治,所以需要世界观教育与美育,以超越政治的有限性;二是蔡氏又把公民道德教育等同于道德教育。如提及公民道德的内容时,一方面说就是自由、平等、博爱;另一方面又说,“道德之要旨,尽于是矣”③。

综合来看,可以这样理解:蔡氏在临时教育会议的开幕词中所说的“以公民道德教育为中坚”既有突出公民教育的意思,又有道德教育的理想诉求,“盖世界观及美育皆所以完成道德,而军国民教育及实利主义,则必以道德为根本”④。此外,前述蔡氏1912年2月的《对于新教育之意见》一文,说公民道德教育与晚清颁布的教育宗旨中“尚公”的内容大体一致,也从侧面说明蔡氏的公民道德教育试图冶公民教育与道德教育于一炉。

我们不妨再追究一下,蔡氏把公民道德教育与公民教育、道德教育融为一体有无文化心理和民族心理方面的因素影响?答案是肯定的。不管是“诸子出于王官”之说,还是中国文化中的“政教合一”现象,都说明在中国,道德教育与政治之间有着悠久的历史传承;中国文化中向来就有政治道德化、道德政治化的倾向,如古时的“仁政”“德治”和当下的思想政治教

---

① 冯契主编:《哲学人辞典》(上),上海辞书出版社2001年版修订本,第221—222页。
② 〔美〕罗伯特·所罗门:《大问题:简明哲学导论》,张卜天译,广西师范大学出版社2004年版,第264页。
③ 《对于新教育之意见》,见中国蔡元培研究会编:《蔡元培全集》第二卷,浙江教育出版社1997年版,第10页。
④ 《全国临时教育会议开会词》,见中国蔡元培研究会编:《蔡元培全集》第二卷,浙江教育出版社1997年版,第178页。

育即是。即便是今天仍然没有跳出这个圈子。这应是蔡氏未能把公民教育与道德教育分清的第一个原因。

第二个原因，由于中国人的整体思维、直觉思维比较发达，而逻辑思维相对欠缺，容易导致对相近的几组基本概念不能详加辨析、厘清。热爱哲学、接受逻辑思维严整的德国教育训练的蔡氏也不能例外。

第三个原因，近代中国，内忧外患，既有文化问题、信仰问题，又有民族问题、政治问题、民生问题、社会问题，可谓盘根错节，纷繁芜杂。所以在追求民族富强和社会进步的知识分子和政治精英中，有人既觉得一时无从下手，悲观失望，又急不可耐，希冀"一揽子"解决所有社会问题。如1912年前后，孙中山、黄兴等人的照片中其眼神都流露出悲观失望甚至是绝望的情绪就是证明。另一方面，孙中山曾试图把民族革命、政治革命和社会革命合在一起，"毕其功于一役"；孙氏还提出"突驾"说，认为中国可以飞跃的速度在短时间内超过西方国家和日本。这都是一种悲观与急躁并重的民族文化心理使然。二十世纪五六十年代"共产风"、欲短时间内赶超英美的心理何尝不是？考虑到蔡氏曾经也是一个"无物不贪，无事不偏"[1]的激进人士，作为革命党人的他，把公民教育与道德教育冶为一炉，未尝不与孙氏"毕其功于一役"的潜意识如出一辙。前文提及蔡氏"不肯学日语"，"硬看日本书"，通过翻译来速学日文，也从一个侧面投射出他急于求成的内在心理。

有人认为，深受传统文化影响的蔡氏潜意识中无法动摇中国文化中的伦理本位、道德本位的倾向；加之他的世界观教育受人反对，从而最终在临时教育会议上申说公民道德教育的核心地位。[2] 笔者以为，蔡氏的表述前后发生变化确有这个因素的影响。但是，还有另外一个因素也应得到重视，那就是中西文化对于道德的理解问题。

就中国文化而言，一个有道德的人"懂得世上并不是只有自己，还存在着一个社会，它是一个整体，自己是社会的一个组成部分"；"他做任何

① 《自写年谱》，见中国蔡元培研究会编：《蔡元培全集》第十七卷，浙江教育出版社1998年版，第428页。
② 李雄挥：《蔡元培美感教育思想述评》，台湾省立台东师范专科学校1980年出版发行，第173页。在该书中，李雄挥认为，伦理本位的根源在于中华文化向来把道德作为最终的价值追求。

事情,都是为了整个社会的好处";"他行事为人是为义,而不是为利"①。也就是说,中国文化语境中的道德理想侧重于群体的利益,而非谋求个人私利,所谓"舍生取义""杀身成仁"是也;个体的一切言行都是为了提升自身的修养,以服务群体与大局;小我消融在群体中,群体是一种既定的社会秩序。

就西方文化来说,一个人有道德的首要前提是自由。② 自由选择,自我担当,侧重于个体的人格独立,遵循个人的主观意志。回过头来,我们再来看蔡氏对于教育方针的表述略有变化这件事本身。除了中华文化道德性倾向的影响外,笔者以为还有另外四个因素需要考虑。

一是蔡氏所理解的公民道德的要义——自由、平等、博爱与哲学的关系。尽管蔡氏也用古圣先贤的言语加以比附,但笔者以为其思想来源主要还是法国大革命的纲领,尤其是与康德哲学分不开。"康德哲学的主要概念:批判、理性和自由是'法国革命时代'(约1770—1815)起决定性作用的关键词语。"③

二是自由、平等、博爱这几个道德的要义与政治的关系。有人认为,蔡氏的公民道德教育只是道德教育,并未触及公民教育。④ 诚然,公民教育隶属于政治,但自由、平等并非与公民教育毫不相干,原因在于公民需要政治自由、民主参与等;而且作为法国大革命的纲领,自由、平等、博爱本身就具有强烈政治诉求的一面。

三是1912年5月在《向参议院宣布政见之演说》中,蔡氏再次提及教育方针,其要点是:"在普通教育,务顺应时势,养成共和国民健全之人格,

---

① 冯友兰:《中国哲学简史》,赵复三译,新世界出版社2005年版,第448页。
② 如康德认为,道德行为要成为可能的第一个必要条件是自由。参见〔美〕庞思奋:《哲学之树》,翟鹏霄译,王凌云校,广西师范大学出版社2005年版,第204页。还有人认为,自由是道德和道德责任的逻辑前提。倘若我们不能按照自己选择的方式去行动,那么让我们对自己的行为负责似乎失去了意义。参见〔美〕罗伯特·所罗门:《大问题:简明哲学导论》,张卜天译,广西师范大学出版社2004年版,第236页。邓晓芒认为,道德就是最纯粹的实践理性,它的根基是纯粹的自由意志。参见邓晓芒:《康德哲学讲演录》,广西师范大学出版社2006年版,第71页。无论是上述哪种看法,都表明西方文化语境中的道德是与个体的独立自由紧密联系在一起的。
③ 〔德〕奥特弗里德·赫费:《康德:生平、著作与影响》,郑伊倩译,人民出版社2007年版,第5页。
④ 李雄挥:《蔡元培美感教育思想述评》,台湾省立台东师范专科学校1980年出版发行,第101页。

在专门教育,务养成学问神圣之风习。"①这里的普通教育含普通学校教育、社会教育的一部分和特殊教育;专门教育指大学教育、高等专科教育、留学教育和社会教育的一部分。无论是"健全之人格",还是"学问神圣之风习",都与独立自主、思想自由、学术至上密不可分。

四是在临时教育会议上,蔡氏仍然强调世界观教育与美育能够促成道德的完成,就是说道德的完成需要依托思想自由的哲学教育和具有普遍性、超越性的美感教育。在一个儒学独尊了两千多年的传统国度,思想自由、百家争鸣则意味着革命性的突破。因此,蔡氏提出以公民道德教育为中坚,固然顾及传统文化和民意的诉求,但其实质性内容仍然没有离开对哲学教育、美感教育和思想自由的强调,没有离开西方文化的影响。

道德教育与哲学教育之间存在着密切的联系,尤其是思想自由与哲学探索、争鸣之间具有一种内在的逻辑关联。如果只空口讲自由、平等、博爱,而没有哲学教育的配套、应和、推进,没有思想多元竞争的支撑,那道德教育极易沦为空头支票。同时,多元兼容的哲学教育能够推动思想自由、舆论自由、新闻自由等,进而通过后者对政治权威形成怀疑、批判、威慑、监控的功能,并最终推进社会的整体协调发展。否则,笼统而纯粹的道德教育,尤其是在一个有着两千多年专制传统的国度,思想启蒙与观念革新尚处于萌芽阶段,不仅不能推进社会进步,而且有可能使得事情朝着恶性方向发展。就此,1914年的范源濂曾对时事表达了如下忧虑:"后生小子,竞尚自由,倡言平等,于家庭主破坏,于学校起风潮,于社会为逾闲荡检、非道无法之举动,其祸视洪水猛兽为尤烈。"②"自由,自由,多少罪恶假汝之名而行。"就是说,在一个思想自由缺席、兼容并包失语的专制或集权国家,单纯的道德教育极易可能导致"野蛮之自由"③,缺失"文明之自由",制造批量的虚伪的国民,很大程度上与独立人格的养成无缘,走向道德教育的

---

① 中国蔡元培研究会编:《蔡元培全集》第二卷,浙江教育出版社1997年版,第64页。
② 舒新城编:《中国近代教育史资料》(下),人民教育出版社1961年版,第1047页。
③ 这种自由只不过是缺乏制度保障的事实上的自由,每个人能力的自由发挥往往与自由的滥用相表里,绝不能对提高整个社会的能力有什么帮助。参见〔日〕佐藤慎一:《近代中国的知识分子与文明》,刘岳兵译,江苏人民出版社2006年版,第255页。

反面,两千多年来的"仁政""德治",乃至"以德治国"无不如此。"其最要之关键,要仍视施政之何如。"①这种政治的思想基石就是倡导忠君尊孔的儒学,并未随着旧王朝的倒台、共和政体的缔造而烟消云散——皮相虽改,内里未换。"中国的政治是由以儒家为代表的文化所支持的,而且这种文化作为价值观或行为模式埋在中国人的内心世界里。"②

思想自由招致守旧势力天然的抵制,世界观教育的要义未能被干脆利落地表述出来,使得此项内容未能被临时教育会议所认识、理解、接纳;公民道德教育未能严加辨明,造成语义上的迷惑、混乱。就此而言,这是"五育并举"观在现实层面上展现出的不和谐的一面。另一方面,临时教育会议最终没有认可蔡氏的世界观教育这一事实本身却是历史的缺憾。因为后来尊孔复古的反动逆流甚嚣尘上从一个侧面折射出试图打破思想独尊、推崇思想自由的世界观教育的前瞻意义和社会启蒙意义不容低估。

"五育并举"观的历史境遇昭示出理想与现实、理论与实证之间任重而道远的社会沧桑。

第三节　教育贡献

1840 年以降,随着国门洞开,国耻家辱纷至沓来,无数仁人志士前仆后继,为华夏民族的生存和振兴进行了艰难的探索和不懈的努力,走出了一条漫长而曲折的救亡图存之路。魏源的"师夷之长技以制夷"固然具有放眼看世界的眼光,认可西人在技艺上高我一筹,并"不耻"学"夷",但"华夏中心"的意识还是有所流露:我为尊,人为"夷"。洋务派的"中学为体,西学为用"的纲领逐渐体系化,兴办学堂,举办军事工业和民用工业,谋求富国强兵,但由于机械割裂体用二者之间的关系,仍然不过是"师夷"的老路,总体上还是未能突破传统"中央帝国"思想的藩篱。甲午战争的失败

---

① 舒新城编:《中国近代教育史资料》(下),人民教育出版社 1961 年版,第 1048 页。
② 〔日〕佐藤慎一:《近代中国的知识分子与文明》,刘岳兵译,江苏人民出版社 2006 年版,第 129 页。

预示着洋务运动不能从根本上解决中华民族的生死存亡问题。维新派试图跳出"师夷"的技术套路和洋务派体用之分的窠臼,力主政治改革,变法图强,以建立立宪的资产阶级政权,但由于顽旧势力的异常强大,措施失当,致使变法流产;而且,"托古改制"也好,"西体中用"也罢,维新派持守忠君尊孔的实质却没有根本性的变化。此后,推翻清廷统治成了革命派的首要选择,在浩浩荡荡的革命浪潮中,君主专制政权走上了穷途末路。

一、"五育并举"观的历史价值

1912 年蔡氏"五育并举"的方略正是在这一历史背景下提出的,旨在从政治和思想文化的角度呼应新生的资产阶级共和国政权:政治上需要军国民教育、实利主义教育和公民教育;思想文化上需要世界观教育、美感教育和道德教育。对蔡氏来说,有形的、物质的、外在的隶属于政治的教育是重要的,但无形的、精神的、内在的超轶政治的教育却是更为根本的。两千多年的中国封建社会历史,皇位的轮流坐庄,社会政治的"分久必合,合久必分",乃至辛亥革命以后若干年内延续不断的"城头变幻大王旗"式的历史轮回无不表明深入骨髓的专制、名位、权势等思想观念异常强大,万般牢固。蔡氏对思想自由、超越政治的教育的强调就是为了解决这个根本问题。固然,五四新文化运动也是为了解决这个问题而来的,并取得了巨大的历史事功。但五四新文化运动在打出"民主"和"科学"旗号的同时,忘却了二者背后的基点——自由,所以才会出现"打倒孔家店"那样激烈而偏狭的口号。因为思想自由是普世的准则,孔家因尊君、保皇而不符合历史发展潮流,但它应有存身的一席之地,除非在思想自由的境遇中被自然淘汰,否则是不能被人为地加以消灭的;再者,我们可以不赞成,乃至反对孔学,但孔学作为一种声音,有它自己的话语权和生存权,因为思想是自由的。"五四重视民主与科学而忽视自由与人权",是由于此时的思想者们钟情于世俗关怀而疏离了价值诉求;民主与科学恰恰是建立在自由与人权这类抽象的原则之上,忽略后者必然导致对民主与科学的误解,诸如"只给人多数人自由,不给少数人自由"[①]。就此而言,蔡氏 1912 年的"五育并

---

① 邓晓芒:《新批判主义》,湖北教育出版社 2001 年版,第 14 页。

举"观已经超越了五四主流思想者们思考的阈限,其超轶政治的教育思路及其人权践履不仅使得他成了启蒙的真正先行者,而且也超越了后来者。① "忠君"与"尊孔"的废除,代之以思想自由的世界观教育和美感教育,不仅具有一般的教育意义、政治意义,而且更具有长远的社会启蒙意义。梁漱溟曾说过一段耐人寻味的话:"从世界大交通东西密接以来,国人注意西洋文化多在有形的实用的一面,而忽于其无形的超实用的地方。虽然关涉政治制度社会礼俗的,像是'自由''平等''民主'一类观念,后来亦经输入,仍不够深刻,仍没有探到文化的根本处。惟独蔡先生富于哲学兴趣,恰是游心乎无形的超实用的所在。"② "无形的超实用"指的就是哲学。说的虽是文化问题,何尝不关涉哲学与教育问题!蔡氏宏大的教育视野何尝不是哲学眼光!

就宏观而言,作为教育纲领层面的"五育并举",在世界观教育与美育的统帅下,培养公民及其道德,培育精神自由的种子,为群伦,为将来,为心灵的愉悦,为全社会营造一个富有自由精神的氛围,关乎指导国计民生问题的"思想库"和"智囊团"的形成,关乎国家、民族长远利益的根本问题的解决。只有这样,教育生态与社会生活才能满足和谐、安宁的期盼。后来的五四新文化运动和教育发展(尤其是以北大为主导的中国近现代高等教育是对"五育并举"观的忠实践履)大体就是在这种构想的指引下而取得不菲的历史业绩。

就微观来说,教育就是要培养独立的人格,在世界观的陶养下,养成个体健全的体育、智育、德育、美育等方面的全面发展,不仅是为资产阶级共和国培养合格的公民,而且也是为了个体的自由和幸福铸造精神的支柱,为民魂和国魂的塑造奠定不拔的根基。蔡氏的"五育并举"观就是为此而设计的。"独立之精神,自由之人格"就是个体理想品质的集中体现——远远超越了传统知识分子修齐治平的伦理模式,鲁迅、陈寅恪、傅斯年等无不是这种精神的典范;虽为数不多,但足以使我们民族不至于陷入"无魂"

---

① "凝结中国固有文化的精英,采撷西洋文化的优美,融合哲学、美学、科学于一生,使先生的事业,不特继往,而且开来。"(蔡建国编:《蔡元培先生纪念集》,中华书局1984年版,第83页。)

② 梁漱溟:《忆往谈旧录》,金城出版社2006年版,第96页。

的沉沦。唯其如此,多灾多难的中华民族才能穿越含悲饮泣的近现代,跨过腥风血雨的多事之秋,步入独立自主的民族国家的行列。

"五育并举"观是中西文化融合的结果,具有重要的历史意义。它所蕴含的教育独立、教育救国思想尤为珍贵。虽然"五育并举"观的历史境遇表明理论与现实之间存在着巨大的落差,很难得到主流社会的青睐,乃至备受后者漠视、阉割、篡改和打压,但它仍然闪耀着真理的光芒:共鸣者寥寥,说明它散发着先知者的智慧和先行者的勇气;守旧者群起而攻之,昭示充满活力的新思想新观念令遗老遗少们因内心恐惧而气急败坏;专制者打压,投射出富有创造力的思想具有精神杀伤力和无形的政治摧毁力。另一方面,在筚路蓝缕的社会正义面前,"五育并举"观代表着历史的发展潮流,虽阻力甚大,但无论是尊孔拜教、复辟闹剧,还是投降媚外,抑或是法西斯暴政,都无法阻挡正义思想的流布、传扬。王朝政治和军阀混战早已成为明日黄花,明白无误地宣判狭隘、专制、等级的思想观念的死刑。尽管陈腐不堪的思想余孽未能彻底淡出我们的历史视线,仍不时地兴风作浪,但已回天乏术,几成强弩之末。五四新文化运动就是这种历史观念的集中浓缩:科学与民主成为浩荡的历史海浪,摧枯拉朽。尽管为时不长,但无疑席卷了一大批文化渣滓和精神垃圾;虽不算彻底,但确实唤起国人沉睡千年的勇气和积淀百年的豪情,激荡出一个群星灿烂的历史天空,这是"五育并举"观所代表的历史发展潮流。

二、教育体制的创建

除了前文详细阐释的"五育并举"外,教育总长任内的蔡氏,所从事的另一项重要工作是创建教育行政机构。蔡氏在教育总长任内,领导与组织了全国范围内的教育改革,创建了新教育体制的基本框架,为中国新式教育的发展做出了重大贡献。

1912 年 1 月 9 日,南京临时政府教育部正式成立。在创办教育部过程中,蔡氏一扫封建官衙陋习,力戒人浮于事,节俭办事。当时,临时政府各部人员多或至百余人,唯教育部连缮写者在内仅 30 余人。部内上起总长,下至部员,不分等级,每月津贴一律 30 元。整个教育部,每月开支仅千元,是临时政府各部中开支最少的一个部。而工作效率却很高,每日自上午 9

时起,至 16 时半止,部员各负其责,各司其事。教育部开办时,总统府通知前往领印,因部内人手少,公务忙,连仆役也派不出,蔡氏便亲自挟着一块咫尺见方的白布,乘人力车去总统府领回大印,没有半点教育总长的老爷架子。这在民国初年的政坛上被传为美谈。①

　　蔡氏主张教育部机构下设学校教育司、社会教育司和历象司。其中,学校教育司分普通教育、专门教育、实业教育三科,社会教育司分宗教、美术、编辑三科,历象司分天文、测候二科。3 月底,南京参议院正式制定教育部官制,规定:教育总长管理教育、学艺及历象事务,监督全国学校及所辖官署。这与蔡氏的主张较为接近。北洋政府成立后,蔡氏基本按照这一框架重组教育部。5 月 5 日,根据参议院通过的教育部官制,以部令委任各科科员。至此,教育部机构初步形成。教育部下设参事、承政厅、普通教育司、专门教育司、社会教育司。其中,参事主要是草拟法令,承政厅下设秘书长(主持本厅工作)、文书科(职掌文牍、图书、学校卫生)、会计科(职掌出纳、报告、监查、预算、决算、庶务)、统计科(职掌调查、编录)、建筑科(职掌规划、检验)、编纂(职掌编辑法令、辑译书报)、审查(职掌教科书、仪器标本),普通教育司下设司长(主持本司工作)、第一科(职掌幼稚园、小学)、第二科(职掌中学)、第三科(职掌师范、高等师范)、第四科(职掌普通实业学校、实业补习科、艺徒学校)、第五科(职掌蒙藏回学务),专门教育司下设司长(主持本司工作)、第一科(职掌大学及游学生)、第二科(职掌高等专门),社会教育司下设司长(主持本司工作)、第一科(职掌宗教、礼俗)、第二科(职掌科学、美术)、第三科(职掌普通教育)。②

　　其间,蔡氏用人的原则是唯才是举。　是不管资历、学历。如王云五(1888—1979),时年 20 出头,没受过高等教育,自学成才,与蔡氏素不相识。他见报载蔡氏出任教育总长,便将自己对于民国高等教育改革的想法写成书面意见寄给蔡氏,主要提出如下建议:废各省高等学堂,提高中学程度,大学设预科;大学允许私立,国立大学不应只限于北京,全国分区各设一所;各省设立专门学校,注重实用。蔡氏认为他所提建议极为中肯,就复

①　转引自崔志海:《蔡元培》,浙江人民出版社 1998 年版,第 96 页。
②　高平叔撰著:《蔡元培年谱长编》第一卷,人民教育出版社 1999 年版,第 442—443 页。

函坚邀他到教育部"相助"。当时王云五已任临时大总统府秘书,经请示孙中山,同意他上午在总统府工作,下午到教育部办事。后来北洋政府教育部成立,蔡氏仍请他北上,任职专门教育司第一科科长,掌管"大学及游学生"事宜。两人缔结了近30年的深交。1940年3月5日,蔡氏在香港病逝,王云五是朋友中唯一随侍的送终者。①二是不分党派。如邀请范源濂(1876—1927)出任北洋政府教育次长即是典型。②范源濂,早年留学日本,原是学部参事,共和党人。蔡氏深知自己对于教育偏于理想,而范源濂注重实践,两人合作,可取长补短,有利民国教育。所以,蔡氏不顾国民党内的反对意见,两次亲自访问范源濂,对他说:"我请出一位异党的次长,在国民党里边并不是没有反对的意见;但是我为了公忠体国,使教育部有全国代表性,是不管这种反对意见的。"又说:"我之敢于向您提出这个请求,是相信您会看重国家的利益超过了党派的利益和个人的得失以上的。"③范源濂为之感动,终于不顾共和党内的反对意见,接受了蔡氏的邀请。

早在南京临时政府的教育总长任内,蔡氏就曾辞退过次长景大昭不负责任地填塞进来的十几位同盟会籍的官员。总统府秘书长胡汉民因此抱怨蔡氏"对于本党老同志不肯特别提拔",临时政府北迁之际,有人请胡介绍入教育部时,胡氏无奈地说"别部则可,教育部不能"④。

在蔡氏身体力行、从善如流的示范下,教育部内上下融洽,呈现出一派积极向上的气象。范源濂曾为此自豪地说道:"在我们的合作期间,部里的人都是知无不言,言无不尽,讨论很多,却没有久悬不决的事。一经决定,立刻执行。所以期间很短,办的事很多。"⑤

---

① 金林祥:《思想自由,兼容并包——北京大学校长蔡元培》,山东教育出版社2004年版,第60—61页。
② 范源濂是我国近现代史上杰出的教育家,曾三任北洋军阀政府教育总长,在任职期间提出了众多的教育主张。他坚信教育救国,倡导以社会教育提高全民素质,指出"世界之势""科学""爱国"都与"尚武"教育密切相关,并提出将义务教育纳入宪法。[许晓明:《范源濂教育思想探析》,载《河北师范大学学报》(教育科学版)2012年第1期。]
③ 转引自金林祥:《思想自由,兼容并包——北京大学校长蔡元培》,山东教育出版社2004年版,第61页。
④ 《自写年谱》,见中国蔡元培研究会编:《蔡元培全集》第十七卷,浙江教育出版社1998年版,第462页。
⑤ 转引自崔志海:《蔡元培》,浙江人民出版社1998年版,第100页。

三、教育法令的颁布

南京临时政府成立时,国内战事尚未结束,南北尚未统一,各地学校大多停办,有的学校还成了兵营,学生四散。蔡氏就任教育总长时,正值学期结束,转瞬新春,各地学校是开办,还是仍停办?开办遵何法令?[①] 另一方面,处于时代大变局之际,新学制未出台,而"前清学制,久为教育界诟病,应从事改革"[②]。因此,1912 年 1 月 25 日,南京临时政府教育部颁布了两个重要法令。

一是《普通教育暂行办法通令》,共 14 条,主要内容有:各级各类学堂均改称学校,监督、堂长,一律改称校长;小学一律于 3 月开学,中学、初级师范学校,根据地方财力,自行决定,也以能开学为主;新学制未颁布之前,每年仍分两个学期,自 3 月至暑假,为第一学期,暑假后至次年 2 月底为第二学期;初等小学可男女同校;特设的女学章程暂时照旧;各种教科书,须符合"共和民国宗旨",清学部颁行的教科书一律禁止使用;民间通用的教科书,如在内容及形式上"不合共和宗旨",应由各出版书局自行修改,学校教员也可随时删改;小学读经科一律废止;小学应注重手工科;高小以上学校应注重兵式体操;初小算术自第三学年起,应"兼课珠算";中学为普通教育,文、实不必分科;中学与初级师范学校均改为 4 年制;废止旧时奖励出身,各级学校毕业者称某级学校毕业生。[③]

《普通教育暂行办法通令》对晚清旧教育进行了重大改革,贯彻了资产阶级民主共和宗旨,体现了反封建主义精神,使学校摆脱科举制的束缚与影响,具有鲜明的时代进步意义。《普通教育暂行办法通令》的颁布及实施对稳定政权交替过程中的混乱局面,建立新的教学秩序,起了非常重要的作用。[④]

二是《普通教育暂行课程标准》,共 11 条,规定初等小学、高等小学、

① 钱曼倩、金林祥主编:《中国近代学制比较研究》,广东教育出版社 1996 年版,第 137 页。
② 高平叔撰著:《蔡元培年谱长编》第一卷,人民教育出版社 1999 年版,第 398 页。
③ 《普通教育暂行办法通令》,见中国蔡元培研究会编:《蔡元培全集》第二卷,浙江教育出版社 1997 年版,第 7—8 页。
④ 钱曼倩、金林祥主编:《中国近代学制比较研究》,广东教育出版社 1996 年版,第 140 页。

中学及初级师范学校的科目设置、教学内容及课时数。① 课程标准的颁布,奠定了民国初年普通教育和师范学校课程设置的基础。

这两个法令的颁布,为民国初年普通教育新体制的建立奠定了基础。

此外,教育部在这个时期发布的重要通电、通告还有:1 月 30 日,通电各省筹办社会教育,"社会教育亦为今日急务,入手之方,宜先注重宣讲",宣讲原则即资产阶级共和国"国民之权利义务及尚武、实业诸端,而尤注重于公民之道德"②。要求各地根据实际情况,暂定临时宣讲标准,选辑材料,通令各州县进行宣讲。3 月 2 日,通告各省:高等以上学校开学。5 月 9 日,通令各书局,速将已出版的各种教科书送教育部审查。③ 5 月 11 日,教育部电令各省,学校等级不得任意标题。④ 所有这些旨在推动民国初年的教育改革,配合民主共和制度的建立。

四、临时教育会议的筹组

为集中全国教育界的智慧,推进教育改革与发展,蔡氏精心筹划并主持召开了民国成立后第一次中央教育会议,即全国临时教育会议。会议于 1912 年 7 月 10 日召开。其间,蔡氏因反对袁世凯专权而于 7 月 14 日辞职,由次长范源濂继任教育总长,会议仍按原定议程进行。临时教育会议于 8 月 10 日上午闭幕。教育部所交议案 47 件,议决 23 件;各议员所提议案 44 件,并案议决 3 件。因时间仓促,许多次要提案没有来得及讨论,但重要提案,"均获得相当之结果"。随后,教育部根据已议决、已审查及未议的各项提案,再三研讨,定为重要法规,以部令形式向全国公布。计有教育宗旨、学制系统、小学校令、中学校令、师范教育令、实业学校令、专门学校令、大学令,以及学校的管理、制服、仪式、学年学期及休假日期、征收学费、学生操行成绩考查、学生学业成绩考查、视学、教育会、读音统一会、审定教科用图书等规程。除大、中、小学令外,还有各级各类学校(如师范学

---

① 高平叔撰著:《蔡元培年谱长编》第一卷,人民教育出版社 1999 年版,第 401 页。
② 《请各省注重社会教育通电》,见中国蔡元培研究会编:《蔡元培全集》第十八卷,浙江教育出版社 1998 年版,第 203 页。
③ 金林祥:《思想自由,兼容并包——北京大学校长蔡元培》,山东教育出版社 2004 年版,第 58 页。
④ 崔志海:《蔡元培》,浙江人民出版社 1998 年版,第 102 页。

校、高等师范学校、法政专门学校、工业专门学校、医学专门学校、农业专门学校等)的规程,合计38种。这一整套由蔡氏、范源濂先后主持和一同主持制定的方针政策与规章制度,对于中国的现代教育,奠定了影响深远的基础。①

总之,教育宗旨的提出、教育行政机构的创建、教育法令的颁布及临时教育会议的筹组是蔡氏就任教育总长任内所做的4件大事,除旧布新,初步建立了符合资产阶级共和精神的教育体制,为中国教育的现代化做出了巨大贡献。

---

① 高平叔撰著:《蔡元培年谱长编》第一卷,人民教育出版社1999年版,第477页。

第四章　北京大学校长

　　1916 年 9 月 1 日,远在法国的蔡元培接到北洋政府教育总长范源濂邀请其担任北京大学校长的电报,积极回应,并于同年 11 月 8 日,从游学 3 年多的法国回到上海。多数友人说北京大学"太腐败,恐整顿不了,反把自己的名誉毁了"。也有人说,腐败的总要有人整顿,不妨一试。"我从少数友人的劝,往北京。"①蔡氏在多数友人的反对声中出任北大校长,希冀整顿北大,实现自己的教育理想,可谓力排众议,迎难而上。这是其独立人格的体现。

第一节　大学理念

　　1917 年 1 月 4 日,一辆四轮马车驶进北京大学的校门。这

---

① 《自写年谱》,见中国蔡元培研究会编:《蔡元培全集》第十七卷,浙江教育出版社1998 年版,第 476 页。

里,早有两排工友恭恭敬敬地站在两侧,向这位刚被任命为校长的人鞠躬致敬。新校长缓缓地走下马车,摘下他的礼帽,向在场的工友们鞠躬回礼。在场的许多人惊呆了:这在北大是从未有过的事。北大是一所等级森严的官办大学,初创时的校长是内阁大臣的待遇;即使民国新立、北洋军阀控制时,北大校长也从来不把工友放在眼里。今天的新校长怎么了? 小事不小,小中见大,北大的改革由此开启。

教育改革的背后必有一定的思想基础。蔡氏主掌北京大学的教育理念就是思想自由,兼容并包。这是蔡氏主掌北大期间厉行改革的办学指导思想。

一、思想自由,兼容并包

思想自由,兼容并包的办学理念不是瞬间草就的,而是蔡氏个性独立与思想探索的自然结果。早在 1892 年,蔡氏就指出,先秦诸子百家虽宗旨不同,但又互相会通,治理国家的人当能融会贯通,各取所长,为我所用。因为"诸家之书,宗义不同,而观其会通,百虑一致,相反而相成也",所以,"通万方之略,致知一之娂,采儒墨之善,撮名法之要,因阴阳之大顺,因时为业,无所不宜"①。在办理绍兴中西学堂时,校内就有新旧两派,这些人多为蔡氏所聘;在爱国学社期间,蔡氏既能与激烈好勇的吴稚晖和谐相处,又能与时而激进时而保守的章太炎打成一片;蔡氏主编《警钟日报》时,所撰文章,既用文言,又用白话,二者兼顾;蔡氏在广泛阅读中文书籍的同时,又大量阅读西学著作。最为显著的是在其编著的《中国伦理学史》中,他既推崇儒家又大胆承认墨家、道家、名家、农家的思想精髓;既认可儒家的中庸之道,又评判后儒的不足;既能分析正统儒家孟子思想的不足,又能充分肯定儒学异端荀子的创新精神;既能剖析宋儒以下思想界陈腐不堪的一面,又能积极赞赏黄宗羲、戴震、俞理初等人自由追寻的精神。在留学德国期间,他既能接受康德等人的理性主义哲学,又能认可叔本华等人的非理性主义思想;既学纯粹哲学、心理学,又学美学、文化史;既信奉进化论,又

---

① 《殿试策论对》,见中国蔡元培研究会编:《蔡元培全集》第一卷,浙江教育出版社 1997 年版,第 117 页。

能接纳无政府主义思想。1912年蔡氏提出的"五育并举"观也是兼容并包的结晶。实质上,蔡氏提出并付诸实践的"兼容并包",很大程度上是其个人教育背景、知识结构、性格特征及其"中西文化融合"思想的折射。[①]

对此,梁漱溟曾观察、分析得更为细致:兼容并包不仅源于蔡氏的办学意识,更是出于他的天性。"蔡先生除了他意识到办大学需要如此之外,更要紧的乃在他天性上具有多方面的爱好,极广博的兴趣。意识到此一需要而后兼容并包,不免是人为的(伪的);天性上喜欢如此,方是自然的(真的)。有意的兼容并包是可学的,出于性情之自然是不可学的。有意兼容并包,不一定兼容并包的了。唯出于真爱好而后人家乃乐于为他所包容,而后尽管复杂却维系得住。——这方是真器局,真度量。"[②]

有人要问,这种无所不包的兼收并蓄的态度易导向"好好先生"的立场,不是"万金油""和稀泥"吗?这点可商榷、推敲、斟酌。蔡氏的兼容并包是有一定的价值取向的,即思想自由、求同存异,坚持进步。这种价值取向大致贯穿着蔡氏以教育为志业的一生。证据何在?如对于儒家,无论正统还是异端,他都有评判,有坚持,有否定;对于诸子,既不偏袒儒家真传,又不贬低旁门左道;对于孟子出于门派之争而非议杨墨,蔡氏是不赞成的。对于绍兴中西学堂的新派和旧派教员,蔡氏常佑新派而招致校董干涉;对于南洋公学争取民权和平等的学生,蔡氏表示同情和支持;对于借社会主义旗号而招摇撞骗之徒,蔡氏坚决反对;对于邹容、章太炎等人极端的"仇满"言论,蔡氏同样超前地进行冷静分析,指出不足,表明态度,而非人云亦云,持守极端的民族主义。对于康德哲学上两个世界的划分,蔡氏并未全盘接受,而是舍弃其不可知论和宗教观;对于叔本华的意志论,蔡氏断然否决其消极悲观的人生态度。1912年蔡氏提出的"五育并举"观所坚守的自由、平等、博爱,为群伦,为将来,为精神之愉快,何尝不是。蔡氏主持的北大更是如此。如对于守旧的陈汉章、黄侃,甚至主张清帝复辟的辜鸿铭,以及参与洪宪运动的刘师培,都因为他们学问可为人师表而和胡适、钱玄

---

① 张晓唯:《蔡元培评传》,百花洲文艺出版社1993年版,第85页。
② 梁漱溟:《忆往谈旧录》,金城出版社2006年版,第96页。

同、陈独秀被容纳在一校。①

诚然，蔡氏的兼容并包易陷入"无所不包"的理论困境，显得"过于暧昧而难以正面接受"②。问题是在当时政治专制、思想保守的社会环境中，过于激进，怕是连仅有的思想自由也没有了。"北京大学，向来受旧思想的拘束，是很不自由的。我进去了，想稍稍开点风气，请了几个比较的有点新思想的人，提倡点新的学理，发布点新的印刷品，用世界的新思想来比较，用我的理想来批评，还算是半新的。在新的一方面偶有点儿沾沾自喜的，我还觉得好笑。那知道旧的一方面，看了这点半新的，就算'洪水猛兽'一样了。"③就是说，蔡氏的思想自由、兼容并包是有着冷静的现实考量，是一种折中的"半新"，原本就不符合他自己的理想；就连这样的折中，守旧势力还视之为"洪水猛兽"，百般打压，那"全新"的结局就可想而知了。蔡氏的潜台词就是："兼容并包"的真实意图主要是为了保护新思想得到自由地传扬，而非没有价值取向地"无所不包"。进而言之，这样的现实考量也是充分估计到思想理论与现实社会实践之间存在的矛盾与冲突，有必要进行权衡与折中，使二者彼此能够"接洽"和"磨合"。

值得注意的是，兼容并包与中国传统文化中的中庸之道存在着某种相通的东西：不偏不倚。这也是蔡氏向来极力推崇的传统文化精粹。兼容并包的深意最终归于"中和"，即中西文化的调和。④ 不走极端，坚持中庸之道；坚持学术派别的相对性，不片面地坚守某一个具体的学说，不盲目地排斥其他不同的声音，不一味排斥旧说，不纯粹趋奉新潮，而是让各种不同的学术思想都有存在、展现、鸣放、争锋的舞台，任由人们自由选择。这样的教育目的是培养具有独立人格的个体，并借此建立和谐、平等的社会。"养成健全之个人，使人能思、能言、能行、能担重大之责任，创造进化的社会；使国人能发达自由之精神，享受平等之机会。"⑤"进化的社会"就是

---

① 蔡建国编：《蔡元培先生纪念集》，中华书局1984年版，第69页。
② 张晓唯：《蔡元培与胡适（1917—1937）》，中国人民大学出版社2003年版，第117页。
③ 《不愿再任北京大学校长的宣言》，见中国蔡元培研究会编：《蔡元培全集》第三卷，浙江教育出版社1997年版，第632—633页。
④ 张晓唯：《蔡元培与胡适（1917—1937）》，中国人民大学出版社2003年版，第117页。
⑤ 蔡元培等：《新教育共进社缘起》，见中国蔡元培研究会编：《蔡元培全集》第三卷，浙江教育出版社1997年版，第550页。

为群伦、为将来、为精神之愉快的社会。

兼容并包与思想自由是相辅相成的。兼容并包有利于推进思想自由，思想自由反过来促成兼容并包。自由主要是思想的自由、学术的自由、人格独立的自由。出于事物自身的复杂性，尤其是教育文化领域思想杂陈的态势，只有让其自然存在，相互竞争，彼此争锋，自由发展，才能发现真理的颗粒。兼容并包是必然的。这与蔡氏的哲学精神是一脉相承的："故在昔哲学家，虽以其性质之偏胜，或迫于时势之要求，而有所畸重，而按诸哲学之本义，则故当兼容并包之。"[1]这本身就是"和而不同"。同时，真理越辩越明，五彩纷呈的思想、古今中外的观念，无论新旧、优劣、高下，在思想自由的环境中，都有存身、发展的机会，倾向的是"济济一堂"，富有层次感、立体感和动态感。

有人考证兼容并包典出《史记》，并指出蔡氏的可贵之处在于立足于近代中国国情和中西文化冲突背景，用民主主义的思想自由原则赋予兼容并包以新的内涵。[2] 从蔡氏的著作来看，他曾引用中国古书上的文字"万物并育而不相害，道并行而不相悖"来阐释大学的兼容并包，并用学术上派别"樊然并峙"的内在机理来解释，即用思想自由的通则来阐明"大学之所以为大"的缘由。[3] 蔡氏的确曾用德国大学，尤其是柏林大学来对照北京大学，希冀北京大学能够与前者"相颉颃"[4]。但蔡氏同样坚持认为思想自由是世界大学的通例。[5] 所以，蔡氏的办学宗旨是对西方教育思想的汲取和对中国传统文化精粹的继承，是对二者的综合与创造。

提出教育理念固然重要，践履教育理念更是难能可贵。在这一点上，蔡氏可以说较能做到言行一致。在北洋军阀政府进行言论控制的背景下，

---

[1] 《哲学大纲》，见中国蔡元培研究会编：《蔡元培全集》第二卷，浙江教育出版社 1997 年版，第 303 页。

[2] 蔡建国：《蔡元培与近代中国》，上海社会科学院出版社 1997 年版，第 7 页。

[3] 《〈北京大学月刊〉发刊词》，见中国蔡元培研究会编：《蔡元培全集》第三卷，浙江教育出版社 1997 年版，第 451—452 页。

[4] 《北京大学二十周年纪念会演说词》，见中国蔡元培研究会编：《蔡元培全集》第三卷，浙江教育出版社 1997 年版，第 203 页。

[5] 《答林琴南的诘难》《不愿再任北京大学校长的宣言》，见中国蔡元培研究会编：《蔡元培全集》第三卷，浙江教育出版社 1997 年版，第 576、632 页。

蔡氏身体力行,顶住来自各方面的压力,力倡思想自由、兼容并包。

首先,蔡氏要面对北洋军阀政府的政治压力,如教育部警告北大招收女生"务须格外慎重,以免发生弊端"[①];张作霖、曹锟等"尤对于北大男女同学一点,引为口实"[②]。"教育部来干涉了,国务院来干涉了,甚而什么参议院也来干涉了。"[③]这是蔡氏主持北大期间多次辞职的主要原因,也是蔡氏力倡教育超轶政治的主要根据。

其次,蔡氏面对文化界守旧力量的挑战,后者甚而利用强权加以干涉。典型的莫过于旧文化势力的代表林纾,以两篇小说和一封公开信对蔡氏与北大发起进攻:小说《荆生》主要影射北大陈独秀、胡适、钱玄同;小说《妖梦》主要影射蔡氏、陈独秀、胡适。公开信为《致蔡鹤卿太史书》,载于北洋军阀安福系机关报《公言报》,攻击北大"覆孔、孟,铲伦常";"尽废古书,行用土语为文字"[④]。在登载林纾公开信时,《公言报》还配发了一则报道《请看北京学界思潮变迁之近状》,介绍了北大新旧两派的对抗,介绍了中间派的学术主张,字里行间流露出对新派人物的诬蔑:"无异于洪水猛兽。"蔡氏撰文《致〈公言报〉函并答林琴南函》,对林氏言论一一加以辩驳。后来,林纾发文《再答蔡鹤卿书》于《公言报》,一面表示"极力卫道",一面承认蔡氏"宗圣明伦之宗旨,始终未背"[⑤]。

再次,蔡氏还要面对身边人的压力,如面对北洋军阀政府的干涉,当初支持蔡氏的人也开始退却了。据傅斯年回忆,蔡氏身边有两个谋客,原专

① 转引金林祥:《思想自由,兼容并包——北京大学校长蔡元培》,山东教育出版社 2004 年版,第 252 页。
② 《自写年谱》,见中国蔡元培研究会编:《蔡元培全集》第十七卷,浙江教育出版社 1998 年版,第 480 页。
③ 《不愿再任北京大学校长的宣言》,见中国蔡元培研究会编:《蔡元培全集》第三卷,浙江教育出版社 1997 年版,第 633 页。
④ 林纾:《林琴南致蔡元培函》,见中国蔡元培研究会编:《蔡元培全集》第三卷,浙江教育出版社 1997 年版,第 577、579 页。
⑤ 参见高平叔撰著:《蔡元培年谱长编》第二卷,人民教育出版社 1999 年版,第 181 页。当然,对于蔡、林之间的论战,学界也有异议,如有人认为,从思想观念的视角来看,是"林胜了蔡",理由是蔡在驳林时,"处处皆本林纾所提的观点",等于承认对方的观点基本正确。进而,论者认为,蔡胜林主要是源于社会学的视角,即蔡要胜林其实根本不必论战,因为蔡的"社会资格",无论新旧,都非林所能比拟。(罗志田:《林纾的认同危机与民初的新旧之争》,载《历史研究》1995 年第 5 期。)

门谋划如何对付北洋军阀政府的,但有一天两个谋客苦劝蔡氏解除陈独秀之聘,并要约束胡适,为的是要保存机关,保护北方读书人。蔡氏一言不发,直到两个谋客说了几个钟头,蔡氏才站起来说:"这些事我都不怕,我忍辱至此,皆为学校,但忍辱是有止境的。北京大学一切的事,都在我蔡元培一人身上,与这些人毫不相干。"①这既说明蔡氏面临的社会政治压力与思想舆论压力巨大,又说明蔡氏勇于担责。

最后,北大学生中也有恶意攻击自己母校的人,如张厚载,原是林纾的学生;林氏攻击新文化和北大的小说,都是经他寄给《新申报》发表的;他还与林氏里应外合,捏造和散布破坏北大的谣言。对张的言行,蔡氏曾致信劝说:"往者不可追,望此后注意。"②但由于张氏屡教不改,最后北大将其开除。

值得一提的是,蔡氏所器重的改革派人物胡适,也对兼容并包的办学理念表示不理解。胡适认为蔡氏意欲兼收并蓄,宗旨错了。言下之意是蔡氏未能全力扶助新学。③ 有人认为,信奉进化论且年轻的胡适,对现状强烈不满,使其忧患意识空前增强,为救亡图存,力主猛药疗治。这是胡适"取法乎上,仅得其中"的真意:矫枉须过正,不过正不足以矫枉。④ 笔者不否认胡适有这个意思。但如是这样,胡适就有三点与蔡氏不大一致:一是蔡氏力倡的学术自由、思想自由,就是承认旧的东西也有存身、言语的权利;二是在近代中国,人才青黄不接,就算思想保守,乃至政治上反动的人,还是可以用其长、避其短的;三是不经过比较、争论、交锋,思想的高下不但显示不出来,而且旧的东西也不会自然淘汰,新的东西因没有对立、刺激、挑战,也始终不能健康成长、脱颖而出。思想自由与兼容并包是紧密连在一起的。

---

① 蔡建国编:《蔡元培先生纪念集》,中华书局1984年版,第81页。

② 《复张厚载函》,见中国蔡元培研究会编:《蔡元培全集》第十卷,浙江教育出版社1998年版,第391页。

③ 张晓唯:《蔡元培评传》,百花洲文艺出版社1993年版,第86页。陈独秀则不同意胡的观点,认为蔡氏对于新旧各派兼收并蓄,很有分寸,是尊重讲学自由,是坚持新旧一切正当学术讨论的自由;是对于各种学说,无论新旧都有讨论的自由,不妨碍个性的发展;至于融合与否,听从客观的自然,并不在主观上刻意强求融合。(参见周天度:《蔡元培传》,人民出版社1984年版,第103页。)

④ 张晓唯:《蔡元培与胡适(1917—1937)》,中国人民大学出版社2003年版,第117页。

这一点很典型地体现在北大校旗五色图案的象征意义上。北大校旗的右边是横列的红、蓝、黄三色,左边是纵列的白色,并在其间点缀黑色的北大两个字,且环一黑圈。右边的红蓝黄三色分别代表三类科学:第一是现象的科学,如物理、化学等;第二是发生的科学,如历史学、生物进化学等;第三是系统的科学,如植物、动物、生理学等。白色是七色的总和。左边的白色代表哲学,如自然哲学、综合哲学、实证哲学;黑色代表玄学,即研究超越有形体之上的思辨的学问。哲学,"可以算是科学的总和",所以用综合七色的白色来表示;不能用科学的概念解释,就要用玄学的直觉观照,所以要用黑色来表示。何以如此?

大学是包容各种学问的机关,固然要研究各种科学,但不能就此满足,所以既要研究融贯科学的哲学,又要研究超越科学的玄学,而不能偏于一种或几种专门的学问。只是需要明确它们的界限:"科学的范围最广,哲学是窄一点儿,玄学更窄一点儿。"[1]这就是北大校旗所用颜色的由来和各种色彩所占面积又不相同的缘故。

实际上,这透露出一个非常明确的信息:哲学在北大的地位至关重要。这一点与 19 世纪后期乃至 20 世纪初的德国大学是相一致的:哲学院在大学中居于领先地位。[2] 对此,蔡氏曾说过,哲学包含文、理两科及法科中的政治学、经济学等,哲学理应成为大学中最重要的部分。[3] 而蔡氏实际主持的北大就是把哲学放在最重要的地位,尤以哲学教育为主导,坚持思想自由,打破专己守残的传统积习。

二、哲学基础

教育理念与哲学基础紧密相依。思想自由、兼容并包的办学理念的背后必有一定的哲学根基。这与蔡氏的哲学观密切相关。

---

[1] 《北京大学校旗图说》,见中国蔡元培研究会编:《蔡元培全集》第四卷,浙江教育出版社 1997 年版,第 236 页。

[2] 〔德〕弗·鲍尔生:《德国教育史》,滕大春、滕大生译,人民教育出版社 1986 版,第 127—128 页。

[3] 《北京大学二十周年纪念会演说词》,见中国蔡元培研究会编:《蔡元培全集》第三卷,浙江教育出版社 1997 年版,第 202—203 页。

（一）哲学本义

在 20 岁之前，蔡氏特别崇拜宋儒。在这一点上，他身受塾师王懋修先生的影响。王氏在思想道德方面给予蔡氏以深刻的影响。王氏深谙宋明理学，常向学生讲述绍兴名儒刘宗周的故事。刘氏为人刚正，因不满权奸魏阉而被排挤。回绍兴后，创立蕺山书院讲学，影响很大。后清兵陷浙江，刘氏坚决不愿做清朝官员，绝食 23 天而死。王秀才十分仰慕刘氏，便把自己的书房取名为"仰蕺山书房"。在母亲生病期间，蔡氏偷偷地割臂肉和药，希望以此为母亲疗病、延寿；母亲病故，蔡氏不顾家人劝阻，于夜深人静之际，挟枕席睡于棺侧；母丧未葬，其兄为其订婚，他痛哭，并要求取消，认为那是大不孝。这里，除对母亲的挚爱之外，可看出宋儒对其思想影响的痕迹。后来，他认识到宋儒的陈腐与不足，转而特别推崇黄宗羲、戴震和俞理初三人怀有的自由思想。他认为，"我国学说，则自汉以后，虽亦思想家辈出，而自清谈家之浅薄利己论外，虽亦多出入佛老，而其大旨不能出儒家之范围"[1]。就是说，自汉以来，历两千余年，我国学说的进步非常有限。但是，黄宗羲、戴震和俞理初等人"已渐脱有宋以来理学之羁绊，是殆为自由思想之先声"[2]。这是其旧学时代。

蔡氏的新学思想深受严复和谭嗣同的影响，"侯官浏阳，为吾先觉"[3]。前者翻译、诠释、宣传的进化论思想对蔡氏影响较大；加之此时的蔡氏开始大量阅读西方书籍，并深受维新派宣传的西学——新学的浸染，开始在思想领域里从固守儒家思想一隅而开始"面向世界"。后者"冲决网罗"的批判精神、言行一致的果敢品格以及献身维新的无畏勇气深深感染着蔡氏，使其在意识上能够批判性地对待传统文化尤其是儒家思想，而倾慕西学。在这期间，蔡氏曾一度推崇无政府主义，1904 年发表的小说《新年梦》表达

---

[1] 《中国伦理学史》，见中国蔡元培研究会编：《蔡元培全集》第一卷，浙江教育出版社 1997 年版，第 583 页。

[2] 《中国伦理学史》，见中国蔡元培研究会编：《蔡元培全集》第一卷，浙江教育出版社 1997 年版，第 583 页。

[3] 《自题摄影片》，见中国蔡元培研究会编：《蔡元培全集》第一卷，浙江教育出版社 1997 年版，第 313 页。

其对未来无政府社会的向往,乃至以后很长一段时间,他都赞赏并极力宣传无政府主义的重要代表人物克鲁泡特金等人的互助论。他把倾向生存竞争的进化论解读为互助的进化论就是证明。后来,他主要接受了康德的思想,认为整个世界分为现象世界和实体世界,前者是世俗的、功利的,后者是理想的、超越的。康德的美学思想对其影响尤为突出。因对美学的喜好而旁及民族学,故晚年的蔡氏开始倾心民族学。这些都是蔡氏向慕西学的心路历程。这是不是意味着他彻底摆脱了传统思想尤其是儒家学说的影响?

答案是否定的。作为深受传统文化浸染的饱学硕儒,接受西学的蔡氏的思想学脉中仍然跳动着华夏民族的文化因子。早在 1910 年 4 月的《中国伦理学史》中,蔡氏就明确指出,古圣先贤尧、舜、禹和皋陶都具有中庸精神,而孔子更是"标举中庸之主义,约以身作则者也"①。尽管孔子所言"多与舜、禹、皋陶之言相出入,而条理较详,要其标准,则不外古昔相传执中之义焉"②。在蔡氏眼中,儒家的祖师爷孔子早就坚守着中庸之道。蔡氏认为,儒家思想代表了中华民族的根本理想。蔡氏心目中的儒家思想——中庸之道因符合中国国情而延续久远。尽管蔡氏后来接受了孙中山的三民主义,但他依然认为三民主义是中庸之道在新时代的具体运用与发展。蔡氏眼中的三民主义旨在结合中西方经济、政治、文化等方面优劣得失,扬长避短,尤其是试图避免欧美资本主义所造成的极度不平等现象和社会危机,借以预防西方资本主义社会中的阶级对立和社会革命在中国社会重新发生。这种中和性在空间上已经跳出了华夏的区域局限,把中国和世界连在了一起,而不是把二者截然对立;在时间上,它把代表中国的旧文明和代表西方的新文化结合在一起。这种中和性把古今中西的文化融合在一起,取长补短,创造性地走出了一条调和式的文化之路。

蔡氏一生对哲学思想的追寻没有间断,没有止境,说明他对哲学的持守既不局限于一家一姓又能与时俱进,既能持守又能吸收,既能继承又能发展。所以,他曾说,"故在昔哲学家,虽以其性质之偏胜,或迫于时势之

---

① 高平叔编:《蔡元培哲学论著》,河北人民出版社 1985 年版,第 16 页。
② 高平叔编:《蔡元培哲学论著》,河北人民出版社 1985 年版,第 18 页。

要求,而有所畸重,而按诸哲学之本义,则固当兼容而并包之"①。就是说,过去的哲学家,虽然各个人的特性偏于某一方面,或者在特定的历史条件下,他们有所偏重,但是按照哲学的本义,则理所当然地兼收并蓄。由此,他说:"哲学是人类精神的产物,决没有偏取一方面而排斥他方面之理。"②在精神自由的王国里,没有独尊的学说,就必然标举兼容并包的大旗,任尔东西南北风,信马由缰,百家争鸣。蔡氏一生思想的流变就是对这种哲学观念的真切诠释。

基于此,蔡氏在大学理念上尤其是在主持北大的教育实践中忠实地践履了思想自由、兼容并包的旨趣。在当时的北大,在学术研究上,蔡氏认为,"无论何种学派,苟其言之成理,持之有故,尚不达自然淘汰之运命,即使彼此相反"③,也任其自由发展。而且,在教育实践上,蔡氏不仅聘请新派人物陈独秀、钱玄同、胡适等,而且聘请旧派人物辜鸿铭、陈汉章、黄侃等;北大学术刊物既有新派主办的《新青年》《新潮》,又有旧派力倡的《国故月刊》,旨在"昌明中国固有之学术为宗旨",还有新旧文化杂陈、中和的《国民》杂志;学术上既能允许科学、哲学与玄学并存(只是比例分布不一样:科学比重最高,哲学次之,玄学再次之),又能允许中国哲学、西方哲学、印度哲学并存;既允许保皇派、无政府主义者、达尔文主义者有存在的余地,又允许马克思主义者有发展的空间;等等。

当然,蔡氏的"兼容并包"并非是那种没有明确价值取向的"和稀泥"与"万金油"。比如1917年暑假,他致信巴黎华法教育会同人,邀请法国专家来华讲授法国文学、哲学和美术等课程,要求其资格第一必是"新党",还要"热心教授中国人而不与守旧派接近者"④。同样,他聘用辜鸿铭、刘师培等人,是由于其学问为人师表,是重视正常的授课与学术讨论自

---

① 《哲学大纲》,见中国蔡元培研究会编:《蔡元培全集》第二卷,浙江教育出版社1997年版,第303页。

② 《简易哲学纲要》,见中国蔡元培研究会编:《蔡元培全集》第五卷,浙江教育出版社1997年版,第236页。

③ 《我在教育界的经验》,见中国蔡元培研究会编:《蔡元培全集》第八卷,浙江教育出版社1997年版,第511页。

④ 《致在法同人函》,见中国蔡元培研究会编:《蔡元培全集》第十卷,浙江教育出版社1998年版,第324页。

由,但不允许他们假学术之名而作违背真理与进行复辟政治宣传的活动。"刘师培讲的是《三礼》《尚书》和《训诂》,绝未宣讲过一句帝制;辜鸿铭教英诗,也从未讲过一声复辟。"①而且,蔡氏聘用新派人物陈独秀、李大钊、胡适、钱玄同等,意图是明显的,就是为了扫除北大文科中顽固守旧的障碍,以整顿陈腐、僵化的北大,进而推进科学和民主精神的传播。

此外,蔡氏立足于近代中国人才短缺、学术落后的事实,极为重视人才,取其长、避其短,不求全责备。他曾语重心长地指出:"人才至为难得,若求全责备,则学校殆难成立。且公私之间,自有天然界限。"②他没有政治和学术上的成见,大胆起用各种有争议的人物,就是从中国的文化、教育进步出发,用这些人物之所长,以推进中国的社会进步。

(二)两个世界的关系

尽管蔡氏信守兼容并包的哲学本义,但他在相当长的一段时间内较为推崇康德的哲学思想,典型的莫过于康德有关两个世界划分的理论。这种思想认为,整个世界一分为二:现象世界与实体世界。现象世界立足于时间和空间,重在事物之间的因果联系,强调事物存在的相对性;实体世界超越了时空的界限,突出了精神自由,绝对性强。前者可以经验、认识,而后者只能直观,不可知。在承继康德哲学思想的基础上,蔡氏认为:"现象实体,仅一世界之两方面,非截然为互相冲突之两世界。"③二者是相互联系的,而不是相互割裂的。在这一点上,蔡氏没有囿于前人的理论,而是打破了康德哲学的封闭性——把现象世界和实体世界划分成两个互不相干的部分,前者可以认识,可以把握,属于科学范围内的事,但受必然性的制约,人是不自由的;后者是理性所无法把握的,需要借助于直觉,属于世界、意识和上帝的范围,人的感情和意志可以自由地驰骋,是信仰,是思想自由。蔡氏说:"吾人之感觉,既托于现象世界,则所谓实体者,即在现象之中,而

---

① 周天度:《蔡元培传》,人民出版社 1984 年版,第 102 页。
② 《致〈公言报〉函并附答林琴南函》,见中国蔡元培研究会编:《蔡元培全集》第十卷,浙江教育出版社 1998 年版,第 381 页。
③ 《对于新教育之意见》,见中国蔡元培研究会编:《蔡元培全集》第二卷,浙江教育出版社 1997 年版,第 12 页。

非必灭乙而后生甲。"①在蔡氏眼中,现象与实体二者共存,并非截然划分,
势不两立,你死我活。他承认现象世界对认识实体世界的障碍是存在的:
一是人与我有差别,因而对于现象世界的认识就有种种的不同,也就背离
了实体世界"体与物冥"的境界。二是对幸福的追求不一样。一方面,当
生存欲望的追求得不到满足时,人就会产生无限的痛苦,没有幸福感;另一
方面,当生存欲望的追求如愿以偿时,人往往又贪得无厌,欲望膨胀。以上
两种障碍只会斤斤计较于现象世界中,而远离实体世界。如能调和、平衡
两个世界的鸿沟,人对于物欲的追求,就会任其自然,而急功近利的生存欲
望追求也就会泯灭,人我之间的差异消弭。这样,对于现象世界千差万别
的意识就会走向大同、一体,从而与实体世界圆融无碍,合二为一。因而,
他承继康德美学思想,希望借此来架接现象与实体、必然与自由之间的鸿
沟,运用到教育上,就是要破除人的思想杂念,陶冶人的情操,提起人生的
兴味。

如前所述,早在 1912 年,在《对于新教育之意见》一文中,蔡氏就力倡
哲学教育即世界观教育,"循思想自由言论自由之公例"。蔡氏有坚守、偏
重实体世界的倾向,也就是坚持思想自由。热爱哲学的他,自然也偏心实
体世界,推崇心灵的自由绽放状态。他说,信仰自由不过只是"因各人哲
学观念之程度而不同"而已,"随哲学之进化而改变"②。那么,哲学进化和
发展的力量依靠的是什么呢?蔡氏认为,这需要怀疑精神。"哲学是从怀
疑起来的,所以哲学家所得的解说,决不禁人怀疑。而同时怀疑的,也决不
止他一人,就各有各的解说。"③在蔡氏看来,思想自由就是基于哲学的怀
疑精神,这一点很典型地体现在其大学理念上。他曾反复强调,思想自由
是大学所信奉的准则和标准;没有思想自由,大学精神将萎缩和夭折。他
勇于顺应世界教育思想文化的发展潮流,极力推崇、介绍和实践当时大学

① 《对于新教育之意见》,见中国蔡元培研究会编:《蔡元培全集》第二卷,浙江教育出版社 1997 年版,第 12—13 页。
② 《传略》(上),见中国蔡元培研究会编:《蔡元培全集》第三卷,浙江教育出版社 1997 年版,第 670 页。
③ 《简易哲学纲要》,见中国蔡元培研究会编:《蔡元培全集》第五卷,浙江教育出版社 1997 年版,第 158 页。

教育发达的西方国家所贯彻的思想自由原则。他说:"思想自由,是世界大学的通例。"①他举例说,即使 19 世纪的德国在君主专制的情形下,它的大学也是非常自由的。他认为,虽然思想自由被近代民主国家称为公认的准则,但要完全贯彻思想自由原则,只有在大学才能实现。他声称:"大学教员所发表之思想,不但不受任何宗教或政党之拘束,亦不受任何著名学者之牵掣。苟其确有所见,而言之成理,则虽在一校中,两相反对之学说,不妨同时并行,而一任学生之比较而选择,此大学之所以为大也。"②其实,偏重实体世界,主张两个世界不是截然隔离的,与尊重学术至上的教育理念是一脉相承的。重要的是,蔡氏不仅是这样说的,也是这样做的。在主持北京大学期间,在北洋军阀政府进行言论控制的背景下,他身体力行,在北大推行思想自由和兼容并包的原则。他"对于守旧的陈汉章、黄侃,甚至主张清帝复辟的辜鸿铭,参与洪宪运动的刘师培,都因为他们学问可为人师表而和胡适、钱玄同、陈独秀容纳在一校"③。在他看来,思想自由是民主共和政治的必然要求,政府绝不能进行言论控制和思想独尊。他说:"共和国家,言论自由与思想自由,尤为绝对之原则。倘欲强人以同,不惜出于恫吓无理之手段,又岂道德之所许。"④思想自由是大学神圣不可侵犯的原则。进而,他把资产阶级共和国的政治理想与大学应该信守的基准——思想自由联系在一起,借此推行自己的大学理念。思想自由与学术上的兼容并包是紧密地连在一起的,二者之间的平衡点在于中庸之道。

(三)中庸之道

作为深受传统文化影响的饱学硕儒,蔡氏认同中庸之道,以为它足以代表中华民族性,且认为孙中山的三民主义是新时代的中庸之道。那么,何谓中庸之道?蔡氏在不同的时间段对于中庸的界定基本上是一致的。

---

① 《不愿再仟北京大学校长的宣言》,见中国蔡元培研究会编:《蔡元培全集》第三卷,浙江教育出版社 1997 年版,第 632 页。
② 《大学教育》,见中国蔡元培研究会编:《蔡元培全集》第六卷,浙江教育出版社 1997 年版,第 597 页。
③ 蔡建国编:《蔡元培先生纪念集》,中华书局 1984 年版,第 69 页。
④ 《与〈国闻周报〉记者的谈话》,见中国蔡元培研究会编:《蔡元培全集》第五卷,浙江教育出版社 1997 年版,第 386 页。

1923 年 10 月,他对中庸的解释是,"中庸是没有过、也没有不及",所以,两种性质截然不同的事物,"一到中庸的境界,都没有不可以调和的"①。1928 年 9 月,他又一次谈到中庸,中庸就是中和,而中和就是"执其两端,用其中",就是"不走任何一极端,而选取两端的长处,使互相调和"②。1930 年 11 月,他再一次谈及中庸,关于善德,"用温、栗、无虐、无傲作界说,就是中庸的意思"。关于个人的衣食住行、祭祀礼服和田间工事,"没有不及与过,便是中庸"。关于文武之道,"一张一弛,就是中庸"③。而儒家的开山孔子更是看中中庸,他追求文雅和简朴的中和,追求是与非的调和,他追求"惠而不费,劳而不怨,欲而不贪,泰而不骄,威而不猛"④的中道人生。进而,蔡氏认为孔子的孙子子思创作《中庸》一篇,是继承祖训而来的。简言之,中庸就是不偏不倚的意思。

蔡氏为什么始终坚守中庸之道?首先,如前所述,他认为,中庸之道是华夏民族在两千多年的历史实践中历练出来的,并不断得到发扬光大。

其次,蔡氏认为,世界总是相对的,其中心和标准也是具体的。他说:"我等所生活的世界,是相对的,而我人恒取其平衡点。"⑤这里的"平衡点"就是中介,就是相对双方都能接受的"立足点",而不倾向任何一个极端。

再次,中国人善于求同存异。他说:"中国人是从异中求出相同点,去调和他们,不似欧洲人专从异处着眼。"⑥把求同存异看作中国的民族性,这是儒家的中庸之道传承两千多年的根源所在。

最后,他认为,学术上的派别是相对的,而不是绝对的。他说:"我素

---

① 《中国的文艺中兴——在比利时沙洛王劳工大学演说词》,见中国蔡元培研究会编:《蔡元培全集》第五卷,浙江教育出版社 1997 年版,第 91 页。
② 《三民主义的中和性》,见中国蔡元培研究会编:《蔡元培全集》第六卷,浙江教育出版社 1997 年版,第 298 页。
③ 《中华民族与中庸之道——在亚洲学会演说词》,见中国蔡元培研究会编:《蔡元培全集》第六卷,浙江教育出版社 1997 年版,第 575 页。
④ 《论语·尧曰》。
⑤ 《中华民族与中庸之道——在亚洲学会演说词》,见中国蔡元培研究会编:《蔡元培全集》第六卷,浙江教育出版社 1997 年版,第 574 页。
⑥ 《中国的文艺中兴——在比利时沙洛王劳工大学演说词》,见中国蔡元培研究会编:《蔡元培全集》第五卷,浙江教育出版社 1997 年版,第 91 页。

来不赞成董仲舒罢黜百家、独尊孔氏的主张。"①正因为如此,在教育总长任上,蔡氏力主世界观教育,以破除独尊儒术的话语霸权;在主掌北京大学时,每一学科的教员,即使主张不同,只要能"言之成理、持之有故",就让他们并存,使学生有自由选择的余地。比如,当时激进的胡适和钱玄同极力提倡白话文学,而保守的刘师培、黄侃等人极端地维护旧文学。蔡氏就创造条件让两派并存,乃至竞争,对此,蔡氏的做法和解释是:"我信为应用起见,白话文必要盛行,我也常常作白话文,也替白话文鼓吹;然而我也声明:作美术文,用白话也好,用文言也好。例如我们写字,为应用起见,自然要写行楷,若如江艮庭君的用篆隶写药方,当然不可;若是为人写斗方或屏联,作装饰品,即写篆隶章草,有何不可?"②能够较为准确地把握事物发展的真相,洞见到事物的发展趋势,并推动其发展,坚持进步的文化导向;自己坚持的,也不强人趋同,给他人留下自由选择的余地;看问题不一概而论,而是具体问题具体分析。这既是蔡氏的智慧,又是蔡氏的胸襟。

总之,不走极端,坚持中庸之道;坚持学术派别的相对性,不片面地坚守某一个具体的学说,不盲目地排斥其他不同的声音,不一味排斥旧说,不纯粹趋奉新潮,而是让各种不同的学术思想都有存在、展现、鸣放、争锋的舞台,任由人们自由选择。因此,蔡氏在主掌北京大学期间,极力倡导思想自由,兼容并包的办学原则,一定程度上就是在坚守中庸之道。

如果说,兼容并包是蔡氏对哲学的一般概观,在思想层面上持守不分古今中西新旧的立场,只要学术思想合乎逻辑,言之有理,就有存在和发展的舞台,那么,也可以说,对于康德两个世界的划分及其理解是他对西方哲学思想的吸收、批判、创新,对于中庸之道的继承与阐发则是对中国传统儒家思想的持守与延续。三者又是不可分割的统一体。一方面,蔡氏关于现象世界与实体世界不能截然划分的思考也是具体运用中庸之道这一中国传统思想的结果,显示出一定的方法论意义。另一方面,蔡氏坚守中庸之道的思想方法——不偏不倚,不倾向任何一种极端,正

---

① 《我在北京大学的经历》,见中国蔡元培研究会编:《蔡元培全集》第七卷,浙江教育出版社1997年版,第503页。

② 《我在北京大学的经历》,见中国蔡元培研究会编:《蔡元培全集》第七卷,浙江教育出版社1997年版,第502页。

是他采取兼容并包的立场所在。这样,三者共同作为蔡氏大学理念的哲学基础,一并推衍出思想自由、兼容并包的教育旨向。反过来,思想自由、兼容并包的大学理念又促进、强化人们对哲学本义与两个世界尤其是代表自由的实体世界的理解和把握,有利于人们不偏不倚地、理性地、开放地对待思想领域内存在的众多的学术派别和思想潮流。进而言之,如果说蔡氏有关两个世界的理论源于西方文化,有关中庸之道的思想根源于中国传统,那么也可以说,他的关于哲学本义的思想则是对古今中外思想遗产的吸收与综合。

经由对哲学本义的理解、两个世界的划分、中庸之道的阐发,蔡氏的大学理念就有了自己的哲学基础、世界观与方法论和逻辑起点,这样就使得前者有了自身的理论假设和思想之根,因而也就不会沦为无根基、随意飘荡的浮萍。正是这种哲学之根才催生出蔡氏思想自由、兼容并包的理念之花。前者决定后者,后者反作用于前者,二者共同推动、服务于近代中国教育文化事业的蓬勃发展。

三、蔡氏是否深受洪堡思想的影响

学界有人说,蔡氏的教育思想深受德国政治家、语言学家、教育家威廉·冯·洪堡(Wilhelm von Humboldt,1767—1836)的影响,而后才有治理北京大学的教育理念。论者多沿袭罗家伦《逝者如斯集》中的话①,以证明蔡氏的大学理念嫡传于洪堡。其实,这类说法颇值得推敲。理由有四:

第一,纵观蔡氏全集18卷本,其著作、论文、演说、日记中一次都没有提及洪堡其人及其思想。

第二,说蔡氏治理北大的思路中有德国大学理念的影子是无疑的,但要说具体有哪个人的教育思想影响的印记则是无迹可寻的。因为蔡氏接受的是整个德国大学乃至整个西方大学的教育理念,如思想自由、科学研究、服务社会等,而非具体的某个人、某个大学的观念。思想观念这类抽象

---

① 也有略微不同的说法,如有人认为蔡氏在北京大学的学制改革中"挪用"了洪堡的教育理念。(罗岗:《蔡元培:国家、社会与大学的辩证法》,见上海蔡元培故居编:《人世楷模蔡元培——蔡元培先生诞辰140周年纪念文集》,上海辞书出版社2007年版,第80页。)

的术语不能简单地对号入座。

第三，尽管由于洪堡的努力，柏林大学得以创办，但"施莱尔玛赫和费希特都是它的精神缔造者"①。施莱尔玛赫（Friedrich Daniel Ernst Schleier-macher，1768—1834），德国哲学家、美学家，近代解释学的主要代表人物之一。在柏林大学被提上议事日程时，施莱尔玛赫于 1808 年发表了《德国特色之大学断想录》，阐述其大学理念，影响颇大；1810 年，受洪堡之聘参加柏林大学建校委员会，为文教司制定教育改革方案的学术顾问团成员，并任顾问团负责人；担任新建的柏林大学神学教授及第一任神学院院长，并于 1815—1816 学年任校长。② 费希特（Johann Gottlieb Fichte，1762—1814）德国哲学家。1807 年，在讨论筹建柏林大学时，普鲁士政府特请费希特提出一份建校计划；费希特撰写了《柏林高等教育机构建校计划演绎》，系统阐述其大学理念，影响颇著；1810 年，柏林大学建立，费希特被聘为哲学院教授及哲学院第一任院长；1811 年，经四轮选举角逐，费希特担任柏林大学第一任校长。在 1810 年柏林大学创立的过程中，费希特起过决定性作用。③ 再者，不要忘了，作为哲学家的施莱尔玛赫、费希特两人，深受康德哲学思想的影响，蔡氏全集中恰恰频现他们的名字。④

第四，诚然，洪堡确实负责为柏林大学聘请了第一流的教授，但"洪堡创立大学所依据的精神和道德准则是其他人先期设想的"⑤。也就是说，洪堡创办了柏林大学的体制，但其理念却是他人的。同时，蔡氏主持北大

---

① 〔德〕弗·鲍尔生：《德国教育史》，滕大春、滕大生译，人民教育出版社 1986 版，第 125 页。有人甚至追溯更近、更广，认为"柏林大学的兴建"这一事件是"长期酝酿的结果"，既有莱布尼茨、康德、歌德及其他人的影响，又有稍后的黑格尔、费希特、施莱尔玛赫和洪堡。参见〔美〕亚伯拉罕·弗莱克斯纳：《现代大学论——美英德大学研究》，徐辉、陈晓菲译，浙江教育出版社 2001 年版，第 272 页。另有人认为"柏林大学最终得以建立"，很大程度上"应归功于洪堡个人的努力"。唯一的依据是洪堡个人写给他人一封信中的夫子自况。（陈洪捷：《德国古典大学观及其对中国的影响》，北京大学出版社 2006 年版，第 25 页。）
② 陈洪捷：《德国古典大学观及其对中国的影响》，北京大学出版社 2006 年版，第 36 页。
③ 〔德〕汉斯·约阿西姆·施杜里希：《世界哲学史》，吕叔君译，山东画报出版社 2006 年版，第 317 页。
④ 如蔡氏 1903 年 9 月翻译的《哲学要领》，1909 年 10 月翻译的《伦理学原理》，1912 年 12 月翻译的《德意志大学之特色》，1915 年 1 月编写的《哲学大纲》，等等。
⑤ 转引自贺国庆：《德国和美国大学发达史》，人民教育出版社 1998 年版，第 45 页。

的办学理念为思想自由、兼容并包,也不尽同于柏林大学。[①] 而且,蔡氏不时地提及思想自由是世界大学的通例,具体详见前文。蔡氏留学德国的时间离柏林大学的始创近 100 年,继承的应该是德国大学乃至西方世界大学的理念,而非简单地嫡传当年洪堡办学的具体思路。

第二节　改革举措

在教育理念的指导下,蔡氏着手推动北大改革,并借此掀开中国近现代高等教育发展的新篇章。

一、唯才是举

北京大学的前身是京师大学堂。它成立于 1898 年,是戊戌维新运动的产物。从创立到蔡氏任职前,北大总体倾向守旧、腐败。创建之初,主体是仕学院,即在求学与做官之间采取一种相匹配的形式——仕学院学生,规定为进士、举人出身的七品以上京官,毕业后,更利于仕途。1905 年清廷名义上废科举,实质上以京师大学堂代之。直到辛亥革命后,北大仍官气十足,如同一座旧式衙门,一些学生带听差上学。学生并不都是为求学而来的,一些学生不过是来混一种进入政界的资格。这与科举没有本质区别。民国初年,"两院一堂"之说盛传北京,是说出入北京妓院的人,多是参议院、众议院与北京大学的人员。辛亥革命后,忠君尊孔的思想虽曾受冲击,但实未改变,1913 年袁世凯颁布的宪法草案,规定"国民教育以孔子之道为修身大本",1915 年北洋军阀政府教育部以"法孔孟"为教育宗旨,而在北京大学,就主流而言,仍是旧思想旧文化居于统治地位。[②] 北大的改革从何而起?

---

① 洪堡大学思想的根本原则是"研究与教学自由"。(陈洪捷:《德国古典大学观及其对中国的影响》,北京大学出版社 2006 年版,第 34 页。)洪堡大学思想的核心是"教学自由"与"教学与科研相结合"。(贺国庆:《德国和美国大学发达史》,人民教育出版社 1998 年版,第 47 页。)

② 唐振常:《蔡元培传》,上海人民出版社 1985 年版,第 121 页。

　　蔡氏认为,改变北大陈腐的校风,首先要整顿其师资队伍。"延聘纯粹之学问家,一面教授,一面与学生共同研究,以改造大学为纯粹研究学问之机关。"①北大文科一直被桐城派的古文家所把持,虽有改良的进步倾向,但不能与时俱进,在时代风云变幻之际更成了文化创新的障碍。到校后,北大文科学长的人选问题就成了蔡氏最先考虑的关键。经过别人的推荐和自己的思考、判断,蔡氏决定聘请当时的"思想革命旗手"陈独秀担任文科学长。

　　就任北京大学校长之前,蔡氏深知北京大学的声誉不高,若想改变现状,就必须整顿北京大学。而要整顿官僚衙门习气浓厚的北京大学,就必须首先整顿文科,就必须邀请有真才实学的人来北大任教,还要任命一位颇有领袖风范的文科学长,所有这些,蔡氏最后的落脚点都在知人、用人上。他邀请陈独秀出任文科学长绝不是偶然的,他是经过多方面的考察才做出这一决断的。首先,他征询自己的好友汤尔和有关北大文科学长的人选问题的意见,后者推荐陈独秀,说陈"主编《新青年》杂志,确可为青年的指导者"。其次,蔡氏对于陈独秀,"本来有一种不忘的印象",就是他办《警钟日报》时,刘师培曾向他谈及有一种在芜湖发行的白话报(即《安徽俗话报》),发起的若干人都因困苦及危险而散去了,唯陈独秀一个人又支持了好几个月。再次,他又翻阅了《新青年》,决意聘他。②继而,在陈独秀的推荐下,蔡氏邀请胡适来北大任教。1917 年 9 月,胡适就任北大教授。胡适初入北大时,年纪轻轻不说,在美国的博士学位也还未到手,也没社会背景,他只身来北大教授三门重要课程,即中国古代哲学、英国文学、英文修辞学。但初入教坛的他却享最高教授薪俸,只能说明蔡氏不拘一格地用

---

① 《复吴稚晖函》,见中国蔡元培研究会编:《蔡元培全集》第十卷,浙江教育出版社 1998 年版,第285 页。

② 《我在北京大学的经历》,见中国蔡元培研究会编:《蔡元培全集》第七卷,浙江教育出版社 1997 年版,第 500 页。蔡氏晚年借《〈独秀文存〉序》提及自己"很佩服他的毅力与责任心",说陈氏在《新青年》上发表的文章,"大抵取推翻旧习惯、创造新生命的态度";文笔简捷而犀利,"足药拖沓含糊等病";"即到今日,仍没有失掉青年模范文的资格"。(《〈独秀文存〉序》,见中国蔡元培研究会编:《蔡元培全集》第七卷,浙江教育出版社 1997 年版,第 428 页。)1932 年 10 月 30 日,蔡氏积极营救被国民党逮捕入狱的陈独秀,国民党南京市党部呈请中央依法惩办陈独秀等,不准保释,并提出警告:"蔡元培、杨铨等电请保释,系徇情蔽护,为反动张目。"(高平叔撰著:《蔡元培年谱长编》第三卷,人民教育出版社 1999 年版,第 642 页。)

人,慧眼识人。[1] 而且,胡适还积极参与《新青年》编辑工作,很快成为新文化运动的中坚人物。他积极支持和参与北大的各项改革,如各科设立研究所,采用选科制,实行教授治校、男女同校等,成为蔡氏改革北大的得力助手。[2]

尽管今人对蔡氏聘请陈独秀担任文科学长一事略有微词,认为蔡氏聘请陈独秀破坏北大既有的人事制度,是一种"强势作为",有研究者认为蔡氏为聘请北大文科学长不惜伪造陈独秀的学历与资历,欺骗北大教职员工[3],但陈独秀荣膺"五四运动的总司令",是不争的史实,他是一般循规蹈矩者无法理解的时代巨子。除陈、胡之外,蔡氏还聘请了钱玄同、刘半农、李大钊、杨昌济、周作人、鲁迅、梁漱溟等。

理科方面,除聘中国第一位介绍爱因斯坦相对论的物理学家夏浮筠续任学长外,另聘李四光、王星拱、颜任光、任鸿隽、李书华、翁文灏、丁文江、朱家骅、温宗禹、丁燮林等。

法科教员,原多由政府官吏兼任。蔡氏到校后,除留任王宠惠与罗文干为讲师外,另聘王世杰、周鲠生、马寅初、陶孟和、高一涵、陈启修等为专任教员。

专才是蔡氏孜孜以求的,通才更是蔡氏求之不得的,如丁燮林,1919年入北大任教,既是物理专业的教授,又是著名的喜剧作家。1923年,他创作独幕喜剧《一只马蜂》,讽刺了社会的世态炎凉,一时脍炙人口。后又陆续创作《亲爱的丈夫》《酒后》《北京的空气》《瞎了一只眼》《压迫》等喜剧,为五四以来中国喜剧的开山者。丁氏主持北大物理系时,就承袭蔡氏衣钵,广揽人才,重视研究,并赞同蔡氏"科学"要"实验"衡量的观点,倡导物理实验,建设物理实验室,亲自编写60多个实验讲义。[4]

对师资的选择,出于对近代中国国情的考量,蔡氏遵循的是唯才是举

---

[1] 张晓唯:《蔡元培与胡适(1917—1937)》,中国人民大学出版社2003年版,第28页。

[2] 金林祥:《思想自由,兼容并包——北京大学校长蔡元培》,山东教育出版社2004年版,第139页。蔡氏晚年回忆往事,提及胡适是"旧学邃密""新知深沉"的人。(《我在北京大学的经历》,见中国蔡元培研究会编:《蔡元培全集》第七卷,浙江教育出版社1997年版,第501页。)

[3] 项义华:《"兼容并包":在理念与现实之间——以蔡元培为中心的考察》,载《浙江学刊》2009年第5期。

[4] 程新国:《晚年蔡元培》,上海文化出版社2011年版,第114—115页。

的原则。"现在是青黄不接时代,很难得品学兼备的人才呵。"①"复辟主义,民国所排斥也,本校教员中,有拖长辫而持复辟论者,以其所授为英国文学,与政治无涉,则听之。筹安会之发起人,清议所指为罪人者也,本校教员中有其人,以其所授为古代文学,与政治无涉,则听之。"②前者指的是行为古怪、钟情复辟、倾心古旧的辜鸿铭,后者指的是曾经投靠清廷、拥护袁世凯复辟帝制的刘师培。蔡氏立足时代实际,用人所长,避其所短。比如陈独秀,这位"终身的反对派",除其革命思想具有颠覆性外,个性鲜明,锋芒毕露,在校内得罪不少人,在校外招致的反对就更多。同时,陈的生活细节不检点,易授人以柄。如没有蔡氏的大力支持,陈在北大是难以立足的。③

再如蔡氏聘梁漱溟到北大讲授印度哲学时,梁氏只有 24 岁。梁氏在中学毕业后报考北大未能考中,但是蔡氏慧眼识才,仅凭自己看到梁氏自修哲学而撰写的《究元决疑论》,认为是一家之言,就破格聘他,即使梁氏的学术观与自己不一致也不介意。当梁氏担心自身学力不足而难以胜任并谦辞时,蔡氏诚恳地说:"你不是爱好哲学吗? 我此番到北大,定要把许多爱好哲学的朋友都聚拢来,共同研究,互相切磋,你怎可不来呢? 你不要当是老师来教人,你当是来合作研究,来学习好了。"④这一方面表明蔡氏的雅量与胸怀,另一方面也投射出蔡氏的学术爱好与哲学视野。由于在用人上打破资历、学历限制,北大的教师队伍迅速实现了年轻化。据 1918 年初统计,北大教授平均年龄只有 30 多岁,如最先在国内开设新闻学课程的徐宝璜教授,年仅 25 岁,胡适、刘半农、朱家骅均为 26 岁。这一年轻而充满活力的教授队伍,为北大带来了朝气,是蔡氏进行各项改革赖以依靠的支柱。⑤

---

① 《对于学生的希望》,见中国蔡元培研究会编:《蔡元培全集》第四卷,浙江教育出版社 1997 年版,第 337 页。
② 《答林琴南的诘难》,见中国蔡元培研究会编:《蔡元培全集》第三卷,浙江教育出版社 1997 年版,第 576 页。
③ 金林祥:《思想自由,兼容并包——北京大学校长蔡元培》,山东教育出版社 2004 年版,第 362 页。
④ 转引自崔志海:《蔡元培》,浙江人民出版社 1998 年版,第 131 页。
⑤ 金林祥:《思想自由,兼容并包——北京大学校长蔡元培》,山东教育出版社 2004 年版,第 157 页。

二、教授治校

唯才是举,解决了师资问题,但如何充分发挥人才的作用,以最大限度地"整饬学风",这便开启了中国近现代高教史上教授治校的先河。

北大的校务原来只由校长、学监主任和庶务主任等少数几个人独揽。蔡氏主持北大后,着手进行改革,如设立评议会,作为全校的最高立法机构和权力机构,负责制定和审核校中各项章程、法令,以及学科的废立、学校的预决算等。评议会会员全部由教授组成,校长和各科学长为当然评议员,其余评议员按文、理、法、工各科的本科和预科分别推举两名教授代表。后来,评议员的产生按名额分配,每 5 名教授得举评议员 1 人,由投票表决决定。

为扩大教授治校的范围,蔡氏主持召开评议会会议,决议设立各学科教授会,会员由各科的教授和讲师组成,教授会主任由会员推举,任期 2 年。后来,采用分系制后,改由各系成立教授会。教授会负责规划本系的教育教学工作,如课程的设置、教材的选用、教授法的改良、学生选科的指导和学生成绩的考核等。

为完善教授治校、民主管理的领导体制,1919 年 9 月,北大成立了组织委员会,主管学校的改组、整顿、起草章程和修改规则等事项。同年 12 月,该组织委员会起草内部组织试行章程,规定除评议会仍为全校最高立法机关和权力机关外,另设立 3 个机构:

(一) 行政会议

行政会议,作为全校最高的行政机构和执行机关,负责实施评议会的各项决议,成员以教授为限,由各专门委员会的委员长及教务长、总务长组成,校长兼行政会议议长;行政会议下设 11 个专门委员会分管一部分行政事务,计有:庶务委员会(管理全校的房舍、卫生)、组织委员会(负责机构调整和草拟各种章程)、学生自治委员会(接洽学生自治事项)、出版委员会(负责校内书刊的审查和出版)、预算委员会(制订学校预算计划)、审计委员会(审核经费使用情况)、图书委员会(负责图书馆的行政)、仪器委员会(主管各仪器室的行政)、聘任委员会(负责聘请教师)、入学考试委员会

（确定入学考试标准）和新生指导委员会等。各委员会成员,由校长推举,
经评议会通过。[1]

（二）教务会议及教务处

教务会议及教务处,由各学系主任组成,并互选教务长 1 人,任期 1 年
（后改为固定职务,不再轮流）,统一领导全校教学工作。[2] 1919 年 3 月 1
日,北大评议会通过《文理科教务处组织法》,决定文理合并,不设学长,代
之以教务处处长统辖教务。

（三）总务处

总务处,设总务长 1 人,主管全校的人事和事务工作;总务处的领导人
员均为教授和学者。总务处机构包括文牍部、会计部、注册部、编志部、询
问部、介绍部、图书馆、仪器部、出版部、校舍部、斋务部、杂务部、卫生部等。

唯才是举和教授治校是连带的,二者均是尊重教育文化事业内在逻辑
的必然结果。唯才是举打破了论资排辈、尊卑有序的传统窠臼,大胆起用
新人、甚至有争议的人,扬长避短,同时也是尊重近代中国人才匮乏的事
实;教授治校突破了教育行政化、官僚化的办学机制,代之以自由、民主的
管理方式,既是从学术自身的角度发挥人才的积极性和创造性,又带有借
用西方政治模式、在教育领域进行试验的痕迹。二者既是蔡氏思想自由、
兼容并包的大学理念的必然推演,又是其 1912 年就任教育总长期间提出
的超轶政治的教育思想的具体体现。

三、学制改革

如果说唯才是举、教授治校盘活了人才资源,促进了学风建设,那么学

---

[1]　梁柱:《蔡元培教育思想论析》,高等教育出版社 2006 年版,第 93 页。

[2]　梁柱:《蔡元培教育思想论析》,高等教育出版社 2006 年版,第 93 页。蔡氏到北大后,改变北大开
　　　教务会议讲英文的旧习,规定一律用中文。开始遭到外国教授反对,理由是他们不懂中国话;蔡氏
　　　回击:假如我在贵国大学教书,是否因为我是中国人,开会时你们说中国话? 外国教授理屈词穷,
　　　无言以对。此后,北大教务会议发言一律用中文,不再用英文。（金林祥:《思想自由,兼容并
　　　包——北京大学校长蔡元培》,山东教育出版社 2004 年版,第 346 页。）

制改革则是尊重科学规律的表现。

北大原是文、理、法、商、工五科并立,没有侧重,平行发展。一方面,物质条件、学术氛围与外部环境不允许。"大学号有五科,而每科所设,少者或止一门,多者亦不过三门。欲以有限之经费,博多科之体面,其流弊必至如此。"①当时,办学经费困难、官僚陋习严重、军阀政治腐败等对学科建设极为不利,蔡氏曾为此慨叹,"设备既简陋,环境尤不适宜",如北大,时人以"最高学府"看待,而图书、标本、仪器严重匮乏。"非特毕业生留校研究,无深造之希望,即未毕业诸生,所资以参考若实验者,亦多未备。"同时,"重要讲座,悬格以求相当之教员而累年未得者,尚多有之。"至于校外社会物质条件更是匮乏,除"旧籍较多之京师图书馆"外,无"阅借新书之所"。其他诸如美术馆、博物院、专门学会、特别研究所等,"凡是为研究学术之助者,无一焉"。更为糟糕的是,"日日刺激神经者,言论、出版、集会之不自由,官僚、军阀、政客及其他不正当营业之诱惑而已"②。

另一方面,更主要的是大学要偏重基础学理的建设。蔡氏认为,大学是研究学理的机关,要偏重文、理两科。③ 这是蔡氏 1912 年就任教育总长时的初步设想。大学以文、理两科为主,须符合下列条件之一,方可称为大学:"一、文、理二科并设者。二、文科兼法、商二科者。三、理科兼医、农、工三科或二科,一科者。"④由于种种原因,蔡氏的这一设想未能实行。蔡氏主掌北大时,又觉得当初文、理两科的划分很勉强,一是科学中如地理、心理等,兼涉文理;二是习文科者不可不兼习理科,习理科者不可不兼习文科。所以后来北大的编制,最终分为十四系,废止文理法等科别。⑤ 蔡氏

---

① 《大学改制之事实及理由》,见中国蔡元培研究会编:《蔡元培全集》第三卷,浙江教育出版社 1997 年版,第 256 页。

② 《跋〈海外中国大学末议〉》,见中国蔡元培研究会编:《蔡元培全集》第三卷,浙江教育出版社 1997 年版,第 745 页。

③ 《我在教育界的经验》,见中国蔡元培研究会编:《蔡元培全集》第八卷,浙江教育出版社 1997 年版,第 509 页。

④ 《大学令》,见中国蔡元培研究会编:《蔡元培全集》第二卷,浙江教育出版社 1997 年版,第 212 页。

⑤ 《我在教育界的经验》,见中国蔡元培研究会编:《蔡元培全集》第八卷,浙江教育出版社 1997 年版,第 509 页。

主持北大时,北大的学科改革主要是从以下两方面展开的。

首先,展开以文、理两科为主的学制改革。因为"学为基本,术为支干",所以蔡氏主张北大要偏重属于纯粹学理的文理两科,以体现大学研究高深学问的旨趣。

其一,扩充文、理科。文科增设史学门,理科增设地质学门;打破文、理科界限,废年级制为选科制。

其二,法科预备独立,但因多人反对未能如愿。

其三,商科归并法科。

其四,工科与北洋大学合并,同时将北洋大学的法科归并北大。

其五,预科改属本科,使预科和本科课程相衔接,改变了原来二者脱节的弊端。

其次,破除文、理科界限,改门为系。不少学科,内容彼此渗透较多,不能以文、理为尺度简单划分。北大旧学制规定各科课程,均为必修课;新学制规定每周 1 学时,学完全年为 1 单位,本科学生应学 80 单位,一半为必修,一半为选修(理科稍少),学满即可毕业,不受年限。预科为 40 单位,3/4 必修,1/4 为选修。选修者可兼选他系课程。理由是:"当解放个人之束缚,而一任其自由发展。盖世界为有机的组织,有特长者不可强屈之以普通。世界有进化的原则,有天才者尤当利用之以为先导。此后新教育,必将渐改年级制而为选科制。"①

但选科制不是绝对自由,是有条件限制的。蔡氏认为,在推行选科制中,须要注意两点,一是要加强指导,理由是"若无人指引,易入歧路"。二是选科制只限于高等教育。② 普通教育不能推行选科制,只能采用选科精神。蔡氏所理解的选科精神,就是反对整体划一,力求灵活多样,因材施教。③

蔡氏认为选科制只适用于高等教育,而不能在普通教育阶段推行的观

① 《欧战后之教育问题——在天津青年会演说词》,见中国蔡元培研究会编:《蔡元培全集》第三卷,浙江教育出版社 1997 年版,第 595—596 页。

② 《对于师范生的希望》,见中国蔡元培研究会编:《蔡元培全集》第四卷,浙江教育出版社 1997 年版,第 330 页。

③ 金林祥:《思想自由,兼容并包——北京大学校长蔡元培》,山东教育出版社 2004 年版,第 233 页。

点,用今天的眼光来看,略显保守。但在蔡氏所生活的年代,选科制在中国高等教育领域试行之际,没有先例,蔡氏的谨慎态度有利于选科制的健康发展。①

总之,对于当时的高等教育来说,蔡氏的学科改革具有一定的创造精神:废除了既往的非科学的课程体系,破除了旧式教育的束缚,尊重科学发展的内在规律,尊重人的主体性和创造性,让学生自由伸展个人兴趣和特长,调动了学生的学习积极性,有利于人才的健康成长和教育的良性发展。

四、社团建设

除进行教师队伍建设、管理机制改革及学科改革外,蔡氏还着力进行社团建设,大力营造校园文化氛围,以丰富师生的精神生活。

(一)社团成立

在蔡氏的力倡与推动下,北大的课外组织、社团如雨后春笋,纷纷破土而出,一改往日沉闷、涣散的气息。据不完全统计,蔡氏主持时的北大成立的社团有进德会、学术研究会、哲学研究会、经济学会、史学会、教育研究会、孔子研究会、新闻学研究会、文学研究会、音乐研究会、书法研究会、画法研究会、戏剧研究会、歌谣研究会、风俗调查会、速记学会、国民杂志社、新潮杂志社、国故月刊社、阅书报社、新知编译社、数理学会、生物学会、化学会、地质学会(开始称地质研究会)、马克思主义研究会、社会主义研究会、马克思学说研究会、学术讲演会、史学讲演会、平民教育讲演团、校役夜班、平民夜校、学余俱乐部、雄辩会、体育会、健身会、静坐会、技击会、武术会、卫生学会、成美学会、消费公社、学生银行、保卫团、北大同学会、北大教职员会等。这些社团在引导学生对研究学问的志趣上大有裨益,有的是让学生志于道,有的是让学生据于德,有的是让学生游于艺。②

---

① 金林祥:《思想自由,兼容并包——北京大学校长蔡元培》,山东教育出版社 2004 年版,第 234 页。
② 吴家莹:《跟蔡元培学当校长》,首都师范大学出版社 2010 年版,第 45 页。

（二）刊物创办

在力倡社团建设的同时，蔡氏也支持和鼓励创办各种报纸杂志。社团建设与刊物创办往往密切关联。多数社团都创办了自己的刊物，主要有以下三类：

由学校主办的刊物，主要有《北京大学日刊》和《北京大学月刊》。1922 年 3 月，北大决定废止《北京大学月刊》，另出 4 个季刊：《国学季刊》《文艺季刊》《自然科学季刊》和《社会科学季刊》。

由教师主办的刊物，主要有《理科大学月刊》《新青年》《每周评论》《努力周报》《读书杂志》《国故月刊》等。

由学生主办的刊物，不仅数量多，且思想最为活跃，尤以《国民杂志》《新潮》最有影响。[①]

1918 年 5 月，在反对中日军事密约的爱国斗争中，北大等校的学生组织了学生爱国会，后又联络天津、上海、湖南等地学生，组织成立了学生救国会。为加强联系和扩大宣传，学生救国会在北大组织了国民杂志社。其经费由各地学生筹集；凡提供经费者均为会员。这样，国民杂志社的社员来源广泛，不限于北大，但以北大学生居多。国民杂志社拥有广泛的群众基础，最盛时社员达 180 人以上，这在北大众多的学生社团组织中并不多见。1919 年 1 月 1 日，国民杂志社创办的《国民杂志》正式出版。其宗旨为：增进国民人格；研究学术；灌输国民常识；提倡国货。它积极关注政治，发表了许多有重要影响的政论文章，坚决反对日本帝国主义的侵略，具有明显的反帝爱国倾向。

1918 年 12 月 3 日，北大学生傅斯年、罗家伦等发起成立新潮杂志社。该杂志以北大学生为主体，以少数教员和校外人士为辅。1919 年 1 月 1 日，《新潮》杂志诞生。《新潮》以介绍西洋近代思潮、批评中国现代学术上与社会上各种问题为宗旨，突出强调批评的精神、科学主义与革新的文词。文章以白话为主，采用新式标点。它以一种与众不同的姿态、清新的面貌出现在新文化运动的潮流中，积极投入《新青年》发动的反对封建思想的

---

① 金林祥：《思想自由，兼容并包——北京大学校长蔡元培》，山东教育出版社 2004 年版，第 315 页。

斗争。它力倡白话文,提倡个性解放与妇女解放,鼓吹文学革命和伦理革命。①

社团建设与刊物创办是为了把师生的兴趣引到博雅教育、科学探究上来,把大学的重心引到学术发展上来。

五、学术举措

唯才是举、教授治校也好,学科改革、社团建设也罢,都是为了发展学术,因为在蔡氏看来,"大学者,研究高深学问者也"②。为了践履这一大学精神,蔡氏主持北大时除了上述诸多措施外,直接为了学术发展的举措还有以下三点。

(一)设置研究所

1917 年 11 月,北大设立文、理及法科 3 个研究所共 9 个学门。这是当时国内最早成立研究所的高等学府。③ 当时的文科研究所含哲学门、国文门、英文门,理科研究所含数学门、物理门、化学门,法科研究所含法律门、政治门、经济门。蔡氏十分注意启迪学生自动研究的精神,主张尽量使更多的教员、毕业生、高年级学生有进研究所独立研究的机会。到 1918 年初,各研究所共有研究员 148 人(其中毕业生 80 人,高年级学生 68 人),另有通信研究员 32 人。这时各科研究所主要开展五方面的工作:其一,由各门教员分别确立研究科目,指导教员负责主讲。其二,各门研究所定期举行报告会。其三,举行定期或不定期的讲演会,邀请校内外专家作学术讲演。其四,指导研究员对其研究的科目写出论文,论文写出后须经指导教员审查认可。其五,通信研究员可随时与本门教员通信讨论,其自行研究的结果,应写出论文一篇,并经本门若干教员审定认可。1919 年 12 月,又增设地质学研究所。④

---

① 金林祥:《思想自由,兼容并包——北京大学校长蔡元培》,山东教育出版社 2004 年版,第 318 页。
② 《就任北京大学校长之演说》,见中国蔡元培研究会编:《蔡元培全集》第三卷,浙江教育出版社 1997 年版,第 8 页。
③ 吴家莹:《跟蔡元培学当校长》,首都师范大学出版社 2010 年版,第 80 页。
④ 梁柱:《蔡元培教育思想论析》,高等教育出版社 2006 年版,第 169—171 页。

因经费和人力条件的限制,到 1922 年,北大只开办了一个国学门研究所。国学门研究所正式成立于 1922 年 1 月。国学门研究所成立后就开始招收研究生。除指导研究生从事研究外,国学门研究所还定期出版刊物,整理、摘采明清档案史料,进行考古调查和纂著考古方面的书籍,征集和刊印歌谣,调查方言和风俗,举办学术讲演会,纂辑一些学术研究参考的工具书。

(二)举办学术讲演

在蔡氏的倡导下,北大校内经常举办人文社会科学和自然科学方面的学术讲演活动。1917 年 12 月 31 日,蔡氏与北京各大专学校校长发起组织学术讲演会,领衔呈请教育部资助。"挽救士风,振兴学术,首宜提倡讲演",并借此"传播科学,引起研究兴趣"[①]。北大的各种讲演活动既有学校组织的,又有各科、各研究所、各系组织的,数量更多的是各学会社团举办的。各种讲演的内容,既有专题性学术报告,也有通俗性知识介绍,涉及诸多学科以及乐器演奏、文艺演出、绘画展览等。应邀到北大演讲的,不仅有国内名流,还有许多国外名家。如美国的杜威、孟禄,英国的罗素,法国的班乐卫,德国的杜里舒等,其他还有印度诗人泰戈尔、德国学者卫礼贤、法国学者维勃吕尔、苏联的耶尔朔夫、瑞典的西冷等。北大还曾邀请世界著名科学家爱因斯坦、居里夫人来华,但两位大师因故未能来校讲演。

(三)促进国际交流

前文所述,北大邀请国外名流来校开展学术讲演本身就是一种国际交流。同时,为了学科建设与发展,北大也聘请了一些外籍教员,比如著名的理科教授葛利普(A. W. Grabau,1870—1946),美国地质学家和古生物学家。1920 年来中国工作,担任北大地质学教授和地质调查所古生物学研究室主任 20 多年,主要从事古生物学等研究,对我国古生物学的发展做出

---

① 《为组织学术讲演会呈教育部文》,见中国蔡元培研究会编:《蔡元培全集》第三卷,浙江教育出版社 1997 年版,第 210 页。

了重要贡献。① 这是"请进来"。但在蔡氏眼中,"送出去"与"请进来"要一并展开。因为我国"国势衰弱","学术幼稚","欲求国家富强,促学术发达,资遣学生留学,实为当务之急"②。如 1918 年 5 月 1 日,蔡氏呈请教育部文,请于美国退回庚款留学名额中增加北大 20 人。再如,1918 年 12 月,北大同人夏浮筠、杜伯斯克、李石曾、张君劢、冯千里、徐振飞、徐悲鸿诸讲师及叶玉甫赴欧美考察学习。③

而且,为促进国际文化交流与建设更好的北大,蔡氏本人身体力行,率先垂范。如 1920 年 11 月至 1921 年 9 月,蔡氏亲赴欧美考察教育,就把"请进来"与"送出去"很好地结合起来。蔡氏曾为此次欧美教育考察,反复申说其目的。一是为北大师资建设,搜罗人才。"我这次要实在的去考查专门学问用功研究的留学生,想法帮助他们,预约他们深造,留做将来校中聘请。一方面也想请外国的教习。从前我们请的外国教习,都是随便由使馆里私人关系请来的,或者所教非所学,或者一意敷衍。这次出去,都要请各大学里大学问家负责替我们介绍。"④二是为借鉴欧美大学建设经验,完善中国大学的建设目标。"调查欧美大学情形,为中国大学标的。"⑤无论搜罗师资人才,还是完善中国大学建设目标,这都是蔡氏致力于国际文化交流不可或缺的一部分。

此外,当时北大的文学系除设立中国文学系外,还设立英国文学系、法国文学系、德国文学系,筹办俄国文学系。⑥ 这也是促进国际文化交流的一部分。

---

① 梁柱:《蔡元培教育思想论析》,高等教育出版社 2006 年版,第 108 页。
② 《请于美国退回庚款留学名额中增加北大人选呈》,见中国蔡元培研究会编:《蔡元培全集》第三卷,浙江教育出版社 1997 年版,第 314—315 页。
③ 《北京大学成立二十一周年纪念会开会词》,见中国蔡元培研究会编:《蔡元培全集》第三卷,浙江教育出版社 1997 年版,第 484 页。
④ 《在北京大学话别会演说词》,见中国蔡元培研究会编:《蔡元培全集》第四卷,浙江教育出版社 1997 年版,第 208—209 页。
⑤ 《在爱丁堡学术研究会晚餐会上的答词》,见中国蔡元培研究会编:《蔡元培全集》第四卷,浙江教育出版社 1997 年版,第 344 页。
⑥ 高平叔:《北京大学的蔡元培时代》,见中国蔡元培研究会编:《蔡元培研究集》,北京大学出版社 1999 年版,第 112 页。

六、平民教育

如果说学术举措追求的是阳春白雪,平民教育则是面向下里巴人。蔡氏主张学校要向社会敞开,服务社会,教育应以平民主义为取向。[①] 蔡氏主持北大期间所推行的平民主义教育倾向主要表现在以下三个方面。

(一)改革招生制度

蔡氏主持北大后,对北大的招生制度进行改革,坚持以考生学业成绩的高下作为录取标准,使那些出身贫寒、学业优秀的青年有机会进入北大。如 1917 年暑假开始,北大连续三次招生,凡有同等学力的人均可报考,择优录取。这不但改变了北大学生的组成,且由于生源质量的提高,对于改变学风,提高学术水平,也有重要作用。据后来成为北大名教授的杨晦回忆:如不是蔡先生任北大校长,改革了招生制度,他是不可能进入北大的。由于蔡先生坚持平民教育,择优录取的原则,才使许多有志青年考取了北大。[②]

(二)实施旁听生制度

蔡氏主张大学“人人都可以进去”,反对此前北大的衙门作风,反对大学是一个仅供大学学生及教员出入的场所。蔡氏着眼于人才短缺、教育资源有限的时代实际,主张北大的课堂教学活动及学校的学术活动,均可向社会公开,听讲的除正式注册的学生外,还可招收一定数量的旁听生、选科生,使更多的人接受高等教育。1920 年 5 月 21 日,北大为此通过教务会议、评议会修改、制定了旁听生章程,使这一新生事物逐步规范。该章程共有八条,如“本科各系有缺额时,均得收旁听生”“旁听生得依其志愿,于各系中选听愿习之功课”。旁听生入学前须经教务会议审查,“有最小限度之学力,并经关系学科教员面试,认为确有听讲能力者”[③],均可入学旁听。

---

① 梁柱:《蔡元培教育思想论析》,高等教育出版社 2006 年版,第 269 页。
② 转引自梁柱:《蔡元培教育思想论析》,高等教育出版社 2006 年版,第 271 页。
③ 《北京大学评议会记录》(七),见中国蔡元培研究会编:《蔡元培全集》第十八卷,浙江教育出版社 1998 年版,第 338 页。

同时,还有一些没有办手续"溜"进北大听课的,他们或是慕名而来听课的,或长期与本科生一起听课的。这些"溜"进来的旁听生一样不被歧视。① 这些旁听生中后来有不少成为革命者或在学术上有造诣的人,如柔石、胡也频、李伟森、茅盾、沈从文、曹靖华等。曹靖华后来曾回忆:蔡先生在北大,"首倡学校为社会开门,教授为社会服务的作风,是最值得纪念的。他长北大时,社会上的各行各业人士都可以进入沙滩红楼(北大)听课。那些求知欲望甚为强烈,但由于贫困而上不起学的青年,诸如商店的营业员、工厂的学徒等,都可以随意进入北大讲堂听课,学习文化知识。这在中国教育史上是空前绝后的"②。曹氏因交不起学费,先在北大做旁听生,学习俄语,后经李大钊的帮助,作为注册的正式学生长时间在北大学习。③

这种旁听生制度有助于更多的人得到深造机会,同时客观上也为职业革命家提供了方便条件,后来有不少共产党人就是以北大旁听生的身份作掩护一面学习,一面从事革命活动的。此外,蔡氏主持的北大还为华侨子弟开办特别补习班,使其能够顺利进入本科,让更多的华侨学生有机会到北大学习。④

(三)举办校役夜班

前文已述,蔡氏平等对待校役,尊重杂工。蔡氏主持北大后,继续发扬光大这一平民精神,并切实践履。"'平民'的意思,就是'人人都是平等的'。从前只有大学生可受大学的教育,旁人都不能够,这便算不得平等。现在大学生分其权利,开办这个平民夜校,于是平民也能到大学去受教育了。"⑤这是蔡氏在1920年1月18日北大平民夜校开学日的演讲中所说的。他认为,让从前在京师大学堂里面只是赚几个钱、叫几声大人老爷、

---

① 参见梁柱:《蔡元培教育思想论析》,高等教育出版社2006年版,第274页。
② 蔡建国编:《蔡元培先生纪念集》,中华书局1984年版,第200页。
③ 参见梁柱:《蔡元培教育思想论析》,高等教育出版社2006年版,第274页。
④ 梁柱:《蔡元培教育思想论析》,高等教育出版社2006年版,第275页。
⑤ 《北京大学平民夜校开学日演说词》,见中国蔡元培研究会编:《蔡元培全集》第四卷,浙江教育出版社1997年版,第14—15页。

被人看不起的听差,也拥有学习的机会。这是北大对教育对象进行的根本性的变革,也是中国教育史上破天荒的事。前文提及蔡氏对校役杂工的欢迎鞠躬还礼即是平民主义精神的具体表现。想当初,北大门前挂着一块校匾,人们见到,都自然认为那是学堂重地,不得擅自进入,并把北大看作全国的最高学府,只有大学生和教师才可以进出,其他人都没有这个份,现在这块匾被取下了。开办平民夜校,每个人都可以进去学习,这是中国历史上的伟大创举。蔡氏试图普及教育,让所有人都能享受教育的权利。

1918 年 1 月,因北大学生吁请,蔡氏把勤于职守、文字通达、好学上进、因贫失学的校役何以庄调至文科教务处"任缮写之务",酌增月薪。这既表明蔡氏广纳雅言、尊重人才、激励上进的用人风范,又表明蔡氏平等待人、不拘一格的道德风貌。在给推荐何以庄的北大学生的回信中,蔡氏反复申说自己对平民主义的理解,并提出筹办校役夜班的计划。"昔郭林宗于旅舍中躬自扫除;美国大学生间有于晨间执洒扫之役,或午、晚间为人侍膳者;日本大学生有于课余散报纸或拉人力车者。为贫而役,本非可耻。一校之中,职员与仆役,同是作工,并无贵贱之别。(法国教育家多入工会;东方人或以任教育事业者至等于官吏,误也。)不过所任有难易,故工资有厚薄耳。""且本校对于校役,本有开设夜班之计画。他日刻期开课,尚须请诸君及其他寄宿舍诸君分门教授,必为诸君所赞成。"[①]

1918 年 4 月 14 日,在蔡氏的支持下,北大开办了校役夜班,即工人夜校,旨在为学校工友补习文化,讲解时事,以提高他们的文化知识水平。在此基础上,北大于 1919 年 11 月 24 日又成立了平民教育讲演团,以唤醒民众,开发他们的智力。因为蔡氏认为,一个社会,大至国家,小至家庭,必须使每个人都对社会有一个较深入的了解,才能各尽己职,所以人人都要学习。"是以人无贵贱,未有可以不就学者。"[②]其目的就是要"增进平民智识,唤起平民之自觉心"[③]。平民教育讲演团在五四运动中发挥了极大的

---

① 《复陈宝书查钊忠等函》,见中国蔡元培研究会编:《蔡元培全集》第十卷,浙江教育出版社 1998 年版,第 330 页。

② 高平叔编:《蔡元培全集》第二卷,中华书局 1984 年版,第 183 页。

③ 周天度:《蔡元培传》,人民出版社 1984 年版,第 113 页。

群众宣传作用,五四运动后成为一部分激进的知识分子联系工农群众的重要组织形式。

男女同校、男女同学是蔡氏早年女权思想的反映,也是蔡氏平民主义精神的自然推演。1920年2月17日,女学生王兰,经蔡氏同意,作为哲学系一年级旁听生,进入北大学习,这在中国近现代教育史上开国立大学男女同校同学的先河,是蔡氏在北大的又一重大改革举措。[①]

1921年8月,毛泽东等人在长沙创办湖南自修大学。湖南自修大学为冲破学阀对学术的垄断,实行平民主义,使无钱的贫民能够入学。学生入校不收学费,寄宿只收膳费。蔡氏曾给予高度评价。他认为,湖南自修大学本质上是一种平民主义大学,致力于广大民众的知识教育,而非为少数人或特殊的群体服务,因而具有普遍性和广泛性。因为湖南自修大学"采取古代书院与现代学校二者之长,取自动的方法,研究各种学术,以期发现真理,造就人才,使文化普及于平民,学术周流于社会"[②]。

对于北大举办的平民夜校,蔡氏也不忘借鉴与反省。1920年11月至1921年9月,蔡氏考察欧美大学时,就非常关注发达国家高等教育服务社会,"谋知识的普及"。两相对照,深感北大所做的还非常有限,很需要努力精进。"对于社会,除了少数同学所办的平民夜校及平民教育讲演团而外,也没有尽全体的力替社会做什么事,可以说是普及吗?这是我们应当猛醒的。"[③]

后来,即1927年夏,在蔡氏草拟的、提交国民党中央常委会的《〈浙江最近政纲〉审查报告》中,关于教育方面,该报告指出,"普及义务教育,使学龄儿童一律入学","提高女子教育,一切高等教育,男女同校","励行平民教育及平民识字运动"[④]。无论是"普及义务教育",还是"男女同校",以及"平民教育",都表明蔡氏着眼于国民素质的塑造,破除等级差别和男

---

① 金林祥:《思想自由,兼容并包——北京大学校长蔡元培》,山东教育出版社2004年版,第234页。

② 《湖南自修大学介绍与说明》,见中国蔡元培研究会编:《蔡元培全集》第四卷,浙江教育出版社1997年版,第735页。

③ 《在北大欢迎蔡校长考察欧美教育回国大会上的演说词》,见中国蔡元培研究会编:《蔡元培全集》第四卷,浙江教育出版社1997年版,第396页。

④ 中国蔡元培研究会编:《蔡元培全集》第六卷,浙江教育出版社1997年版,第51页。

女不平等,以提高所有国民的文化知识水平。不仅如此,报告还建议"设立大规模之职业学校。凡凭借遗产之游惰,沿途乞食之贫民,皆授以职业教育,使人人皆能作工"①。这充分表明,蔡氏能够从实际出发,能够从广大民众的切身利益出发而兴办教育。

第三节　社会影响

蔡氏主持北大的革新,无论是教授治校、学科改革,还是平民教育,抑或是思想自由、兼容并包的办学理念及其哲学基础,在中国教育史尤其是现代高等教育史上都是开创性的,具有重大的实践价值与社会启蒙意义。

一、人才培养

蔡氏主持的北大培养了众多的人才,也可以说是"兼容并包",比如1918年合作创办《新潮》杂志的北大学子以及后来加入这个群体的多数会员(当然也是北大的学生),后来有很多都成为五四运动时期的学生领袖,且从那时起,在近代中国的社会发展中都扮演过重要的角色,兹列举如下:傅斯年,知名的历史学家,后来担任中央研究院历史语言研究所所长,曾代理北大校长,任台湾大学校长;罗家伦,史学家、教育家,后来担任清华大学及重庆的国立中央大学校长,国民政府中的高级官员;顾颉刚,著名的中国古代历史学家及民俗学家;康白情,浪漫派的抒情诗人;毛子水,教育家及国学家;江绍原,教育家及宗教史学家;汪敬熙,短篇小说家、生理学及心理学教授;吴康,哲学家;何思源,教育家,后担任山东省政府主席和北京市市长;李荣弟,出版家(他的北新书局出版了不少重要的新文学作品);俞平伯,著名散文家、诗人和文学评论家;郭希汾,作家,考据史家;孙福源,著名编辑和作家;张崧年,基尔特社会主义者,精通罗素哲学、数理逻辑,曾是辩

①　中国蔡元培研究会编:《蔡元培全集》第六卷,浙江教育出版社1997年版,第54页。

证法唯物论的诠释者;杨振声,中国文学教授,曾任国立青岛大学校长;刘秉麟,经济学教授;孟寿椿,上海国立暨南大学文学系主任;冯友兰,著名哲学家;朱自清,著名的散文家及诗人。[①]

不仅如此,蔡氏把当时国内的文化精英,无论是保守派还是激进派,都聚拢在北大,尤其是以《新青年》与《新潮》为代表,把广大教师与学生团结在一起,掀起了中国历史上继春秋战国以来思想史上第二次百家争鸣,在此过程中,锻造与培养了我们民族生生不息的文化学脉。诚如梁漱溟先生所言:"我只是在当时北京大学内得到培养的一个人,而不是在当时北大得到发抒的一个人。于此,我们又可以说蔡先生的伟大非止能聚拢许多人,更且能培养许多人。除了许多学生不说,如我这样虽非学生而实受培养者盖亦不少也。"[②]

二、学术进步

教育改革的目的之一是发展学术。蔡氏就任前的北大校风较为朽腐、恶劣。[③] 为整顿校风,营造良好的学风,引导学生的全面发展,蔡氏积极支持和组织各种学术研究团体,前文已交代,兹不赘述。这些学会不仅定期邀请学者讲演,且大多办有刊物,为广大师生发表研究心得、交流学术观点提供园地,活跃了北大的学术气氛。[④] 当时北大较有影响的刊物有《新青年》《每周评论》《努力周报》《读书杂志》《国故月刊》《北京大学日刊》[⑤]《中国少年月刊》等。这些杂志或教授主办或学生主办。蔡氏与这些刊物大多发生关系,有的直接参与,如《新青年》《努力周报》《新潮》《少年中国》。[⑥] 为了提高研究的专精度,北大还开设研究所,让有兴趣的高年级学

---

① 〔美〕周策纵:《五四运动》,周子平等译,江苏人民出版社 1999 年版,第 56—57 页。

② 梁漱溟:《忆往谈旧录》,金城出版社 2006 年版,第 97 页。

③ 如学生多数指望毕业后"做官发财",就读文、史、哲的少,选择理科的更少,多选读法科;因做官心切,对于教员,不问学问深浅,只管官阶大小,好为以后被提携。而当时北大法科的专任教员很少,兼职的多出入政界。(《就任北京大学校长之演说》,见中国蔡元培研究会编:《蔡元培全集》第三卷,浙江教育出版社 1997 年版,第 8 页。)

④ 崔志海:《蔡元培》,浙江人民出版社 1998 年版,第 133—134 页。

⑤ 该刊 1917 年创刊,1922 年中止,改发行《国学季刊》《自然科学季刊》《社会科学季刊》《文学季刊》四种。(唐振常:《蔡元培传》,上海人民出版社 1985 年版,第 141 页。)

⑥ 唐振常:《蔡元培传》,上海人民出版社 1985 年版,第 143 页。

生、毕业生或教师进行专门研究,如国学研究所、外国文学研究所、社会科学研究所、自然科学研究所等。为了开阔视野,突破学校教育的视域,蔡氏还聘请国内专家或名流来校内演讲,如军事专家蒋百里讲裁军问题、外交家顾维钧讲学生生活、画家陈师曾讲清朝的画法、教育家蒋维乔讲静坐法等。

无论是唯才是举、教授治校,还是学科改革、中外文化交流,都是以学术研究为第一要义,既是坚守大学理念的结果,又是把学术至上、学术救国与教育救国紧密联系在一起。"要是但知练习技术,不去研究学术;或一国中,练习技术的人虽多,研究科学的人很少,那技术也是无源之水,不能会通改进,发展终属有限。"①着眼于学术的内在规律和长远的发展前景,大力研究基础科学,而不局限于一时一地的现实功利追求,不能只关心单纯的技术应用而不注重学理的深度和广度的研究,致使学术缺少后劲和发展前途。针对传统中国只追求技术的实用,或把学习知识仅仅看作升官发财的敲门砖,浅尝辄止,只注重眼前的实惠而缺少深究,蔡氏认为这与封建科举制度的流毒是分不开的。"吾国人重术而轻学……吾国人科举之毒太深,升官发财之兴味本易传染。"②他认为时代的竞争,就是进行学术上的比赛;中国在现代的学术上没有多大贡献,所以中国的竞争能力也就非常有限。如果要想挽救中国危亡的局面,复兴中华民族,唯有从学术方面努力抓起。"心理上、物质上、社会上各种建设",也"没有一件不有赖于学术研究的"③。1919年五四运动发生以后,他曾反复告诫北大学子,"学生在学校里面,应以求学为最大目的","学生救国,重在研究学术,不可常常为救国运动而牺牲"④。就是希望北大学子立足于长远打算,而不局限于一时一地的感情冲动,急功近利,因小失大。

---

① 《在爱丁堡中国学生会及学术研究会欢迎会演说词》,见中国蔡元培研究会编:《蔡元培全集》第四卷,浙江教育出版社1997年版,第340页。

② 《读周春狱君〈大学改制之商榷〉》,见中国蔡元培研究会编:《蔡元培全集》第三卷,浙江教育出版社1997年版,第291页。

③ 《中央研究院与中央大学联合招待国民会议代表的大会欢迎词》,见中国蔡元培研究会编:《蔡元培全集》第七卷,浙江教育出版社1997年版,第105页。

④ 《我在五四运动时的回忆》,见中国蔡元培研究会编:《蔡元培全集》第八卷,浙江教育出版社1997年版,第414—415页。

至于学生,升官发财的心态正被淡化中,而孜孜学术的志趣正在增长中;至于北大教授群,传授学问的旧使命正被替换中,而探索学问的新任务正被落实中。① 无论是引导学生的学术志趣,还是转换教师探索新学问,都符合蔡氏在北大校长就职演说中所强调的宗旨——大学是研究高深学问的场所。尽管蔡氏主持北大时广大师生所取得的学术进步还非常有限,但无疑领了中国高等教育的学风,乃至引领社会发展的价值取向,这就是社会启蒙。

三、社会启蒙

大学与启蒙紧密相依,互为犄角。现代意义上的大学标志——19世纪德国的柏林大学,确立了学术自由和科学研究精神的基准,为后来的大学奠定了永久的学术风范,深远地影响着现代社会民主、自由、科学的旨向。在德国大学的引导下,糅合了具体的时代实际,19世纪后期美国大学后来居上,更好地实现了教学与科研的统一,突破了德国大学相对狭小的研究范围,积极面向社会现实生活,融合了理论与实践,更好地服务于社会经济,对美国社会的发展发挥了重要作用。20世纪初的北大同样是承继西方大学的精髓、结合时代实际和本国国情,成为五四时期文化繁荣和社会变革的主导力量。

在静水中投下知识革命之石的正是蔡氏。② 北大的教育理念、教育革新、制度建设、平民教育、人才培养、旁听生制度、马克思主义的传播等都散发社会启蒙的价值。"教室里,座谈会上,社交场合里,到处讨论着知识、文化、家庭、社会关系和政治制度,等等问题。"③

这里特别要申说的是以北大为阵地的《新青年》杂志对中国社会思想观念的启蒙价值。

民主与科学是五四新文化运动的两大旗帜。民主精神一直是传统中国文化中稀缺的元素。蔡氏主持北大的教育理念,即思想自由、兼容并包,

---

① 吴家莹:《跟蔡元培学当校长》,首都师范大学出版社2010年版,第184、189页。
② 蒋梦麟:《蒋梦麟自传》,团结出版社2004年版,第163页。
③ 蒋梦麟:《蒋梦麟自传》,团结出版社2004年版,第166页。

从教育与学术文化上开启了中国思想界民主布道的平台,进而催生了教授治校、民主管理的制度建设,并与蔡氏的人格魅力与精神追求融为一体,形成一股巨大的社会力量,最终推动中国思想界百花齐放、百家争鸣的风潮。[①]

陈独秀与胡适是《新青年》杂志及其代表的新文化运动的主将,而此二人得以进入北大,并能在思想保守的军阀政府统治下大力宣扬新思想新观念而不被解聘,与蔡氏的胸襟、信任、保护极为相关。"所有陈、胡以及各位先生任何一人的工作,蔡先生皆未必能做;然他们诸位若没有蔡先生却不得聚拢在北大,更不得机会发抒。聚拢起来而且使其各得发抒,这毕竟是蔡先生独有的伟大。从而近二三十年中国新机运亦就不能不说蔡先生实开之了。"[②]陈独秀进入北大后,《新青年》杂志的主要撰稿人就是北大的新派教授及受其影响的北大学生。一般来说,新文化运动的主要代表人物多与《新青年》和北京大学有着密切的关系。[③]

蔡氏主持北大时,北大成为五四新文化运动的中心,成为传播马克思主义的重要阵地,成为近现代中国文化教育的重镇,为我国革命事业和学术文化的发展做出了一定的贡献。[④] 就马克思主义而言,身为国民党的蔡氏,虽在个人情感层面上不大赞成,但在理智上又认为马克思是一位伟大思想家,其思想有研究的必要。而且,顽固守旧的北洋军阀统治下的北方思想界敌视马克思主义,但马克思主义却在北大找到了宣传的"绿色通道"。蔡氏主持北大时的办学理念及其践履客观上为马克思主义在中国的传播创造了良好的条件。蔡氏对北大成立的研究马克思主义的学术团体及李大钊在课堂上公开讲授马克思主义内容表示支持。对此,后文有所交代,兹不赘述。蔡氏同意北大图书馆购买英、日文版的

---

① 五四运动不仅仅是反帝爱国运动,而且是集爱国救亡、思想启蒙、文化革新和现代化启动于一身的一场民族觉醒运动……五四新文化运动的主旋律是精神独立、思想自由。这与蔡氏在北大提出的教育理念一脉相承,互相衔接。(张翼星:《关于"五四"运动的若干认识问题》,载《北京行政学院学报》2010 年第 4 期。)

② 梁漱溟:《忆往谈旧录》,金城出版社 2006 年版,第 97 页。

③ 欧阳哲生:《五四运动的历史诠释》,北京大学出版社 2012 年版,第 287 页。

④ 梁柱:《蔡元培教育思想论析》,高等教育出版社 2006 年版,第 434 页。

马克思主义著作、其他社会主义文献及马列文献的中文译本。再如,北大邀请日本进步学者福田德三来校作《马克思主义的几个基本观念》的讲演,讲演介绍了马克思主义学说,同时批判了日本对外侵略的帝国主义行径。① 北大成了中国最早的马克思主义传播中心,中国共产党建党初期党员最集中的地方。② 中国共产党早期的主要领袖人物陈独秀和李大钊都是在北大期间接受和宣传马克思主义的。毛泽东在北大图书馆工作,参加了哲学研究会和新闻研究会,也曾"得力于蔡元培"③。其他诸如中共早期领导人谭平山、高君宇、罗章龙、张国焘、邓中夏等都是这一时代北大的精神产儿。甚至连梁漱溟这样的北大教员也认为自己是北大培养的;更不要说五四新文化运动的主要人物也是在同一期间以北大为阵地掀起了中国的"文艺复兴运动",并在更加广泛的领域推动着中国社会的全面进步。

北大是北京知识荒漠上的绿洲。知识革命的种子在这块小小的绿洲上很快地发育滋长。三年之中,知识革命的风气已遍布整个北京大学。④

四、制度设计

无论是人才培养、学术进步与社会启蒙,还是评议会、教务委员会及行政会议,都离不开制度设计。教育制度建设是学校人才培养的基石。制度,是指国家机关、社会团体、企事业单位,为了维护正常的工作、劳动、学习、生活的秩序,保证国家各项政策的顺利执行和各项工作的正常开展,依照法律、法令、政策而制订的具有法规性或指导性与约束力的应用文,是各种行政法规、章程、制度、公约的总称。这里主要是指蔡氏主持北京大学期间所进行的教育改革、教育理念等方面的规范。

蔡氏主持北大前后达十年半左右,即自 1917 年 1 月始至 1927 年 8 月

---

① 梁柱:《蔡元培教育思想论析》,高等教育出版社 2006 年版,第 223—224 页。
② 金林祥:《思想自由,兼容并包——北京大学校长蔡元培》,山东教育出版社 2004 年版,第 179—180 页。
③ 唐振常:《蔡元培传》,上海人民出版社 1985 年版,第 139 页。
④ 蒋梦麟:《蒋梦麟自传》,团结出版社 2004 年版,第 167 页。

止。但蔡氏实际主持北大的时间只有五年半。"我居北京大学校长的名义,十年有半;而实际在校办事,不过五年有半。"①这里有两个问题值得注意,一是蔡氏为何实际在校办事只有五年半,二是蔡氏在如此短的时间为何取得如此大的办学效果。

先来看第一个问题。1919 年 5 月 8 日蔡氏辞职离开北大,于同年 9 月 20 日回北大复职;1920 年 11 月赴欧美考察教育,于次年 9 月回校;1923 年 1 月因反对彭允彝干涉司法独立、蹂躏人权而辞职离开北大,在北大及北京各校师生驱彭留蔡运动坚持不懈的抗争下,北洋军阀政府屈服,彭允彝去职,蔡氏"慰留",而蔡氏本人坚辞不就,同年 7 月北大评议会通过决议,并经蔡氏本人首肯,北大校长职务仍由蔡氏负责,在蔡氏未回校前,由蒋梦麟代理。自此至 1927 年 8 月,蔡氏或矢志游学、或战事纷扰始终未能回北大。同时,蔡氏还有五次短时间内的辞职,一次是 1917 年 7 月 3 日为抗议张勋复辟②;一次是 1918 年 5 月 21 日为北大学生因怀疑《中日防敌军事协定》而不听劝阻去总统府游行③;一次是 1919 年 12 月 31 日因北京市小学以上各学校教职员要求以现金发薪罢课,与各大专校长一同辞职④;一次是 1922 年 8 月 17 日,因教育经费积欠五月以上,与北京国立八校校长及教职员代表赴政府部门请示而招致官员羞辱⑤;一次是 1922 年 10 月 19 日为北大少数学生反对征收讲义费,肆意喧闹,提出辞呈⑥。此外,1926 年 6 月 28 日,蔡氏从欧洲回国,第七次提出辞职⑦,仍没有获准,但没再回到北大。加上北大师生和北京学界的恳切挽留,又没辞成,一直到了 1927 年 8 月军阀张作霖取消北大改为京师大学校,他的校长名义才取消。

---

① 《我在北京大学的经历》,见中国蔡元培研究会编:《蔡元培全集》第七卷,浙江教育出版社 1997 年版,第 508 页。
② 高平叔撰著:《蔡元培年谱长编》第二卷,人民教育出版社 1999 年版,第 45 页。
③ 高平叔撰著:《蔡元培年谱长编》第二卷,人民教育出版社 1999 年版,第 99 页。
④ 高平叔撰著:《蔡元培年谱长编》第二卷,人民教育出版社 1999 年版,第 266 页。
⑤ 高平叔撰著:《蔡元培年谱长编》第二卷,人民教育出版社 1999 年版,第 548 页。
⑥ 高平叔撰著:《蔡元培年谱长编》第二卷,人民教育出版社 1999 年版,第 571 页。
⑦ 《复胡适函》,见中国蔡元培研究会编:《蔡元培全集》第十一卷,浙江教育出版社 1998 年版,第 263 页。

值得注意的是,袁世凯死后,内阁制随之恢复。但此时的内阁,只不过是军阀操纵北京政府的一个工具而已。民国内阁之更迭,多凭强藩悍将的主张。北洋军阀统治时期内阁混乱不堪,政局极度不稳。1916—1928 年期间,内阁变更了 37 次,改组 24 次,有 26 人担任过总理。任期最长的 17 个月,最短的仅两天。此外还有 4 个摄政内阁在短时间内行使了执政权。① 而就在这样的"城头变幻大王旗"的社会生态下,"多事的那几年里,差不多没有一个月不发生一两次风潮,不是罢课就是罢工"②。蔡氏竟然具北京大学校长之名达 10 年半之久。这固然与军阀政府忙于权力之争而无暇顾及思想自由的北大有关。但除此之外,不能不说,蔡氏个人的内在资质也起了很大的作用。即便如此,蔡氏实际在北大的 5 年多的时间里,也不是完全致力于学校教育及发展,而是把很多时间耗费在社会教育、社会活动、人事纠纷及物质匮乏上。

蔡氏管理北大,在 5 年多的时间里取得不菲的事功主要得力于北大的制度建设,如前所述,北大在革新过程中,在思想自由、兼容并包的办学理念的指导下,初步建立了教授治校、民主管理的教育制度,通过行政会议、教务会议及总务处等机构保证教育教学的正常运行,不因校长等人事变动而有所改变。蔡氏对大学教育的制度建设一直在不断地探索、尝试。蔡氏主掌北大之前,一切校务都由校长与学监主任、庶务主任等少数人办理,各科学长都没有参与校政的权利。蔡氏主持北大之初,首先组织评议会,以教授为代表,扩大各科学长的权限;后来,组织各门教授会,分任教务。再后来,北大组织行政会议,把教授以外的事务,采取合议制,并按事务性质,组织各种委员会,研讨各种事务。早在 1919 年 9 月,蔡氏就指出:"照此办法,学校的内部,组织完备,无论何人来任校长,都不能任意办事。即使照德国办法,一年换一个校长,还成问题么?"③正因为这样,蔡氏主持下的北大,任期 10 年多,不过 5 年半时间在校任职,且

---

① 鲁卫东:《军阀与内阁——北洋军阀统治时期内阁阁员群体构成与分析(1916—1928)》,载《史学集刊》2009 年第 2 期。

② 蒋梦麟:《蒋梦麟自传》,团结出版社 2004 年版,第 188 页。

③ 《回任北京大学校长在全体学生欢迎会上的演说词》,见中国蔡元培研究会编:《蔡元培全集》第三卷,浙江教育出版社 1997 年版,第 693 页。

在资源有限、军阀混战、人事纷扰、多次辞职、教育经费拖欠等内外诸多因素的困阻下①,北大依然能够正常办学,发展学术,服务社会,并能引领社会风尚,弘扬正气,结出了累累硕果,实与北大相对健全的制度建设大有关联。

总之,北大所发生的影响非常深远。国民革命的势力,就在这种氛围中日渐扩展,同时,中国共产党也在这个环境中渐具雏形。②

---

① "在那时候当大学校长真是伤透脑筋。政府只有偶然发点经费,往往一欠就是一两年。学生要求更多的行动自由,政府则要求维持秩序,严守纪律,出了事时,不论在校内校外,校长都得负责。发生游行、示威或暴动时,大家马上找到校长,不是要他阻止这一边,就是要他帮助那一边。每次电话铃声一响,他就吓一跳。他日夜奔忙的唯一报酬,就是两鬓迅速增加的白发。"(蒋梦麟:《蒋梦麟自传》,团结出版社 2004 年版,第 188 页。)

② 蒋梦麟:《蒋梦麟自传》,团结出版社 2004 年版,第 177 页。

第五章　大学院院长

1926 年 2 月,蔡元培从游学两年多的欧洲回国。1927 年 6 月,南京国民政府成立后,在蔡氏、李石曾等人的积极推动下,实行大学区制,蔡氏出任大学院院长。

第一节　大学院的设立

鉴于中国教育官僚化的弊端,蔡氏等人拟仿照法国教育行政制度,改教育部为大学院,并在全国推行大学区制。法国在1920 年以前,由大学院院长总管全国教育行政;1920 年,才设置教育部。[①]

大学院为全国最高学术教育机关,管理全国学术及教育行政事宜;设院长一人,总理全院事务;大学院设大学委员会,议决全国学术上一切重要问题;设立中央研究院及劳动大学、图

---

① 梁柱:《蔡元培教育思想论析》,高等教育出版社 2006 年版,第 419 页。

书馆、博物馆、美术馆、观象台等国立学术机关。

除了借鉴法国外,大学院之名也是在蔡氏积极参与既往教育活动基础上的继承与发展,主要有如下三方面的内容:

一是 1912 年蔡氏就任教育总长时,教育部颁布的《大学令》中把通儒院①改为大学院,即在大学中,分设各种研究所,并规定大学高级生须入所研究,待所研究的问题解决后,方可毕业。②

二是 1913 年形成的"壬子·癸丑学制"与 1922 年形成的"壬戌学制"仍然保留着大学院,学程不定。

三是 1917 年 11 月,北大设立文、理及法科三个研究所共 9 个学门。因经费和人力条件的限制,到 1922 年,北大只开办了一个国学门。研究所国学门正式成立于 1922 年 1 月。这是在践行 1912 年的"大学院"之梦。

无论上述哪种思考与设计,大学院或研究所都有一个共同的性质,即从事学术研究。这一点与 1927 年的大学院在内容上具有一定的联系。大学院的设立,至少从形式与内容上来看,是在圆蔡氏多年的梦想。

有人要提出质疑:上述大学院或研究所类似研究生院,与 1927 年国民政府设立的大学院不是一回事,名同而实异。

不错,前者主要是研究单位,志在学术;后者主要是教育行政机构,管理全国学术和教育行政事宜。但是,二者对研究、学理的重视是共同的。"关于国民政府应添设教育部问题,元培等筹议再三,以为近来官僚化之教育部,实有改革之必要。欲改官僚化为学术,莫若改教育部为大学院。"③

按蔡氏自己的理解,大学院设立的特点主要有三:一是学术、教育并重,以大学院为全国最高学术教育机关。二是院长制与委员制并用,院长负行政全责,大学委员会负责议事及计划。三是计划与实行并进:设中央研究院,实行科学研究;设劳动大学,提倡劳动教育;设音乐院、艺术院,实

---

① 按蔡氏的解释,晚清时的通儒院,是供大学毕业生研究的场所。(《我在教育界的经验》,见中国蔡元培研究会编:《蔡元培全集》第八卷,浙江教育出版社 1997 年版,第 509 页。)

② 《我在教育界的经验》,见中国蔡元培研究会编:《蔡元培全集》第八卷,浙江教育出版社 1997 年版,第 509 页。

③ 高平叔撰著:《蔡元培年谱长编》第三卷,人民教育出版社 1999 年版,第 54—55 页。

行美化教育。① 上述三点也是设立大学院制的根本理由。

起初,大学院仅设秘书处,负责办理事务;设教育行政处,负责教育行政。后来改教育行政处主任为副院长,同时改大学区内的教育行政处为学校教育组、社会教育组、法令统计组、书报编审组、图书馆组,分掌教育行政事务。再后来把高等教育组一分为二,即高等教育与普通教育。基于此,蔡氏曾说:"大学院本为一草创之新组织,无日不在试验之中,最近之修正组织法,亦利用经验力求进步之意而已。"②

其中,大学院内最重要的机构是大学委员会,是大学院最高立法机关,决议全国教育与学术上重要事务,其中包括大学院院长人选及各国立大学校长人选。大学委员会的构成,由大学院正副院长、各国立大学校长及国内知名学者 5 到 7 人共同组成。

大学院与大学区制紧密相连。大学院院长总管全国教育行政。按蔡氏设想,在全国设立若干大学区,各大学区都有一所大学,大学校长就是大学区的行政首长,代行中央主管区内的教育事务。大学校长的职权除主办高等教育外,还要总理区内其他一切教育事业。这种教育行政制度优于省市教育厅局之处,在于以专家学者来领导教育。③

南京国民政府核准实施大学区制,并决定在广东、浙江、江苏三省试行。试行区废止教育厅,以国立大学为教育行政机关。大学区设评议会为本区学术教育的立法机关;设秘书处,辅助校长办理本区行政事务;设研究院为研究专门学术的最高机关;设高等教育部,管理大学各学院各事项;设普通教育部,管理本区中小学事项;设扩充教育部,管理本区社会教育事项。

蔡氏为慎重起见,决定大学区制先在浙江、江苏两地试行。1927 年 8 月,浙江将省立甲种工业专门学校、甲种农业专门学校改组为国立第三中山大学工学院、农学院,另筹文学院。蒋梦麟为大学校长,同时成立第三中

---

① 《关于大学院组织之谈话》,见中国蔡元培研究会编:《蔡元培全集》第六卷,浙江教育出版社 1997 年版,第 209 页。

② 《关于大学院组织之谈话》,见中国蔡元培研究会编:《蔡元培全集》第六卷,浙江教育出版社 1997 年版,第 210 页。

③ 梁柱:《蔡元培教育思想论析》,高等教育出版社 2006 年版,第 424 页。

山大学区。同年,南京国民政府教育行政委员会决定在江苏设立第四中山大学,张乃燕为大学校长,同时成立第四大学区。后来,第三大学区、第四大学区分别改为浙江大学区与中央大学区。

继 1912 年教育总长任上的教育观念变革、北京大学教育实践后,大学院的设立及大学区制的试行是蔡氏生平又一重要教育活动,盖棺定论,历来褒少贬多,尤其是与蔡氏的北大教育实践相比较,时人与当下学界多视大学院的设立及大学区制的试验与中国国情不符,是一种空想。笔者不赞成这样的简单论断,具体详见后文,兹不赘述。追究蔡氏大学区制思考与探索的来龙去脉,有助于我们更好地理解其精神实质。

第二节 大学院设立及大学区制试验的缘起

为何试验大学区制,蔡氏是在什么情况下提出这样的主张并付诸实施的。一般人认为,蔡氏试行大学区制主要是仿照法国 1920 年前的做法。另有研究者认为,蔡氏不沿用教育部的设置和名称而用大学院,也是对于中国教育行政不良历史记录的反思。[①] 蔡氏进行大学区制的试验,是有上述提及的两个缘由。在笔者看来,作为教育家的蔡氏,践履大学院、大学区制,原因非常复杂——这是以教育为志业的蔡氏长期孜孜以求的梦想与思考。

一、教育独立之梦

大学院设立及大学区制的试验是蔡氏教育独立思想的表征。蔡氏教育独立思想具体形成于何时,笔者不敢轻下论断,但有一点是肯定的,即蔡氏追求教育独立的梦想是渐进的、长期的,这与其个人独立人格的精神有关,也与其教育救国、学术救国的期许紧密相连。这可分为三个方面来加以考察,一是 1912 年前的教育经验层面的总结,二是 1912 年就任教育总

---

① 姜朝晖:《民国时期教育独立思潮研究》,中国社会科学出版社 2008 年版,第 217 页。

长时的思考与探索,三是就任北大校长时的努力与抗争。先来看第一个方面。

早在主持绍兴中西学堂时,蔡氏与一班新派教员受西方思想影响,笃信进化论,反对忠君、重男轻女等,主张革新政治,改良社会,宣传民权与女权思想,招致旧派教员的忌恨。在旧派教员的鼓动下,校董徐树兰于1900年2月出面干涉,要求蔡氏将清廷一道有关"正人心"的上谕抄录并悬于礼堂。该上谕是清政府镇压戊戌变法后向同情维新人士发出的恫吓。[①]蔡氏断然予以拒绝。蔡氏致书徐树兰:宁愿辞职,绝不从命。"虽迫之以白刃而不从","元培所慕者,独谭嗣同"[②]。进而,蔡氏表示,学堂是绍兴的公事,只有"不畏祸"者,才能与其志同道合:教习畏祸,可辞职;学生畏祸,可告退;督办畏祸,"绝交而勿干与焉可也"。态度坚决,立场鲜明。为表辞意,蔡氏于写信的当天夜里离开绍兴,前往嵊县。后经人调解,重回绍兴续任中西学堂总理。是年底,学堂经费困难,蔡氏两次前往相商,校董徐树兰"终无意"[③]。最终,蔡氏只好于1901年2月辞职,离开中西学堂。有人认为,经过蔡辞职风波,校董徐树兰对中西学堂不再如前热心。[④] 不管怎样,蔡氏这次辞职有两点值得注意,一是蔡氏的办学理念与校董及旧派教员相冲突,对于以教育为志业的蔡氏来说,不是出于外界的干涉不可能轻易辞职;二是教育经费无从着落,虽两次相商,校董都无动于衷,表明他心中的芥蒂尚存,这对于蔡氏来说,只有走为上策。这些可看作蔡氏教育独立思想的发蒙。

1901年9月,身在上海的蔡氏出任南洋公学特班总教习。特班是在南洋公学原有的师范学院、上院(大学堂)、中院(中学堂)、外院(小学堂)的基础上增设的,先后两次共录取42名有较高旧学修养而又志于西学的读书人就读;成绩优异者保送经济特科,为清廷培养了解世界大势并有专门知识的人才。1902年11月,南洋公学发生退学事件:学生要求校方解

---

① 高平叔撰著:《蔡元培年谱长编》第一卷,人民教育出版社1999年版,第171页。

② 《致徐树兰函》,见中国蔡元培研究会编:《蔡元培全集》第十卷,浙江教育出版社1998年版,第26页。

③ 《日记》,见中国蔡元培研究会编:《蔡元培全集》第十五卷,浙江教育出版社1998年版,第277页。

④ 崔志海:《蔡元培》,浙江人民出版社1998年版,第37页。

聘不合格教员,"校方不允,欲惩戒学生",进而激怒全体学生采取退学行动。"特班生亦牺牲其保举经济特科之资格,而相率退学,论者谓为子民平日提倡民权之影响。"[1]蔡氏因同情学生而辞职。一方面,蔡氏对退学学生说:"不要散,我们组织一个学校。"另一方面,蔡氏还对特班生说:"汪总办不让我们完成学业,我们应该自动地组织起来,扩大容量,添招有志求学的学生来更好地进修。同学中对某一门能当教师的就当教师,愿回乡办教育的也好。"[2]南洋公学退学事件,是中国近代教育史上最早的一次学生运动。[3] 为使退学学生不致失学,蔡氏与中国教育会的同人积极组织新学校,接受退学学生,这就是爱国学社。蔡氏被推为学社总理。南洋公学退学事件与爱国学社的成立,表明蔡氏教育独立思想的进一步发展与完善。

再来看第二个方面,即蔡氏1912年就任教育总长期间,对教育独立的思考与探索。如前所述,在"五育并举"观中,蔡氏提出世界观教育及美感教育以代替清末的"尊孔"与"忠君",投射出破旧立新的创造性思考。同时,关于教育与政治的关系,蔡氏提出军国民教育、实利主义教育与公民道德教育隶属于政治,而世界观教育与美感教育为超轶政治的教育,明确表明教育有其自身相对独立的一面。

最后是第三个方面,即蔡氏就任北大校长期间,对教育独立理想的努力与抗争。在主持北大校政期间,蔡氏对教育独立的理想追求较为复杂,为了行文的便捷,笔者拟分为以下三个层次来加以考察。

首先,聘请教员方面的抗争。前文已述,北大在聘请旧派与新派教员方面,就曾遇到来自社会各方面的压力,如聘请新派陈独秀、胡适等人,就招致不少人反对,前文提及蔡氏身边当初支持而后反对的两位谋士,建议蔡氏解聘陈、胡二人。特别是林琴南两次投书与一次致信,对北大的新派学员及北大新思想新做派进行攻击、影射,甚至要利用北洋军阀政府的政治力量来加以干涉,所有这些都遭到蔡氏的有力反击。此外,蔡氏及北大

---

① 蔡元培:《蔡子民先生言行录》,山东人民出版社1998年版,第5页。

② 高平叔撰著:《蔡元培年谱长编》第一卷,人民教育出版社1999年版,第247页。

③ 崔志海:《蔡元培》,浙江人民出版社1998年版,第51页。

还遭到来自外籍教员的反对与攻击。在"广延积学与热心的教员"的同时，蔡氏本着"对于教员，以学诣为主"的原则，辞退了一些不称职的教员，包括外籍教员，但阻力很大。如北大根据合同，辞退了英国教员克德来、燕瑞博和纽伦，其中，克德来、燕瑞博两人写信控告北京大学及蔡氏，声称北大举动使他们"职业大受损害"，提出向北大及蔡氏索讨1年薪水，"克德来索讨银币5400元，燕瑞博索讨银币4200元"。克德来控告北大辞退他是违反合同，再"向北京大学及蔡君索偿银币9450元"①。他们告到英国驻华公使朱尔典那里，后者诉诸当时北洋军阀政府的外交部与教育部，乃至外交总长与教育总长出面干涉，分别致函北京大学及蔡氏过问解聘英国教员问题，蔡氏一一据理解释，坚持解聘决定。最后竟然招致朱尔典亲自出面干涉，与蔡氏谈判，蔡氏仍坚持解聘决定，"朱尔典出去后，说：'蔡元培是不要再做校长的了。'我也一笑置之"②。

其次，教育经费独立的抗争。由于军阀连年战争，国家预算多被移作军费，挪用教育经费、积欠教员薪水的现象十分严重，教员为索取欠薪和学校经费常与政府冲突。如1919年12月15日，北大部分教职员参与了罢教运动；1921年，北大教职员与北京其他国立专门以上七校的教职员相继罢课，向北洋军阀政府展开"索薪斗争"，要求政府指定专项教育资金，清偿积欠。在军阀政府不加理睬的情况下，各校教职员与学生发起请愿运动。同年6月3日，北大代理校长蒋梦麟、北大教授马叙伦、沈士远等教职员和学生数人在请愿中当场被殴伤。③ 虽然蔡氏不主张教职员采取罢教的手段，甚至还劝说、阻止罢教活动，因为"教育家认教育为天职，就是一点没有凭借，也要勉强尽他"④。但对北洋军阀政府挪用教育经费、积欠教职员薪水，蔡氏深表忧虑和不满，"诸位先生所受经济的痛苦，已经达到极

① 高平叔撰著：《蔡元培年谱长编》第二卷，人民教育出版社1999年版，第34页。

② 《我在北京大学的经历》，见中国蔡元培研究会编：《蔡元培全集》第七卷，浙江教育出版社1997年版，第502页。

③ 崔志海：《蔡元培》，浙江人民出版社1998年版，第195页。

④ 《在北大欢迎蔡校长考察欧美教育回国大会上的演说词》，见中国蔡元培研究会编：《蔡元培全集》第四卷，浙江教育出版社1997年版，第394页。

点","对于诸位先生的歉仄、惭愧,真非言语所能形容了"①。

再次,对学校教育行政独立的抗争。聘请教员来自外界的阻力除了社会思想界之外,北洋军阀政府直接或间接地出面干涉也是重要的一部分,前文所述的外交部、教育部过问英籍教员解聘的事即为例证;因政府欠薪与教育经费不到位而导致的教职员及学生罢教罢课,除教职员及学生的思想认识方面的原因之外,也是由军阀政府漠视甚至敌视教育所致,根本上还是因为学校教育不能相对独立、没有相关法律制度切实保证。

而且,北大新思潮的传播、北大对民主自由追求的行为及学生的示威游行、教职员的罢教,早就引起了社会上顽固守旧分子及北洋军阀政府的不满。如五四运动发生后,北洋军阀政府就暗中意欲更换校长,甚至向蔡氏及北大发出威胁,后虽放弃更换校长的初衷,但蔡氏及北大与军阀政府之间的矛盾依然存在。正是在这种背景下,李石曾等从中斡旋,缓和摩擦,"运动政府,派我往欧美考察大学教授及学术研究机关状况"。因为那时的北京,"张作霖、曹锟等深不以我为然,尤对于北大男女同学一点,引为口实"②。1922年5月,直系军阀曹锟、吴佩孚打败奉系军阀张作霖,窃据北京中央政权,"政治更形黑暗,教育事业风雨飘摇"③。后因军阀政府任命臭名昭著的政客彭允彝为教育总长而招致教育界与学生反对;继而,彭允彝干涉司法独立。1923年1月,蔡氏愤而辞职,虽军阀政府因教育界和学生挽留而未敢接受蔡氏的辞职,但这一次蔡氏却是坚决不回北大了,并于同年7月第四次去欧洲游学。

总之,在军阀政府统治下的北京大学,蔡氏数次辞职,经历多次心灵的创伤,深感"是可忍孰不可忍",尤以1919年6月15日形之文字的呐喊最为突出:"我绝对不能再作那政府任命的校长","我绝对不能再作不自由的大学校长","我绝对不能再到北京的学校任校长"④。在这篇《不愿再任

①《在北京大学教职员大会上的演说词》,见中国蔡元培研究会编:《蔡元培全集》第四卷,浙江教育出版社1997年版,第611—612页。

②《自写年谱》,见中国蔡元培研究会编:《蔡元培全集》第十七卷,浙江教育出版社1998年版,第480页。

③ 唐振常:《蔡元培传》,上海人民出版社1985年版,第184页。

④《不愿再任北京大学校长的宣言》,见中国蔡元培研究会编:《蔡元培全集》第三卷,浙江教育出版社1997年版,第632—633页。

北京大学校长的宣言》中,蔡氏旗帜鲜明,痛陈仰官僚鼻息之苦、历数鬼鬼祟祟的强权干涉、"臭虫窠"般的北洋政府的罪恶。

二、大学院及大学区制的探索

蔡氏教育独立之梦的心路历程是漫长的,其间自然渗透着他的理性思考,这种思考正逐渐汇拢、聚焦。这集中体现在其大学院及大学区制的探索上。这可从四方面来观察。

其一,教育与政治、宗教的关系。1912 年 2 月蔡氏对教育方针的思考中就已表达出教育相对独立的愿景。蔡氏在《对于新教育之意见》一文中明确表示,教育有两大类,一类是为政治服务的,如军国民教育、实利主义教育及公民道德教育。一类则超越政治,如世界观教育、美感教育。因此,教育家不仅要考虑到现实世界的功利与幸福,而且要考虑精神世界的理想与自由。这在"民国首任教育总长"一章已有详细阐释,兹不赘述。1912年,蔡氏在邀请异党人员范源濂出任教育部次长时,就曾表示教育要撇开个人的偏见与"党派的立场",因为"教育是应当立在政潮外边的"[①]。在蔡氏看来,教育有服务于社会现实功利的一面,但又有超越现实政治纷争、党派之分的一面。同时,在传统中国,儒学教化与政治统治是融为一体的,教育要取得相对独立的地位,也要摆脱传统儒学及其思想束缚。1915 年,蔡氏进一步指出,在中国,孔子及其代表的儒家思想,辅之以科举制度,有半宗教的性质。科举制废除后,学校中的经科也废除,普通教育脱离宗教的束缚,也是教育界的进步之一。[②]

其二,大学自治的践履。前文已述,蔡氏主持北大时,初步建立了教授治校、民主管理的教育制度,通过行政会议、教务会议及总务处等机构保证教育教学的正常运行,不因校长等人事变动而有所改变。这是蔡氏对教育独立的微观探索。

---

① 《邀范源濂任教育部次长的谈话》,见中国蔡元培研究会编:《蔡元培全集》第二卷,浙江教育出版社 1997 年版,第 44 页。

② 《一九○○年以来教育之进步》,见中国蔡元培研究会编:《蔡元培全集》第二卷,浙江教育出版社1997 年版,第 369 页。

其三,教育独立的系统思考。1922 年 3 月蔡氏发表《教育独立议》,较为详细地阐释其教育相对独立的梦想。① 这一梦想既是对其 1898 年以来教育实践的经验总结,又是承继 1912 年其有关教育方针的思考,尤其是在北大时期他的教育实践与教育思考得到进一步发展与提升,最终形之于文字。文章主要谈及两方面的内容:一是阐释教育独立的缘由,即"教育事业当完全交与教育家,保有独立的资格,毫不受各派政党或各派教会的影响"。主要是因为,教育追求群性与个性的均衡发展,而政党要追求一种群性,抹杀个性;教育着眼于长远,而政党因派系纷争、政府更迭而急功近利。其次,教育不断追求进步,而教会却保守,易停滞不前;教育追求的目标是共同的,如文艺的陶冶、科学的进步,都没有什么界限,而教会追求的目标却存在着差别。二是具体阐释教育独立的办法,主要有四点:

(1)把全国分为若干大学区,每区设立一所大学,大学办理区内的中等以上的专门教育、中小学教育、社会教育等。

(2)大学事务由大学教授组织的教育委员会主持,由委员会选出校长;由各大学校长组织高等教育会议,办理各大学区互相关联的事务。

(3)教育部专门办理高等教育会议所议决的事务,不得干涉大学区事务。教育总长必经高等教育会议承认,不受政党内阁更迭的影响。

(4)各大学区教育经费,都从本区抽税。较贫穷的地区,经高等教育会议议决后,由中央政府拨国家税补助。②

比照上述四点,联系到前文南京国民政府时期有关大学区的主要内容,可以发现,1927 年后实行的大学区制有三点作了调整与变更:一是大学院取代了教育部,大学院院长取代了教育总长;二是学术与教育并重;三是计划与实行并进。这里可投射出蔡氏有关大学区制的思考在不断发展及完善。

其四,教育独立的思想借鉴元素。蔡氏的教育独立及大学区制的构想

---

① 同年,李石岑发表《教育独立建议》、李石曾发表《法国教育与我国教育前途之关系》等标志着这一时期教育界出现一股要求"教育独立"的思潮。［张晓唯:《蔡元培与胡适(1917—1937)》,中国人民大学出版社 2003 年版,第149—150 页。］
② 中国蔡元培研究会编:《蔡元培全集》第四卷,浙江教育出版社 1997 年版,第586—587 页。

深受法、德、美等国教育的影响。如前所述,早在1922年3月,蔡氏就撰文指出,教育独立及大学区制的构想是综合欧美各国教育的优长所得,具体内容如下:

(1)法国制。分大学区及大学兼办中小学校的事务,用法国制;大学不设神学科,学校不得宣传教义及教士不得参与教育,均用法国制。瑞士也有此提议。

(2)德国制。大学校长,由教授公举,用德国制。[①]

1927年6月7日南京国民政府教育行政委员会公布的条文明确地说大学区制是仿照法国而来的:"宜仿法国制度,以大学区为教育行政之单元,区内之教育行政事项,由大学校长处理之。"除法国外,未提及德、美两国。但条文中说,"凡大学,应确立研究院之制"[②]。联系到蔡氏主持北大期间,北大设立的研究会与研究所是比照欧美大学尤其是德国大学而来的,这里虽没有特别点名,但可推测其与欧美大学尤其是德国相仿。学界有人曾撰文指明此点,即蔡氏的大学区制是借鉴德、法两国教育制度而来的,是很有见地的,详见下文,兹不赘述。

尽管蔡氏本人承认大学区曾借鉴美国制,但语焉不详[③],也未引起学界应有的关注[④]。

大学院及大学区制的试行借鉴美国制可从以下三个方面来加以考察。

----

① 《教育独立议》,见中国蔡元培研究会编:《蔡元培全集》第四卷,浙江教育出版社1997年版,第587页。1922年7月,蔡氏在中华教育改进社第一次年会上提出分别设立国立大学与省立大学的议案,即大学分为国立大学与省立大学。国立大学,为全国高深学术的总枢纽,设文、理、农、工、医、商、法、美术、音乐各科,并设大学院、观象台、动植物园及历史、美术、科学诸博物院等。省立或区立大学采法国大学区制,以大学为本省或本区各种教育事业的总机关。除特设高等学术机关外,凡本省或本区各种教育事业的计划、布置、监督,均以省立或区立大学承担,即以此代行教育厅职责。(《国立大学与省立大学分别设立议》,见中国蔡元培研究会编:《蔡元培全集》第四卷,浙江教育出版社1997年版,第681页。)

② 《提请变更教育行政制度之文件》,见中国蔡元培研究会编:《蔡元培全集》第六卷,浙江教育出版社1997年版,第36页。

③ 《教育独立议》,见中国蔡元培研究会编:《蔡元培全集》第四卷,浙江教育出版社1997年版,第587页。

④ 有人认为,蔡元培教育独立的具体"办法"是"将法国、美国、德国诸制截长补短、参酌并用的结果"。参见喻本伐、喻琴:《蔡元培的学术观及其大学理念》,载《华中师范大学学报》(人文社会科学版)2011年第2期。

首先,大学包括各种专门学术。蔡氏指出,美国办大学虽较迟,但多采用新法,将有用的专门学问,如会计学、新闻学等均包括在内,这是大学之所以为大的原因所在。① "社会上需要的技术,不在中等普通学校范围的,都可在大学设科。而且一切文化事业,都由大学包办,如巡回图书馆、巡回影戏片、函授教育等等。在工商业的都会,大学就指导工厂、商业;在农业的州府,大学就指导农人。"② 与欧洲大学偏重提高不同的是,美国大学在注重提高的同时不忘社会教育、普及教育。这也正是中国大学所缺少的。

其次,抽教育税。蔡氏主持北京大学期间,与在京其他 7 所国立专门以上高等学校及中小学教职员为争取教育经费与薪金拖欠与军阀政府数次交涉、呈文、辞职,认为教育经费与教职员薪水关系到学校的生死存亡,所以教育经费独立是教育独立的题中应有之义。

一是蔡氏一直在思考教育经费的充裕、获得及独立,乃至不时地称道美国教育经费的充裕。如前所述,蔡氏为教育经费煞费苦心而无从着手,尤其是在考察美国教育回国后,在一次演讲中忽有所悟,"我想最好是发行教育公债,这债票可以去纳租税,这就是将教育费从由政府间接取得的变成直接向国民取得了"③。蔡氏曾极力赞扬美国教育经费充足,美国大学"经费充裕","美大学设备最完全","欧洲经费不如美国之易等"④。尤其是他在 1920 年到 1921 年间考察欧美教育回国后,与北京国立 7 校校长等向大总统、国务院、教育部多次呈文,要求"直拨教育经费",以实际行动致力于教育经费独立。

二是留美北大同学对美国高等教育进行了较为全面的调查。蔡氏考察美国高等教育之前,留美北大同学会就组织留美学生 20 余人,分担题目,从事调查,供蔡氏参考,使其能以最经济的时间,得知美国高等教育的

① 《在旧金山华侨欢迎会上的演说词》,见中国蔡元培研究会编:《蔡元培全集》第四卷,浙江教育出版社 1997 年版,第 359 页。

② 《在北大欢迎蔡校长考察欧美教育回国大会上的演说词》,见中国蔡元培研究会编:《蔡元培全集》第四卷,浙江教育出版社 1997 年版,第 395 页。

③ 《在北大欢迎蔡校长考察欧美教育回国大会上的演说词》,见中国蔡元培研究会编:《蔡元培全集》第四卷,浙江教育出版社 1997 年版,第 394 页。

④ 《在卜技利中国学生会演说词》,见中国蔡元培研究会编:《蔡元培全集》第四卷,浙江教育出版社 1997 年版,第 376 页。

真相。所调查的题目有《经费之来源及分配》《教职员之待遇》《学生之待遇》《学生自行研究之情形》《研究所之组织》等多个。其中,最主要的调查内容就是教育经费与学术研究。蔡氏考察美国大学期间,"女青年会"分别报告"代为调查之事件",所收材料异常丰富,有些报告书"厚至盈册",均由蔡氏携带回国。① 研究表明,到 1860 年时,教育税已基本在美国各州实施,且收效很大。② 由此可以推想,1921 年考察美国大学的蔡氏不可能不注意到它的教育税征收问题。

再次,大学兼任社会教育。蔡氏力倡的大学区内的社会教育等内容都是由大学区内的大学兼办的,这一点恰恰是当时美国大学的特色所在。前文已述,大学兼办各种专门学术的举措就已包含服务社会的意味了。大学的目的是要使每个学生都养成一种服务社会的能力。③ 早在 1921 年 7 月19 日,时在美国考察的蔡氏发表演说,提及"中国社会教育很少,应学美国尽量发展"④。同年 9 月 20 日,蔡氏在另一演说中指出,美国大学服务社会、致力社会教育,是一种特色。另一方面,加利福尼亚州大学有夏科,中小学教员可以往听;威斯康星州大学提供校外教育,凡老年人不能来校学习者,发讲义使其自习,远方不能来校者,则进行函授教育;此外还有各种标本及影戏片发往各处。⑤

以上三点是蔡氏有关大学院及大学区制借鉴美国经验的依据及旁证,即大学可包括各种专门学术,不必如法、德等国另设高等专门学校,用美国制;抽教育税,用美国制;大学兼任社会教育,用美国制。⑥

---

① 高平叔撰著:《蔡元培年谱长编》第二卷,人民教育出版社 1999 年版,第 405 页。
② 张国连:《浅谈美国教育税制的建立及其启示》,载《教育财会研究》1993 年第 4 期。
③ 《在北大欢迎蔡校长考察欧美教育回国大会上的演说词》,见中国蔡元培研究会编:《蔡元培全集》第四卷,浙江教育出版社 1997 年版,第 395 页。
④ 《在卜技利中国学生会演说词》,见中国蔡元培研究会编:《蔡元培全集》第四卷,浙江教育出版社 1997 年版,第 376 页。
⑤ 《在旧金山华侨欢迎会上的演说词》,见中国蔡元培研究会编:《蔡元培全集》第四卷,浙江教育出版社 1997 年版,第 358 页。
⑥ 《教育独立议》,见中国蔡元培研究会编:《蔡元培全集》第四卷,浙江教育出版社 1997 年版,第 587 页。

第三节　大学区制的失败

大学院制的构想与大学区制试行近一年就宣告失败,蔡氏也于 1928 年 8 月辞去大学院院长一职。大学区制试行的失败,研究者探析的较多,有人以为主要是因教育行政制度的改革与南京国民党政权的"党化教育"相矛盾而失败。[1] 有人以为大学区制因脱离国情而失败。[2] 有人认为胡适的总结较为合理:"模仿失当,变更太骤;政治不稳,基础未固;留学派别之争,主要是留日派势力大,反对激烈;蔡元培与李石曾等发生裂痕,失去支持;教育独立与党化教育不符;经费不足。"[3]这些都是可贵的探索,但要么简单化,要么过于笼统。

一、大学区制失败的原因

不管怎样,大学区制的失败,未能实现蔡氏所希望的使教育行政学术化的梦想,反而使学术机关官僚化,矛盾重重,难以为继。概括起来,原因有四:

一是大学院名分失当。大学院一成立,名称就招致非难,理由是大学院门前所悬的招牌,不称国民政府大学院,而称中华民国大学院,有大学院与国民政府并列之嫌,名称不伦不类。同时,大学院与大学区在名称概念上的联系与差异,一般民众不易理解。[4]

二是大学区制受到时人指责。时人指出大学区制不合国情,大学区制试行一年来有四大弊端:大学区制以事权统一之名,使得多方掣肘;大学区制以通盘筹划之名,偏于一隅;大学区制以精神集中之名,实则散漫懈怠;

---

① 崔志海:《蔡元培》,浙江人民出版社 1998 年版,第 224 页。

② 梁柱:《蔡元培教育思想论析》,高等教育出版社 2006 年版,第 430 页。

③ 转引自程新国:《晚年蔡元培》,上海文化出版社 2011 年版,第 102 页。

④ 参见姜朝晖:《民国时期教育独立思潮研究》,中国社会科学出版社 2008 年版,第 225 页。

大学区制以教育行政独立之名,实则卷入政潮跌宕。① 有人认为,大学区制偏重大学教育、忽视基础教育,导致来自中小学教职员的强烈反对。如1927年12月5日,第四大学区中等学校教职员联合会就发表宣言,呼吁重视中等教育,表达了对大学区制的不满;1928年6月,中央大学区的中等学校教职员联合会再次发表宣言,要求取消大学区制,宣言列举了大学区制的三种弊端:第一,忽视中小学基础教育,大学侵占了普通教育经费。第二,大学区制下大学校长集权过重,教育易受政潮影响,且校长为全省教育首脑、学术领袖,又兼任行政职务,使教育行政管理机关行动僵化,降低了行政效率,使行政学术化的改革初衷变成了学术机关的官僚化。这一点是大学区制试行初期评议会未成立时出现的。第三,大学区制会造成学阀把持教育的局面。这也是大学区制试行初期,评议会没来得及建立的缘故所致。②

三是派系之争。南京国民政府成立后,蔡氏作为老同盟会会员,同时也因参与1927年的"反共清党"活动而被称为党国元老,即与吴稚晖、李石曾、张静江合称为国民党"四老"。南京国民政府刚成立时,蔡、李等人力主成立大学院,试行大学区制,吴、张等极力赞成。"四老"之间,蔡氏最早认识和最信任的是吴稚晖;与蔡氏过从甚密的是李石曾;蔡氏与张静江的结识,则是经吴、李二人介绍。③ 在南京新政权初期,作为护驾者及开国元勋,"四老"成为蒋氏政治上最为倚重的核心。④ 在1928年8月召开的国民党二届五中全会前,大学院与大学区制因"四老"的联合一致,尽管时人多次反对也无济于事;但在关系到大学院存废的国民党二届五中全会上,李石曾和张静江都没有出席,蔡氏孤立无援,反对派的意见占据了上风,大学院失去支持,只得听任大会决议取消大学院。蔡氏会后很快辞去大学院院长等本兼各职,出走上海。⑤

---

① 梁柱:《蔡元培教育思想论析》,高等教育出版社2006年版,第426—427页。
② 姜朝晖:《民国时期教育独立思潮研究》,中国社会科学出版社2008年版,第226页。
③ 程新国:《晚年蔡元培》,上海文化出版社2011年版,第51—52页。关于蔡、李二人"过从甚密",还可参见张晓唯:《蔡元培与李石曾》,见中国蔡元培研究会编:《蔡元培研究集》,北京大学出版社1999年版,第505—519页。
④ 程新国:《晚年蔡元培》,上海文化出版社2011年版,第57页。
⑤ 姜朝晖:《民国时期教育独立思潮研究》,中国社会科学出版社2008年版,第232页。

四是大学区制与时代政治功利不合拍。大学区制是知识分子的设想，必与国民党"以党治国"相矛盾。以党治国，必然包括以党治教，教育要由国民党的领导人来办理，而不能由教育家来决定。专家办理教育与南京国民政府的党化教育必生冲突。① 近来学界有人对此说进行了进一步的补充与完善，认为蔡氏大学区制是糅合法国大学区制与德国大学自由自治的模式，但不符合中国的"现实语境"，"水土不服"是必然的。②

需要特别指出的是，在大学区制的设想及其试行过程中，蔡氏本人始终抱着从善如流的心胸。

一是当大学区制遭人抵制，反对者提出应取消中华民国大学院，以改设国民政府教育部时，蔡氏曾说，改大学院为教育部，当听大会表决，他本人无成见。③ 1928 年 4 月 12 日，蔡氏曾就大学院组织的修正说道，"大学院本为一草创之新组织，无日不在试验之中"④。这一方面表明蔡氏承认大学区制是新生事物，要试验，并非一劳永逸地固化，另一方面也昭示蔡氏面对诘难，没有把话说死，给别人及自己留下回旋的余地。

二是 1928 年 8 月，南京国民政府欲改编北方地区的教育，尤其是要重新组合以北京大学为中心的北方高等教育，希望把北京大学纳入北平大学区制。大学院在讨论此问题时，由于大学区制在浙江等地试行时已出现许多问题，蔡氏不同意再设立北平大学区，后因李石曾的极力坚持，提议才被通过。这是因为李石曾希望掌握北方教育大权。⑤ 尽管此间有权力争夺、个人情感纠结的痕迹，但不排除蔡氏从善如流、与时俱进的胸怀。

二、教育家的政治立场

教育的相对独立性暗示着教育无法与政治相脱离，尤其是在一个政治与教化水乳交融的古老国度，作为深受儒家思想深刻影响的具有浓厚入世

---

① 唐振常：《蔡元培传》，上海人民出版社 1985 年版，第 204 页。
② 叶隽：《蔡元培的法国情结及大学区制的制度史意义》，载《教育学报》2010 年第 4 期。
③ 高平叔撰著：《蔡元培年谱长编》第三卷，人民教育出版社 1999 年版，第 273 页。
④ 《关于大学院组织之谈话》，见中国蔡元培研究会编：《蔡元培全集》第六卷，浙江教育出版社 1997 年版，第 210 页。
⑤ 梁柱：《蔡元培教育思想论析》，高等教育出版社 2006 年版，第 429 页。

意识的知识分子来说,在国破家亡的民族危难之际,蔡氏无法摆脱富有民族主义色彩的政治情结。

(一)政治情结

无论是教育总长,还是大学院院长,蔡氏均是政治体制中的一员;无论是作为北京大学校长主持学校工作,还是以在朝的国民党元老、监察委员身份从事在野的民权保障活动,蔡氏所孜孜以求的是国家的富强与人民的幸福。这都是在践行儒学"治国、平天下"的政治理想。尽管蔡氏主张教育独立、力主超轶政治的教育,但他都是以积极参与政治的姿态从事教育事业的。即使是在担任北大校长期间,蔡氏也积极参与了富有理想色彩的"好人政府"建设、推动南北和解及关注巴黎和会并把巴黎和会上中国外交失败的消息告诉北大学生。蔡氏的政治情结最典型地体现在其1927—1928年参与国民革命军北伐的军事行动,尤其是1927年参与国民党蒋介石"清党"运动,而恰恰这一点是蔡氏生平的最大"污点",并常为后人所诟病。阐释此点很有必要,一是避免"为贤者讳",二是回应读者与时人的疑问。

1926年2月,应北大和教育部的电促,蔡氏自欧洲抵达上海。只是"目前时局愈形紧张,拟暂不北上"①。这时正逢广东国民革命军行将北伐之际。与此同时,北京发生"三一八"惨案,北洋军阀政府及中国北部动荡不安。有人认为,蔡氏"暂不北上"根本原因在于蔡氏对北洋军阀政府已心灰意冷。三年前他已"抱定不合作主义"的决心,以蔡氏的性格而论,他会贯穿始终。② 这种说法有一定道理。其实,这在1925年1月蔡氏致北大评议会的信中也有所流露,"本决计脱离本校","不意到欧以后,旋得消息,辞职之举,未能实现"③。1926年2月蔡氏回国是在北大一再的敦促下才成行的,回国是为了去北大有个交代,再续假一年去欧洲继续研究民族学。

---

① 高平叔撰著:《蔡元培年谱长编》第二卷,人民教育出版社1999年版,第723页。
② 娄岙菲:《蔡元培1926年辞职事件再解读》,载《教育学报》2010年第4期。
③ 高平叔撰著:《蔡元培年谱长编》第二卷,人民教育出版社1999年版,第694页。

只是在当时复杂的政治背景下，回国的蔡氏北上北大的初衷发生了动摇，面对北大各方的敦促，他先是说胃病不宜北行，而后直接辞职。6月28日，蔡氏致电北洋政府国务院及教育部，请辞北大校长。蔡氏辞职的原因是，北洋政府欲改组北大，先辞职较"待免职"为佳。[1] 这是蔡氏自己书面直接表达的言辞。主要原因可能还有以下四点：其一，北洋军阀政府的腐败令蔡氏记忆犹新。"三一八"惨案与北洋军阀政府动荡不安的当下情势唤起了几年前蔡氏"不合作"的念头。1926年，在中国近代史上是动荡十分剧烈的一年：北洋军阀的统治已处于崩溃的前夕，军阀混战的次数最多，动员的人数最多，涉及的地域也最广，而大小军阀之间互相火并、离合拥拒的形势也发展到最微妙的程度。[2] 其二，上海与浙江如火如荼的革命运动与广东革命军北伐锐不可当的热潮交相辉映，这些无疑感染了蔡氏。有人认为蔡氏加入革命军的行列与吴稚晖、张静江等友人拥蒋及蔡氏的改良主义思想密切相关[3]，也不无道理。其三，蔡氏政治理想的火焰重新燃起。作为国民党元老，面对广东革命政府新兴的政治力量，身在沪、浙的蔡氏产生心理上的归属感也是自然而然的事。

对于国民党的"清党"运动，作为国民党要员的蔡氏一度误入歧途，这主要体现在四个方面。一是拥护国民党"反共清党"。1927年3月28日国民党中央监察委员会常务会议召开，作为会议主席的蔡氏，对吴稚晖提议弹劾共产党表示附议，主张"取消共产党人在国民党之党籍"。同年4月2日，作为会议主席的蔡氏，对于吴稚晖正式提出弹劾共产党的文告，又一次附和，拿出《共产党祸党证据及共产党在浙祸党之报告》，让委员传观。二是反对国共合作。1927年4月9日，蔡氏列名国民党中央监察委员会，在报上发表所谓"护党救国"通电，攻击武汉国民党中央坚持国共合作的决议。同年4月14日，蔡氏参加国民党中央监察委员会会议，做出否认武汉政府，国民政府即迁移南京，取缔"反革命分子"等项决议。三是拥护国民党新右派蒋介石。1927年8月14日，与胡汉民、张静江、李石曾、吴稚

① 高平叔撰著：《蔡元培年谱长编》第二卷，人民教育出版社1999年版，第734页。
② 转引自罗志田：《北伐前夕北方军政格局的演变：1924—1926年》，载《史林》2003年第1期。
③ 程新国：《晚年蔡元培》，上海文化出版社2011年版，第55—56页。

晖联合通电冯玉祥,与蒋介石共进退,宣布辞职。同年12月10日,国民党通过恢复蒋介石国民革命军总司令职务决议,蔡氏立即发表拥蒋言论。四是宣传反共思想。1927年10月18日,蔡氏在国民党中央党务学校演讲,向青年学生灌输反共思想。

(二)进步倾向

尽管如此,蔡氏参与"清党"与一般国民党右派又有所不同。其一,他反对随便杀人。蔡氏认为,不能随便杀人。抓人,须事先调查清楚,始可逮捕;定罪,须审问清楚,证据确凿,才可判决;杀人,须罪大恶极,经会议决定,始可执行。青年误入歧途的很多,须使人有一个反省的机会。[①] 其二,他热切地帮助一些共产党人与社会进步人士逃脱了国民党的魔掌。朱义权原是共产党,1927年初,任国民党上海市党部执行委员,"四一二"反革命政变开始,蔡氏获悉有人告发朱义权是共产党,"势将被捕",就派亲信通知朱义权离沪,以免遭毒手。[②] 再如,韦悫由汉去沪,往访蔡氏,蔡告知韦也是"清党"对象之一,并建议韦从速到国外去。[③] 这样,韦得以免祸。大学刚毕业的史良与其同学郑观松因反对国民党清党委员会而被捕入狱,后经人找到蔡氏担保而获释。[④] 而且,"四一二"反革命政变后,蔡氏还曾以追怀孙中山嘉言懿行的方式,撰文《追怀不嗜杀人的总理》[⑤],以示对国民党大开杀戒的不满与抗议。

后来蔡氏认清了蒋介石反动专制统治的真面目。尽管在蔡氏全集中,没有相关文字表明蔡氏参与"清党"及对蒋介石反动统治助纣为虐的忏悔,但相关研究表明,蔡氏对这段不光彩的历史是有过检讨的,如当有人为他在"清党"的历史辩护时,蔡氏评论道,"于我多恕词"[⑥]。

重要的是,彻底认清蒋介石政权的反动本质后,蔡氏进行了不懈的抗

---

① 高平叔撰著:《蔡元培年谱长编》第三卷,人民教育出版社1999年版,第41页。
② 高平叔撰著:《蔡元培年谱长编》第三卷,人民教育出版社1999年版,第36—37页。
③ 高平叔撰著:《蔡元培年谱长编》第三卷,人民教育出版社1999年版,第50页。
④ 高平叔撰著:《蔡元培年谱长编》第三卷,人民教育出版社1999年版,第69—70页。
⑤ 蔡元培研究会编:《蔡元培与现代中国》,北京大学出版社2010年版,第165页。
⑥ 高平叔撰著:《蔡元培年谱长编》第四卷,人民教育出版社1999年版,第104页。

争。一方面力主教育独立,尤其是在国民党党政要员推行党化教育时,蔡氏策略性地以教育科学化、艺术化、劳动化作为挡箭牌,赓续五四新文化精神;另一方面,坚辞在国民党政府内的一切要职,并以在朝的国民党监察委员身份从事在野的民权保障同盟活动,抨击国民党反动统治,积极营救大批爱国青年、共产党员、社会进步人士及共产国际人员。这是蔡氏一生坚持社会进步的主流倾向。

值得一提的是,中日民族矛盾上升之际,蔡氏坚定抗日立场,反对蒋介石独裁统治,也是蒋第二次下野的促进力量。九一八事变后,日本于1932年1月28日,突袭上海闸北,并进攻江湾与吴淞。而且,日本飞机对市区进行轰炸,上海最重要的文化设施商务印书馆和东方图书馆被首先摧毁。带着病体的蔡氏①随即走下病床,联合各大学校长,于2月1日致电国联文化合作委员会,请国际联盟制止日军暴行。同时,蔡氏又以中央研究院院长名义,分别致电杜威、爱因斯坦等美国知识界、教育界领袖,抗议日军大规模毁灭中国文化教育设施。而且,面对日寇的狂轰滥炸,蔡氏抱病回到工作岗位。由于蔡氏与陈铭枢主导了"宁粤和谈"及"蒋介石第二次下野"②,陈铭枢又身兼宁沪警备司令,且此战爆发前,"下野"的蒋介石尚未恢复对军队的指挥权,所以是蔡氏和陈铭枢以其坚定的抗日主张,直接领导和影响了"一·二八"抗战。③

后来,蔡氏在国民党内一直以宣传抗日为己任,如1933年5月4日,蔡氏在上海举行的五四运动纪念会的演说词中,特别强调青年学生要继承五四反帝爱国传统,"力学"救国。④5月7日,在上海青年国耻讲演会上,蔡氏发表《日本对华政策》的演讲,全面阐释和揭露日本自明治维新以来

---

① 1931年12月15日,受国民党临时常委会的推举,蔡氏与代理行政院长陈铭枢会见在南京中央党部请愿的来自全国的200名左右的学生,会见中,蔡氏右臂为学生所强执,拖行半里,红肿异常,头部也受重击。

② 九一八事变爆发后,10月26日至11月7日,宁粤双方先后举行七次和谈,蔡氏皆作为蒋方代表出席,而粤方代表如汪派及桂系等,又素与蔡友善,所以蔡起到了重要的协调作用。(程新国:《晚年蔡元培》,上海文化出版社2011年版,第169页。)

③ 程新国:《晚年蔡元培》,上海文化出版社2011年版,第184页。

④ 《为上海文化团体举行五四运动纪念会预备之演说词》,见中国蔡元培研究会编:《蔡元培全集》第七卷,浙江教育出版社1997年版,第431—432页。

对中国进行军事、政治、经济、文化侵略。此后,蔡氏在抗战中呐喊,把其致力的科学文化事业与抗战紧密联系在一起,且力促蒋介石政权改变消极抗战政策,实行全民抗战、民主抗战(蔡氏积极参与的中国民权保障同盟即是)。至此,在争取民族解放斗争与推进民主持治中,蔡氏终于由一位反共人士成为中国共产党的同盟者。1939 年 9 月,在苏联十月革命二十二周年前夕,蔡氏得中苏文化协会函,欣然题写祝词:"革命精神,平民主义,二十二年,功成名遂。反对侵略,忝为同志,敬祝进步,造福人类。"①无论是"革命精神""平民主义""功成名遂",还是"反对侵略""忝为同志""敬祝进步""造福人类",都投射出蔡氏对共产党领导的无产阶级革命及社会主义道路充满由衷的肯定与坚定的信心。

(三)教育与政治

就蔡氏所生活的时代、他所致力的教育实践中所经历的政治与教育关系而论,政治与教育之间的关系更为具体而复杂。

首先,作为教育家的蔡氏本身就是政治中的人。这点可通过三个方面来考察。一是蔡氏身上有浓厚的儒家情结,他对儒家的态度,对孔子的立场以及他自身的日常言行,都能说明他身上带有儒家知识分子情结的一面:修身、齐家、治国、平天下。这种儒学情结让他无法致力于纯粹的教育与学术,必然与政治生活有着千丝万缕的联系。1898 年,他辞官南下致力于教育,无论是在绍兴中西学堂,还是在南洋公学,他都曾因无法割断教育与政治、民权的联系而辞职。这在他致力于中国教育会、爱国学社、爱国女学期间达到了一个根本性的转折,即参与组建光复会、中国同盟会上海分会,并成为其中的主要领导者,进而把办学与革命活动糅为一体。二是身为教育家的蔡氏,在其生平办理教育实践中,亲身参与了政治活动。如1912 年致力于中国教育宗旨和教育方针的构建中,他本人就是临时政府的教育总长;在短暂的总长任内,他反对具有卖国性质的借款,反对袁世凯独裁政权,并多次辞职。再如 1917 年他出任北京大学校长,撇开其是国民

---

① 《为苏联十月革命二十二周年特刊题词》,见中国蔡元培研究会编:《蔡元培全集》第八卷,浙江教育出版社 1997 年版,第 574 页。

党的党员外,他同样要与北洋军阀政府相周旋,乃至坚决斗争,争取教育经费独立也好,参与五四爱国运动也好,联名发起推动"好人政府"也罢,还是参与抗争"罗文干"事件,都表明蔡氏身上浓厚的政治关怀与积极入世的儒家情结。1927—1928 年,推动并领导大学区实验时,蔡氏本人就身兼国民政府委员等要职,参与军国大事,更与政治"水乳交融"在一起。三是蔡氏的教育思想及其实践是一种大教育观——既有学校教育又有社会教育,无论是 1912 年前的中国教育会、爱国学社、爱国女学等实践活动,还是1912 年就任教育总长时废止忠君、尊孔及教育部设立社会教育司,抑或是北京大学的开放办学,或是大学院院长时期废止春秋祀孔典礼、力倡高等教育服务社会等,无不是把学校教育、社会教育与社会启蒙、社会改造、社会服务等紧密联系在一起。

其次,就蔡氏所生活的时代而言,严格地说,教育本身就是政治的一部分。1912 年年初,对新生的临时政府而言,如何致力于与资产阶级共和精神相一致的文化建设,教育宗旨、教育方针的谋划就成为不可避免的文教行动,尤其是有关儒学及孔子言论的持守,资产阶级临时政府面临如何处理晚清的教育文化遗产,比如尊孔、读经等问题。蔡氏在其短暂的教育总长任期内,就敏锐地抓住了问题的要害,致力于临时政府的教育宗旨的建设,废除晚清忠君、尊孔、读经的文教政策,而代之以具有资产阶级革新精神的世界观教育、公民道德教育和美感教育等。

再次,19 世纪末 20 世纪初,中国教育的首要目标就是救亡图存。救亡图存是那个时代最大的政治。无论是资产阶级临时政府初创时期,还是20 世纪北洋军阀统治时期,抑或国民政府定都南京时期,教育都无法脱离救亡图强的主旋律。临时政府时期,教育要跳出忠君、尊孔的窠臼,代之以与资产阶级共和精神相一致的世界观教育、公民道德教育和美感教育;北洋军阀统治时期,北京大学奉行的思想自由、兼容并包的大学理念,志在进行科学与学术的自由研究,开启民智,学术救国;大学院院长时期,力行教育独立的社会理想,表面上试图使教育独立于政治,但对当时的南京政权来说,教育无法取得独立,这是大学区制无法立足于中国社会的主要缘由,是其试验失败的必然。同时,无论是科学教育、劳动教育,还是艺术教育,都有服务于资产阶级共和国政权,建设国家、兴盛国家的一面。

蔡氏的理想在于,教育相对独立于政治而不受后者无端的干扰。但在他所生活的时代,这是无法化解的社会矛盾,主要源于民主与共和在一个有着两千余年专制历史的土壤上无法不经过长时间的启蒙准备而生根发芽。正是因为这一矛盾无法化解,就任临时政府教育总长的蔡氏不到半年就辞职;正是因为这一矛盾的根深蒂固,就任大学院院长的蔡氏一年左右就因大学区制备受诋毁、攻击而主动要求取消,并最终辞职。就任北京大学校长时期,教育情形同样复杂,蔡氏虽多次辞职,但毕竟取得了一定的社会效果。原因在于:一是北洋军阀内部矛盾重重,对外又要面对奉系军阀和南方革命政权的威胁,更要面对帝国主义的侵略,无暇顾及北京大学的教育革新。二是大学校长时期的蔡氏虽是北洋政府任命的大学校长,但毕竟不同于政府内阁成员,至多只具有半官方的性质,在袁世凯独裁、称帝与张勋复辟等走马灯式的背离共和精神的背景下,思想自由、兼容并包的大学理念在短期内获得了整个社会的认可及接纳,这是蔡氏办理大学并获得一些事功的主要原因之一。

问题是,同一个蔡元培为何在大学校长时期取得了一定的事功且扬名于世,而在大学区制试行中却"灰头土脸"?

这里既有个人原因也有体制原因。就个人而言,北大时期的蔡氏毕竟不是体制中的人,且蔡氏就任北大校长,是社会力量极力推动的结果,也就是说,蔡氏出任北大校长前,北大校长换了一茬又一茬,在社会人士(有人说是浙江籍议员提议,有人说是汤尔和、沈士远等人的促成,有人说是蔡氏旧友范源濂、袁希涛等人的推荐,不一而足。不论是哪种情况,还是多种情况的综合,都表明蔡氏出任北京大学校长是众望所归)极力举荐下,北洋军阀政府决定任命国民党籍的蔡氏出任大学校长。相形之下,蔡氏出任大学院院长,虽说也是众望所归,但此时的蔡氏毕竟是体制中的人,一旦出现矛盾,就会成为众矢之的。同时,出任北大校长时期的蔡氏,当时虽有教育部节制,毕竟北大校长是半官方性质的,且当时的教育总长、教育次长是范源濂、袁希涛,均是蔡氏的旧友、旧部。而出任大学院院长时期的蔡氏,不仅面临同一教育理想阵营中"四老"中其他三人的政治背离,而且还要面对权力欲望节节上升的蒋介石时不时的政治制裁。

就体制而言,北洋军阀政府时期,虽政治动荡,但在动荡的间隙、军阀政府无法顾及的空当之际,教育文化有可乘之机,蔡氏凭借个人资历、学识、威望及人脉而革新北大,获得一些值得称道的佳绩。南京政府时期,政治也有动荡,但毕竟相对稳定,虽有分裂与动荡,但都是在国民革命政府统一旗号下出现的纷争。而直接参与政党政治并进入政府中枢的蔡氏,即便有超然风范,却也无法避免地陷入此时的权力纷争,也就无法"偏安一隅"地全身心地致力于"教育独立"的理想蓝图的设计。而且,经过临时政府的二次变革、袁世凯的专权与独裁、张勋复辟、北洋军阀政府权力的倾轧,出任北大大学校长时期的蔡氏能够独立自主地确立一校的教育理念而无须顾及政府无端的干预,可以放胆地进行思想自由、兼容并包,可以把大批思想激进的教员、学生及杂志引入北大校内,进行教育与学术的自由争鸣。反之,出任大学院院长时期的蔡氏,作为体制内的党政要员,谋划的既有全国教育的大政方针又有错综复杂的具体政务,不仅要与社会舆论打交道,而且还要与各地的党、政、军要员打交道,更要与政府中枢中权力倾轧者打交道,这就难免有摩擦,有费力、费心的波折。

这样,个人对体制的影响、体制对个人的影响、个人对教育的影响、教育对体制与个人的影响,纷繁芜杂。两相比较,出任北京大学校长时期的蔡氏所面对的事务在范围上相对较小,在人事上相对较单纯,在政治权力倾轧中相对边缘化,而大学院院长时期的蔡氏所面对的情形却截然相反。

第四节　精神遗产

通常,时人或后人多认为,蔡氏大学院制的设想及大学区制的试验存在不少弊端,以为那是一种空想。

有人认为,无论成功还是失败,蔡氏大学区制的试行都是悲壮的,具有制度史的意义。[1] 笔者认为这样的学术探讨较为公允。而且,笔者认为蔡氏的教育独立之梦具有进一步探讨的思想空间。

---

[1]　叶隽:《蔡元培的法国情结及大学区制的制度史意义》,载《教育学报》2010 年第 4 期。

一、教育须要乌托邦

思想自由与超轶政治之教育紧密相连,自然不可避免地涉及教育的理想问题。蔡氏超轶政治之教育思想的提出、大学院制的构想与大学区制的试验等就是追求教育的相对独立。时有论者对这种理想抱有微词,言下之意是这种想法不切实际,属于空想;认为这种设想与做法,不符合国情,是蔡氏教育内容中的缺陷,尤其是大学院制的构想与大学区制的试验更是蔡氏生平教育事功中的不足。笔者以为,教育须要乌托邦。

(一)乌托邦及其合理性

何为乌托邦?乌托邦,源于希腊语,意为"乌有之乡",是英国人托马斯·莫尔(Thomas More 1478—1535)在《乌托邦》一书中虚构的社会组织名称。该社会以手工业为基础,实行公有制,所有的成年人除担任公职和从事科研外,都要参加劳动,一切产品归社会所有,实行按需分配,每天工作 6 小时,余暇从事科学艺术活动,公职人员由民主选举产生,儿童都要受教育,教育与劳动相结合,等等。此后,"乌托邦"一词成为空想的同义语,凡是不能实现、不切实际的愿望、计划等都被称为"乌托邦"①。这一中文解释,常带有贬义。

与汉语相对,英文对"乌托邦"的解释是:虚构的美好的地方,那里的一切都是完好的。② 语言的感情色彩是褒义的。无论褒贬,笔者以为,作为人,作为思想者,基于对现实社会的"不满",提出对未来社会的构想,都是无可非议的,何况几百年后的今天,莫尔的理想在一些国家和地区已经部分地得到实现!因为在很大程度上,人的高贵恰恰在于其有理想,甚至空想,并为此而积极地努力着,以推动社会的进步;即便一时达成不了目的,也会为思想史和人类实践留下精神财富和经验借鉴。理想或空想的存在预示着人对现实或当下的不满足;因不满足而生发梦想,并以此作为人

---

① 冯契主编:《哲学大辞典》(下),上海辞书出版社 2001 年版修订本,第 1551 页。
② 〔英〕霍恩比:《牛津高阶英汉双解词典》,李北达编译,商务印书馆、牛津大学出版社 1997 年第四版,第 1676 页。

生奋斗的动力;在人类历史上,特别是那些能够顺应历史发展潮流,代表群体、民族、国家,乃至人类整体利益而提出创造美好生活构想的伟大人物,其理想往往透射出深刻的洞见,散发着智慧的光芒,成为推动人类社会发展的巨大动力。即使他们的梦想暂时不能实现,甚至永远也不能实现,我们也不能因此而简单地、功利地断言其错误、荒谬。① 这不仅是因为思想是自由的,而且也是因为那些代表社会进步方向的美好理想是激动人心的,能够唤起我们潜在的聪明才智、道德勇气和强烈的生活激情。鲁迅先生那句"不满是向上的动力"的名言就是这个意思。认可人类社会从远古的茹毛饮血发展到今天的声光化电,无不与世世代代的仁人志士因"不满"而生发出勃勃向上的生机活力而革新、创造联系在一起。再者,对于乌托邦,对于社会主义理论,马克思主义的创立者还是承认莫尔等人提出了对未来社会的大胆设想,是天才的思想家,并且亲身继承、发展了他们优秀的思想成果。就此而言,认可人类社会中乌托邦的存在是无可厚非的,决不能以暂时的功利得失来简单地评判其正误是非。

(二)超轶政治之教育的辨明

如果说莫尔的乌托邦是基于政治考虑提出的对未来社会的理想设计,那么蔡氏的超轶政治之教育则是着眼于政治与教育关系的角度,提出对新生的资产阶级共和国教育战略的构想,也可理解为教育的乌托邦。今人认为蔡氏教育独立于政治的构想是虚幻的,主要是基于以下两点:

其一,就理论而言,教育不可能独立于政治。或许有人要反驳,蔡氏不是强调超轶政治的教育吗?不是希望教育独立于政治吗?问题是强调教育要超越政治并非等同于说教育与政治就没有瓜葛了,纯粹独立了,而是说教育不要受政治的随意干涉,不要因受政潮动荡的影响而随意变更自身的操守,因为教育有其自身特有的目标和理想,也即道德教育、哲学教育、美感教育所追求的思想自由、人生的兴味、人格独立等内容不能受制于政

---

① 我们没有这样的习惯:做自以为正确的事。我们也缺乏这样的习惯思维:尊重、维护别人(包括子女、眷属)做自以为正确之事的权利。(王开岭:《精神明亮的人》,书海出版社 2009 年版,第108 页。)

治权力的侵扰。同时,在强调这些之前,担任教育总长期间,蔡氏也阐释了军国民教育、实利主义教育和公民教育因追求世俗目标而隶属于政治,并非把教育与政治置于隔离状态;担任北大校长期间,蔡氏也突出科学研究、学术救国;担任大学院院长期间,蔡氏也申说教育的科学化、劳动化。而且,蔡氏认为政治主要考虑群性的教化,不利于个性的发展和人格独立的养成;而超轶政治之教育或独立于政治的教育则兼顾群性和个性的均衡发展①,并非否决教育对群性的培植。

其二,就实践来说,蔡氏大学院制的构想与大学区制的试验等教育独立的理想最终未能实现。其外在表现是:蔡氏追求的道德教育、思想自由和美感教育在袁世凯专权时期无法践履;他追寻的教育独立的理想在北洋军阀割据时期不可能实现;在蒋介石统治时期组织的大学院、试行的大学区制一年不到也宣告失败。问题是,这样的思路只着眼于简单的结果与形式,而忽略其具体的历史过程和鲜活的历史事实及人类理想探究的必要。因为,就过程来说,在袁世凯统治期间,蔡氏代表历史发展潮流的教育理想虽未能遏止尊孔复古的反动逆流而掀起思想自由的波澜,但袁氏及其政权所导演的复辟闹剧还是在护法运动的汹涌浪涛中谢幕了。虽不能说,这是蔡氏之功,但完全可以说,蔡氏的教育理想顺应时代发展的必然趋势。在北洋军阀割据时期,蔡氏所主持的北京大学施行的教授治校的办学理念还是得到了一定程度的落实,主要理由在于:蔡氏虽"居北京大学校长的名义,十年有半;而实际在校办事,不过五年有半"②,但北京大学在这十年左右的时光里,在政治动荡、"你方唱罢我登场"的背景下,仍然为我们民族培植了一定的精神根基,其所做的巨大贡献是人皆共知的。

另一方面,即便蔡氏大学院制的构想与大学区制的试行不到一年就宣告破灭,也同样需要考虑民国时期的教育,尤其是大学教育实际所取得的丰硕成果。无论是1927年以后的北京大学、南开大学、清华大学,

---

① 《教育独立议》,见中国蔡元培研究会编:《蔡元培全集》第四卷,浙江教育出版社1997年版,第585页。

② 《我在北京大学的经历》,见中国蔡元培研究会编:《蔡元培全集》第七卷,浙江教育出版社1997年版,第508页。

还是后来的西南联大等,尽管国民党政府推行"党化教育",但却很难改变那时大学教育的相对独立性尤其是知识分子的人格独立的主导倾向,也无法遮蔽那时的教育所取得的巨大事功;同时,蔡氏就任大学院院长期间,也做了一些推动我国教育事业发展的事功。具体详见下文,兹不赘述。

在袁世凯专权时代,在北洋军阀割据时期,在国民党"党化教育"的背景下,不能因为教育无法取得相对的独立,我们的教育理想与教育探索就不要了。因为理想的提出,本来就是基于对现实的"不满";如果没有矛盾和斗争的存在,没有现实的阻力,那也就不叫理想了;正因为有现实与理想之间的紧张,才能凸显出理想的可贵和理想的精神力量,折射出矛盾与斗争双方的较量是推动事物和人类社会发展的动力。退一步来说,就算蔡氏教育独立的梦想在上述三个历史时期毫无事功可言,也不能轻率地断言它是无用的空想,就是荒谬的。何以如此?

其一,有限的历史事实不足以证明一个理论或理想是正确或错误的。就是说,在错综复杂的人类社会历史中,有限的不完全归纳法在逻辑上不能推演出一个理论或理想的正误。反之,如能推论的话,那在 1917 年之前,我们可以说,马克思主义理论是空想或错误的,是不切实际的,因为此前的英国宪章工人运动、法国巴黎公社起义和德国的西里西亚纺织工人起义等都失败了;再者,在 1949 年之前,我们同样能说,中国共产党的理想信念是行不通的,不符合中国国情,因为此前的南昌起义、广州起义、上海工人起义、第五次反"围剿"等都先后失败了。显然,类似这样的推论都是草率的、不正确的。

其二,一个理论或理想的判定不能简单地"以成败论正误"。判定一个理论或理想的正误要着重考察两个方面:一是要看它是否符合思维逻辑规则,只要言之有理,论之有据则可。二是要看它是否代表最广大人民的利益,是否符合历史发展的潮流,是否能够推进人类社会的进步。反观蔡氏教育独立的理想,大体符合上述两个条件,可以推定它是正确的。再退一步来说,理论或理想虽符合思维逻辑,但一时未能产生当前效果,也不能简单地断言其错误或荒谬,因为理论或理想自身就有它的学术价值,而非简单地以现实功利作为衡量其高下、正误的标准。急功近利向来是学术思想的大忌。① 如果那样的话,我们的基础理论研究干脆取消,笔者这样的研究也要取消。而这才是真正的短视!

(三)教育须要乌托邦的意义

教育是培养人的事业,这是一项繁难、复杂的系统工程,理想或乌托邦的导航,具有十分重要的意义。

就理论来说,理想或乌托邦的提出,说明主体的人在关切现实和当下,希望改变现状,完善当下,追求进步。既然人的养成是一项艰难复杂的事业,而人的特性又永远存在它的"未完成"——人的发展与完善存在巨大的"生长"空间,教育就必须有其宏观的规划和设计,使其满足人自身的发展需要,推动社会的巨大进步。如果采取"头痛医头、脚痛医脚"的应急措施或"跟着感觉走"的当下策略,可能具有立竿见影的实际效果,但往往不能从根本上解决问题,甚而留下巨大的隐患,积重难返。对于教育这个灵魂的塑造工程来说,理想或乌托邦的设计理所当然地要超越当下的实惠和眼前的近功,不仅因为它复杂、繁难,而且也因为它重要,马虎不得,输不起。工厂的产品坏了,可以毁弃、改装、重造,"教育"这类"树人"的事业则不可简单地"推倒重来"。

就实践而言,蔡氏所处的时代,中华民族灾难深重,民不聊生,处于亡国灭种的边缘。如果仅仅着眼于军国民教育、实利主义教育和公民教育,固然可暂时解决国家的生存和民生问题,但若没有道德教育、世界观教育和美感教育的导航,没有教育相对独立的梦想及其追求,国家的独立和民权的保障到头来只能有短效而不能保持长远,甚而退回到专制政权的老路上去,重蹈历史的覆辙。我们今天强调的精神文明、政治文明、生态文明建设,哪一项不是与教育的理想追求密切相关?

总之,教育的相对独立,世界观教育和美感教育的提出,在理论上必将能够保证学术自主和思想自由;大学院制的构想与大学区制的试验在实践上即使失败了,也不能成为我们简单非议的口实。教育事业的乌托邦性是

---

① 现代社会,像安徒生那样的成年人,再也找不到了。(王开岭:《精神明亮的人》,书海出版社 2009 年版,第 118 页。)

理所当然的。

二、大学院院长任内的积极作为

盖棺定论,蔡氏在大学院院长任上,在近一年的时间内,还是力所能及地做了一些值得称道的教育及学术事功。

首先,破除对"思想自由"的禁锢。这主要是针对祀孔而言的。1928年2月17日,安徽省教育厅厅长雷啸岑致电大学院:"据黟县县长陈祖烈电称:祀孔典礼,应否举行等情,据此,事关祀典,究应如何办理?"当日,蔡氏复电:"祀孔典礼,已经明令废止,勿庸举行。"[①]1928年2月18日,蔡氏主持的大学院第一六九号训令废止春秋祀孔旧典,令文通告:"查我国旧制,每届春秋上丁,例有祀孔之举。孔子生于周代,布衣讲学,其人格学问,自为后世所推崇。惟因尊王忠君一点,历代专制帝王,资为师表,祀以太牢,用以牢笼士子,实与现代思想自由原则及本党主义,大相悖谬。若不亟行废止,何足以昭示国民。"对于反对忠君尊孔,蔡氏前后的思想是一致的,如1912年时任教育总长的蔡氏曾在有关教育方针的设想中提出,以世界观教育、美感教育代替晚清五项教育宗旨中的忠君、尊孔两条,力主思想自由,以打破汉代以来"独尊儒术"的传统。对此,前文已有详细阐释,兹不赘述。五四新文化运动曾对当时的尊孔逆流发起了猛烈攻击,极大地影响了中国思想界,但作为政府行为,颁布禁止祀孔令,这还是第一次。[②]

院令颁布后,各地相继发生毁孔庙、分庙产的事情,因而遭到一些守旧派的强烈反对,如一个叫孙少元的对蔡氏大加鞭伐,孔子的第七十七代孙孔德成更是心怀忌恨,给南京各部部长及各省省主席的一项通电中,指责蔡氏没收孔府私产,蹂躏人权,并提起抗诉,要求撤销原令。[③] 保守派反对祀孔的言论,投射出蔡氏废止春秋祀孔旧典的思想解放与社会革新的巨大价值。

其次,极力淡化国民党"党化教育"。"党化教育"本由孙中山"以党治

---

① 高平叔撰著:《蔡元培年谱长编》第三卷,人民教育出版社1999年版,第162页。
② 梁柱:《蔡元培教育思想论析》,高等教育出版社2006年版,第422页。
③ 梁柱:《蔡元培教育思想论析》,高等教育出版社2006年版,第422—423页。

国"而来。① "党化教育"最初是作为广东国民政府的教育方针提出的,具有进步意义,其内容涵盖民众教育、乡村教育、生产教育、贫困儿童教育等。这在当时是颇有号召力的。不过,南京政府成立后,"党化教育"逐渐在性质上有所变化,主要是对"党化教育"的内容作了歪曲解释,使其蜕变为国民党一党专政的工具,即"教育方针要建筑在国民党的根本政策之上"。蒋介石则宣称,"党化教育"就是"以党治国","以党义治国","以本党的三民主义来治中国"②。第一次全国教育会议后,三民主义教育思想已成为全国教育的指导思想;经国民党要员的阐释,逐渐成为主导中国 20 世纪20 年代到 40 年代教育思想发展的思潮。三民主义教育思潮在本质上背叛了孙中山三民主义教育主张,如对"民权"内容的有意忽略,典型例证就是蒋介石强调尊重与弘扬民族传统文化,把其当作三民主义教育思想的全部内容,使有关尊重民权、扶助农工等内容被阉割。而就广大民众与知识分子而言,他们是真心拥护三民主义教育思想的,但国民党要员的篡改,代表了矛盾的主要方面。③

大学院成立之初,蔡氏提出以科学化、劳动化、艺术化充实教育方针的具体内容,直接或间接地淡化、弱化了南京国民政府"党化教育"的美梦。这在南京国民政府时期"党化教育"痕迹浓厚的境遇中无疑具有极大的进步意义。虽然蔡氏曾认定以孙中山的三民主义作为教育方针,有迎合国民党要员"党化教育"的嫌疑;但他同时提出科学化、劳动化、艺术化作为教育的具体培养目标,充实、完善三民主义教育思想,不失为进步举措。后来,蔡氏与宋庆龄等人组织民权保障同盟,并以实际行动打击了国民党一党专政的独裁统治,很大程度上就是对后者阉割孙中山民权主义思想的反抗。这里有两点需要得到进一步的澄清。

其一,蔡氏提出的教育科学化、劳动化及艺术化不能简单地看作是当时的教育方针。之所以指出这点,是因为时下学界有人把蔡氏提出的教育科学化、劳动化、艺术化作为教育方针来看待。④

---

① 参见舒新城编:《近代中国教育史料·补编》,中国人民大学出版社 2012 年版。

② 董宝良、周洪宇主编:《中国近现代教育思潮与流派》,人民教育出版社 1997 年版,第 179—180 页。

③ 董宝良、周洪宇主编:《中国近现代教育思潮与流派》,人民教育出版社 1997 年版,第 184—186 页。

④ 崔志海:《蔡元培》,浙江人民出版社 1998 年版,第 224 页。

不错,《在南京特别市教育局演说词》(1927 年 10 月 30 日)、《中国新教育的趋势》(1927 年 11 月 12 日)、《〈大学院公报〉发刊词》(1928 年 1 月)等演说或文章中,蔡氏确实多次提及教育科学化、劳动化及艺术化问题,但第一篇是说"人人对教育确有三点应特别注意";第二篇是说"对于科学、劳动、艺术三个方面,均须努力",其前提是"大家可以抱定宗旨,将精神收敛在学校以内,来做国家建设的人才";第三篇是说"大学院成立以来,所努力进行者凡三……"无论是"特别注意",还是"努力"或"努力进行者",都是指在具体的教育境遇中,科学化、劳动化与艺术化三个问题今后须要切实践履,而非国家宏观战略上的教育方针。

是的,在 1928 年 5 月 15 日的《全国教育会议开会词》中,蔡氏确实说过,对于教育方针,自己曾提出教育科学化、劳动化、艺术化三点,这是今后办理教育应特别注意的地方。紧接着,蔡氏说,"三民主义,为今日教育上训育之标准",但它既受过激派附会、保守派利用,又面临在学校教育与社会教育上如何熏陶与指导学生的困境。这是"今日所应先决之问题"①。可见,对于蔡氏而言,作为教育宗旨的三民主义才是最重要的问题,尽管这不一定是他内心认可的问题。

其二,作为国民党元老,作为一生极力推崇孙中山革命精神及其三民主义思想的革命党人,作为拥护南京国民政府的要员之一,即便内心不认可把三民主义作为教育方针,蔡氏也不可能公开反对,只能力所能及地利用自己的身份努力化解违背他初衷的教育宗旨。无论怎么说,蔡氏提出教育科学化、劳动化和艺术化,意图冲淡以三民主义为教育方针所造成的"党化教育"的不良后果,志在调和。笔者的依据有六:一是蔡氏邀请胡适参加大学委员会,后者致信拒绝参与,理由是不赞成劳动大学的设立,不能附和所谓的"党化教育"②。胡适致信蔡氏的时间是 1927 年 10 月 24 日,而前文所述蔡氏三次提出教育科学化、劳动化、艺术化均在这个时间之后。这从侧面表明,不管蔡氏默认还是不便公开反对,国民党政府的"党化教

---

① 《全国教育会议开会词》,见中国蔡元培研究会编:《蔡元培全集》第六卷,浙江教育出版社 1997 年版,第 227—228 页。

② 高平叔撰著:《蔡元培年谱长编》第三卷,人民教育出版社 1999 年版,第 95—96 页。

育"是存在的。二是蔡氏在大学院创办之初,并未明确提出科学化、劳动化、艺术化的教育方针,而是说这三点人人应"特别注意"①。三是蔡氏认为科学化、劳动化、艺术化是新教育的趋势,也是新教育的具体目标,即教育学生"养成科学的头脑""养成劳动的能力""提倡艺术的兴趣"②。四是在全国教育会议开会词中,蔡氏只是说,对于教育方针,曾提出三点,并认为是以后亟须努力的方向。但其最后的落脚点是,三民主义为今日所"应先决之问题"。五是面对教育会议上的诸多分歧,蔡氏在欢迎代表的私人家宴上,力主调和与妥协,避免极端③,侧面揭示教育会议上的意见冲突较大,比如上文提及对于作为教育宗旨的三民主义,过激派与保守派的观点就不尽一致。六是在全国教育会议闭会词中,蔡氏仍然突出三民主义的重要性:提及议案时,把三民主义置于首位;提及教育宗旨时,确认以三民主义为标准。④ 这在 1928 年 5 月 25 日发布的《全国教育会议宣言》中得到充分的呈现,宣言一开始就旗帜鲜明地指出,中华民国的教育宗旨就是三民主义,至于教育的科学化、劳动化、艺术化只是其附属内容。⑤

再次,蔡氏在任大学院院长期间,力争教育经费独立、增加教育经费、提高教师待遇、减轻学生负担。如 1927 年 12 月,蔡氏与孙科提呈《提议教育经费独立案》,强调厉行教育普及,增加教育经费,保障教育经费独立;蔡氏还向南京国民政府呈《提议设全国商标注册局以收入作教育经费案》,提议将商标注册费全部用作教育经费,以促进全国教育的发展。这两个提案均获南京国民政府通过。1928 年 2 月,蔡氏与吴稚晖、李石曾等提议将列强退还的庚子赔款作为教育资金,用以补助国立大学及研究院的经费。凡此种种都表明,蔡氏利用其当时在国民党内的地位,努力改善教

---

① 《在南京特别市教育局演说词》,见中国蔡元培研究会编:《蔡元培全集》第六卷,浙江教育出版社1997 年版,第 92 页。
② 《中国新教育的趋势——在暨南大学演说词》,见中国蔡元培研究会编:《蔡元培全集》第六卷,浙江教育出版社 1997 年版,第 98—101 页。
③ 《在欢迎全国教育会议代表私宴上的演说》,见中国蔡元培研究会编:《蔡元培全集》第六卷,浙江教育出版社 1997 年版,第 237 页。
④ 《全国教育会议闭会词》,见中国蔡元培研究会编:《蔡元培全集》第六卷,浙江教育出版社 1997 年版,第 240 页。
⑤ 《全国教育会议宣言》,见中国蔡元培研究会编:《蔡元培全集》第十八卷,浙江教育出版社 1998 年版,第 508—509 页。

育经费不足的状况。①

第四，蔡氏在任大学院院长前后为推动我国艺术教育的发展做出了贡献。如在蔡氏力倡与践行下，上海国立音乐院和杭州国立艺术院先后成立，一直发扬光大至现在，为中国培养了千千万万个音乐与美术专门人才，兹不赘述。

第五，蔡氏还大力提倡体育运动，增强国民体质。如1927年11月，大学委员会制定《各国立大学军事训练条例》，提请南京国民政府在各国立大学实行军训，拨给各大学训练补助费。同年12月，蔡氏召集全国各地的体育代表，在南京组织全国体育指导委员会，商讨办法，促进公共体育。次年5月，明确将开展军事体育和体育写进《全国教育会议宣言》，提出凡中学以上应以军事体育为必修科，由大学院延请军事委员会派正式陆军学校毕业军官为教官，每年暑假，各校学生应进行三星期连续的严格军事训练。这些是对1912年提出的军国民教育设想的具体化。

第六，蔡氏亲自主持召开第二届全国教育会议。1928年5月15日，全国教育会议在南京开幕。5月28日上午闭幕。大会对于教育上的重要问题，几乎网罗无遗。如教育宗旨确认以三民主义为标准；教育机会均等，不仅厉行义务教育，且推广民众补习教育，不问男女、长幼、贫富、天才或低能、城市或乡村、满、蒙、回、藏或汉族，国内居民或海外侨民，务使教育普及；提倡劳动及生产、科学教育与艺术教育并重；特别关注体育，"并注意于国技之应用"；教育经费增加及其独立保障；图书馆普及与"图书馆学之

---

① 崔志海：《蔡元培》，浙江人民出版社1998年版，第226页。其他诸如，1927年10月29日，《江浙渔税问题审查报告》，"所收税款，仍按照原案充中央研究院、劳动大学经费，以维教育等由"。（中国蔡元培研究会编：《蔡元培全集》第六卷，浙江教育出版社1997年版，第89页。）1928年2月14日，《提议免收学杂费案》，"事关全国教育，应如何统筹全局，以免学生之困难，而谋教育之普及"。（中国蔡元培研究会编：《蔡元培全集》第六卷，浙江教育出版社1997年版，第177页。）1928年2月20日，《为暨南大学等校请拨经费之提案》，"国立暨南、劳动、同济三大学，近以十七年度新预算未能成立，而十七年度已过去七月有余，旧预算蒂（积）欠甚多，不能维持，尚（倘）不即筹解决，势必陷于停顿。用敢缕述该校的近况，恳将该三大学两年所有临时、经常两项积欠，即令财政部暂发二十万元，以便开学"。（中国蔡元培研究会编：《蔡元培全集》第六卷，浙江教育出版社1997年版，第182页。）

提倡";中小学补充读本的编辑;社会娱乐的改良,均有详细周密的讨论等。① 大会发表宣言,就教育行政、教育经费、普通教育、社会教育、高等教育、军事教育、职业教育、科学教育、艺术教育、出版物、私立学校等诸多问题上所应努力的方向做了概括与说明,确立了今后教育发展的具体目标。②

最后,缔造中央研究院。在大学院院长一年时间的任内,在致力于教育事业的同时,蔡氏着手创办中央研究院,这也是蔡氏晚年尽瘁学术的最大工作。蔡氏晚年的最大事功就是缔造与主持了中央研究院。1927 年 4 月 17 日,国民党中央政治会议第 74 次会议决定设立中央研究院,并由蔡氏、李石曾、张静江起草组织法。5 月 9 日,在中央政治会议第 90 次会议上,决定设立中央研究院筹备处,推举蔡氏、李石曾、张静江等为筹备员。大学院成立后,根据大学院组织法,中央研究院为大学院下属机构。11 月 20 日,蔡氏主持召开中央研究院筹备会及各专门委员会成立大会,讨论通过《中华民国大学院中央研究院组织条例》,蔡氏以大学院院长兼任中央研究院院长,并决定先行设立理化实业研究所、地质调查所、社会科学研究所和紫金山观象台,以及政治教育、科学教育、译名统一、考试制度、体育指导专门委员会。1928 年 4 月 6 日,国民政府第 53 次会议通过《国立中央研究院组织条例》,拟先设物理研究所、化学研究所、工程研究所、地质研究所、天文研究所、气象研究所、社会科学研究所、历史语言研究所、心理研究所、教育研究所、动物研究所、植物研究所。南京国民政府决定改中华民国大学院中央研究院为国立中央研究院,直属国民政府。4 月 23 日,南京国民政府特任蔡氏为国立中央研究院院长。6 月 9 日,中央研究院正式成立。8 月 17 日,蔡氏向国民党中央政治会议及国民政府呈请准予辞去中央政治会议委员、国民政府委员、大学院院长及兼代司法部长等本兼各职,专任中央研究院院长,表示"愿以余生,专研学术"③。蔡氏生平的主要事

---

① 《全国教育会闭会词》,见中国蔡元培研究会编:《蔡元培全集》第六卷,浙江教育出版社 1997 年版,第 240—241 页。

② 《全国教育会议宣言》,见中国蔡元培研究会编:《蔡元培全集》第十八卷,浙江教育出版社 1998 年版,第 509—514 页。

③ 高平叔撰著:《蔡元培年谱长编》第三卷,人民教育出版社 1999 年版,第 277 页。

功并为人所称道的,"除在北京大学促进研究之学风,甚著效果外,国立中央研究院之创设与主持",实"对于我国学术之最大贡献"①。

值得一提的是,蔡氏尽瘁于中央研究院,也是兼容并包,延聘大批科学人才,并挑选纯正有为的学者为各所所长。如聘请周仁为工程研究所所长,蔡氏"举贤不避亲",因为周仁是蔡夫人周峻的弟弟。而周仁及其领导下的工程所团队为旧中国的钢铁工业与陶瓷业做出了重要贡献。② 社会科学所副所长为陈翰笙,为实际负责人(所长是蔡氏本人),陈是共产国际党员。他以组织调查团的名义,将中共从事经济研究的一些学人吸收到社科所来。后来,社会科学所成了中共培养经济学家的摇篮,其代表人物薛暮桥、孙冶方等,后以他们的学术理论所培养的学生,为建设中国特色社会主义的市场经济体系及经济改革做出了重要的理论贡献。③

中央研究院的缔造及其事功是蔡氏教育救国、科学救国、教育与学术并进思想发展的必然,是作为教育家的蔡氏终生追求进步的表征。

如果说 1917—1927 年蔡氏主持的北京大学是思想自由、兼容并包的教育探索,是对"五育并举"观的践履,1927—1928 年蔡氏主持的大学院及大学区制的试行是蔡氏对教育独立的探索,是对北大教育实践的经验总结,那么,1912 年蔡氏就任教育总长期间提倡"五育并举"观则是对此后教育实践与教育试验的总览,是蔡氏教育思想纲领性的统筹。

---

① 蔡建国编:《蔡元培先生纪念集》,中华书局 1984 年版,第 112 页。
② 程新国:《晚年蔡元培》,上海文化出版社 2011 年版,第 117—118 页。
③ 程新国:《晚年蔡元培》,上海文化出版社 2011 年版,第 122—124 页。

第六章　蔡元培的人格

　　在家庭教育、学校教育和社会教育等理论探索与实践活动中,作为教育者和被教育者的蔡元培经受中西文化精粹的涵养,逐步形成了自己独特的性格与学术兴趣。蔡氏的性格总体上呈现为两个方面,即沉静与叛逆的两面:在1907年之前,叛逆似乎占主导;1907年之后,沉静则为主流。如果说沉静是蔡氏待人接物的外在形象,那么,叛逆则是其思想活跃的内心表征。二者共同构成蔡氏复合型性格的主体。这既是蔡氏热爱哲学、长于思想探索的结果,又是其人格独立发展的必然。

第一节　家庭熏陶

　　蔡元培,1868年1月11日出生于浙江绍兴府山阴县。乳名阿培,入私塾时,取名元培。绍兴是历史文化名城,地处富饶的浙东平原,山明水秀,人文荟萃①,运河流经其间,市内河网密布,水运发达,商业繁荣。交通发达、经济繁荣是催生思想文化的久远与兴盛的重要因素之一。

蔡氏家族世代经商,到他曾祖父那一代,家业中落。蔡元培的祖父曾为当铺经理,因经营得法,家业渐盛;为人处世以公正著。② 据传其祖父夏夜读书,为避免蚊虫叮咬,曾置两脚于瓮中,其勤学用功的精神可想而知。这个方法后来也为蔡元培所仿效。

蔡元培的父亲蔡光普虽为钱庄经理,但并未财迷心窍,而是为人慷慨,待人厚道,周济朋友,有求必应,乃至借款于人,不忍索还,以致逝后,家中毫无积蓄。③ 据说,某年,光普任钱庄经理时,因获利颇丰,就给职员多发了奖金,引起东家不满,责令其赔偿,因此忧悒而逝。光普病逝后,生前向他借贷的人虽无借条,但都主动送还,说是良心上过不去。一位友人在其挽联中称道:"若要有几许精神,持己接人,都要到极好处。"④

蔡元培的六叔读书,考试,入学,为廪生(明清两代称由府、州、县按时发给银子和粮食补助的生员),也是蔡元培父辈中唯一读书登科的人。蔡元培早年读书,曾得益于他的指导。

蔡元培的母亲周氏,虽无多少文化,却贤而能,颇有志。丈夫逝后,周氏靠典当衣饰,省吃俭用,抚养诸子成人。一些亲友见周氏母子孤苦无依,提议募款相助,周氏婉谢,不愿受人施舍。她每以"自立""不依赖"勉励诸子,且管教甚严,可谓言传身教。"每有事与人谈话,先预想彼将作何语,

---

① 绍兴有着悠久的文化历史传承,曾产生过许多知名的政治家、思想家、艺术家,从春秋时期的一代枭雄——越王勾践(? —前465),东汉时期充满激烈抗争精神的思想家王充(约27—97),东晋杰出的书法家王羲之(321—379),唐代著名诗人贺知章(659—744),南宋伟大的爱国诗人陆游(1125—1210),明代杰出的书画家和文学家徐渭(1521—1593),明末哲学家刘宗周(1578—1645),清代著名的历史学家章学诚(1738—1801),清末杰出的女革命家秋瑾(1875—1907),再到我国现代伟大的文学家、思想家和革命家鲁迅(1881—1936)等。伟大的马克思主义者周恩来(1898—1976)祖籍也是此地。
② 蔡元培:《蔡子民先生言行录》,山东人民出版社1998年版,第1页。
③ 崔志海:《蔡元培》,浙江人民出版社1998年版,第7页。
④ 《自写年谱》,见中国蔡元培研究会编:《蔡元培全集》第十七卷,浙江教育出版社1998年版,第421页。

我宜以何语应之。既毕，又追醒彼作何语，我曾作何语，有误否，以是鲜偾事。"①"我母亲为我们理发时，与我们共饭时，常指出我们的缺点，督促我们的用工。我们如有错误，我母亲从不怒骂，但说明理由，令我们改过。若屡诫不改，我母亲就于清晨我们未起时，掀开被头，用一束竹筲打股臀等处，历数各种过失，待我们服罪认改而后已。选用竹筲，因为着肤虽痛，而不至伤骨。又不打头面上，恐有痕迹，为见者所笑。"②夜里，孩子做功课，周氏常在一旁陪读，既安慰又勉励。一次，蔡元培功课做得太晚，过于疲倦，思路不开，周氏便劝他干脆早睡，第二天黎明再将他唤醒。结果，经过一夜的休息，蔡元培思路开阔，一挥而就。自此，他便养成了熬夜不如早起的习惯。

无疑，蔡元培的血液中流淌着祖父辈们优良品性的因子。尤其是其母亲的言行，对蔡元培的性格有很大影响，他一生勤奋，为人宽厚而不苟取，性格安详平正，平易近人，应该说与其母家教传承大有关联。一方面，因父亲早逝，蔡氏所受的母教相对多些。"我母亲是精明而又慈爱的。"另一方面，蔡氏的母亲最慎于言语，将见一亲友，必先揣度对方将怎样说，自己将如何应对。在这种潜移默化的家庭环境中，爱与思考的种子自然会慢慢渗入到孩子幼小的心田中，生根、发芽、开花、结果。"我母亲的仁慈而恳切，影响于我们的品性甚大。"③谁说"养不教父之过"？伟大人物的背后都有一位伟大的女性。

有人认为，周氏的"慎言之教"对于孩子适应生存环境虽有裨益，但肯定会抑制孩子的自由表达，甚至使其养成屈己从人的习惯。同时，她对孩子的训诫和体罚，似乎有些过分，并且认为，"一个经常受到惩戒的孩子，往往容易养成心理的病态和个性的压抑"④。这种论断，过于勉强。且不说周氏"慎言之教"是否一定会抑制孩子的自由表达，她既然"仁慈而恳

---

① 蔡元培：《蔡孑民先生言行录》，山东人民出版社1998年版，第1页。
② 《自写年谱》，见中国蔡元培研究会编：《蔡元培全集》第十七卷，浙江教育出版社1998年版，第427页。
③ 《自写年谱》，见中国蔡元培研究会编：《蔡元培全集》第十七卷，浙江教育出版社1998年版，第427页。
④ 项义华：《蔡元培的举业之途与制艺之作》，载《浙江学刊》2013年第6期。

切"，又是在"屡诫不改"的情况下才动用"竹筱打股臀"之罚，怎么可能是"经常"？

总之，蔡氏后来骨子里所表现出来的那份平和、爱心、豁达与超然应该说与其早年的家庭影响不无关系。"故孑民之宽厚，为其父之遗传性。其不苟取，不妄言，则得诸母教焉。"①

第二节　和而不同的个性

蔡氏性格的总体倾向就是和而不同，即沉静与叛逆相安无事地融为一体，伴其一生。

一、沉静

对于蔡氏幼年时代的故事，研究蔡氏的专家唐振常先生有两个特别的文字记载。一个故事说，一次，女佣携年幼的蔡氏兄弟下楼玩耍，楼梯高且陡，须由女佣抱下，女佣先抱堂兄，留下年幼的蔡氏在楼梯口等候，岂料女佣抱堂兄下楼后适遇他事，竟忘了还有一小孩在楼上。年幼的蔡氏不哭不叫，端坐楼梯口静待多时，直至被家人发现。这件事可以证明蔡氏性格天性沉静与平和。② 另一个故事说，虚龄 6 岁的蔡氏进入私塾读书，几年工夫，慢慢养成"摒除尘嚣静心读书的习惯"。一日傍晚，他如平常一样在家中楼上读书，宅内失火，家人惊骇，呼其下楼，而他"因读书专注竟浑然不觉"③。这表明少小的蔡氏能够潜心读书，定力很好。

蔡氏考中进士后去广东游学时路过香港为一店主题写的对联"遇事虚怀观一是，与人和气察群言"，同样表明这种平和、沉静的心胸。后来，蔡氏去京赴任翰林院编修题写的那副对联"都无做官意，唯有读书声"，固然反映出蔡氏对清廷的失望、对官场厌恶的一面，但另一方面也再次传达

---

① 蔡元培：《蔡孑民先生言行录》，山东人民出版社 1998 年版，第 1 页。
② 唐振常：《蔡元培传》，上海人民出版社 1985 年版，第 6 页。
③ 唐振常：《蔡元培传》，上海人民出版社 1985 年版，第 7 页。

出蔡氏内心对平静、安宁的精神生活的向往。因此,当1898年如火如荼的维新变法展开时,既与参加变法的主要人物之一的梁启超是同科举人,又与积极参与变法的好友张元济是同科进士的蔡氏,虽同情变法,但不事征逐的他冷眼旁观;待到变法失败时,他又悄悄伴妻携子离开京城,返回家乡,致力于自己钟情的教育事业。当有人说他是维新派时,"也不与辩"①。表明蔡氏一副泰坦然自得的情怀。

应该说,这种平和的性格、恬淡的气质与其父宽厚的品格及其母"不妄言""不苟取"的德行遗传与感染有很大关联。这是生物遗传和父母优良德行陶养的结果。这是其一。

其二,蔡氏一生博览群书,兼容古今,旁涉新旧,纵览中外,和而不同。

其三,蔡氏一生致力教育,热心美育和艺术②,钟爱哲学,倾心学术,潜移默化中形成从容自如的人格特质。

其四,更为重要的是,就文化的视角来说,蔡氏"和"的一面主要来自于中国传统文化精神的内核"中庸之道"。

蔡氏是我国近现代史上著名的教育家和思想家。他曾被称为中国近现代的孔夫子。作为对中国历史影响深远的学术派别,儒学无疑也在旧学深厚的蔡氏的心灵上留下了浓重的印痕。对蔡氏影响最大的传统思想观念就是儒家的中庸之道。作为一位学贯中西的学者,面对近代扑面而来的西学东渐、反传统的激烈怒号和文化保守主义的坚持,蔡氏"兼容并包"地回应了来自各方面的挑战:既不感情冲动地片面主张"全盘西化",又不一厢情愿地固守中国文化本位主义,而是试图走出一条"调和"中西的文化之路。这本身就是中庸之道的具体运用。

蔡氏认为,儒家思想比较符合中华民族性,代表了中华民族的根本理想,其根本原因在于:儒家坚守中庸之道,即不偏不倚。蔡氏心目中的儒家思想——中庸之道因符合中国国情而延续久远。蔡氏认为,孙中山的三民

---

① 《自写年谱》,见中国蔡元培研究会编:《蔡元培全集》第十七卷,浙江教育出版社1998年版,第435页。

② "他对自然和艺术的爱好使他的心境平静,思想崇高,趣味雅洁,态度恳切而平和,生活朴素而谦抑。他虚怀若谷,对于任何意见、批评,或建议都欣然接纳。"(蒋梦麟:《蒋梦麟自传》,团结出版社2004年版,第165页。)

主义是中庸之道在新时代的具体运用与发展。这种中和性把古今中西的文化融合在一起,相互取长补短,创造性地走出了一条调和式的文明之路。

蔡氏辞世后,对其性格与为人,时人或后人多盖棺定论,说其"温和诚恳"者有之[①];说其"有容""率真"者有之[②];说其"谦让和蔼,温良恭俭"者有之[③];说其"处世恬淡,待人平易"者有之;说其"神明内固,和易不轻喜怒"者有之[④],不一而足。这是其待人接物的一面。但蔡氏还有另外与众不同的一面,即其身上呈现出的叛逆性格。

二、叛逆

叛逆,顾名思义,就是反叛的思想、行为,忤逆正常的规律,与现实相反,违背他人的愿望,常常做出一些出乎意料的事。叛逆是一种强烈的自我表现欲,在思维形式上属于"求异思维",希望通过自己的"标新立异"或"唱反调",来引起别人注意,甚而改变他人或社会。这一般是用来描述成长中的青少年心理。而本书所指的蔡氏的叛逆有其心理发展的一面,同时也指蔡氏独立思考,对所处时代"常识"与"习俗"的批判与挑战。一方面,蔡氏的叛逆主要突出表现在其读书求学期间。

一是其名字与自号的变化。蔡氏初进家塾读书时,其叔父为他取字鹤卿,后来他觉得鹤卿二字显得庸俗,又因羡慕古人而自字仲申,号为雀顾。1901年,蔡氏取陆游诗句,"自号心太平庵,取春秋太平世义",并以哲学上的唯心论加以贯通。但于某一天忽然在日报和《清议报》中看到"心太平室主",以与其雷同为耻,于是就改号为"知困斋","以表教育之志"[⑤]。典出《论语·季氏》:"生而知之者,上也;学而知之者,次也;困而学之,又其次也;困而不学,民斯为下矣。""困而知之",意为人的知识必须克服困难才能获得。这里,既可看出蔡氏行事以雷同为耻的性格取向,说明他有意追寻与众不同的行事方式,又可说明蔡氏为摆脱思想困惑而不断追寻真知

---

① 蔡建国编:《蔡元培先生纪念集》,中华书局1984年版,第27页。
② 梁漱溟:《忆往谈旧录》,金城出版社2006年版,第100页。
③ 蔡建国编:《蔡元培先生纪念集》,中华书局1984年版,第65页。
④ 蔡建国编:《蔡元培先生纪念集》,中华书局1984年版,第89页。
⑤ 《日记》,见中国蔡元培研究会编:《蔡元培全集》第十五卷,浙江教育出版社1998年版,第334页。

的坚强意志。① 后来有一段时间,他曾自号民友,意为民众之友。不久,他意识到"民友"的不妥,"嫌民友之名尚有自居于非民之嫌"②,因而又取名孑民,源自《诗经·大雅》"周余黎民,靡有孑遗",以示救亡图存的志向。③从这里可以看出,蔡氏身上弥散着叛逆、反思、志存高远的因子。

二是蔡氏曾经有一段时间非常崇拜宋儒,在母亲患病期间,偷偷恚臂和药,希图治好母亲的病;其母不幸病逝后,又于夜深人静时分,睡于棺侧;奔丧期间,其兄为其订婚,以为乃大不孝,哭而拒之。这些除了说明蔡氏对其母的挚爱外,也可昭示其对宋儒信条的执着迷恋,近似迂腐的言行举止间透露出坚贞不阿的叛逆与偏执。

三是蔡氏的"怪八股"。蔡氏因喜爱龚自珍的文字而加以效法,并使用一些先秦诸子的假借之字。"读定庵先生文,喜而学之,又厕以九经诸子假借之字,倒句互文之法,观者辄讶为奇僻。"④1889 年,蔡氏考举人时应试的文章被时任浙江学政的潘衍桐编入《两浙校士录》第一册"制义"编内,并有"文境高古,如读异书,如观鼎彝"⑤的评语。

其实,严格地说,蔡氏参加举人和进士考试,均不是按照八股文规定的

---

① 思想有困惑、烦扰,说明思想在追寻,在进步;无困惑,则昭示思想停止了成长。古人说,四十而不惑。其实,思想上的不惑理应是无止境的,尤其是现代社会,所谓活到老,学到老。不幸的是,现代人,恐怕二十而不惑,也不在少数。科学技术产品的速成与人的精神成长的年轮递增成反比例关系,旁证了人类异化速度的加剧。

② 《致吴稚晖函》,见中国蔡元培研究会编:《蔡元培全集》第十卷,浙江教育出版社 1998 年版,第64—65 页。蔡氏取号民友的内在原因是:传统中国知识分子抱着"以天下为己任"的胸怀,自觉不自觉地把自己置于民众之外或民众之上。近代以来,知识分子和政治精英们,多数何尝不是抱着这种心态。即便是启蒙思想家们也多半持守民粹主义和传统士大夫的"家国意识",其目标是治国平天下。而真正的启蒙是自我启蒙,是"立人",是"追寻自我、建构自我、完善自我"。(参见邓晓芒:《新批判主义》,湖北教育出版社 2001 年版,第 16 页。)

③ 有人以为蔡氏的这一转变是以儒家思想为基础的。(参见胡志坚:《自我统摄下的心理与行为——蔡元培、黄炎培和陶行知的社会心理与行为特点研究》,华中师范大学 2005 级博士学位论文,第 28 页。)笔者觉得这种论断有待商榷。虽不能说蔡氏改"民友"为"孑民"的行为富有自我启蒙意味,但可以肯定的是他已突破传统儒家"济民"的精英意识,而转向"救亡图存"的平民意识。

④ 《日记》,见中国蔡元培研究会编:《蔡元培全集》第十五卷,浙江教育出版社 1998 年版,第 95 页。蔡氏在一场乡试中曾写过一篇怪文,一开头就引用《礼记》里的"饮食男女,人之大欲存焉"一句。蔡氏的叛逆可见一斑。有趣的是,蔡氏恰恰在这场乡试中中了举人。(参见蒋梦麟:《蒋梦麟自传》,团结出版社 2004 年版,第 165 页。)

⑤ 高平叔撰著:《蔡元培年谱》第一卷,人民教育出版社 1999 年版,第 43 页。

格式和文风循规蹈矩的。① 蔡氏自己也曾说:"惟八股文、八韵诗,鄙人自二十岁以后,即已屏弃,虽侥幸得第,并不系此。"②晚年的蔡氏对此也有过清晰的回忆:"我从十七岁起,就自由的读'考据''词章'等书籍,不再练习八股文了。"③也许正因为这个缘故,蔡氏举人考试连续考了三次才得以考中。但为什么他又能"侥幸"考中呢? 史学家们或研究蔡氏生平的人似乎没有对此给出一个合理的解释。通常的说法无非是蔡氏因才华出众才能得第。

问题是蔡氏的文风已经背离了统治者规定好了的先例。按照现在的说法,蔡氏没有按照游戏规则去行事,一开始就意味着失败了。就是说,蔡氏说自己"侥幸"得第的话并非空穴来风,也非自谦。而且,进士考试,蔡氏一次就考中,且入了翰林。相形之下,深受蔡氏推崇的龚自珍的科举道路可就"漫长"多了:27 岁才考中举人;5 次参加进士考试都落第;直到 38 岁第 6 次参加会试,才考中进士——三甲第 19 名,不得入翰林。应该说,蔡氏的"怪八股"不比龚氏的文风"正经"多少。此外,蔡氏朝考的书法也不是清廷考试认可的馆阁体。④ 蔡氏晚年曾对此有所回忆:"我那时候也没有拘格式,而且这两年中也并没有习字,仍是随便一写……有一位阅卷大臣,说此卷的字不是馆阁体。"⑤

与其说蔡氏上述的行为怪异,倒不如说是:在一以贯之的传统社会中,相对于一般民众、多数读书人或士大夫所崇尚的安贫乐道、自得其乐、难得糊涂的处世哲学来说,这种行为显得有点格格不入罢了。对此,蔡氏曾有过不少私下的内心的自我表述:"余孤愤既久,遇事当意,辄急起径行,往

---

① 近来,有人对此持有异议,认为蔡氏的"怪八股",其形式与内容并不怪,有被"夸大""拔高"之嫌。(项义华:《蔡元培的举业之途与制艺之作》,载《浙江学刊》2013 年第 6 期。)

② 《告嵊县剡山书院诸生书》,见中国蔡元培研究会编:《蔡元培全集》第一卷,浙江教育出版社 1997 年版,第 283 页。

③ 《我所受旧教育的回忆》,见中国蔡元培研究会编:《蔡元培全集》第七卷,浙江教育出版社 1997 年版,第 554 页。

④ 馆阁体特指楷书。在科举试场上,须使用这种书体,它突出楷书的共性,即规范、美观、整洁、大方,并不强调如今所谓的个性。

⑤ 《自写年谱》,见中国蔡元培研究会编:《蔡元培全集》第十七卷,浙江教育出版社 1998 年版,第 431 页。

往失之切急,欲速则转不达,吾以是益叹君之从容为不可及也。"①这是蔡氏偶遇耕读乡间、怡然自得、言行高洁的许香九时流露的心迹。他在赠许氏文中慨叹:"微君,则孰与发余之狂言也与。"②

这种孤愤、激进、急躁恰恰表明蔡氏对当时的现实社会非常不满,并试图运用自己的力量加以改变,但又往往操之过急,进而适得其反。因而,最终悟到行事从容的重要。正是在这种情况下,蔡氏逐渐认识到他一直虽赞成但却冷眼旁观的维新变法也是由于操之过急而不切实际而流产。"戊戌之变,元培在京师,历见其始终。而推暨其故,以为天演所趋,盖有不得不变通者,而当事诸君为之而不成,盖亦有操之过蹙者与。"③因此,他认识到改变风俗、改变思想观念的重要意义,就决定从自己做起,致力于教育。前文所述蔡氏 1912 年前致力于学校教育、社会教育的变革都在于此。

另一方面,蔡氏身上的"怪相"还体现在其社会示范上。

其一,蔡氏在第二次婚姻上所表现出的不同凡俗的举动。原配夫人王昭去世,蔡氏续娶。此时,蔡氏的思想因受西方思想和本土自由思想的熏染,开始进入开明的天地。他在婚姻态度上可谓开风气之先。他回绝了不少前来说媒的人,并公开向社会提出了自己的征婚条件:一、女子须不缠足;二、须识字;三、男子不娶妾;四、男死后,女可再嫁;五、夫妇如不相合,可离婚。④ 这些条件,特别是最后两条,虽然在当代不算什么,但在当时的中国,应是惊世骇俗之举了,所以吓跑了很多说媒者,表现出蔡氏卓然独行、敢为人先的勇敢精神。1902 年,蔡氏与黄仲玉女士结婚。他们的婚礼没有按浙江风俗挂福禄寿三星画轴,而代之以绣着"孔子"两个大字的红幛子。婚礼的另一项改革是取消闹洞房的习俗,代之以来宾的演说。在演说会上,蔡氏向各位来宾阐述了取消闹洞房的道理:"余开宗明义言夫妇之道,极正大,极重要,无可引以为羞涩,并无可援以为谐谑之理。而近世

---

① 《赠许香九文》,见中国蔡元培研究会编:《蔡元培全集》第一卷,浙江教育出版社 1997 年版,第304 页。

② 《赠许香九文》,见中国蔡元培研究会编:《蔡元培全集》第一卷,浙江教育出版社 1997 年版,第305 页。

③ 《书姚子〈移居留别诗〉后》,见中国蔡元培研究会编:《蔡元培全集》第一卷,浙江教育出版社 1997 年版,第 287 页。

④ 蔡元培:《蔡子民先生言行录》,山东人民出版社 1998 年版,第 3 页。

东南诸盛行闹房之俗,务以诡诈谑浪为宗,实不可解。"①蔡氏指出,之所以有这样的风俗,是因为后人将最初女子出嫁时母亲、舅姑、族戚教导的话语,以讹传讹,演化为闹洞房的陋俗。这是一怪,表明蔡氏知行合一,以亲身的实际行动来改变社会旧俗。

其二,蔡氏以翰林身份参加革命。1904 年,蔡氏重新出任爱国女学的总理,将女学作为从事暗杀和暴动活动的秘密机关,研制炸药。"我于爱国女学左近租屋一幢,并介绍物理学家王君小徐及化学家钟宪鬯先生加入小组。"②同年,蔡氏组织光复会,出任会长。这就是后来为人们所津津乐道的书生革命,表明外表平易、祥和的蔡氏内心怀抱着一腔急欲改变现状的热情。这种叛逆折射出蔡氏对思想自由与社会改造的向往与追求。

早在 1896 年,蔡氏面对清廷的不可救药和现实社会的无奈,就已经流露出这种情感:"人生识字始生忧,百感茫茫不自由。"③后来,蔡氏出任绍兴中西学堂总理时,因佑助新派而招致校董徐树兰干涉,蔡氏以谭嗣同为例,说明自己决不畏祸,愤然辞职。须知,蔡氏曾在徐家校书 4 年,蔡氏因此学业大长,且有以书会友的便利,对蔡氏后来的思想发展大有裨益;蔡氏在此与徐氏兄弟及其子弟结下一定的情谊;同时,徐氏是长辈,且是当地的开明士绅,蔡氏每以"徐丈"称之。这一举动,无疑表明蔡氏宁愿绝交私人情谊,也绝不与旧势力妥协的坚定立场。

其三,蔡氏一生辞职颇多,考察这点,同样有利于我们更好地理解蔡氏的不妥协、不苟且的叛逆行为。1912 年之前,蔡氏突出的辞职举动有:不满清廷的腐败,离开翰林院而委身教育;不向旧势力妥协而辞去绍兴中西学堂总理;同情和支持学生争取民权而辞去南洋公学特班总教习。1912年之后,蔡氏辞职的典型案例有:教育总长一职至少辞过五次①;在北京大

① 《日记》,见中国蔡元培研究会编:《蔡元培全集》第十五卷,浙江教育出版社 1998 年版,第371 页。
② 《自写年谱》,见中国蔡元培研究会编:《蔡元培全集》第十七卷,浙江教育出版社 1998 年版,第449页。
③ 《题铁花灯(十六绝)》,见中国蔡元培研究会编:《蔡元培全集》第一卷,浙江教育出版社 1997 年版,第 165 页。
④ 未就职前辞两次(参见唐振常:《蔡元培传》,上海人民出版社 1985 年版,第 83 页);南京临时政府解散、北洋政府即将成立之际,蔡氏面辞袁世凯一次;北洋政成立后,写辞呈一次不成,面辞一次。

学校长任上,至少辞职七次,同一请辞事件中续有辞呈者不在其列①;1928年辞去大学院院长、国民党中央政治会议委员、国民政府委员、代理司法部长等职;同年被推举为国民政府委员兼任监察院院长,坚辞不就;1929 年,蔡氏再辞监察院院长之职。综观蔡氏上述辞职行为,不妥协、不苟且也好,官场失意、厌倦也罢,都说明蔡氏不贪恋权位,对于专制政权或不满,或抗争——以一种和平的反抗方式,维护个体的人格独立,投射出行为主体对名利的淡泊,这本身也可理解为一种内在的沉静与超然。就此而言,叛逆与宁静又找到了二者相互会通的地方。

有人要提出疑问,蔡氏动不动就辞职,对社会事业持消极态度,是不是性格孤僻、不合群,或者是不是在逃避责任,或是不是无法与其进行建设性的合作。这个问题不能一概而论,须置于具体的历史境遇中来加以考察。如反抗袁世凯的专权,蔡氏并非没有合作、抗争过,只是无效才退隐。② 抗议北洋军阀政府教育总长彭允彝干涉司法独立、蹂躏人权,蔡氏提出辞呈,发表《关于不合作宣言》,发出了"忍无可忍"的呐喊。③ 为反抗蒋介石政府的独裁统治,蔡氏多次辞官不就,更是表明蔡氏不愿同流合污,乃至助纣为虐。更为重要的是,晚年的蔡氏与宋庆龄等组织人权保障同盟反抗法西斯专政更是一种积极姿态的展现,即以在朝的国民党元老与监察委员身份从事在野的民权保障活动。这些叛逆或不合作都是平和的,而非暴力。其实,也可以说,暴力就是叛逆的极致,是对中庸之道的背离。

行为叛逆意味着什么? 它与思想自由之间有什么关系? 行为叛逆意

---

① 唐振常:《蔡元培传》,上海人民出版社 1985 年版,第 157 页。"如果不是全国到处有同情他的人,蔡氏很可能遭遇苏格拉底的命运。"(蒋梦麟:《蒋梦麟自传》,团结出版社 2004 年版,第 166 页。)

② 在北洋政府成立前,蔡氏面辞不成还是接受邀请续任教育总长,这本身就是合作的态度;在阁员中,面对袁氏政权向六国银行借款,损害中国经济主权,蔡氏反抗最力。"遇事认真的蔡元培在内阁会议上常与段祺瑞、熊希龄等袁派阁员发生争执,而收效甚微。"(叶隽考释:《蔡元培:大学的意义》,山东文艺出版社 2006 年版,第 8 页。)

③ 他是个理想者,在那个"卑污苟且的社会",为人所不理解。"他的主张,他的理想,尤其是一盆正旺的炭火,大家怕炙手,如何敢去抓呢? '小人知进而不知退','不忍与同流合污之苟安','不合作主义','为保持人格起见……','生平仅知是非公道,从不以人为单位'。这些话有多少人能懂? 这样的一个理想者,非失败不可。因为理想者总是失败的。若然理想胜利,那就是卑污苟且的社会政治失败——那是一个过于奢侈的愿望了。"(参见唐振常:《蔡元培传》,上海人民出版社 1985 年版,第 188 页。)

味着对正统与常规的否决与挑战,否决一以贯之或约定俗成的规范与模式,挑战公众普遍认同的观念或行为,以反常与"怪异"的言行做出离经叛道的举动。这至少说明以下四点:

其一,对现实的不满。鲁迅先生曾言,不满是向上的动力。旧教育、旧政治、旧社会的影像、影响、经验对蔡氏来说呈现在多方面。就旧教育而言,管教严格的师塾与四书五经范围的拘泥铸造了少小的蔡氏深厚的传统文化底蕴;同时,八股取士的狭隘阻碍了蔡氏自由读书的向往。就旧政治来说,青年夺第的蔡氏在意气风发的同时,通过甲午中日战争的风云,深感祖国的风雨飘摇与民族的耻辱,窥见老大帝国的腐朽与没落,内心充满着无限的惆怅与铭心的痛苦。就旧社会而言,来自社会中下层的蔡氏,耳闻目睹黎民百姓的水深火热与王公贵族的纸醉金迷,士大夫们置国家兴亡于不顾,或得过且过、安平乐道,或追名逐利、沽名钓誉,其内心的不满是自然的。

其二,怀疑精神。对现实的不满与蔡氏的怀疑精神是连为一体的。蔡氏在性格取向上对学术兴趣浓厚,尤其钟情哲学、美学,这内在地决定了蔡氏怀疑的精神、超然的情怀。不迷信、盲从,做自己言行的主人,这是人的主体性的张扬。人的高贵就在于其大部分言动视听都是他(她)自己思考的、选择的,而不是唯习俗、权威、公众"马首是瞻"。这是人格独立的表现。

其三,自主精神。不怕孤立,勇于替自己的言行后果担责。人是合群的高级动物,社会化是免不了的。就生存力量而言,离开了群,弱小的个体易孤立无依,甚至无所适从。就心理支持而言,个体需要情感、理智上的交流、沟通与碰撞;合群也是个体获得安全和来自他人尊重的重要渠道之一。在一个中规中矩的古老社会中,有时,一个叛逆者不仅面临周遭的心理压力,而且还会遇到来自社会舆论甚至政治威权的压力。就此而言,叛逆者们如果缺少内在的强大的精神支柱,显然会面临心理危机,甚至肉体危机,如疯癫、玩世不恭、放浪形骸、自杀等。此外,在一个异端匮乏、怪异缺失,崇尚四平八稳、安贫乐道的国度,叛逆意味着冒群众、常规之大不韪,自绝于他人与共同体,其冒险的社会代价太大了,甚而会成为人人喊打的疯子。所以,对于中国人来说,行为怪异就绝不是一般的选择了,所谓"枪打出头

217

鸟""难得糊涂"都是大多数国人奉行的处世格言;谁要违背,谁就没有好果子吃,甚至吃不了兜着走。怀疑与自主的内里是哲学求真精神的沉淀,即对理想的追寻;自立与勇敢的背后是有着强烈的信念支持,即对自由的渴望。理想与自由的牵引正是哲学探索精神的自然反映。蔡氏性格中叛逆的一面既是其追求独立自由精神的折射,又是其坚持思想自由的必然结果。"当人具有了一种能动的自由精神的时候,他最初能够突破的就是禁忌。"①蔡氏的怪异也可由此得到解释。

其四,蔡氏一生易退难进。如前所述,维新变法失败,蔡氏看到清政府不可为,毅然决然地辞官南下,致力于地方学校教育与社会教育;多次辞职,表明蔡氏不贪慕权位,淡泊名利。这是蔡氏"易退"的一面。另一方面,蔡氏一生勇于担当,敢于挑战,做出别人不能为、不敢为的事业来。比如,在南京临时政府时期,由于袁世凯强大的政治、军事压力,南京临时政府的革命党人被迫同意袁世凯出任临时政府总统。事前,南京临时政府需要派人去北京迎接袁氏到南京就任临时总统。就当时的历史情境而言,明眼人都能看出,袁氏不会离开自己经营多年的北方老巢而甘愿屈服于革命军政府。这样,"迎袁"就是一项吃力不讨好的差事,明明无法促成还要极力为之。自然,没有多少人愿意出面履行。偏偏这一差事落到蔡氏头上。这固然有南京临时政府找不到比蔡氏合适人选的原因,但丝毫不能否认的是,蔡氏敢于担当的勇气也是促成他成为迎袁专使的重要因素。再如,蔡氏出任北京大学校长一职也是"难进"的佳例。本来,北京大学校长换了一茬又一茬,因北京大学官僚习气太重,无人能够治好。而且,当时的北京大学是在北洋军阀政府控制之下,偏偏蔡氏又是反对北洋军阀政府的。尽管此时北洋军阀政府的总头目袁氏已命归西天,但毕竟北京仍是北洋军阀的老巢,大大小小的"袁氏"还健在。

更为重要的是,蔡氏所属的党派在南方广东建立革命政府,与北京的北洋军阀政府相互对立。对于南方革命者所建立的政府而言,身为国民党主要成员的蔡氏如应北洋军阀政府的吁请去出任北京大学校长,等于是"佑助"反动政府,"背叛"南方革命政府。同时,北京大学的腐败不亚于北

---

① 邓晓芒:《康德哲学讲演录》,广西师范大学出版社 2006 年版,第 188 页。

洋军阀政府的腐败,身为国民党党员的蔡氏出任北京大学校长,如果治理不好,反而有损自己的名声。因此,当蔡氏打算接受北洋军阀政府邀请,出任北京大学校长之际,国民党内部就有不少人士反对。好在以孙中山为首的少数开明的革命党人支持蔡氏出任北京大学校长,所以蔡氏抱着"我不入地狱,谁入地狱"的决心,去主持北京大学,这才有后来北京大学的声名鹊起。勇敢地出任北京大学校长,也表明,蔡氏跨越了党派之争与政治之争,站在国家与民族长远利益的角度考虑问题,致力的是中国教育事业的发展,谋求的是中华民族长远利益的发展。这是蔡氏作为伟大教育家的宽广胸怀的典型折射。

"易退难进"的处世风格表明,蔡氏鲜明的个性,独特的思考,宽广的胸怀,是他成就非凡教育功业的内在基础。

叛逆与沉静本是一对不可调和的矛盾,如何又集中地体现在一个人的身上,且能使这个主体在政治与教育文化事业中纵横捭阖而不至于无所作为、精神分裂。这是蔡氏坚守中庸之道的结果。如果说沉静是蔡氏"和"的底质,"不群"则是蔡氏"不同"的表征,二者共同构筑起蔡氏一生的精神风范。

如果说蔡氏沉静的一面表明蔡氏身上自有对和谐统一的追求,蔡氏身上所表现出的叛逆的一面,则表明其向往自由开放的一面。[①] 这两个看似矛盾的性格倾向又同时一并集中在蔡氏身上,甚至也可以说,二者是蔡氏一生风骨的体现。[②] 塑造教育家的内外条件与影响因子诸多,其中,教育家自身别具一格的人格特质是一项非常重要的观察指标。蔡氏的性格特质难免烙下了很深的时代印痕,即看似矛盾的,实则动静相间、正反相承的复合型的性格,投射出中华民族在近现代史上所遭逢的艰难险阻与正道沧桑。

---

① 有趣的是,蔡氏的性格与孙中山的性格有一致之处:"孙逸仙有着和蔼可亲的个性,但从早年开始,他就展示出一种古怪而固执的性格——挑战包括宗教权威在内的所有权威。"参见〔美〕威廉·H.布兰察德:《革命道德——关于革命者的精神分析》,戴长征译,中央编译出版社2004年版,第221页。

② 蔡氏实在是代表两种伟大的文化,一是中国传统圣贤的修养,一是法兰西革命中标榜自由平等博爱的理想。(蔡建国编:《蔡元培先生纪念集》,中华书局1984年版,第82页。)

第三节　思想探索

个性鲜明与独立思考、思维创造往往是连为一体的。蔡氏和而不同的性格与其思想探索紧密相连。其思想探索主要表现在以下三个方面：

一、教育思考

作为热爱哲学的教育家，蔡氏的思想探索主要体现在教育思考中，尤其是体现在其早期教育教学的试（论、课）题中。

据蔡氏日记载，1899 年、1900 年、1901 年、1902 年、1906 年，他在绍兴中西学堂、翊志书院、剡山书院、南洋公学、译学馆等处所出试（论、课）题，内容丰富，兹列举如下：

（一）绍兴中西学堂

1. 1899 年：李斯论；子产论；人之所以异于禽兽者几希（制艺）；读越王勾践世家（不拘体韵）；赋得铁路（得车字，五言六韵）；问中西文字异同大略；问算学致用大略；问格致学致用大略（以上理斋、词斋题）；问诸生何故读经；问何故习西国语言文字；问何故学算；问教习何以讲格致浅说；说燕子；猫能捕鼠（造句）；蚕食叶吐丝。（阴历二月十五，阳历 3 月 26 日）①

陈平周勃论；民团利病策；贞下起元说；舜明于庶物（至以施四事经义）。赋得□□□□□（笔者注：原文如此）。蒙学题：浚闸港议；越中上冢说。（阴历三月十五，阳历 4 月 24 日）

2. 1900 年：自秦以来，我国民思与秦以前不同者何在？其逐渐改变者何如？何者为进？何者为退？至于今，与西洋思比较，有何同异？何去何从？试详言其关系。拟编民史条例。（皆三级课题）（阴历三月初一，阳历

---

① 按高平叔先生的理解，这是中西学堂月考题。（高平叔撰著：《蔡元培年谱长编》第一卷，人民教育出版社 1999 年版，第 43 页。）

3月31日）

原国；记山东义和团（三级）；记绍兴墓祭；汉徙齐楚大族实关中论。（阴历三月二十二，阳历 4 月 21 日）

中国社会现状，近日盗贼公行。拟集资开厂，延师招工，分日力为四，以其二习工艺，以其一识字明理，以其一习武备。闻警则如救火之例，整队以出，平日厚其工资，不幸为盗杀，则厚其抚恤，于事有济乎？有无流弊？其节目当如何？（三级）大学记生财大道论；鲍生、召平等为萧相国图自全论；记权阉李莲英。（二级）（阴历四月十四，阳历 5 月 12 日）

（二）翊志书院

1. 1900 年："孟子曰鱼为所欲也"一章；"见利思义"三句，赋得耳（得闻字）；论看报章之益。（阴历三月十四，阳历 4 月 13 日）

由君子观之至几希矣（生）；赋得血（得心字）；说诸暨湖田利病；富与贵至不处也（童）；《后汉书·党锢传》书后；读《汉书·孝元后传》（七律）。（阴历三月二十三，阳历 4 月 22 日）

2. 1901 年：不违农时二节；吾非斯人之徒与而谁与；赋得卧薪尝胆；论语论孝论；越十年生聚十年教训说；凡教案皆起于民教不和，不和由教士干与讼事，干与之故，由士不能宣孝友睦姻任恤之教，而人民好讼，试筹所以挽救；论奉天将军增祺与俄罗斯擅定密约之害。（阴历二月初四，阳历 3 月 23 日）

"仁以为己任"四句；毋求备于一人；赋得蚕月条桑；问《仪礼》十七篇何以无事天神地祇之礼；太史公传伍子胥何以及白公胜事；联俄联日利害论；论宣讲乡约之益。（阴历二月二十，阳历 4 月 8 日）

孟子曰道在迩而求诸远一章；小不忍则乱大谋；赋得座右铭；论宋季联金灭辽联元灭金之失；论制艺取士之流弊；记诸暨各宗祠赡族劝学之法；问上海各日报何者最善。（阴历四月十八，阳历 6 月 4 日）

（三）剡山书院

1900 年：夫人必自侮至人伐之（生）；朝闻道二句（童）；赋得茧。（阴历四月初四，阳历 5 月 2 日）

孔教与各教不同而合于近今理学哲学说;孔子行在孝经志在春秋说;曾子传孝经义孟子传春秋义说;中庸为孔子之孙子思所作以昭明圣祖之德说;易十翼为孔子哲学说。(阴历八月二十一,阳历 9 月 14 日)

(四)二戴书院

1900 年:儒行儒有今人与居至犹将不忘百姓之病也义;《史记·货殖列传》书后;记嵊县养蚕法;劝集资购报启(附传阅章程);轻气球赋;感事诗(八股文之弊,五言八韵)。(阴历四月初四,阳历 5 月 2 日)

(五)南洋公学

1.1901 年:记周士爱国(国指父母国,政治史);我国折狱,不设陪审员,而不免绅士请托,试详其流弊(法律学);宋襄公不重伤不禽二毛之言合于公法否(公法学);宋儒论学□(笔者注:原文如此)以近禅相抵公理与抑门户之见欤(道德学)。(阴历九月初七,阳历 10 月 18 日)

论土耳其受保护于英之利弊(政治史);论罚锾(法律学);论英国保护土耳其之得失(公法学);日本维新名士多出于阳明学派说(道德学)。(阴历九月十四,阳历 10 月 25 日)

论信陵、平原、孟尝、春申四君与其国之关系(政治史);律有自首免罪,以公理证明之(法律学);拟外务部大臣移葡萄牙外交部长书(公法学);宋明道学家同出孔子而有宗教质性与哲学质性之不同,试概论之。(阴历九月二十,阳历 10 月 31 日)

论秦汉重农抑商(政治);论刑逼招供之非理(国法);论法人占土耳其弥低偏海岛(公法);说恕(道德)。(阴历十月初一,阳历 11 月 11 日)

宋儒论性有义理、气质两种,然否(道德);游侠平议;殷法刑弃灰于道辨;评英特之争。(阴历十月初八,阳历 11 月 18 日)

俄皇大彼得遗训十五条,为彼国二百年来外交政策之方针,其中有已实行者,试条举以证之;论监禁与放流两刑用意之异同;程正叔论寡妇再醮之非,谓饿死事小,失节事大,然再醮即失节乎? 以公理断之。(阴历十月十九,阳历 11 月 29 日)

论者谓民智未开,不能设议院,然否(宪法学);外人目我为君权无限辨(行政学);揭唐律、今律之大不同而有关系者,评其得失(法律);论国家彩票、富签票之弊,并陈筹还外债之策(理财学);论强国对弱国不守公法之关系(外交);希腊苏格拉第有知即德之说,试申引之(哲学);论教育之关系(教育学)。(阴历十月三十,阳历 12 月 10 日)

拟中国地方自治之制(宪法);论绅权之关系(行政);论监禁罪犯当有以教之(法律);欲以孔子之说组织一祖先教试条其大义(哲学);论小学校当注重理科(教育)。(阴历十一月十一,阳历 12 月 21 日)

2. 1902 年:《宪法精理》著人民权利十三条,以我国现行法制比较其违合之度(宪法);《新民丛报》"公民自治篇"举广东人自治之成绩,各依其例,以所居本省之事证之(行政);论立法、司法两权分立之理(法律);论国际公法之性质可以国家学中之民约论证明之(外交);论改定盐法及抵制洋盐进口之策(理财);斯宾塞尔言谬误事中自有真理,试以所知之事证明之(哲学);普之胜法,毛奇将军归其功于小学校教育,试论其理(教育)。(阴历三月三十,阳历 5 月 7 日)

(六)译学馆

1906 年:文之优劣,当以何者为标准?(阴历九月十三,阳历 10 月 30 日)

诸君于自作之文,有惬心与否?于他人之文,有赏赞与否?以何定之?(阴历九月十四,阳历 10 月 31 日)

论我国言文不一致之弊。(阴历九月十五,阳历 11 月 1 日)

文章之用,不外叙事、辨理、抒情三者,试分别论之。(阴历九月十六,阳历 11 月 2 日)

综合上述试(论、课)题,可以发现,蔡氏教育的视野非常开阔,远远突破了传统四书五经的范围,既有国内的又有国外的;既有古代的又有同时代的;既有政治大局又有地方看点;既有描述、诘疑,又有对比、论断;既有历史、政治、经济,又有道德、哲学、教育;既有社会科学,又有自然科学。尤其是执教南洋公学后的蔡氏,尽管在论题上更加条理、集中和偏重,但仍然旁涉众多的人文社会学科;尽管蔡氏倾心教育事业,热爱哲学,但这两方面的论题不占主导,大部分还是落在政治和法学上。

这表明蔡氏对政治、经济、民权和人权的优先重视,因为这是紧迫的时代课题与民族要务,必须优先加以思考、探讨、解决,而后才能谈得上其他。"哲学家必须持续关注各种社会问题,哲学在本质上是一种社会批评。"①而哲学和教育方面的论题,蔡氏则置于其间,这在南洋公学时期的论题中表现得尤为明显,说明蔡氏已经在关注这两方面的大问题了——这是其一生事功的主导方面。

而且,上述诸多论题本身就是为了教育,为了培养学生的思维视野;对诸多论题的思考既是为了培养哲学的求真精神,又是为了进行哲学思维方法的陶养。这样,社会问题、论题本身、教育和哲学之间的互动就联为一体了,四者共同服务于"树人"的事业,服务于现实社会,服务于独立人格的养成,服务于思想自由的标榜。

其中,涉及内容最多的是法律。一方面,这投射出晚清政治腐败、道德堕落、人心离散,忧国忧民者感时伤世,耿耿于怀,溢于言表。

另一方面,这意味着蔡氏试图寻找一种理性和公正的社会生活,超越了世俗的急功近利和小己的狭隘观念。后文谈及蔡氏痛斥袁世凯、黎元洪侵犯人权、亵渎法律尊严,为反抗蒋介石集团的法西斯政权而组织民权保障同盟即是。"法律是一种适用于所有人、但又高于所有人的规则,是一种理性的规范,它可以讨论,可以通过决定来修改,但它仍然表现一种被认为是神圣的秩序。"②这是因为法律不仅是一种工具,而且还是一种价值——社会主体应如何行为、怎样承担责任,才是正义的、合理的。③

尽管上述论题庞杂,不易归类总结,但仍可透露出一些富有时代气息和创新意识的思维轨迹,如对李斯、子产、彼得大帝等改革人物的关注,隐含着对历史的怀想和对现状的不满;对阅览、品评新闻报刊的重视,如"论看报章之益"(翊志书院论题,1900)、"问上海各日报何者最

---

① 〔美〕罗伯特·B.塔利斯:《杜威》,彭国华译,中华书局2002年版,第8页。

② 〔法〕让-皮埃尔·韦尔南:《希腊思想的起源》,秦海鹰译,三联书店1996年版,第40—41页。

③ 胡兴东:《生存范式:理性与传统》,中国社会科学出版社2005年版,第117页。

善"(翊志书院论题,1901),意在培养学生宽广的视野和当下的关怀意识;运用比较的方法来鉴别、评析中外同类或相近事物的精细之处,透露出严谨的科学研究精神;对法律和经济的极大关注,投射出人权与民生问题的极端重要性;涉及新学、西方文化和别国社会事务的较多,既突破了"中央帝国"的传统视域,又拓展了思考国事的时新角度;倾向诘疑、评判事物的是非得失,昭示出独立思考和勇于求知的教育倾向;等等。论题范围和发问角度凸显出独立主体思维空间的宽广、问题意识的敏锐和思想自由探索的胆识。①

二、德国情结

在思想探索的过程中,在以教育为志业的路途上,蔡氏形成了一定的德国情结。

从 19 世纪中叶到 20 世纪 20 年代,德国在世界科学界及其科学人才培养中占绝对优势,堪称世界科学的中心。② 这对于今天的国人来说,并不陌生。但对于 100 多年前的中国人而言,深谙此道的怕是寥寥。蔡氏向慕德国的精神文化,乃至形成一种情结。面对日本的侵略气焰,早在 1894 年 10 月 7 日,蔡氏就与文廷氏等商议,奏请清廷"密连英德"以抵御日本,在谈到德国时,奏折中有这样的语句:"德人亦特厚于我,凡将弁之效力于中国者,其主皆特赏宝星;又任中国购买军火,借资驭敌。"③这在当时蔡氏的日记中也有记载:"德意志素洽于我,军兴,许我往购军器,其国人仕于我者,皆加宝星(二事皆违公法)。"④在同月 11 日的日记中,蔡氏这样写道:"德素无提督驻巡中国洋面也。"⑤这里的历史固然有其复杂性的一面,但不可否认的是,德国确实曾经把当时世界上最先进的舰艇卖给清廷,北洋舰队的致远舰、定远舰等都是从德国购进的。

① "胆怯和狭隘在真正的哲学品性中没有地位。"参见〔古希腊〕柏拉图:《柏拉图全集》第二卷,王晓朝译,人民出版社 2003 年版,第 476 页。
② 陈洪捷:《德国古典大学观及其对中国的影响》,北京大学出版社 2006 年版,第 1 页。
③ 《奏请密连英德以御倭人折》,见中国蔡元培研究会编:《蔡元培全集》第一卷,浙江教育出版社 1997 年版,第 139 页。
④ 《日记》,见中国蔡元培研究会编:《蔡元培全集》第十五卷,浙江教育出版社 1998 年版,第 36 页。
⑤ 《日记》,见中国蔡元培研究会编:《蔡元培全集》第十五卷,浙江教育出版社 1998 年版,第 37 页。

而且,蔡氏辞官南下致力于教育时,通过日文,学习借鉴了日本学界大量的哲学思想与教育思想,而日本的哲学思想与教育思想多得益于德国。这大概是蔡氏对德国发生好感的另一源流。1904年,蔡氏在其小说《新年梦》中塑造了一个理想的主人翁"中国一民",写他无所不学,学了西人的普通学和工艺,就要游历外国。"他是最爱平等、爱自由的人,所以先到美国,又从美国到法国,因为专门学问德国最高,又到德国进高等工业学校,自己又研究研究哲学。"①其实,这个"中国一民"恰恰就是蔡氏内心世界的折射。这种心迹在1906年11月22日他致好友汪康年的信函中有所流露,"徒以游学德意志之志,抱之数年,竟不得一机会",又说,"盖弟数年来,视百事皆无当意。所耿耿者,惟此游学一事耳"②。

正因为留学德国的愿望强烈,早在1903年6月,蔡氏就赴青岛学习德文,为留学德国做准备。这在蔡氏的自写年谱中有所记载:"我自离青岛后,本时时作游学计画(笔者注:划)。"③蔡氏的学生黄炎培回忆这段往事时说,一天,蔡氏对他说:"救中国必以学。世界学术德最尊。吾将求学于德,而先赴青岛习德文。"④同年10月,蔡氏在青岛翻译了《哲学要领》。此书为德国科培尔在日本文科大学讲课的内容,由日本下田次郎笔述,蔡氏据日文本译出,并由商务印书馆出版。在此书绪言中,科培尔说,"今世治哲学者,不可以不通德语",并列出理由,"一、哲学之书,莫富于德文者;二、前世纪智度最高学派最久诸大家之思想,强半以德文记之;三、各国哲学家中,不束缚于宗教及政治之偏见,而一以纯粹真理为的者,莫如德国之哲学"。而且,科培尔还说,"精神世界,则今日当以德语为溥通语,如数百年前之拉丁语,千年前之希腊语";"诸君有志于哲学者也,盍于德语致意焉"⑤。这与蔡氏爱好哲学、学习德语、推崇德国的动机是一致的,想必蔡

① 《新年梦》,见中国蔡元培研究会编:《蔡元培全集》第一卷,浙江教育出版社1997年版,第422页。
② 《致汪康年函》,见中国蔡元培研究会编:《蔡元培全集》第十卷,浙江教育出版社1998年版,第45页。
③ 《自写年谱》,见中国蔡元培研究会编:《蔡元培全集》第十七卷,浙江教育出版社1998年版,第451页。
④ 蔡建国编:《蔡元培先生纪念集》,中华书局1984年版,第65页。
⑤ 《〈哲学要领〉序》,见中国蔡元培研究会编:《蔡元培全集》第九卷,浙江教育出版社1997年版,第1—2页。

氏深受科培尔影响。

1906 年 12 月，在《为自费游学德国请学部给予咨文呈》中，蔡氏说："窃职素有志教育之学，以我国现行教育之制，多仿日本。而日本教育界盛行者，为德国海尔伯脱派。且幼稚园创于德人弗罗比尔。而强迫教育之制，亦以德国行之最先。现今德国就学儿童之数，每人口千人中，占百六十一人。欧、美各国，无能媲者。"[①] 这既说明蔡氏对世界教育动态的整体把握，又说明他对德国教育情有独钟。此外，日文书籍也是蔡氏了解德国的一个窗口，因为近代日本深受德国文化的影响，前述蔡氏 1903 年翻译的《哲学要领》就是一个例证。当听说清廷要派翰林院编修出国留学日本、欧洲时，蔡氏就迅速前往北京登记。可是编修志愿留学的人太少，清政府就搁置了留学事宜。这时适值清廷派孙宝琦出使德国，蔡氏就四处托人打通关节：愿在使馆中任一职员，以便留学。孙宝琦答应了，这样蔡氏就于1907 年 6 月随同孙宝琦前往德国留学。

值得一提的是，在留学德国期间，蔡氏长女、三子分别于 1904 年 6 月 3日、1906 年 12 月 1 日出生，并分别取名为威廉、柏龄，这很自然地使人联想到德国普鲁士国王腓特烈·威廉三世（1797—1840 年在位）及其在位期间所致力的教育改革，尤其是柏林大学的创建。这从一个侧面投射出蔡氏对德国威廉三世及其在位期间创办的柏林大学的推崇与向往。

三、哲学研究

在早期教育探索、德国情结形成的同时，蔡氏开始其哲学研究之路，这是其成为教育家的主要根由之一。

（一）哲学历程

在哲学这个"外来"术语没有正式来到中国之前，中国古汉语中只有"哲"字或近似的字词，如中国古代诸子尤其是儒家的书籍，宽泛地说，都是哲学书籍。而蔡氏早年所接受的传统教育都可以看作哲学教育。如果

[①] 《为自费游学德国请学部给予咨文呈》，见中国蔡元培研究会编：《蔡元培全集》第一卷，浙江教育出版社 1997 年版，第 452 页。

这还不算严格的话,那么,稍后,即1885年,蔡氏认为自己开始研究中华古代哲学了。① 这是蔡氏考中秀才后发生的事情。他曾说自己考中秀才后,结束了10年的私塾学习,开始自由读书。没有人管制,可自作主张,自由阅读。而且,蔡氏中秀才后,于1884年、1885年间开始在姚家与单家担任塾师两年,自食其力。自食其力是自由阅读、自由思考的基础。

更为重要的是,蔡氏于1886年始在本城徐友兰家当伴读,并为其勘校所刻图书,可博览群书,放胆阅读。此外,前文已述,蔡氏在17岁时不再练习八股文,开始自由阅读,也是一旁证,表明蔡氏在读书这件事情上不再受制于传统的"师教",不再局限于读书人积习久远的八股考试情结,而能够把精力集中在自己的兴趣所在上。这是蔡氏个性张扬的表现所在,前文所述蔡氏模仿龚自珍作"怪八股"的具体行为正是其个性自主、思想自由的表征所在。

蔡氏自由阅读的范围是呈阶梯形的,即由四书五经扩展到词章、考据等,由词章考据扩展到富有思想自由特征的章学诚、戴震、俞理初的著作,再到黄宗羲、龚自珍、谭嗣同的著作,再到严复译制的著作,再到全方位阅读中西方书籍,以至最后负笈留学德国,进行哲学学习。前文已列蔡氏留学德国期间所学习的课程,兹不赘述。

哲学研究、哲学阅读与哲学学习的过程必然伴随着哲学思考。思考的质量及深浅可通过他人尤其是时代精英的评价传达出来,蔡氏的哲学思考也可作如是观。如1883年蔡氏考中秀才那一年"二复"试卷第三篇,考官的评语:"笔轻而灵,意曲而达,是诚小试利器。论尤警当,与众不同。诗亦有动目句。"再如"四复"第二篇,考官的评语,"简洁名贵,滴滴归原"②。1885年蔡氏参加乡试头场试卷的评语是"首艺安章宅句,不落恒蹊"。本轮第二次考试试卷所得评语是"五艺一律清顺","五艺引证宏博"。本轮第三次考试试卷所得评语为"词意整饬"③。1888年蔡氏第二次参加乡试,

---

① 《孑民自叙》,见中国蔡元培研究会编:《蔡元培全集》第十七卷,浙江教育出版社1998年版,第415页。

② 高平叔撰著:《蔡元培年谱长编》第一卷,人民教育出版社1999年版,第29页。

③ 高平叔撰著:《蔡元培年谱长编》第一卷,人民教育出版社1999年版,第32页。

虽未考中,但此次考试他以"怪八股"而名闻天下。除其形式上与众不同外,内容上古雅卓异,显示蔡氏思想上的卓尔不群。1889 年蔡氏第三次参加乡试。蔡氏此次考试前的科考文章深受浙江提学使潘衍桐的赏识:一篇评语为"文境高古,如读异书,如观鼎彝";一篇评语是"以说文诂题可补孔疏之阙"。潘氏认为蔡氏"邃于经,兼通诸子百家,文笔尤工"①。1890 年蔡氏参加会试前拜见同乡、京中名士李慈铭,此人在清末素以"性狷介,又口多雌黄"著称,但对初次见面的蔡氏却大加赞赏,其日记中写道,"蔡年少知学,古隽才也"②。同年,蔡氏参加会试,考官对此次应试文章的评价有"识解超卓""识论明通""理超趣博""句奇笔峭"③等。1892 年,蔡氏参加殿试的朝考,被授予翰林院庶常馆庶吉士,而后拜见户部尚书翁同龢,深受翁氏器重,后者在其日记中写道:"新庶常来见者十余人,内蔡元培,乃庚寅贡士,年少通经,文极古藻,隽材也。"④

所有这些都表明:蔡氏在走向科举道路上的思考,饱含哲理,深得当时官场及学界富有真知灼见者的赞词;这些是蔡氏哲学阅读与博览群书及好学深思的必然结果。在此基础上,蔡氏编辑出版、发表了一系列的著作、译著、论文。

(二)哲学作品

蔡氏的哲学作品涵盖很广。蔡氏哲学著作主要是指蔡氏编辑或翻译的思想性较强的作品。虽钟爱教育事业,并以此为终生志业,但蔡氏对哲学理论和基本原理的眷恋又非同一般。他的哲学译著、编著主要有:《文变》(选编,1902),《哲学要领》(译著,1903),《妖怪学讲义录》(译著,1906),《伦理学原理》(译著,1909),《中国伦理学史》(1910),《哲学大纲》(编译,1915),《简易哲学纲要》(编译,1924)。同时,蔡氏还有大量的节

---

① 高平叔撰著:《蔡元培年谱长编》第一卷,人民教育出版社 1999 年版,第 43—46 页。
② 高平叔撰著:《蔡元培年谱长编》第一卷,人民教育出版社 1999 年版,第 48 页。
③ 转引自高明扬、李洪良:《〈蔡元培全集〉补遗》,载《西南石油大学学报》(社会科学版)2012 年第 1 期。
④ 高平叔编著:《蔡元培年谱长编》第一卷,人民教育出版社 1999 年版,第 57 页。

译、论文、演说等,兹列表如下:

表 6-1

年份	篇名
1894	《荀卿论》
1900	《佛教护国论》
1901	《哲学总论》《译学》
1902	《说孔氏祖先教》《〈中等伦理学〉序》《群学说》
1912	《世界观与人生观》
1913	《养成优美高尚思想》
1914	《〈学风〉杂志发刊词》
1915	《世界社缘起》
1916	《赖斐尔》《在信教自由会之演说》《康德美学述》
1917	《以美育代宗教说》《致〈新青年〉记者函》
1918	《〈中国古代哲学史大纲〉序》《欧战与哲学》《〈心书〉序》
1919	《哲学与科学》《文化运动不要忘了美育》
1920	《美术的起原》《〈社会主义史〉序》
1921	《关于宗教问题的谈话》、《柏格森玄学导言》(节译)、《美学的进化》、《美学的研究法》、《美学讲稿》、《美学的趋向》、《美学的对象》、《杨朱与庄周二人乎抑一人乎》
1922	《非宗教运动》
1923	《中国的文艺中兴》《五十年来中国之哲学》
1924	《〈人的研究〉序》《在康德诞生二百周年纪念会上的致词》《简易哲学纲要》
1925	《〈哲学辞典〉序》《〈忏悔录〉序》
1926	《〈逻辑学〉序》
1927	《佛学与佛教及今后之改革》《真善美》
1928	《三民主义的中和性》
1929	《〈马克思传〉序》
1930	《〈自由哲学〉序》、《中华民族与中庸之道》、《与〈时代画报〉记者谈话》、《以美育代宗教》(一篇演说、一篇杂志刊文)

续表

年份	篇名
1931	《美育与人生》(1931 年前后)
1932	《〈佛法与科学比较之研究〉序》《〈新唯识论〉序》《美育代宗教》
1933	《发起马克思逝世五十周年纪念缘起》《复国联文化合作院主任班纳函》
1934	《〈俞理初先生年谱〉跋》《吾国文化运动之过去与将来》《〈美学原理〉序》《〈社会主义新史〉序》
1935	《〈现代中国政治思想史〉序》《怎样研究哲学》《关于读经问题》《〈影印宋磧砂版大藏经〉序》
1936	《墨子的非攻与善守》《孔子之精神生活》
1938	《〈居友学说评论〉序》①

　　综览上表及蔡氏的译著、专著、编著、选编、论文、演说等,内容广泛,涵盖哲学、伦理、宗教、美学、历史、政治等,既涉及中外古今,又与时俱进,可以进一步从事实上推论出,蔡氏具有一定的哲学功力,而非不谙哲学思想的教育家。可以看出,蔡氏的哲学视野五彩斑斓,既有传统的儒、佛,又有旁门左道的墨学;既有一般哲学,又有美学、逻辑学、宗教哲学等哲学分支。而且,蔡氏的哲学作品还有三个突出倾向,一是较偏重哲学总论,如《哲学要领》《哲学大纲》《简易哲学纲要》《哲学总论》《五十年来中国之哲学》等,表明蔡氏统揽全局,注重哲学入门教育的推广,以推进社会思想观念的启蒙与变革;二是蔡氏注重美育,如《养成优美高尚思想》《以美育代宗教》《康德美学述》《文化运动不要忘了美育》等诸多篇幅,说明蔡氏对美育的钟情;三是对马克思主义的理解、包容与认可,如《〈社会主义史〉序》《发起马克思逝世五十周年纪念缘起》《〈社会主义新史〉序》,投射出作为国民党元老的蔡氏对于"异端"与另类思想的关注、宽容与雅量。

---

① 蔡氏一生还口占、撰写了大量的诗词,兹不赘述;蔡氏晚年还撰写了多篇有关科学、文化、美育、人生等方面的总结性文字,如《二十五年来中国之美育》(1931)、《三十五年来中国之新文化》(1931)、《中央研究院过去工作之回顾及今后之计划》(1931)、《六十年来之世界文化》(1932)、《日本对华政策》(1933)、《我在北京大学的经历》(1934)、《民族学上之进化观》(1934)、《我的读书经验》(1935)、《传略》(下)(1935)、《中央研究院与中国科学概况》(1935)、《中央研究院工作报告》(1935)、《二十五年来中国研究机关之类别与其成立次第》(1936)、《我在教育界的经验》(1937)、《十年来之国立中央研究院》(1937)等。

(三)知人则哲

按照中国古代文化中对"哲"字的理解,"知人则哲",或者按照中国现代颇有影响的哲学史家冯友兰先生的理解,哲学是对人生的有系统的反思的精神,蔡氏在"知人""反思"方面都有一些特别之处。

就知人方面而言,蔡氏知人论世方面的言论、实例可圈可点的并不少,如就任教育总长期间,蔡氏对范源濂的诚挚邀请;就任北大校长期间,蔡氏对陈独秀、胡适等新派的大胆起用等。在这方面,较为突出的还有另一典型案例为证,即蔡氏一生在不同历史时期对进步事业不断追求中曾起用的三位秘书——李大钊、杨杏佛、许寿裳。

李大钊(1889—1927),字守常,河北乐亭人。李大钊在北京大学工作约 10 年之久,从 1917 年底至 1927 年初。他在北大《新青年》《每周评论》及北大师生创办的一些学术期刊上发表了大量传播马克思主义和用马克思主义观点剖析中国社会问题的文章,除此以外,他还为北大图书馆购进马克思主义和社会主义的文献。他先后在北大史学系、政治系、经济系和法律系开设了"唯物史观""共产主义与社会运动"等马克思主义理论课程和讲座。同时,在李大钊的指导下,1920 年北京大学马克思学说研究会和北京大学社会主义研究会先后成立。这是我国最早成立的研究马克思学说的社团组织。特别是马克思学说研究会,在北大活动时间前后达七八年之久,建立了以共产主义命名的、拥有一定数量马克思主义经典著作的图书室。它对于在北大以至全国传播马克思主义,引导和组织青年学生参加实际革命运动,以及促进一批进步知识分子了解和信仰马克思主义等方面,都起了非常重要的作用。[1] 1927 年 4 月 28 日,占领北京的奉系军阀枪杀了李大钊。

李大钊在北大担任过多种职务,其中主要是图书馆主任、教授、评议员。刚进北大,李大钊只是图书馆主任。1920 年 7 月,他受聘为教授;同年 10 月又被选入北大最高权力机关——校评议会,任评议员。评议员人数不多,每年改选一次。评议员只能由教授担任,并由教授互选产生。自

---

[1] 梁柱:《李大钊与北京大学传统论析》,载《高校理论战线》2009 年第 8 期。

1920 年至 1923 年,李大钊连续四年当选,所得票数,逐年增加,1923 年改选时,李大钊得票比当时知名度很高的胡适还多 11 张(李得 39 票,胡得 28 张,均当选)。这表明他的威望日隆,在北大的权力圈子中,无论行政权力还是学术权力,已稳稳占有一席之地。李大钊在担任众多重要职务期间,广泛、积极参与了北大校务的讨论和决策,对北大的改革与发展做出了重要贡献。①

1922 年 12 月,李大钊辞去图书馆主任之职,改任北大校长室秘书,协助校长处理日常事务。可见蔡氏对李大钊的信任与赏识。

杨杏佛(1893—1933),名铨,祖籍江西玉山,生于江西清江。经济管理学家,社会活动家。中国人权运动先驱。中国管理科学先驱。1927 年下半年,蔡氏出任中华民国大学院院长兼中央研究院院长,应蔡氏邀请,杨杏佛担任大学院教育行政处主任兼中央研究院秘书长。教育行政处职责是承院长之命负责处理各大学区互相关联及不属于大学区的教育行政事务。中央研究院秘书也承院长之命,负责处理院中行政事务。同时,杨杏佛还担任大学院最高权力机构——大学委员会委员、大学院政治教育委员会委员及中央研究院社科所筹备委员等职。同时任从事经济及社会思想研究的研究员。"我在大学院的时候,请杨君杏佛相助。我素来宽容而迂缓,杨君精悍而机警,正可以他之长补我之短。"②可见,蔡氏对杨杏佛的倚重。1928 年 1 月 28 日,大学院行政机构改组,原与教育行政处并行的秘书处撤销,教育行政处责权扩大。杨被任命为大学院副院长。同年 3 月,中央研究院社会科学研究所成立,蔡氏兼任所长,下设经济、法制、社会、民族四个组。杨任经济组主任。

第一次国共合作时期,杨杏佛继承孙中山遗志,力主国共合作;大革命失败后,白色恐怖时期,他迷茫困惑,拥蒋反共;民族危亡空前严重时期,他幡然醒悟,走上第三条道路,怜共反蒋。③ 1933 年 6 月 18 日,国民党反动派暗杀了杨杏佛,因杨杏佛积极参与宋庆龄、蔡元培等人所致力的民权保

---

① 萧超然:《李大钊与北京大学》,载《北京大学学报》(哲学社会科学版)1995 年第 2 期。
② 《我在教育界的经验》,见中国蔡元培研究会编:《蔡元培全集》第八卷,浙江教育出版社 1997 年版,第 512 页。
③ 高明、陈美玲:《杨杏佛与中国共产党关系研究》,载《山西高等学校社会科学学报》2010 年第 4 期。

障同盟,挽救了大批中共党员与追求进步的社会人士及青年才俊,严重触犯了国民党反动派的利益,而杨杏佛又是民权保障同盟的骨干,是蔡氏的左膀右臂。①

许寿裳(1883—1948),字季茀,浙江绍兴人。现代著名教育家和传记文学作家。早年曾就读于绍兴中西学堂和杭州求是书院。1902 年秋,以浙江官费派往日本留学,入东京弘文学院补习日语,与鲁迅相识,遂成终生挚友。后考入东京高等师范学校史地科,并加入反清革命组织光复会。1912 年南京临时政府成立,应蔡元培之邀,赴南京筹建教育部。1912 年 5月,随部迁往北京,任教育部佥事、科长、参事和普通教育司司长,兼任北京大学、北京高等师范学校教授。1917 年底,出任江西省教育厅厅长。1922年出任北京女子高等师范学校校长。1927 年初,应聘赴广州中山大学任教,同年 10 月,蔡氏就任大学院院长,他应邀出任秘书长。翌年任中央研究院秘书处主任。1934 年起,他出任北平大学女子文理学院院长,创办《新苗》院刊。1946 年任台湾编译馆馆长。1948 年 2 月 18 日,许寿裳在台北寓所惨遭国民党杀害。

鲁迅先生逝世后,许寿裳为保存大量珍贵的鲁迅文物做出了贡献。为筹备出版《鲁迅全集》,他四处奔走,不遗余力。他还多方募集"鲁迅纪念文学奖金",积极筹建"鲁迅先生纪念委员会",以切实行动,悼念这位中国新文学的伟大奠基者。

为继承和发扬鲁迅的革命精神,许寿裳勤奋著述,先后撰写了《鲁迅年谱》《亡友鲁迅印象记》《我所认识的鲁迅》《鲁迅的思想和生活》等,脍炙人口,广为流传,为后人学习和研究鲁迅留下了珍贵的材料。他坚决捍卫鲁迅的伟大,蔑视攻击诽谤鲁迅的文场小丑。由于许寿裳矢志不渝地宣传鲁迅的革命精神和光辉业绩,终为国民党反动派所不容,1948 年 2 月 18日深夜,在台北惨遭暗杀。他与鲁迅先生在长期并肩战斗中孕育起来的至死不渝的革命情谊,为后世传为佳话,堪为楷模。②

① 有人认为杨氏的个性不为人所容,是其被杀原因之一。即便如此,这丝毫无损杨氏爱国及革命的人格及精神,一如陈独秀这个个性鲜明、得理不饶人、"终身的反对派";而且,这更投射出蔡氏知人善任的睿智与胸怀。
② 王德林:《挚友之间——鲁迅与许寿裳》,载《绍兴师专学报》(社会科学版)1985 年第 4 期。

作为蔡氏的秘书,李、杨、许三人一生主要都在追求革命进步事业,直至生命的终结;他们虽属于不同的党派,逝于不同的历史时期,但都是被反动势力所杀害。这些从一个侧面折射出蔡氏一生总体上都能够站在正义事业的一边,与人民同行,与正道为伍,同时也表明蔡氏知人识人的哲学情怀。

(四)哲人风范

哲学阅读、哲学学习、哲学著作表明蔡氏能够把读书与思考、学习与写作有机地结合起来,形成一种独特的为人处世的风格。这种风格的突出表现就是见解深刻与高瞻远瞩。这主要体现在以下三个方面。

首先,有容乃大。前述蔡氏对哲学本义的理解、教育实践中的知人善任即是例证,兹不赘述。

其次,深思熟虑。因哲学视野的开阔,蔡氏对人事的观察常常深思熟虑,高人一筹。比如,1911 年,辛亥革命爆发,武昌革命军与清军对峙。当时,袁世凯已受清廷的倚重,率兵攻打武昌。远在德国的蔡氏在通信中与吴稚晖谈论此事,颇具卓识。他认为,袁氏被清廷任命为湖广总督,对革命充满乐观的蔡氏始"生一顿挫"。因为蔡氏认为,袁氏不可能甘做曾国藩第二,平定革命,维护清廷;袁氏也未必愿做华盛顿,创建共和。所以袁氏的出山,"意在破坏革命军,而即借此以自帝"。他认为,袁氏出山,可作四种预料:

其一,袁氏"提兵到鄂,欣然与革命军合而北征"。蔡氏分析道,如能这样,真是齐天洪福。然而,通过对袁氏数年的观察,不能对此奢望。

其二,袁氏想与革命军作对,但其部下杀之而与革命军联合。袁军的革命觉悟能否达到这样的高度,不敢臆断。

其三,袁军战胜革命军而推翻清廷,自立为帝。这不免会发生第二次革命。

其四,袁氏甘做曾国藩第二。[①]

[①] 《致吴稚晖函》,见中国蔡元培研究会编:《蔡元培全集》第十卷,浙江教育出版社 1998 年版,第102—103 页。

所列四种可能,结合上下文,蔡氏断定只有第三种最有可能发生,后来的历史表明,蔡氏的预料较为准确。这是其深思熟虑,具有哲学洞察力的表现。

再次,超然风范。蔡氏的超然风范是在其有容乃大、深思熟虑的基础上的必然结果。这在其晚年的处事风格上表现得尤为明显。如在1931年10月宁粤会谈中,蔡氏是蒋介石的宁方主要代表之一。此时蔡氏离开政坛已有几年了,但是国难当头,南京政府与广东方面不愿继续这种分裂的局面来面对日寇入侵,于是尽管蔡氏对蒋介石政权不满,而蒋介石也对其不信任,但在危难之际,蔡氏仍然为宁方各派所认同,被一致推定为宁方会谈的代表之一。从当年10月26日至11月7日,宁粤双方先后举行了七次和谈,蔡氏皆以蒋方代表身份出席。而粤方代表如汪派及桂系等,又素与蔡氏友善,所以蔡氏起到了重要的协调作用。[1] 因为超然,蔡氏在宁粤双方的七次会谈中,多次被双方推选为主席(每次会谈推定一个主席主持)。据说,会上每次都争得不可开交,蔡氏则泰然处之。据当事人回忆,蔡氏日常很少说和谈的事,也不谈现实问题,很超然,眼光看得很远,仍然是谈教育,谈思想,谈文化。[2]

(五)哲人标准

或许有人要说,蔡氏不是哲学家,没什么哲学体系,谈何哲学研究、哲学风骨。这就涉及我们评判哲学家的标准了。按西方标准,称得上哲学家的一般要符合两个标准:一是在"爱智慧"的动机的激发下,以更深刻、更深思熟虑的方法,力求理解人类、宇宙、上帝或它们的任何组合;二是按逻辑推理而进行的系统论述。[3] 就此而言,蔡氏不能称作是哲学家。

按中国传统文化的理解,有来自个人经验、饱含哲理的格言、谈话或心得传世,并能亲身践履自己的学说或思想尤其是道德践履的人可称得上是哲学家。就此而论,据蔡氏生平言论、践履及其事功,可称其为哲学家。或

---

① 程新国:《晚年蔡元培》,上海文化出版社2011年版,第169页。
② 唐振常:《蔡元培传》,上海人民出版社1985年版,第220页。
③ 〔美〕弗朗西斯·苏:《毛泽东是不是哲学家》,周文彰摘译,载《毛泽东邓小平理论研究》1984年第4期。

许有人要说,这种判定是传统惯例,不能与现当代西方接轨。这就涉及我们今天评判哲学家的标准。如果说哲学家就非得有哲学体系,那中国历史上严格意义上的哲学家就会少之又少,尤其是中国古代哲学家。即便是近现代,按这个标准衡量,我们称之为哲学家的也寥寥无几,比如严复、谭嗣同、孙中山、胡适、章太炎等,一般哲学教科书都把他们称之为哲学家,其实他们的思想没有一位能够称得上是有体系的。就此而言,笔者此处所说的哲学家也是就宽泛意义上来说的。那具体宽泛到什么程度,总不能一沾上思想、洞察力之类的就称之为哲学家吧。笔者在此也尝试性地拟出三条:

一是个性。该历史人物热爱哲学,喜欢独立思考,曾提出一些具有代表性、独创性的思想观点;或开创性地研究了文、史、哲等方面的相关学科,使用了新的研究方法;或相较于前人,思想及行动富有批判性与革命性,与传统社会"一以贯之"的孔孟之道、程朱陆王有所不同,富有近现代气息,走出了一条与中国传统不一样的思想道路。

二是创造。该历史人物曾专门就某一问题或几个专题进行过集中性的思维创作,形之于篇什或专著,影响了时人;或以自身高尚、卓越的言行举止熏陶、教化、佑助、扶掖了同人、后辈,培养了民族与国家需要的精神根基与优秀人才。

三是影响。在历史的长河中(至少 30 年或 50 年),该人物的思想对学术本身或社会实践产生一定的积极影响,道德文章,富有创举,令人敬仰。

比照上述三条,并按前文提供的有关蔡氏哲学阅读、哲学学习、哲学思考、哲学著作、哲学风范、教育事功等内容,把蔡氏归为哲学家行列,并不为过。①

综上所述,从一开始,哲学探索活动中就弥散着教育的因子,在历史的长河中,哲学与教育相互支撑,相互作用,共同推进人类的文化发展、思想繁荣和社会进步。正是这种密切的联系,才使得二者经常遭遇相似的命

---

① 真正的哲学家应既有诗人的气质,又有科学家的头脑。衡量哲学家的标准之一是看他所言的志,看他的气度与胸襟。[姜若愚:《哲学、哲学家与哲学教授》,载《昆明师专学报》(哲学社会科学版)1997 年第 4 期。]

运：哲学无用，教育无用。也正是这种不能取得立竿见影的世俗"效能"，才使得它们共同发挥着"生长期漫长"的"大用"。二者共同滋润着人类的心灵，默默无闻。"此时无用胜有用。"

蔡氏既以教育为一生之志，又以哲学为终身嗜好，其教育思想广博、深厚，学术味较浓，绝不是偶然的。如果没有一定的哲学功力，很难想象蔡氏能够成为一代教育大家。其实利主义教育思想直接涉及哲学问题，其超轶政治之教育更关乎道德、自由、世界观和美学问题，更是哲学问题。"哲学不可能完全献于自己的任何一个角色；只有当哲学同时超越某个角色时，它才能完成这个角色。"①蔡氏生平言行和事迹足以明了哲学与教育学之间存在着密不可分的关系，具体到蔡氏的"五育并举"观、大学理念及教育独立的探索，其关涉的儒学、康德哲学、进化论、实用主义、道德思想、美学观念等无不投射出哲学与教育之间存在着相互交融、彼此关联的内在理路。

第四节　独立人格

家庭熏陶、和而不同的个性及思想探索滋养、打磨、锻造了蔡氏的人格特质。如果说，蔡氏所理解的军国民教育、实利主义教育和公民道德教育属于现象世界，追求的是政治目标，为现实功利服务，属于物质层面，着眼于社会共同体的物质发展与生存保障，那么，属于实体世界的道德教育、世界观教育和美感教育，追求的是超越政治的目标，属于精神层面，为着思想自由，系于人的个体性与群体性的良性互动。这同样在北大时期的教育理念及大学院院长时期教育劳动化、科学化、艺术化的思想中得到很好的反映。无论是物质层面的实利追求，还是精神层面的自由向往，它们的基点都落实到个体独立人格的养成上。

虽在"五育并举"观、北大的教育理念及大学院教育独立的思想中，蔡

---

① 中国社会科学院哲学研究所编：《哈贝马斯在华讲演集》，人民出版社 2002 年版，第 146 页。

氏没有专门谈及独立人格的培养问题,但蔡氏在谈到实体世界和世界观教育问题时,触及思想自由和言论自由问题。实体世界是理性所无法把握的,需要借助于直觉,属于世界、意识和上帝的范围;人的感情和意志可以自由地驰骋,是信仰,是思想自由。如果说,传统儒家教育的目的是培养能够修齐治平的君子,维护宗法等级秩序,清廷的五项教育宗旨的目的是维护一家一姓的君主专制,那么蔡氏所理解的教育目的则是培养具有独立人格的资产阶级共和国的公民。在北大的教育理念与教育实践中也是如此:"养成健全之个人,使国人能思、能言、能行、能担重大之责任,创造进化的社会;使国人能发达自由之精神,享受平等之机会。"①"进化的社会"就是为群伦、为将来、为精神愉快的社会。在大学院制的构想与大学区制的试验中,教育的科学化是指:"对于任何事件,均以科学眼光观察之,思考之,断定之";"任一事之结果,自己相信,绝不盲从"②。教育的艺术化是指"重在改良自己之固有者及改造环境现象为第一要义,不能盲从,更不可强人盲从"③。所有这些旨在养成人格的独立。

一、独立人格的探索

人格是一个内容非常宽泛的伦理学术语,对于它的理解,有必要进行简要的说明。通常的理解是,人格是指个人的尊严、价值和道德品质的总和,是人在一定社会中地位和作用的统一,也即作为一个社会人的资格和品格的总和。人格源于拉丁文 persona,意为人、个性、性格等。康德认为,人格是由意志支配的、具有无限价值的独立于感性世界以外的一种生命存在。蔡氏认为,"人既非木石,又非禽兽,则自有所以为人之品格,是谓人格"④。

---

① 蔡元培等:《新教育共进社缘起》,见中国蔡元培研究会编:《蔡元培全集》第三卷,浙江教育出版社1997 年版,第 550 页。
② 《在南京特别市教育局演说词》,见中国蔡元培研究会编:《蔡元培全集》第六卷,浙江教育出版社1997 年版,第 92 页。
③ 《在南京特别市教育局演说词》,见中国蔡元培研究会编:《蔡元培全集》第六卷,浙江教育出版社1997 年版,第 94 页。
④ 《中学修身教科书》,见中国蔡元培研究会编:《蔡元培全集》第二卷,浙江教育出版社 1997 年版,第 160 页。

其实,蔡氏的人格教育理念就是从个体的角度来思考国魂和民魂的塑造,这是蔡氏所真正重视的教育内容所在。如前所述,蔡氏认为,军国民教育和实利主义教育固然能强兵富国,可这还远远不够,进而他提出了公民道德教育、世界观教育和美育教育。实质上,所有这些归结到一点,就是进行人格教育。

(一)人格教育的理想

蔡氏曾说:"教育者,养成人格之事业也。"①何以如此? 在他看来,人类之所以不同于动物,是因为人类有理想。而且,如果把教育仅仅看作灌输知识、练习技能的行当,而不进行理想教育,那只能是机械教育,也不是人类所追求的。那么,这种理想教育具体包括哪些内容呢?

其一,调和世界观和人生观。他认为,任何人不能不有一种世界观及其相应的人生观,这是教育的通则。因为人类是博大的,历史是悠久的,而单个的人形体渺小,生命短暂。如果个体的人仅仅为自己而活,而忘记还有整个世界,那一定是心胸太狭窄了。而且,博大是渺小的累积,悠久是短暂的延续,而所谓的博大与悠久也不能说就是世界的真相,只不过是渺小而短暂的个体的想象——实在是太有限了。如果只有世界观而不承认人生的价值,那也是空想。因此,真正的人生理想,不能不是世界观与人生观的结合。

其二,担负将来的文化。蔡氏认为,世界是进化的。后人是站在前人的肩膀上前进的,如果后人的能力不亚于前人,那他们所成就的事业应该较前人有更大的进步。何况教育是播种的事业,它的收效要在十年以后,就更不能以保存固有文化为目的,而应当有更进一步的理想追求。

其三,独立不惧的精神。蔡氏认为,教育事业既然致力于将来的文化建设,那么,即便是面对僵死的思想,以追求眼前的利益为目的而干涉教育,甚至利用教会的势力,凭借政府的权杖相恫吓,也应当勇往直前,无所畏惧。无私方能无畏。他以苏格拉底为例,说明为了真理的教育,饮鸩自

① 《一九○○年以来教育之进步》,见中国蔡元培研究会编:《蔡元培全集》第二卷,浙江教育出版社1997年版,第371页。

尽而不改变节操,就是独立不惧的精神。

其四,安贫乐道的情怀。蔡氏认为,教育的社会作用非同一般,而教师的生活却非常清贫。各国小学教员的薪水不足以养家糊口,如果仅是贪图富贵,则非追求政治和实业,而他们却舍弃富贵而委身教育,在淡泊宁静中自得其乐,即使给以高官厚禄,也不为所动。

在物欲横流的近现代中国,上述几种理想几乎都被看作迂腐,然而教育指导社会,决不能随波逐流。就是说,教育的理想需要进行独立人格的培养。①

（二）人格培养的作用

在蔡氏看来,健全人格的培养有两大作用:一是"使国人能思、能言、能行、能担重大之责任,创造进化的社会"。就是使国人能够独立自主,担当建设国家的重任,以促进中国社会的进步。二是"使国人能发达自由之精神,享受平等之机会"②。就是使国人能够养成自由、平等的精神,以促进思想的解放和平民主义的盛行。

进而,蔡氏认为自由和平等之间有着紧密的联系。他说:"平等者,破除阶级而决非消灭个性。"又说:"既破坏阶级制度,则即当解放个人之束缚,而一任其自由发展。盖世界为有机的组织,有特长者不可强屈之以普通。世界有进化的原则,有天才者尤当利用之以为先导。"③这段话包括三层含义:

其一,平等和自由之间并不矛盾。平等是人格平等、机会平等,并非发展共性,消灭个性。

其二,阶级制度是个人自由发展的枷锁,应当破除。在这里,蔡氏看到了阶级制度是导致不自由、不平等的社会根源,而非抽象地谈论自由和

---

① 《一九〇〇年以来教育之进步》,见中国蔡元培研究会编:《蔡元培全集》第二卷,浙江教育出版社1997年版,第371—372页。

② 《新教育共进社缘起》,见中国蔡元培研究会编:《蔡元培全集》第三卷,浙江教育出版社1997年版,第550页。

③ 《欧战后之教育问题——在天津青年会演说词》,见中国蔡元培研究会编:《蔡元培全集》第三卷,浙江教育出版社1997年版,第595—596页。

平等。

其三，个人自由发展的根据在于世界是进化的。蔡氏接受那个时代的先进思想——进化论，并把它作为自己教育思想的指南。按照进化的原则，让个体自由伸展其特长和天才，这也是尊重个性的表现，不强求一律。

（三）健全人格的内容

教育所养成健全的人格与改造社会是紧密连在一起的。蔡氏赞成从教育着手，去改造社会。但他认为，改造的重点仍在于"养成健全的人格"。在他看来，所谓健全的人格，有四项内容，包括德育、体育、智育和美育。具体如下：

（1）体育。蔡氏认为体育主要是帮助学生锻炼身体，振作学生的精神，并不只是为了争得名誉和风光。所谓比赛或开运动会，只是要引起运动的兴趣。进而，他说，最重要的是体育须合乎生理。如果只为追求个人的胜利，或一个学校的名誉，不管学生生理的承受能力，那就是在伤害学生的身体，且易造成一种简单化的为体育而体育的不良风气，也就失去了体育运动的意义。更何况，一心只追慕虚名，也易对学生的心理造成恶劣的影响。扩展开来，导致学生养成一种虚荣心，反而贻害社会。所以，体育的目的是要把学生往正途上引；不能为体育而体育，一定要引起体育的兴味。

（2）智育。蔡氏认为教师教书，并不是像注入水瓶一样，灌满了就算了结。最要紧的是引起学生读书的兴趣。最好是让学生自己去发现问题、解决问题，甚至教师不讲解也可以，除非学生实在不能解决自己的问题，才去帮助他（她）。对于学生来说，他认为，也不仅只是把教科书读熟了，就算没事了，而是要学会触类旁通，学会从具体的事物中抽象出公理来，就是学以致用。同时，还要尊重学生的个性，让他们能够自由发挥其特长，等等。蔡氏所理解的智育的内容非常广泛，涉及文字、图画、音乐、戏剧、诗歌、历史、地理、建筑、雕刻、装饰等十项内容。

（3）德育。蔡氏认为，道德要从实际出发，随时以行，不必死守古旧。他说："道德不是记熟几句格言，就可以了事的，要重在实行。随时随地，抱着试验的态度，因为天下没有一劳永逸的事情，若说今天这样，便可永远这样,这是大误。要随时随地,看事势的情形,而改变举措的标准。"①就是说,道德是相对的,没有永恒的标准。如果是批评别人,也要考虑被批评者所处的环境,而后才能下切实的断语。与智育的内容一样,蔡氏理解的德育内容非常丰富,诸如合群、讲究公共卫生、爱护公物、责己重而责人轻、勿畏强而侮弱、戒失信、戒狎侮、戒毁谤、理信与迷信、英锐与浮躁、自由与放纵等三十项内容。

(4)美育。蔡氏认为,本来美育包含在道德里面,只是后来,人们忽略了它。蔡氏认为,为了强调美育,为了特别警醒社会,有必要把美育单独列出来,与体、智、德三育并列。他认为,在普通学校内,美育主要表现为图工音乐等课。这些需要灵活运用,不可循规蹈矩,缺乏活力,如同机器;要适合儿童和学生的天性;要充分利用传统的美育资源,不必处处模仿西洋。其实,体育、智育和德育里面就渗透了美育思想。

上述四育,蔡氏认为,都应当时时注意,不断实践、探索、演进,不可偏废任一方面,才有可能养成学生健全的人格。他再次强调,要处处发挥学生的积极主动性;教师要根据学生的个性,帮助他们完成学业,不可把自己的意志强加于学生。②

有人要问,蔡氏在此不是未谈"五育并举",没有提及世界观教育吗?笔者的解释有四点:第一,军国民教育、实利主义教育、公民道德教育和美感教育不能简单等同于这里的体育、智育、德育和美育。"五育并举"观偏重于宏观的战略举措,而非具体入微的细节教育;此处的四育注重的是微观的具体的教育内容,而非宏大的教育战略。第二,即便是在蔡氏人格教育的理想中,也有"调和世界观与人生观"的内容,这是基于教育整体与通盘的考量。第三,除"养成健全的人格"外,蔡氏认可普通教育的另一项宗旨"培养共和精神"③。共和精神的要义自然是民主、平等、自由、博爱等内

① 《普通教育和职业教育——在新加坡南洋华侨中学等校欢迎会的演说词》,见中国蔡元培研究会编:《蔡元培全集》第四卷,浙江教育出版社 1997 年版,第 261 页。

② 《普通教育和职业教育——在新加坡南洋华侨中学等校欢迎会的演说词》,见中国蔡元培研究会编:《蔡元培全集》第四卷,浙江教育出版社 1997 年版,第 262 页。

③ 《普通教育和职业教育——在新加坡南洋华侨中学等校欢迎会的演说词》,见中国蔡元培研究会编:《蔡元培全集》第四卷,浙江教育出版社 1997 年版,第 259 页。

容,其本身就蕴含着思想自由的哲学内容。第四,世界观教育本来就是一种精神教育,渗透、弥散在体、智、德、美育中,在谈及具体的普通教育时,不能简单地对号入座。"世界观者,心理作用也,附丽于神经系,而无迹象之可求。"①

(四)人格教育的实施

在"五育并举"观中,为破除军国民教育和实利主义教育孳生的弊端,蔡氏力倡自由、平等、博爱,坚持思想自由;只有众人都能自由平等,均能博爱互助,民主共和的精神才能有所发展。在思想自由、兼容并包的教育理念中,蔡氏力倡学术至上、学术兴邦的研究精神;在教育独立的探索与实践中,蔡氏秉持教育与学术并重的自由探索精神。所有这些落实在微观层面上,都是指向人格教育。那么,人格教育如何实施呢?

鉴于当时的社会现实,关于自由的状况,蔡氏认为社会上有两种人:"一种人不许别人自由,自己有所凭借,剥夺别人自由,因此有奴隶制度、阶级制度。又有一种人甘心不自由,自己被人束缚,不以为束缚,甘心忍受束缚。这种甘心不自由的人,自己得不到自由,而且最喜剥夺别人自由,压制别人自由,所以不能博爱,不能互助,因此社会上亦不平等不安稳了。"实际上,上述两类人已经完全畸形、变态了:前一种人表面上自由,其实不自由,因为他"有所凭借",依赖的或为权势或为财富,也就成了权势或财富的奴隶,失去了内心的灵魂上的自由;后一种人并非"己所不欲,勿施于人",而是养成了一种"做惯了奴隶、又最喜欢做主子"的陋习,灵与肉上都是赤裸的奴性。因此,蔡氏指出,要想培养"爱自由、好平等、尚博爱的人",在教育上就必须注重"发展个性和涵养同情心两点"②。

对于个性,蔡氏认为,当时学校中的年级制度,不管学生个性如何,只要读满几年就能毕业,很不妥当。他反对不顾客观实际而主张采取自由研究的古代书院制度,因为现代学校的科目繁多且教法不一。他赞成的做法

---

① 《对于新教育之意见》,见中国蔡元培研究会编:《蔡元培全集》第二卷,浙江教育出版社 1997 年版,第 15 页。

② 《在北京高等师范学校〈教育与社会〉杂志社演说词》,见中国蔡元培研究会编:《蔡元培全集》第四卷,浙江教育出版社 1997 年版,第 82 页。

是"提倡纯粹自由学校,无一定校所,无上课形式,欲学某科,找得精于某科者为导师,由导师指定数种书籍,自由研究,质疑问难"①。认为借此可发展个性,避免整体划一的年级制的弊端。发展个性就是要使个体的学生获得一系列不同于他人的特质。

至于同情心,蔡氏认为,同情心就是看到别人感受的事情,与自己的一样,就推己及人,认为彼此休戚相关,从而互相谅解。他认为,当时的考试制度,与此背道而驰。为争名次、分数而使同情心锐减,嫉妒心陡增。同学之间,不能相互切磋,甚至有人得到一本参考书,秘不示人,私自揣想唯我独知,可以拿第一,可笑之至。他批评说,这种考试制度,受科举的毒害,妨碍同情心的培育,应加以改良。他举例说,体育本来是以培养人有健全的体格为目的,但是在比赛中竟然盛行一种不良的风气:错误地认为奖励就是我胜人败,且因此造就了一批为比赛而比赛的运动员。这都是缺少同情心的表现。这种缺少理解、同情,甚至相互攻讦的行为已经严重背离体育的本真。这里的"同情心"不仅仅是指我们通常所说的怜悯,而且还包括相互理解、包容和超然的心胸。

上述两点是蔡氏所特别强调的,若从教育入手,去改造社会,就要注重发展个性,培养同情心。而这又是健全人格的重要组成部分。有了这样的健全人格,就能走向自由、平等、博爱的共和精神。②

归纳起来,蔡氏上述的人格教育思想具有四方面的特色:其一,着眼于民魂和国魂的塑造,把德、智、体、美四种教育看作一个整体,旨在人格的养成。蔡氏晚年多次提及劳动教育、科学教育、艺术教育,则是对其早年提及的上述四类教育的补充、完善、深化。其二,把传统的思想教育资源,如书院制度、独立不惧、安贫乐道、同情心等,与外来的思想观念,如科学研究、个性、自由、平等、博爱等,结合在一起,具有创造性。其三,把宏观的制度保障与微观的教育机制结合在一起,使得具体的教育内容与教育目标有所依托与凭借,具有很强的时代针对性与实践可操作性。其四,把国家富强、

---

① 《在北京高等师范学校〈教育与社会〉杂志社演说词》,见中国蔡元培研究会编:《蔡元培全集》第四卷,浙江教育出版社 1997 年版,第 83 页。
② 《在北京高等师范学校〈教育与社会〉杂志社演说词》,见中国蔡元培研究会编:《蔡元培全集》第四卷,浙江教育出版社 1997 年版,第 82 页。

民族独立与健全的人格教育联系在一起。这本身是中和,把教育的个体本位与社会本位有机地嫁接在一起,有利于教育内容与教育目标的良性发展,而不至于走向片面。这种和谐的基点就是独立人格的养成。"在普通教育,务顺应时势,养成共和国民健全之人格。"[①]这正是作为教育家的蔡氏所具有的融会贯通的思想魅力所在。

二、独立人格的践履

说是一回事,做是另一回事。古今中外,能够把说和做结合在一起,忠实地加以践行,是非常困难的。个中缘由非常复杂,社会大环境的制约是一个不可或缺的因素,但个人在实践上是否具有独立自由的人格同样不容忽视。在教育上,能够把理论与实践忠实地结合起来,通过身教和率先垂范,会起到事半功倍的教育效果。

(一)自食其力是独立人格的前提

自食其力是独立人格、思想自由的物质前提与基础保证。前文所述,蔡氏从小就深受母亲"自立""不依赖"言行举止的耳濡目染,逐渐养成自食其力的品格。比如中年的蔡氏留学德国时,一面艰难地学习德语、苦心孤诣地听课,一面做中文家教,一面帮商务印书馆编书,一面关心国内政治的发展。正因为蔡氏深知生计的重要及学者做学问的艰苦,所以为了人才,为了学术,即使花重金,也会在所不惜。比如我们所熟知的鲁迅先生向来以硬骨头著称,其根本原因就在于鲁迅在经济生活中的独立。一般人只知鲁迅先生靠教书、写作来赚取生活的来源,而不知蔡氏曾对鲁迅给予工作上、生活上很大的便利。比如,1927 年初刚去上海的鲁迅,工作无着,又新婚燕尔,迫切需要解决饭碗问题,心生焦灼。而同年 12 月,鲁迅应蔡氏之聘,任大学院特约撰述员,并从当月起,开始享受月薪 300 元的待遇,仿佛又回到在北京做教育部职员的日子,只是更为清闲与自由。这一职务,一直到 1931 年 12 月底才被裁撤,足有 4 年之久。也正是这 4 年,寓居上

---

① 《向参议院宣布政见之演说》,见中国蔡元培研究会编:《蔡元培全集》第二卷,浙江教育出版社1997 年版,第 64 页。

海的鲁迅,成为中国左翼作家的盟主,并成为中国新文化运动的"主将"①。

(二)知行合一

蔡氏的教育思想是为了培养具有独立人格的个体。这是他说的一面。那么,在实际行动中,作为个体,蔡氏自己能否践履其所说的?

回答大体是肯定的。蔡氏自考中秀才后自由读书,不局限于儒家正统经典,不作八股文,而钟情于"怪八股"的文风,向慕黄宗羲、戴震和俞理初等人的自由思想,何尝不是独立人格的表现! 细究一下,蔡氏考中进士后游学香港时,曾为一店主题写"遇事虚怀观一是,与人和气察群言"的对联,平和中透露出开阔、谦逊、独立的人格气息;目睹清政府的腐败和北京社会的沉沦,蔡氏自题对联"都无做官意,唯有读书声",厌倦中弥散着独立自由的种子;维新变法之际,蔡氏既与梁启超为乡试同年,又极为推崇谭嗣同,梁、谭享盛名之时,很多人趋之若鹜,而蔡氏不喜欢凑热闹的姿态,冷眼旁观中投射出淡泊名利的心态,同样是独立人格的表现;戊戌变法失败,清廷令人失望之极,蔡氏断然离开京城,回归故里,致力教育,有人说他参与维新变法,在京城待不下去了,"走为上策",蔡氏却不作辩解。不事声张和不屑一辩的坦然自得的姿态同样表现出蔡氏独立人格的风范。不愿受制于校董干涉而坚辞绍兴中西学堂总理一职也是同样的道理。1912年,就任教育总长的蔡氏为反对袁世凯独裁专制,两度辞职。第一次袁氏不准;第二次,蔡氏当面向袁氏辞职。袁氏说自己代表四万万人挽留蔡氏,蔡氏则说,"元培亦对于四万万人之代表而辞职"②。蔡氏的卓然独行自不待言。在这期间,蔡氏反对袁政权向六国银行团借款,因为后者试图加强对中国的经济侵略,垄断对中国的借款,以控制中国政府。"中国苟允六国银行团之所请,是犹作茧自缚耳。"③在这起事件中,作为内阁成员的蔡氏反应最为强烈。④ 为维护人权和资产阶级共和国的法律尊严,辞职后的

---

① 程新国:《晚年蔡元培》,上海文化出版社 2011 年版,第 145—146 页。
② 《答客问》,见中国蔡元培研究会编:《蔡元培全集》第二卷,浙江教育出版社 1997 年版,第 187 页。
③ 《拒绝向六国银行团借款的谈话》,见中国蔡元培研究会编:《蔡元培全集》第二卷,浙江教育出版社 1997 年版,第 49 页。
④ 高平叔撰著:《蔡元培年谱长编》第一卷,人民教育出版社 1999 年版,第 445 页。

蔡氏仍然以实际行动展现其独立人格的魅力。在此,有两件事值得一提。

1912 年 8 月 15 日,黎元洪暗中勾结袁世凯在京枪杀武昌首义的革命党人张振武等人,蔡氏与王芝祥等人联名在《民立报》上刊登通告,宣告第二天在上海张园召开大会,商讨对付反动势力的办法,号召国民积极参加,为维护共和而据理抗争。通告指出:"大总统与副总统无直接杀人之权。张君振武等所得罪状,皆暗昧不明,未经裁判,即行枪毙。尤可奇者,犹复加恤赠金,掩饰耳目。此种举动,明明故意违犯约法,玩弄国民。若不讨论其究竟,无以为法律生命之保障,尚何共和政体之可言?"[1]在第二天的集会上,蔡氏宣布两条解决办法:其一,临时办法。表示到会同人的意思,致电参议院,以法律维持会的名义施行。其二,永久办法。法律维持会即日成立,作为常设机关,专门研究解决此案的办法。会上,蔡氏被推举为法律维持会会长,领衔致电参议院,敦促其负起保障共和国法律的责任,指出:"国民以生命委托于公等者至重,勿以寻常视之,全国国民愿为公等后盾也。"[2]

无独有偶。1912 年 8 月 22 日,黎元洪在汉口下令逮捕中国社会党首领江亢虎,因后者曾对前者在湖北境内禁止社会党活动公开提出批评。8 月 23 日,中国社会党在上海召开会议,商讨对策。蔡氏应邀出席,并在会议上发表演说,公开谴责黎元洪的行为"与'满清'时代拘捕革命党,如出一辙,蹂躏人权,莫此为甚"[3],建议一面派代表赴鄂进行调查,一面聘请法律工作者起诉黎元洪。[4]

此后,蔡氏参与"二次革命",反对袁世凯的独裁专制;就任北京大学校长,厉行改革,持守思想自由、兼容并包的办学理念;因反对北洋军阀粗

---

[1] 《发起组织法律维持会通告》,见中国蔡元培研究会编:《蔡元培全集》第二卷,浙江教育出版社 1997 年版,第 197 页。

[2] 《致北京参议院电》,见中国蔡元培研究会编:《蔡元培全集》第十卷,浙江教育出版社 1998 年版,第 162 页。

[3] 《在中国社会党会议时演说词》,见中国蔡元培研究会编:《蔡元培全集》第二卷,浙江教育出版社 1997 年版,第 199 页。

[4] 值得注意的是,4 年后的 1916 年底,在别人的推荐下,作为总统的黎元洪签署命令,正式任命蔡氏为北京大学校长。我们不知道黎氏的内心到底是怎么想的,但有一点却是值得我们深思的:无论是黎的总统虚名,还是北洋军阀政府的实际操控,任命一个异党分子作为中国最高学府的校长,其历史的内涵不是"迫不得已""拉拢民心"之类的简单说词所能解释的。

暴干涉教育,蹂躏人权而多次辞职;后虽参与蒋介石政权,但反对其独裁统治,也多次辞职,并与宋庆龄等人组织民权保障同盟,以捍卫资产阶级共和国的理想;力主抗日,积极营救大批进步人士和共产党员,以在朝的国民党元老和监察委员身份从事在野的民主、自由活动;等等。这些无不表明蔡氏把自己的独立人格与资产阶级共和国的梦想联系在一起,并以实际行动加以践行,可谓言行一致、表里如一的人格典范。正是在培养理想人格的教育理念的指导下,伴着身体力行的表率作用,蔡氏的教育理想才闪耀着独特的思想魅力。蔡氏生平的教育活动内容无不具体体现这一主导性的精神内核。

第七章　教育目的

　　行文至此,作为"教育家"的蔡氏与人性丰满的蔡氏已一并呈示。本章,笔者试图对蔡氏的教育事功及思想探索作一概括与提炼。本章主要概述蔡氏学术兴邦的教育旨趣、中西文化融合的价值取向和思想自由的精神追求。这便是蔡氏的教育目的。教育目的是蔡氏哲学精神的最终体现。教育目的是哲学本真的投射。"目的与目标根本不同,你能测量目标,但不能测量目的。一个最后的目的是一种哲学力量,它是我们行动的先验的本质。培养自由的人和创造思维,最大限度地挖掘每一个人的潜力,这就是最后的目的。"[①]

第一节　学术兴邦

　　蔡氏教育思想、教育事功与其个人人生追求、国家命运密切

---

① 转引自联合国教科文组织国际教育发展委员会编:《学会生存——教育世界的今天和明天》,华东师范大学比较教育研究所译,教育科学出版社 1996 年版,第 183 页。

相关,即学术兴邦,具体包含学术兴趣、学术救国两方面的内容。

一、学术兴趣

蔡氏的教育探索与他自己多方面的学术兴趣密切相关,即他本人既有传统儒家文化的深厚底蕴,又对其他诸如墨家、道家、佛学等怀有浓厚的兴趣;既对孔、孟、程、朱等正统儒家学术有一定的把脉,又能对儒家异端诸如荀子、王充、王安石、黄宗羲等人进行创造性的评价;既对传统中国文化有一个全盘的了解与甄别,又能对西方文化进行批判性的解读;既对人文社会科学富有浓厚的兴趣,又对自然科学抱有很大的关注。对此,前文已有详细交代,兹不赘述。这里要着重指出,蔡氏的学术兴趣还可以通过以下三个方面来揭示。

其一,蔡氏生平为同时代著作者的书籍作序。蔡氏早年在徐友兰的铸书斋校书时,素有写读书笔记的习惯,也学会了图书鉴赏与评价,后来请蔡氏写书评的人一直很多。[①] 自 1895 年至 1939 年,蔡氏为他人著作所作的序(含代作序、少量跋、前言),兹列表如下:

表 7-1

年份	书目
1895	《春闱杂咏》跋(李星若著)
1899	《文福轩诗》(任孝芬著),《东西学书录》序(徐维则著)
1901	《化学定性分析》序(杜亚泉著),《讲义录》序(马用锡著)
1902	《文变》序及目录(蔡元培编选),《东西学书录》序(增版)(徐维则编、顾燮光补),《中等伦理学》序(〔日〕元良勇次郎著,麦公立译述)
1905	《张川胡氏宗谱》序(胡道南纂修),《张川胡氏宗谱》序(胡钟生纂修)[②]
1906	《国文学讲义》序(蔡元培编)
1912	《琴绿堂遗草》序(小舟先生著,具体姓名不详)
1913	《愧庐诗文钞》序(胡钟生著),《勤工俭学传》序(李石曾著)
1917	《汉字索引制》序(林语堂撰),《医学丛书》序(田杏邨著,田念曾编),《植物学大辞典》序(杜亚泉主编)

---

① 蔡元培研究会编:《蔡元培与现代中国》,北京大学出版社 2010 年版,第 137 页。
② 王丽、钱斌:《蔡元培佚文〈张川胡氏宗谱〉序述略》,载《浙江档案》2009 年第 5 期。

年份	书目
1918	《中国人口论》序(陈长蘅著),《铁研斋丛书》序(桑宣著),《华法教育会丛书》序(华法教育会主编),《明于越三不朽名贤图赞》(重印)序(张陶庵纂),《北京大学二十周年纪念册》序(编者不详),《中学国文科教授之商榷》序(夏宇众编),《中国古代哲学史大纲》序(胡适著),《新闻学大意》序(徐宝璜著),跋《新世说》(易蔚儒著),《中国币制统一论》序(李亦轩著),《罗马法》序(黄佑昌著),《心书》序(熊十力著)
1919	《政治经济学》序(〔法〕季特著,陶乐勤译)
1920	《白话唐人七绝百首》序(浦薛凤编),《秋明室诗稿》序(沈尹默著),《中国财政史讲义》序(胡钧著),《社会主义史》序(〔英〕柯卡普著,辟司增订,李季译),《我之历史》序(宋教仁著),《画法几何学》序(萨本栋编译),《梦鹿庵文稿》序(朱虹舫著),介绍《战后之世界》(黄郛著),叶浩吾《墨经诂义》出版介绍(叶瀚著)
1922	《英汉双解韦氏大学字典》序(著者、译者不详),《图书馆学》序(杨昭悊编著),《时间经济法》序(萧子升著)①
1923	《天苏阁丛刊》二集序(徐仲可等著),跋抄本《隶缜》(编者不详)
1924	《人的研究》序(弗利野德著,周太玄译),《兔阴期变论》序(褚民谊著),《医药常识》序(大生制药公司编印),《社会学方法论》序(〔法〕涂尔干著,许德珩译)
1925	《哲学辞典》序(樊炳清编),卢骚(编者注:通译为卢梭)《忏悔录》序(〔法〕卢梭著,章独译),《燉煌掇琐》序(刘半农编)
1926	《四角号码检字法》序(王云五编),《逻辑学》序(王祥辉编),《红楼梦本事辨证》序(寿鹏飞著)
1927	《中国在变革》前言(〔英〕汤良礼著,徐正文译),《中国新教育行政制度研究》序(姜琦、邱椿著),《程蒲孙遗集》序(程宗沂编)
1928	《第一交通大学西文图书目录》序(黄惠孚编),《清季外交史料》序(王彦威著,王亮编辑,周鲠生代序,蔡元培酌加增改),《西洋科学史》序(李贝著,尤佳章译),《地学丛书》序(张相文编),《经营银行概论》序(冯薰编),《科学丛谈》序(著者不详,尤佳章译),《秀水陶子方先生手牍》跋(陶子方著),《中外图书统一分类法》序(王云五著)

---

① 王玉生:《蔡元培佚文〈时间经济法〉序述略》,载《兰台世界》2012 年第 25 期。

续表

年份	书目
1929	《四库目略》序(杨立诚编),《中国经济问题》序(中国经济学社编),《五权宪法》手稿印本序(孙中山著),《到田间去》序(〔日〕"南满洲"铁道株式会社编,汤尔和译),《安阳发掘报告第一期》序(董作宾、李季著),《有机化学工业》序(李乔萍编著),《经济史长编》序(黄季飞编),《马克思传》序(李季著)
1930	《中国大观》序(伍梁明、陈绪编),《自由哲学》序(〔比〕齐尔著,胡鉴民译),《普通测量学》教本序(白季眉编著),《金刚经》跋(吴了村书),《近代教育学说》序(〔美〕鲍特著,马复、李若泉译),《美国市政之革新》序(张培钧编著),《近十年中国之气候》序(蒋丙然著),《中国教育行政大纲》序(张季信编著),《明清史料档案甲集》序(中央研究院历史语言研究所编)
1931	《实用麦作学》序(金善宝著),《近代法国文选》序(〔法〕邵可侣编),《医学名词汇编》序(科学名词审查会编),《中国新本草图志》序(赵燏黄编著),《历代军事分类诗选》序(张伯英编),《潼南杨氏族谱》序(杨季璠编,马祀光代作,蔡元培论述抄留底稿),《陈树人画集》序(陈树人辑),《嘤鸣集》序(北仑先生著,具体姓名不详),《历史学派经济学》序(朱谦之著)①
1932	《佛法与科学比较之研究》序(王季同著),《中国建设》(化学专号续编)序(中国建设协会著),《新唯识论》序(熊十力著),《长恨歌画意》序(李祖鸿作),《刘海粟游欧作品展览》序(刘海粟作),《内乡齐氏族谱》序(齐润卿、齐筱润编,马祀光代撰,蔡元培论述抄留底稿)
1933	《中国政略学史》序(俞棪编著),《世界标准英汉辞典》序(世界书局编),《中国画苑》《西洋画苑》序(刘海粟编),《独秀文存》序(陈独秀著),《乐器图说》序(大同乐会编),《自然美讴歌集》序(陈树人著),《红薇诗草》序(张德怡著),《辅助国民教育运动》序(姚仲拔著),《资兴曹氏族谱》序(曹尚毅主编,马祀光代作,蔡元培论述抄留底稿),《现代本草生药学》序(赵燏黄、徐伯鋆著),《爱国女学三十二周年纪念刊》导言(编著者不详),《益阳丁氏族谱》序(编者不详,马祀光代作,蔡元培论述抄留底稿)

---

① 《〈历史学派经济学〉序》一文是六篇轶文中的一篇,未收录在《蔡元培全集》(浙江教育出版社1997—1998年版)中。《历史学派经济学》一书于1933年由商务印书馆出版。(钱斌、宋培基:《新发现蔡元培与北大学人相关的六篇轶文》,载《北京大学教育评论》2008年第3期。)

年份	书目
1934	《惕斋遗集》序(周惕斋著),《中国问题之综合的研究》序(黄尊生著),《俞理初先生年谱》跋(王立中纂辑),《星象统笺》序(高鲁编著),《庄子内篇证补》序(朱桂曜编著),《中国经济年鉴》序(罗敦伟等编,马祀光代作,蔡元培论述抄留底稿),《美学原理》序(金公亮编),《社会主义新史》序(沈嗣庄著)
1935	《现代中国政治思想史》序(朱升苹著),《中波文化协会特刊》序(编者不详),《中华民族之衰老与再生》序(张君俊著),《世界文库》序(郑振铎主编),《人类生活史》序(张润泉编著),跋孙中山手书《建国大纲》(孙中山著),《中国新文学大系》总序(编者不详),英文《中国年鉴》前言(编者不详),《读书指导》第一辑序(商务印书馆编印),《中国邮政》序(张梁任编著),《黄河富源之利用》序(崔景三编著),《影印宋碛砂版大藏经》序(编者不详)
1936	《文中子真伪汇考》序(王立中著),《清内阁旧藏汉文黄册联合目录》序(编者不详),《中国内乱外祸历史丛书》序(程演生编),《科学界的伟人》序(〔日〕吉松虎畅著,张建华译),《侨园诗文集》序(姚懋甫著),《中国思想研究法》序(蔡尚思编著),《中国的一日》序(茅盾主编),《当代妇女》序(黄寄萍编),《黄冈林氏族谱》序(马祀光代作,蔡元培论述抄留底稿),《人与地》序(〔法〕哀利赛·邵可侣著,郑绍文译),《端方密电档中关于"苏报案"各电》序(编者不详),《读书指导》第二辑序(商务印书馆编印)
1937	《世界短篇小说大系》序(编者不详),《中小字典》跋(刘半农编)
1938	《居友学说评论》序(萧子升著),跋《古青诗存》(任鸿隽著),《鲁迅全集》序(鲁迅先生纪念委员会编)
1939	《中国古代社会新研究初稿》序(李宗侗著)①

综览上表,蔡氏所撰写序的著作纷纭多样,既有一般的文、史、哲学科,又有时新的自然科学;既有传统思想的继承与阐发,又有世界新潮的引介与述评;既有理论思辨,又有科学实证;既有形而上学,又有国计民生。其

---

① 所列著作序不含蔡氏生平所撰写的大量的地方志例言、读后感、发刊词、挽联跋、会议章程、同年(学)录序、地方志序、刊物序、书信跋、论文跋、会议报告序、纪念册序、题词等。

中尤以 1928 年到 1936 年居多,这一方面表明蔡氏远离政治轴心、摆脱人事缠绕的束缚而有闲暇,另一方面也昭示中日全面抗战爆发前夕学术文化的繁荣及蔡氏已成为"学界泰斗"。这是蔡氏学术兴趣广泛的投射。诚如梁漱溟所言:"蔡先生除了他意识到办大学需要如此之外,更要紧的乃在他天性上具有多方面的爱好,极广博的兴趣。意识到此一需要而后兼容并包,不免是人为的(伪的);天性上喜欢如此,方是自然的(真的)。有意的兼容并包是可学的,出于性情之自然是不可学的。有意兼容并包,不一定兼容并包得了。唯出于真爱好而后人家乃乐于为他所包容,而后尽复杂却维系得住。——这方面是真器局,真度量。"[1]尽管为人作序,各类著作兼容并包,但蔡氏也有自己的底线与原则,即有三种情况蔡氏拒写书评:一是不很熟悉的学科不写,以免误人子弟;二是内容有明显缺陷的不写;三是未认真研读过的图书不写。[2]

其二,蔡氏对我国民族学的贡献。蔡氏因对美学的钟爱而对民族学产生探索的热情。前文已述蔡氏对我国美学理论与实践的开创性的贡献,兹不赘述。蔡氏晚年对民族学较为倾心,并为此领风气之先。他发表或演说的民族学作品有《美术的起原》(1920)、《说民族学》(1926)、《社会学与民族学》(1930)、《民族学上之进化观》(1934)等。在我国,正式提出"民族学"这一概念并使之沿用至今的是蔡氏。[3] 其中,《说民族学》一文,是 20 世纪初西方民族学传入中国以来,第一篇系统论述民族学的文章,它不仅确立了这门学科的名称和定义,还具体介绍了该学科在近代学术体系中的地位与作用,且用中国固有的文献资料进行阐释,为这门新兴学科增大了可接受性。自该文发表后,民族学作为一门学科开始在中国学界得到了立足之地。1928 年国立中央研究院成立后,按蔡氏设想,拟创设民族学研究所,但因经费及研究力量不足,改在社会科学研究所内组建民族学组,蔡氏以院长身份兼任民族学组主任,并从事具体项目的研究。从 1928 年民族学组建立到 1934 年该组归入

---

① 梁漱溟:《忆往谈旧录》,金城出版社 2006 年版,第 96 页。
② 蔡元培研究会编:《蔡元培与现代中国》,北京大学出版社 2010 年版,第 140—142 页。
③ 张晓唯:《蔡元培评传》,百花洲文艺出版社 1993 年版,第 172 页。

历史语言所,蔡氏积极推动民族学组织展开调查、研究,为我国民族学的发展做出了诸多的开创性的奠基工作,比如考古学组对安阳殷墟的发掘与研究,整理殷墟出土的甲骨、铜器与陶器,在殷历、祀典和工艺等方面都有所创获;民族学组对赫哲、苗、瑶、高山、羌、戎等民族进行文化、体质及人种分类调查研究。① 对美学、民族学的钟爱是兴趣广泛的蔡氏厚积薄发的必然结果。

其三,蔡氏一生学习过日文、拉丁文、德文、法文、英文、意大利文,并做过大量的日文、德文、法文翻译工作。在风雨如晦、民族生死存亡的近代中国,学习国外哲学、教育学、自然科学等,有利于了解世界大势,有利于借他山之石,为我所用。有的语言如英文与意大利文虽未学成,但至少表明蔡氏曾尝试、努力过,且是在年事已高、杂事繁多的情况下学的。外语能够改变一个人的知识结构,进而扩展眼界,深化认识,提升涵养。蔡氏曾于1935 年 5 月在《大众画报》第十八期《假如我的年纪回到二十岁》专栏撰文:"若能回到二十岁,我一定要多学几种外国语,自英语、意大利语而外,希腊文与梵文,也要学的;要补习自然科学;然后专治我所最爱的美学及世界美术史。这些话似乎偏于求学而略于修养,但我个人的自省,觉得真心求学的时候,已经把修养包括进去。"②这段话大致有四层含义:第一,重视外语的学习,也隐含着对年轻人寄予学习的厚望。第二,重视自然科学的学习。近代中国缺乏自然科学,学习外语利于自然科学知识的吸收,这也是其生平"科学救国"愿望的投射。第三,偏爱美学,学有专攻。这是蔡氏德语学习、德国文化滋养的结果。第四,外语学习、学术及研究中渗透着德行的陶养。外语学习,意义重大。诚如学者所言,"学一门外语会获得一个成长的机会,获得自由的机会,从自己所接受的观念和精神的丑陋面中获得解放的机会"③。

学术追求中含蕴着思想的火花与智慧的光芒及变革现实的巨大力量。这是蔡氏一生学术兴趣广泛,且致力于学术研究、学术救国的原因

---

① 周雷鸣:《民国时期国家最高学术研究机构——中央研究院》,载《档案与建设》2011 年第 9 期。

② 高平叔撰著:《蔡元培年谱长编》第四卷,人民教育出版社 1999 年版,第 215 页。

③ 转引自〔美〕帕克·帕尔默:《教学勇气》,吴国珍、余巍等译,华东师范大学出版社 2005 年版,第 26 页。

所在。

二、学术救国

蔡氏学术救国思想的形成是长期探索的结果,它表明近现代中国知识分子筚路蓝缕的思想历程。

(一)教育救国

1898 年,戊戌变法失败后,蔡氏倡导教育救国,就是要开启民智,面向全体国民,而非少数人。"孑民是时持论,谓康党所以失败,由于不先培养革新之人才,而欲以少数人代取政权,排斥顽旧,不能不情见势绌。此后北京政府,无可希望,故抛弃京职而愿委身于教育云。"[1]此后,他致力于绍兴中西学堂、南洋公学、中国教育会、爱国学社、爱国女学等无不是其教育救国的具体表现。蔡氏第一次留学德国同样抱有教育救国的动机,在《为自费游学德国请学部给予咨文呈》中略谓:"窃职素有志教育之学……现拟自措资费,前往德国,专修文科之学,并研究教育原理,及彼国现行教育之状况。至少以五年为期,冀归国以后,或能效壤流之助于教育界。"[2]民国首任教育总长任内力倡的军国民教育、实利主义教育、公民道德教育、世界观教育、美感教育等都是基于教育救国的考量。

1916 年 9 月 1 日,远在法国的蔡氏接到北洋军阀政府教育总长范源濂邀请其担任北京大学校长的电报,蔡氏之所以积极回应,就是因为他怀抱着一颗炽热的教育救国之心,这在他 1917 年 3 月 15 日致汪精卫的信中得到较为集中的反映,蔡氏说:"在弟观察,吾人苟切实从教育着手,未尝不可使吾国转危为安。而在国外所经营之教育,又似不及在国内之切实。弟之所以迟迟不进京,欲不任大学校长,而卒于任者,亦以此。昔普鲁士受拿破仑蹂躏时,大学教授菲希脱为数次爱国之演说,改良大学教育,卒有以救普之亡。而德意志统一之盛业(普之胜法,群归功于小学校教员,然所

---

① 蔡建国编:《蔡元培先生纪念集》,中华书局 1984 年版,第 251 页。
② 高平叔撰著:《蔡元培年谱长编》第一卷,人民教育出版社 1999 年版,第 321—322 页。

以有此等小学校教员者,高等教育之力也),亦发端于此。"①作为职业教育家,蔡氏的"教育救国"是学校教育与社会教育的综合,致力于思想观念的变革及民魂的改造。这种变革主要表现在两个方面:

一是突破了传统儒家怀抱的修身、齐家、治国、平天下的士大夫的政治理想。尽管士大夫的政治理想是抱着"先天下之忧而忧,后天下之乐而乐"的襟怀,但始终摆脱不了"为帝王师"的旧式知识分子的臣仆思想;而且,一旦受君王昏聩、天下大乱或其他外在因素的干扰,施展不了才华,就会步上一条"穷则独善其身"的不归路。即便政治清明、天下太平或君主开明,能够顺利走上"达则兼济天下"的坦途,终究摆脱不了没有独立人格的"臣仆"的身份。教化万民、祖述孔孟也好,传道、授业、解惑也罢,维护的不过是君主一人的天下;这样的"国家"不是天下人的国家,而是独夫寡人世袭的"家业"而已。从1894年登上科举制度巅峰的那一刻起,按照千年传承的历史惯例,蔡氏非常可能走的道路就是升官加爵、参与政事、辅佐君王,直至老终,但近代中国所面临的政治危机逼迫蔡元培们要走别样的路途。在中日甲午战争中,蔡氏的日记表明他还是一个忧国忧民的传统士大夫;当维新变法所推行的君主立宪制的梦想破灭后,蔡氏辞官南下、致力教育的最初几年时间里,他仍然要沿着君主立宪制的维新派的老路走下去。当帝国主义掀起瓜分中国的狂潮、当屈辱的《辛丑条约》签订、当中国边疆地区发生一系列的领土危机时,在反抗帝国主义侵略的斗争中,在接受新思潮的洗礼下,在如火如荼的民众抗争的运动中,蔡氏感同身受,逐渐认识到教育救国的传统老路须要发生一些变革、深化,才能使得中国的前途沿着进步的道路前行。这便是中国教育会、爱国学社、爱国女学蓬勃发展之因,由此蔡氏最后走上推翻清廷的革命道路。

---

① 《致汪精卫函》,见中国蔡元培研究会编:《蔡元培全集》第十卷,浙江教育出版社1998年版,第295页。菲希脱,即费希特(Johann Gottlieb Fichte,1762—1814)德国哲学家及教育改革家。1807年,在讨论筹建柏林大学时,普鲁士政府特请费希特提出一份建校计划;费希特撰写了《柏林高等教育机构建校计划演绎》,系统阐述其大学理念,影响颇著;1810年,柏林大学建立,费希特被聘为哲学院教授及第一任哲学院院长;1811年,经四轮选举角逐,费希特担任柏林大学第一任校长,代替被任命的临时校长施马尔茨。拿破仑的法国战胜普鲁士后,他力主教育改革。他认为拯救德国唯一的希望,在于改革全国教育制度,刷新国民的生活。在其《告德意志国民书》中,他竭力阐述改革教育的必要。

二是把德国人的教育兴国的思想消化、吸收、引进、嫁接到中国的土地上来，并进行适当的调整、变革。众所周知，德国的教育兴国源于19世纪初德国在对抗法国侵略的战场上节节败退之际，德国的有识之士认为教育能够挽救德国、扭转战场上的不利局面，尤其是以柏林大学为主导的大学教育的办理与振兴，推行学术与科学研究自由的指导方略，大约经过半个世纪的惨淡经营，终于使得德国一举打败传统宿敌法国，进而成为欧洲新型崛起的资本主义大国，并在学术文化上成为世界性的思想的国度、哲学的家园。蔡氏留学德国的动机就是源于此。

有人要说，单纯的教育不足以担当救国大任。事实上，蔡氏的教育救国既不是单纯的学校教育救国，也不是纯粹的道德教育或思想政治教育救国，而是学校教育、社会教育与思想观念革命冶为一炉的锻造，这在前文已有涉略，兹不赘述。实质上，蔡氏的教育救国与科学救国、学术救国是紧密相连的。

（二）科学救国

教育救国的一个重要内容是发展科学、振兴国家。蔡氏认为，中国的教育迫切需要的就是对学生进行科学精神和科学方法的培养。他说，"中国教育上目前所最需要者，为科学的教育"[1]。蔡氏认为，中国必须向西方学习，"我们是取他注重科学精神、研究社会组织的主义，来作我们的教育宗旨"[2]。在谈到大学课程设置时，蔡氏指出："自然科学为我国所最缺乏，亦最所需要，亟宜提倡，故大学以先设自然科学为宜……且研究科学，不可不知研究科学的方法，即不可不学论理学。"[3]"论理学"就是纯用概念和逻辑进行科学的理论研究。而中国人往往只注重科学的实用价值，恰恰缺少的就是对于学理的研究和探讨。他说："国人做事，往往注意应用，不根据

---

① 《致英国庚款委员会函》，见中国蔡元培研究会编：《蔡元培全集》第十一卷，浙江教育出版社1998年版，第248页。

② 《北京孔德学校二周年纪念会演说词》，见中国蔡元培研究会编：《蔡元培全集》第三卷，浙江教育出版社1997年版，第757页。

③ 《筹办杭州大学的建议》，见中国蔡元培研究会编：《蔡元培全集》第五卷，浙江教育出版社1997年版，第43页。

学理,科学实为各种应用科学之基础。"①与西方相反,中国最为缺乏的就是科学。他说:"世界各大科学家心目中皆无中国……各国科学普及,尤为特色……现在中国人多不知科学为何物,最要先输入科学思想,然后可得其辅助。"②立足于中国本土的文化建设,力倡引进西方的科学及其方法,反衬出西方文化宗守科学的特质。

蔡氏中和的学术文化思想典型地表现在他的科学观上。蔡氏认为,西方文化的最大特性在于它的科学精神。在《蔡元培全集》新版的 18 卷本中,虽没有专门的文章或论著来阐述西方文化的科学精神,但是,每当谈到教育、学术研究或中国的文化建设或"科学救国"之类的话题时,他总是要提及西方的科学及其方法。就是说,他多从中国文化建设层面旁敲侧击地点出了西方文化的最大特色。他认为,在我国,由于没有科学作前提,哲学"永远以'圣言量'为标准,而不能出烦琐哲学的范围"。因此,在谈到教育与文化发展问题时,蔡氏说,"不能不完全采用欧洲学说"③。因为在欧洲,随着科学的发展,一切知识、道德问题,都可以进入科学研究的领域。而科学所不能解决的问题,如宇宙本原、超越实证的世界观和人生观以及人类追求不可知的内在要求等,就成了形而上学探究的课题,即玄学,也就是那些关于有形物体之上的思辨的学问。这也是按照科学的分类来划分的。

但是,蔡氏并非完全落入科学的窠臼,而是清醒地认识到科学的发达和物欲的膨胀,会把人带到情感隔膜、衰颓,乃至互相残杀的道路上去。所以,他说:"我的提倡美育,便是使人类能在音乐、雕刻、图画、文学里又找见他们遗失了的情感……"④即西方文化,尤其是科学文化也有其自身的不足。与中国文化相比,西方文化常持极端的态度,突出差异性和斗争性,不能求同存异,不能调和、折中,表现在科学上,就是:迷信科学,发展物力,

① 《交通大学三十七周年校庆纪念会演说词》,见中国蔡元培研究会编:《蔡元培全集》第七卷,浙江教育出版社 1997 年版,第 422 页。

② 《在中国科学社北京社友欢迎会演说词》,见中国蔡元培研究会编:《蔡元培全集》第四卷,浙江教育出版社 1997 年版,第 415 页。

③ 《简易哲学纲要》,见中国蔡元培研究会编:《蔡元培全集》第五卷,浙江教育出版社 1997 年版,第 161 页。

④ 文艺美学丛书编辑委员会编:《蔡元培美学文选》,北京大学出版社 1983 年版,第 215 页。

易使人为其所役,乃至沦为冷血动物。所以西方文化也要借鉴中国文化的中庸之道,以求中和之效,从而理性地对待科学。这便是学术中和、学术救国。

(三)学术救国

蔡氏早年就曾对学术救国进行过积极的探索。蔡氏认为,平民革命在中国不能有好结果,所以可以预见的中国革命只有两途:一是以 1908 年至 1909 年青年土耳其革命建立的君主立宪的资产阶级共和国为蓝本,最佳;二是中华民族如同犹太民族一样,分居于列强政权之下,执迷于"不洁、贪、吝、迷信旧宗教"的积习,"历劫不变"①,最为不幸。这种不幸的遭际导致三种救国策略:实业救国、暗杀与暴动救国、学术救国。蔡氏认为,暴力革命与学术救国是自己在上海时经常萦绕在脑际的两种选择。"因后小部分之目的无可进行之路,而专注意于前者,其间颇有艰难秘密之历史,其后卒以途穷而移于后者。"②这段文字可以表明三个问题:一是蔡氏原本就专注于学术救国,这与其教育救国、学术爱好、书生本色是相一致的。二是在上海期间之所以选择暴动与暗杀,是因为教育救国、学术救国无从下手的缘故。在绍兴中西学堂佑助新派而招致校董干涉,在南洋公学讲点民权思想都很难,遑论其他? 三是因暗杀与暴动没有出路而回归学术救国,"吾人适于治学,不适于办事,我不负人,人或负我,所以灰心"③。同时,"他企望以较短时间和较小的代价实现社会政治的变革,因而一度沉迷于暗杀活动"④。当努力不济,革命目标遥不可及时,蔡氏不免顿生茫然失措之感。"孑民在上海所图皆不成,意颇倦。"⑤回绍兴经办学校教育与社会

---

① 《复吴稚晖函》,见中国蔡元培研究会编:《蔡元培全集》第十卷,浙江教育出版社 1998 年版,第 81 页。
② 《复吴稚晖函》,见中国蔡元培研究会编:《蔡元培全集》第十卷,浙江教育出版社 1998 年版,第 82 页。
③ 蔡建国编:《蔡元培先生纪念集》,中华书局 1984 年版,第 27 页。"那些真正关注永恒实在的人的心灵确实没有时间去关心凡人的琐事,也不会参与充满妒忌和仇恨的争斗。"参见〔希腊〕柏拉图:《柏拉图全集》第二卷,王晓朝译,人民出版社 2003 年版,第 494 页。
④ 唐振常:《蔡元培传》,上海人民出版社 1985 年版,第 41 页。
⑤ 蔡元培:《蔡孑民先生言行录》,山东人民出版社 1998 年版,第 9 页。

教育也为人所阻,进一步唤起了蔡氏出国留学的初衷。这才有了"到德之后,则专向后者之路进行"的主导倾向。而且,到德国后,蔡氏进一步坚定了学术救国的信心。这种信心来自于对学理和"言论鼓吹"的深入思考。[1]

这个想法的萌芽大概始于 1896 年、1897 年之际——此时处于京城的他面对四面楚歌中的晚清政权,面对都中大佬们的蝇营狗苟,不事征逐的蔡氏"读书做官"的心已开始发生动摇,所以才有"都无做官意,唯有读书声"的喟叹。在喟叹中思考,在思考中喟叹,蔡氏深感内心深处的不自由。何以如此?

虽不事征逐,但毕竟身在官衙,无法逃脱不必要的人事纠缠;虽专心读书,但国家兴亡、匹夫有责的古训无法忘怀;在读书与思考中,不可避免地求索着人生的意义、中国向何处去的追问,诸如"人生识字始生忧,百感茫茫不自由"[2]。在探寻中,蔡氏对学术进行了卓有成效的品评、译介、编著,如《哲学要领》《中国伦理学史》的编著,《妖怪学讲义录》《伦理学原理》的翻译,译介俄国无政府主义思潮,等等。学术思想的传播、争鸣是一种比传统意义上的教化更重要的教育教学活动,其优势在于:在学术独尊的传统话语体系中,异类或异端的出现,尤其是外来思想的冲击,无疑会引起老气横秋的学术界的思想波荡与浸淫其中的学人的灵魂的震颤,唤起思想海洋的波涛翻滚,进而引起全社会的关注;在波荡与震颤中,经过比较、鉴定与批判,人们反思既有的思想权威、观察当下的现实困境、构想未来的发展态势,"从来如此"的思维积习与"古已有之"的话语痼疾必然受到解构、颠覆、重组,思想的"异军突起"不可避免。这样,思想的创新、观念的变革代替万马齐喑的死气沉沉,就会成为浩浩荡荡的历史潮流。其波及面不仅在教育,而且在思想;不仅在学校,而且在社会;不仅在"过去",而且在"现在";不仅在个体,而且在群众。就此而言,学术救国不亚于一场社会革命。

把外来"陌生"而有效的思潮引进暮气沉沉的老大帝国,既是打量其

---

① 《复吴稚晖函》,见中国蔡元培研究会编:《蔡元培全集》第十卷,浙江教育出版社 1998 年版,第72 页。

② 《题铁花灯(十六绝)》,见中国蔡元培研究会编:《蔡元培全集》第一卷,浙江教育出版社 1997 年版,第 165 页。

背后支撑了千年之久的思想根基,又是忖度当下摇摇欲坠的"家天下",更是设计未来命运前途的参照物,进而找寻变革的盘算与方法的锁钥,以力挽狂澜、保民强种、救死扶伤、脱胎换骨。

无论是"五育并举"观,还是思想自由、兼容并包,抑或是教育独立之梦,实质都是学术救国的具体表现。晚年蔡氏致力于中央研究院的科学研究工作,并在非常短的时间取得不少突破,同样是基于教育救国、学术兴邦的考量。

学术救国是蔡氏对教育救国的总结与深化。这既是蔡氏思维本身的发展——早年蔡氏偏于文史哲,向慕思想之都的德国,后来(出国前与留学期间)翻译、编译哲学书籍,又因为情势所逼(教育活动得不到施展,不谙于人事周旋),在痛苦中探索、在探索中痛苦,最后抓住机会遂心所愿——留学德国。说到底,这种选择对于蔡氏来说,本色上是主要的,契机上是次要的。因为教育救国是蔡氏在戊戌变法失败后的断然选择,选择的萌芽始于 1896 年的"都无做官意,唯有读书声"的潜意识的流露——标志着蔡氏无心官场、无意乌纱,而倾心读书、文教救国的思想萌芽,加之经过维新变法期间的不事征逐、冷眼旁观的积淀与思考,逐渐倾向于学术追求。

所以,蔡氏的教育救国与学术救国的心路历程表面上看起来是两个阶段,是政治革命所图不成、教育变革为人所阻而促成的,实质上,这些只是一种契机、一种因缘,而更主要的是教育救国与学术救国存在着一定的内在机理,即教育救国在蔡氏那里是一种思想观念上的变革,是一种社会思想的变革,是使得国人改变头脑中的观念积习的变革,而非简单的学校教育所能概括的。这也是蔡氏对社会教育一直有所偏重的原因所在。他领导下的中国教育会的宗旨及其所办理的爱国女学、爱国学社等实践活动都是出于这样的思考——借由教育而促成学生思想观念的改变,进而促成爱国行动。

而且,学术救国是对教育救国的精神提升,因为学术的振兴须要通过教育活动、思想宣传、精神渗透等无形的力量来达致国民素养的提升,进而振兴科学、挽救危亡、富强民族、健康国家。所以,教育救国与学术救国不是二分的,而是内在地联系在一起。后来,尤其是辛亥革命后蔡氏出任临时教育总长而进行的一系列的教育变革,本身就是希冀鼎新革故而改变中国人的思想观念,张扬思想自由精神,养成共和国的公民,培养其独立人格;再后来,蔡氏效力的北京大学所进行的系列改革,更是力倡学术自由、思想兼容的大学理念,发展学术,提升国民的精神内涵,进而达到兴盛国家的目的。乃至晚年蔡氏提出的美育救国、科学救国都是出于同一思路——美育的超越精神、自由风范;科学的求真精神与实事求是的态度,大的方面都是出于兴盛学术发展的角度而展开的,小的方面是从个人角度出发,培养个人普遍性与超越性的学术襟怀以及求真务实的学习态度,以达成教育的目的——培养思想自由与独立人格,借此改造国家、服务社会的目的。

近代中国,中华民族所面对的世界大势不仅是其生死存亡的遭遇而且更是一个如何发展的机缘。而这两个问题又是互为一体的。就蔡氏教育思维的变化来说,教育救国不是单纯的政治救国,而是一个社会物质生活的重建与一个民族精神生活的重构,是一而二、二而一的系统问题。就是说教育与政治、思想文化之间具有一系列的内在逻辑联系,如教育可改变人们的思想观念,激发人们的斗志,发展科学,振兴实业,解决国计民生问题;反过来,观念的更新、科学的发展、国家的富强等又可促进教育的发展。而且,就深层次而言,教育还可以推进学术的进步、思想的启蒙、自由精神的张扬等。就是说,学术的发展同样是一个观念层面的跃进,可推进思想的自由与哲学观念的变革——反过来又能促进学术的进步与思想的繁荣,促进社会哲学思想的百家争鸣,二者相得益彰。

所以,蔡氏的教育救国、学术救国的实质就是借由哲学思想的发展与繁荣来推进古老中国观念的更新,并通过后者来进行思想的启蒙,掀起一场声势浩大的思想解放运动,以打破一个声音说话的话语霸权与单一思想的独尊,开启百家争鸣、百花齐放的进步局面,就是要以思想自由、学术自由去推动中国社会的全面进步。欧洲的文艺复兴、18世纪法国的启蒙运动以及我国五四新文化运动以来的思想变革无不带来了民族、国家的政治变革、社会进步、科技发展。这表明蔡氏的学术救国既是对教育救国思想的丰富又是对其思想的深化。蔡氏的教育救国深受德国18世纪末至19世纪的教育思想的影响,是对德国教育理念的发展与深化,触及哲学理念的变革,这可由后来蔡氏提出的哲学教育思想得以窥见与反映。它表明,蔡氏的教育救国在中国近现代史上不单纯是一个救亡图存的政治口号,更是一场创新、发展的思想革命。因为只有思想进行了观念更新、哲学进行了自由探讨,人性的智慧与潜力才能从根本上得以挖掘、开启;借此,中国人的传统思想观念及其支配下的守旧行为才能打破、改变、创新。无疑,蔡氏的教育救国具有深远的时代意义与历史意义。

就时代来说,教育救国与学术救国突破了传统的政治教化与修齐治平的框架,开启了中华民族思想史上一个崭新的篇章——既是对传统文化以儒家思想为主导的超越,又是把华夏民族与世界其他先进民族连接起来的精神脐带,为我们民族在精神上的新生与壮大做了一个亘古未有的奠基。正是这种奠基,我们才经历五四新文化启蒙精神的洗礼,才引来了马克思主义思想的传播,最后才使得后者在中国这块陌生的土壤上生根、发芽、发展、壮大,进而,中国人借此建立了东方社会主义国家。就历史来说,正是在近代,中华民族才被迫融入世界各民族的大家庭中。尽管一开始,这样的被迫带有血腥与屈辱,带有我们民族本能的痛苦、抗阻与彷徨;在传统文化大厦坍塌与儒学独尊的堤坝断裂之际,外界的武力征服固然"功不可没",但是来自我们自己内在的思想吁求与文化呼告是须臾不可分的,因为只有我们自己心甘情愿的思想变革才能使得我们真正发生质的变化,否则,指望外界武力的强迫终究不过是"虚情假意"的,也不会真正实现我们思想上的飞跃与民族尊严的崛起——外人骨子里始终只愿使我们成为他们精神上的傀儡,而不会自觉地使中华民族成为独立自主的东方巨人。近现代斑斑史实无不表明这个颠扑不破的真理——只有独立自主,我们才能赢得外人的尊重,一切傀儡或出卖国家利益与民族利益的行为都是丧失起码的国格与人格的,不可能得到属于个人或民族、国家的尊严。

第二节　文化融合

学术兴邦涉及外语的学习、自然科学的发展、美学的传播等。思想的传播、探究都离不开西方文化。近代中国直面的一个主题就是古今中西文化之争问题。如何化解文化之争,怎样为我所用,这不仅是蔡氏个人的文化心结,而且是近代中华民族展开民族自救、民族新生、民族振兴运动的关键问题之一。前文已述蔡氏学贯中西,并用实际行动对中西文化进行了可贵的探索。蔡氏生平坚持中西文化融合。民国首任教育总长的经历及"五育并举"观、北大的教育理念及其践履、大学院的构想及大学区制的试验是中西文化融合的结果,是中西文化精华滋养的结晶。文化融合既是蔡氏坚持的价值取向又是其孜孜以求的教育目的。

一、中西文化观

(一)中国文化

在广袤的土地上,在大一统的政治集权主导下,在儒学"政教合一"的引领下,中华文化在一个相对独立和封闭的系统中衍生、发展、延续了几千年,形成了自身特有的文化根须。

1. 伦理发达

中国文化素以伦理本位著称于世,"以伦理组织社会"[①];蔡氏也持守这种表述,"吾国夙重伦理学"[②]。那么,何谓伦理学?

伦理学,也称道德学、道德哲学、道德科学。它是研究道德现象、揭示道德本质及其发展规律的学科。

在中国古代,伦理学与认识论、政治学说和世界观杂糅。先秦,产生、形成了以孔、孟为代表的儒家伦理思想和其他诸如墨家、道家、法家伦理思想。秦汉时,承继孔子学说,董仲舒创立了以"三纲五常"为核心的伦理思想体系,成为中国封建统治思想的正统。其核心就是"义利之辨",以维护宗法等级制度,长期居于统治地位,是中国古代伦理思想发展的主流。中国伦理思想史上主要探讨的问题有:人性善恶、道德品质与道德修养、人生的现实意义等。

英文伦理一词(ethics)源于古希腊文 ethikos,意为习俗、风尚、性格等;

---

① 梁漱溟:《中国文化要义》,上海人民出版社 2003 年版,第 93 页。
② 《中国伦理学史》,见中国蔡元培研究会编:《蔡元培全集》第一卷,浙江教育出版社 1997 年版,第 461—462 页。

19世纪末,近代启蒙思想家如严复等借用日本的译法,将此词译为伦理学,成为一门学科的名称,沿用至今。①

但直到1910年以前还没有一本中国人自己撰写的本国的伦理学史。蔡氏认为,在当时的中国,伦理界处于怀疑的时代,外来学说纷至沓来,大有互相倾轧、冲突之势。如果没有我们本民族自己固有的思想体系作为准则,我们就会更加彷徨。这是一个亟待解决的问题。于是他"用不自量,于学课之隙,缀述是篇"②,这样就诞生了我国近代的第一部伦理学史专著——《中国伦理学史》。该书成书于清末宣统二年(1910),同年由上海商务印书馆出版发行。为什么蔡氏认为伦理学是中国文化的特质呢?

其一,伦理学为我国唯一发达的学术。蔡氏认为,哲学、心理学本来就与伦理学有密切的关系。但在我国,学者们仅仅把哲学与心理学作为伦理学的前提而已。因此,中国伦理学所考察、研究的范围就非常广阔。为政以德也好,以孝治天下也罢,都是在伦理学范围内谈政治内容;老百姓讲究孝悌和忠信修养,抗击霸道和厉兵秣马,是在伦理学范围内谈论军事内容;反对异端邪说,常以蔑视父辈和君主的道德权威为托词,是在伦理学范围内谈论宗教问题;评论文学、诗歌作品内容和语言风格,常常"文以载道",以道德表彰、忠君爱国、父慈子孝之类的美德为标准,是在伦理学范围内谈论美学。③ 就是说,伦理学涉及的范围无所不包。正因为如此庞杂,蔡氏指出,我国伦理学者的著述纯度不够,多掺杂其他学科的内容,尤其是掺杂哲学和政治学的内容。④

其二,儒家是伦理学的最大学派。孔子及其创立的儒学一直处于中国封建社会的正统地位;儒学常把哲学、政治、道德搅拌在一起,只致力于个人内心的修养和人情世故的关注,把哲学、科学同社会伦理问题的界限分得不大清楚,如格物、致知、正心、诚意、修身、齐家、治国、平天下的"八目"

---

① 冯契主编:《哲学大辞典》(上),上海辞书出版社2001年版修订本,第894页。
② 《中国伦理学史》,见中国蔡元培研究会编:《蔡元培全集》第一卷,浙江教育出版社1997年版,第462页。
③ 《中国伦理学史》,见中国蔡元培研究会编:《蔡元培全集》第一卷,浙江教育出版社1997年版,第468页。
④ 《中国伦理学史》,见中国蔡元培研究会编:《蔡元培全集》第一卷,浙江教育出版社1997年版,第468页。

就是一个典型的大杂烩,但都是围绕着伦理道德这一核心而展开的。蔡氏认为,这不仅在于政府的力倡,而且也是因我们民族的习惯而形成的遗传性,在儒学范围内回返往复,不可动摇。① 所以,对于儒家来说,"一切精神界科学,悉以伦理为范围"②。

前文所述,在"五育并举"观中,在谈及公民道德教育的内容时,蔡氏不厌其烦地举证了中国古代思想家的道德言语,既表明我国的伦理思想丰富,也说明这些思想对蔡氏的影响。

其实,严格地说,在近代国门洞开以前,按照学术的标准来说,中国是没有伦理学的,只有伦理。因为"学"的发展与西方分门别类的逻辑分析思维的发达是分不开的,而中国因为早期名学和墨家学说过早消亡,后来虽引进佛学中的因明学而有所改进,但无法根本上改变中国古代学术一直处于混沌的局面,前述伦理学在近代才出现就是例证。也许读者诸君会说,我们虽没有伦理学之名,但有伦理学之实。但在笔者看来,即便有其实,但没系统的知识组织,没有逻辑学的条分缕析,杂糅政治、哲学、道德、人事等诸多内容的学问是不能被称作严格意义上的某某学的。正因为如此,蔡氏才希望整理出有系统的中国伦理学史。

2. 中庸之道

除了突出强调儒学的伦理特质外,蔡氏还认为儒家思想中的中庸之道代表了中华民族的根本理想,理由何在?

首先,中庸之道具有中华民族性。蔡氏认为,儒家坚守中道,即不偏不倚。在先秦时期,虽诸子蜂起、百家争鸣,但以老、庄为代表的道家一派,尤其是庄子的思想片面强调动机论,超言绝象,几乎不谈世俗的物质利益,只专心于精神自由和灵魂上的幸福。道家所追寻的目标根本不切实际,因为"非举当日一切家族社会国家之组织而悉改造之,不足以普及其学说,尤与吾族父兄政府之观念相冲突。故其说不特恒为政治家所排斥,而亦无以

---

① 《中国伦理学史》,见中国蔡元培研究会编:《蔡元培全集》第一卷,浙江教育出版社1997年版,第533页。
② 《中国伦理学史》,见中国蔡元培研究会编:《蔡元培全集》第一卷,浙江教育出版社1997年版,第468页。

得普通人之信用,惟遁世之士颇寻味之。"①道家的理想缺少现实基础,与我国传统的家长制度不合,不仅政治家反对,就是一般老百姓也不能接受,只有隐君子们对此情有独钟。而商鞅、韩非等法家一派偏重功利论,主张君主专制,严刑峻法,只能产生消极作用。因为"政府万能,压束人民,不近人情,尤不合于我族历史所孳生之心理。故其说不能久行,而惟野心之政治家阴利用之"②。严刑峻法,没有给道德留下任何回旋的余地,不符合我国人民所养成的道德心理习惯,只有长于玩弄权术的政治野心家乐此不疲,不可能流行久远。蔡氏认为,在当时,只有儒、墨两家的学说能够顺应历史的发展潮流。但是,墨家的理论偏重行为的效果,用鬼神、祸福的观念诱使人追求物质利益而又说理不详;因追求克勤克俭、互助、各保其命,忽视陶冶性情的娱乐活动。这些不是"文化已进之民族所能堪,故其说惟平凡之慈善家颇宗尚之"③。突出功利,理论不周,漠视文艺对性情的调养,墨家因此而失去市场。对于儒家,蔡氏说,它坚守中庸之道,能调和唐(指帝尧的封号)、虞(指远古部落名,舜为其酋长)、夏、商、周以来的各种思想,能够顺应我们民族的传统习惯,能够把理论和实践结合起来,如调和动机论和功利论,把文雅与简朴结合起来,把公德和私德结合起来,把政府和人民结合起来,把人事和鬼神结合起来。虽然它的哲学不如道家深刻,法理不如法家精致,平等观念不如墨家博大,学理的逻辑性也不强,然而,自周代末年以来,"吾族承唐虞以来二千年之进化,而凝结以为社会心理者,实以此种观念为大多数。……而自汉以后,卒为吾族伦理界不祧之宗,以至于今日也"④。由此可以看出,蔡氏心目中的儒家思想因符合中国国情而延续久远。

其次,孙中山的三民主义是中庸之道在近代的新发展。蔡氏认为,孙中山的三民主义是中庸之道在新时代的具体运用与发展。他说:"三民主义虽多有新义,为往昔儒者所未见到,但也是以中庸之道为标准。"⑤比如,

---

① 高平叔编:《蔡元培哲学论著》,河北人民出版社 1985 年版,第 51 页。
② 高平叔编:《蔡元培哲学论著》,河北人民出版社 1985 年版,第 51 页。
③ 高平叔编:《蔡元培哲学论著》,河北人民出版社 1985 年版,第 52 页。
④ 高平叔编:《蔡元培哲学论著》,河北人民出版社 1985 年版,第 52 页。
⑤ 《中华民族与中庸之道——在亚洲学会演说词》,见中国蔡元培研究会编:《蔡元培全集》第六卷,浙江教育出版社 1997 年版,第 576 页。

孙中山的民族主义,"既谋求民族的独立,又谋各民族的平等,是为国家主义与世界主义的折中"。他的民权主义指"人民有权而政府有能,是为人民与政府权能的折中"。他的民生主义是"要使社会上大多数的经济利益相调和而不相冲突,这是劳资间的中庸之道"[①]。对于中西文化,孙中山既不像保守派反对输入欧化,又不像激进派不注意保存国粹,而是"一方面主张恢复固有的道德与智能,一方面主张学外国之所长,是为国粹与欧化的折中"[②]。对于国家政权,孙中山主张中央与地方的权限采取均权制度,"不偏于中央集权或地方分权,是为集权与分权的折中"[③],等等。这就是三民主义的中和性。应该说,蔡氏眼中的三民主义旨在结合中西方经济、政治、文化等方面的优劣得失,扬长避短,尤其是试图避免欧美资本主义所造成的极度不平等现象和社会危机,借以预防西方资本主义社会中的阶级对立和社会革命。这种中和性在空间上已经跳出了华夏的区域局限,把中国和世界连在了一起,而不是把二者截然对立;在时间上,它把代表中国的旧文明和代表西方的新文化结合在一起。这种中和性把古今中西的文化融合在一起,相互取长补短,创造性地走出了一条调和式的文明之路。

正是秉承了这种中和性,蔡氏的"五育并举"观、北大的教育实践、大学区制的试验才能兼容中西、古今、新旧,持守继承与发展的文化取向,形成了富有中国实际、世界眼光和自我创造的教育构想。

也许有人要说,蔡氏强调"中和"或"折中"的中庸之道,抹杀了事物之间的矛盾和斗争,是其不足之处。问题是,我们不能简单地认为一切事物及其矛盾只有斗争性和"阶级性",而"水火不相容","冰炭不同器"。须知,另一方面,一切事物及其矛盾又是相互依赖、相互贯通的。把握事物之间矛盾的同一性,同样能够保证事物在相互依存中得到发展,使矛盾双方能够相互利用、相互吸收有利于自身的因素而得到修正、提升与完善。而

---

① 《中华民族与中庸之道——在亚洲学会演说词》,见中国蔡元培研究会编:《蔡元培全集》第六卷,浙江教育出版社 1997 年版,第 576—577 页。

② 《中华民族与中庸之道——在亚洲学会演说词》,见中国蔡元培研究会编:《蔡元培全集》第六卷,浙江教育出版社 1997 年版,第 577 页。

③ 《中华民族与中庸之道——在亚洲学会演说词》,见中国蔡元培研究会编:《蔡元培全集》第六卷,浙江教育出版社 1997 年版,第 577 页。

中庸之道所强调的"折中"一定程度上也是根源于事物之间矛盾的同一性。而且,在矛盾剧烈的人类社会中,因同一性而"调和",常能避免两败俱伤,或避免危及同类、伤害无辜,甚至能够找到对立双方"和平共处"、共同发展的途径。这里的关键是要看具体的斗争性或同一性,看哪一方面在实际中的地位是主要的,哪一方面更有利于我们,而不能一概而论,非要斗个你死我活。就具体的历史情境而言,蔡氏的中庸思想运用在个人操行和"兼容并包"的办学方针上应该说是较为成功的。今日和谐社会、和谐世界、互利共赢等"调和"式口号的提出,何尝不与中庸之道的思路一脉相承!

(二)西方文化

地理上的条块分割(或半岛,或岛屿)①,发达的海外贸易,哲学上穷根究源的"爱智",政治上的民主②及其引领下的教育教学活动繁荣了西方文化。这种文化由此而形成了它自身特有的风格。

1. 学术昌明

蔡氏倾心西方学术③,个中缘由就是西方学术昌明。与之相反的是"吾国人重术而轻学……吾国人科举之毒太深,升官发财之兴味本易传染"④。蔡氏生平多次留学、出洋考察无不是为了洞悉西方的学术文化,为我所用。1912 年,他与李石曾、吴稚晖等人发起组织了留法俭学会,力倡

---

① "希腊的独特性在于国家政权所具有的特殊形式,在于古代城邦的建立。城邦意味着全体公民都参与公共事业的管理,所有集体活动都具有完全的公开性。"参见〔法〕让-皮埃尔·韦尔南:《希腊思想的起源》,秦海鹰译,三联书店 1996 年版,第 13 页。

② 伯里克利(公元前 462—公元前 429 在位,为希腊民主持体的顶点)认为,在民主持治中,贫穷不应阻碍一个公民参与国家事务。为保证每个公民都能平等地参与,他规定公职津贴,由抽签产生公职的办法。公职任期仅为一年,以便有更多的人参与。参见〔法〕阿尔德伯特等:《欧洲史》,蔡鸿滨等译,海南出版社 2000 年版,第 82 页。相形之下,在中国,这种民主持治要落后多少年!

③ 蔡氏认为,学是纯粹的学问,术是具体技术;学是根本和基础,术是枝干和应用。二者实际上就是基础理论学科和应用学科之别,但又紧密相连。"纯粹的科学与哲学,就是学。学必借术以应用,术必以学为基本,两者并进始可。"(《在爱丁堡中国学生会及学术研究会欢迎会演说词》,见中国蔡元培研究会编:《蔡元培全集》第四卷,浙江教育出版社 1997 年版,第 339 页。)

④ 《读周春嶽君〈大学改制之商榷〉》,见中国蔡元培研究会编:《蔡元培全集》第三卷,浙江教育出版社 1997 年版,第 291 页。

国人赴法留学,并于同年在北京设立留法预备学校,让欲留学的人学习法文,以备赴法;蔡氏积极提倡,并拨顺天高等学堂旧址为校舍。1915年,蔡氏与李石曾发起成立勤工俭学会,招募国内工农出身的人赴法勤工俭学。1916年,蔡氏、李石曾和法人欧乐等发起组织华法教育会,其目的就是"输入世界文明""阐扬先儒哲理"①等。其立足点都是以我为主,站在母邦的角度看待文化问题,也从一个侧面折射出西方学术的隆兴。1920年,蔡氏曾就留学欧洲发表演说:我国人口众多,求学的机会少,高深的学术研究机构尚没有,大学与专门学校非常少,设备既不健全,学习环境也不适宜。"所以我们现在要研究高深学术,不能不到外国去留学。"②但是,如果留学的人只是学习技术,而不研究学理,那样的技术也是无源之水,不能会通、改进,发展最终是有限的。"所以希望留学诸君,不可忽视学理。"③后来,蔡氏曾就教科书一事说开,国门洞开后,国人或赴西方留学,或延聘名师来华讲学,在这当中,国人中固然会出现一些硕学通儒,但与欧美学界相比,我们只能自惭形秽。④ 为什么会这样呢? 因为少数国人所读的西方书籍,所用的西方文字,并不能在国内得到广泛的流布;同时,只有少数学者通识各种科学,而年轻后生却无从习得。"如是而言学术,谓之其人之学术则可,谓之其国之学术则不可。"⑤因此,在我国出版、发行、普及学术类的教科书是必不可少的。无论是力倡留学,还是普及学术教科书,都说明我国的学术落后,西方学术发达。蔡氏一生力倡学术救国⑥也是基于此点来考虑的。

---

① 参见唐振常:《蔡元培传》,上海人民出版社1985年版,第114页。
② 《在华法教育会欢送会上的演说词》,见中国蔡元培研究会编:《蔡元培全集》第四卷,浙江教育出版社1997年版,第248页。
③ 《在爱丁堡中国学生会及学术研究会欢迎会演说词》,见中国蔡元培研究会编:《蔡元培全集》第四卷,浙江教育出版社1997年版,第340页。
④ 《〈普通测量学〉教本序》,见中国蔡元培研究会编:《蔡元培全集》第六卷,浙江教育出版社1997年版,第509页。
⑤ 《〈普通测量学〉教本序》,见中国蔡元培研究会编:《蔡元培全集》第六卷,浙江教育出版社1997年版,第509页。
⑥ 蔡氏认为,"民族的生存,是以学术做基础的",所以,"文化幼稚和知识蒙昧的民族,没有不贫弱的"。(《我们希望的浙江青年》,见中国蔡元培研究会编:《蔡元培全集》第八卷,浙江教育出版社1997年版,第14页。)

2. 科学发达

学术昌明,自然科学发达。何谓科学?科学(science)就是以范畴、定理、定律形式反映现实世界各种现象的本质和运动规律的知识体系。1896年,梁启超在《变法通义》中首次采用"科学"一词,以取代古人使用的不合现代学科规范的"格致"一词①。"学术昌明的国家,没有不强盛的。"②何以如此?学术发达,科学知识必然博大、精深,而科学知识在广度和深度上的发展得益于学术昌明,二者相互联系、相互促进、共同发展。蔡氏就此以德国为例,说德国在一战中"力抗群强",实力令人震惊;战败后,"曾不十年而又重列于第一等国之林,这岂不是由于他们的科学程度特别优越而建设力强所致么?"③在蔡氏全集 18 卷本中,虽然没有专门的文章或论著来阐述西方文化的科学精神,但是,每当谈到教育、学术研究或中国的文化建设或"科学救国"之类的话题时,他总是要提及西方的科学及其方法。就是说,他多从中国文化建设层面,立足本土,旁敲侧击地点出了西方文化的最大特色。他认为,在我国,由于没有科学作前提,哲学"永远以'圣言'为标准,而不能出烦琐哲学的范围"④。

因此,在谈到哲学纲要时,蔡氏说"不能不完全采用欧洲学说"⑤。因为在欧洲,随着科学的发展,一切知识、道德问题,都可以进入科学研究的领域。而科学所不能解决的问题,如宇宙本原、超越实证的世界观和人生观以及人类追求不可知的内在要求等,就成了形而上学探究的课题,即玄学,也就是那些关于有形物体之上的思辨的学问。这也是按照科学的分类来划分的。如果没有科学的研究精神,即便打着研究的大旗,也是徒有其表,永远只是兜圈子,而无实质性的进展。他说:"吾人无

---

① 冯契主编:《哲学大辞典》(上),上海辞书出版社 2001 年版修订本,第 722 页。

② 《我们希望的浙江青年》,见中国蔡元培研究会编:《蔡元培全集》第八卷,浙江教育出版社 1997 年版,第 14 页。

③ 《怎样才配做一个现代学生》,见中国蔡元培研究会编:《蔡元培全集》第六卷,浙江教育出版社 1997 年版,第 564 页。

④ 《简易哲学纲要》,见中国蔡元培研究会编:《蔡元培全集》第五卷,浙江教育出版社 1997 年版,第 161 页。

⑤ 《简易哲学纲要》,见中国蔡元培研究会编:《蔡元培全集》第五卷,浙江教育出版社 1997 年版,第 161 页。

论讨论何种事件,研究何种问题,苟欲得切实之结果,当先熟审事实,详悉原委;否则讨论研究之所得,非为空谈,恐即属妄论,于事必无甚裨益。"①

在谈到教育时,蔡氏认为,中国的教育迫切需要的就是对学生进行科学精神和科学方法的培养。"中国教育上目前所最需要者,为科学的教育。"②在谈到教育宗旨时,蔡氏认为,中国必须向西方学习。"我们是取他注重科学精神、研究社会组织的主义,来作我们的教育宗旨。"③在谈到大学课程设置时,蔡氏指出:"自然科学为我国所最缺乏,亦最所需要,亟宜提倡,故大学以先设自然科学为宜……且研究科学,不可不知研究科学的方法,即不可不学论理学。"④"论理学"就是纯用概念和逻辑进行科学的理论研究。而中国人往往只注重科学的实用价值,缺少的恰恰就是对于学理的研究和探讨。"国人做事,往往注意应用,不根据学理,科学实为各种应用科学之基础。"⑤与西方相反,中国最为缺乏的就是科学。"世界各大科学家心目中皆无中国……各国科学普及,尤为特色。……现在中国人多不知科学为何物,最要先输入科学思想,然后可得其辅助。"⑥蔡氏一生力倡科学,从鼓励到赞助中国科学社,从任职到领导中国科学社⑦,从呼吁输入科学到致力于中央研究院,无不表明蔡氏对科学的重视。蔡氏临终两条遗言中就有一条是"科学救国"⑧。值得注意的是,与力倡学术救国一样,蔡氏多半站在中国的角度来谈论母邦科学精神的缺失,而非站在外国的立场

---

① 《介绍〈战后之世界〉》,见中国蔡元培研究会编:《蔡元培全集》第四卷,浙江教育出版社 1997 年版,第 97 页。
② 《致英国庚款委员会函》,见中国蔡元培研究会编:《蔡元培全集》第十一卷,浙江教育出版社 1998 年版,第 248 页。
③ 《北京孔德学校二周年纪念会演说词》,见中国蔡元培研究会编:《蔡元培全集》第三卷,浙江教育出版社 1997 年版,第 757 页。
④ 蔡元培等:《筹办杭州大学的建议》,见中国蔡元培研究会编:《蔡元培全集》第五卷,浙江教育出版社 1997 年版,第 43 页。
⑤ 《交通大学三十七周年校庆纪念演说词》,见中国蔡元培研究会编:《蔡元培全集》第七卷,浙江教育出版社 1997 年版,第 422 页。
⑥ 《在中国科学社北京社友欢迎会演说词》,见中国蔡元培研究会编:《蔡元培全集》第四卷,浙江教育出版社 1997 年版,第 415 页。
⑦ 参见唐振常:《蔡元培传》,上海人民出版社 1985 年版,第 110—111 页。
⑧ 唐振常:《蔡元培传》,上海人民出版社 1985 年版,第 245 页。

就事论事地放言别人的科学如何发达。蔡氏一而再再而三地吁请国人要用西方的科学来整理国故,发展学术,兴盛国家,实际上就是立足于中国本土的文化建设,大力倡导引进西方的科学及其方法,反衬出西方文化宗守科学的特质。

二、中西文化融合的根据

既然中西文化存在着各自个性化的特质,在文化交往中,就面临着取长补短、趋利避害的文化选择,自然也就涉及文化融合问题。学贯中西的蔡氏本着儒家的中和精神积极地推崇并亲身实践着文化融合。具体地来说,蔡氏认为,中西文化能够融合的根据在于:

首先,民族间的共性大于分歧。他说:"有人疑两民族相接触,为生存竞争的原故,一定是互相冲突的。但是眼光放大一点,觉得两民族间的利害,共同的一定比冲突的多。就是偶然有冲突的,也大半出于误会;只要彼此互相了解,一定能把冲突点解除的。"[①]

其次,中国哲学和欧洲哲学具有很大的共同性。"哲学是文化的中坚。"[②]在欧洲参加康德诞辰二百周年纪念大会,蔡氏曾致辞说,中国大学生对于欧洲的哲学体系有了初步的认识,尤其是勤奋地学习了康德哲学。这不仅是"由于在欧洲思想界的发展中康德处于领导地位,更主要的是由于他的哲学和中国哲学有着共同之处"。其主要内容有二:一是通过经验批判的观察,对知识整体进行检查;二是确认将哲学的各个组成部分置于伦理范畴的原则基础之上。[③]

再次,中西文明的共性是二者"媒合的证据"。蔡氏指出,中国文化代表过去的文明,而西方文化代表现代文明,二者并非水火不容。他说:"我们既然认旧的亦是文明,要在他里面寻出与现代科学精神不相冲突的,非

---

① 《在旅法中国美术展览会招待会演说词》,见中国蔡元培研究会编:《蔡元培全集》第五卷,浙江教育出版社 1997 年版,第 278 页。

② 《五十年来中国之哲学》,见中国蔡元培研究会编:《蔡元培全集》第五卷,浙江教育出版社 1997 年版,第 137 页。

③ 《在康德诞生二百周年纪念会上的致词》,见中国蔡元培研究会编:《蔡元培全集》第五卷,浙江教育出版社 1997 年版,第 270 页。80 多年后的今天,仍有人秉承这一观点,认为康德哲学是中西哲学融通的桥梁。(参见朱高正:《朱高正讲康德》,北京大学出版社 2005 年版,第 24 页。)

不可能。"只是它们的"媒合"不是简单的凑合,而是要经过科学的分析,找到二者融合的基础。所以,"必先要领得西洋科学的精神,然后用他来整理中国的旧学说,才能发生一种新义"①。

三、中西文化融合的途径

由于不把中西文化截然对立,所以蔡氏对于中西两方面的文化持融合调和的态度。他孜孜以求的不是不思变革的抱残守缺,或简单地否定批判,而是积极地广泛地汲取养料,以进行创造性的文化建设。因此,无论对于以儒家为主的中国传统文化,还是对于西方文化,他都持一种理性的开放态度。

(一)交流、沟通、吸收

蔡氏力主国人留学西方,习其学术,精研科学;赞赏严复、谭嗣同等人引进西方文化,整理国故;组织华法教育会,支持中国科学社等就是希望通过交流、沟通、比较来发展中国文化,推动中国科学事业的进步。只有在同西方文化相互交流,相互碰撞中,才能发现传统文化的优劣和西方文化的短长,从而认识传统文化和西方文化的差距,吸收西方文化的优点和长处,明确传统文化建设的目标,促使传统文化新陈代谢。在此,蔡氏大力倡导用西方的科学方法整理国故,就是要用比较、鉴别、探源、修正等方法对待传统文化,既不和西方文化相抵触,也不循规蹈矩,亦步亦趋。② 这才是创造性的文化建设。既理性地对待传统文化,又科学地对待两种不同文化的融合,真正做到了"取其精华,去其糟粕"。而要做到这一点,无他,只有研究二字。

(二)消化是关键

在中西文化融合问题上,蔡氏注重的是融合的方式和方法,注重的是

---

① 《杜威六十岁生日晚餐会演说词》,见中国蔡元培研究会编:《蔡元培全集》第三卷,浙江教育出版社1997年版,第716页。

② 《在杭州方言学社开学日演说词》,见中国蔡元培研究会编:《蔡元培全集》第一卷,浙江教育出版社1997年版,第309页。

研究。如何进行研究,蔡氏认为,消化是关键。他指出,"吸收外界适当之食料而制炼之,使类化为本身之分子,以助其发达"①。在他看来,希腊民族正是吸收埃及、腓尼基等国古代的文化并加以消化,才有了希腊文化;高卢、日耳曼诸族吸收希腊、罗马和阿拉伯文化并消化,才有了现今的欧洲文化。消化的外在条件就是必须有两种或两种以上的文化相对照。在谈及中国伦理学说一直停留在儒家范围内,且在先秦后没有大的突破时,蔡氏认为其中一个重要原因就在于"无异国之学说以相比较"②。所以,在积极引进外来文化中,"消化"是至关重要的,它关系到引进外来文化的民族能否创造出新文化。那么怎样进行消化呢? 消化的关键又在于立足本土,以我为主。

(三)以我为主

蔡氏认为,必须要明确西方文化哪些该吸收,哪些不该吸收,而不能不分青红皂白地全盘吸收。他说:"吸收者,消化之预备,必择其可以消化者而始吸收之。食肉者弃其骨,食果者弃其核,未有浑沦而吞之者也。"③就是要进行文化的选择,确定西方文化的精髓所在,然后加以吸收、消化。西方文化的精髓就是其科学精神及其方法,所以,吸收、消化的正是这一点。而且,蔡氏认为,吸收、消化西方文化还必须找准一个立足点,也就是以"我"为准而吸收、消化,"所得于外国之思想、言论、学术,吸收而消化之,尽为'我'之一部"④。只有立足于自我,才能保有本民族的文化特性,作为世界文化的一分子而存在;反之,比如,留德、留法的,只能是为国内增加一些复制的德人、法人,而无益于我们民族的文化发展。如何做到以我为主?

---

① 《文明之消化》,见中国蔡元培研究会编:《蔡元培全集》第二卷,浙江教育出版社1997年版,第460页。
② 《中国伦理学史》,见中国蔡元培研究会编:《蔡元培全集》第一卷,浙江教育出版社1997年版,第583页。
③ 《文明之消化》,见中国蔡元培研究会编:《蔡元培全集》第二卷,浙江教育出版社1997年版,第460页。
④ 《在清华学校高等科演说词》,见中国蔡元培研究会编:《蔡元培全集》第三卷,浙江教育出版社1997年版,第50页。

其一,应该处理好固有文化,以吸收和消化外来文化。因为文化融合是双向的,而不是一厢情愿的单方面的行为。就是说,引进的文化必然要与原有文化产生交互作用,其结果能够达到多大程度的融合,则取决于本土文化中所含有并经过一定改造的元素,与接受的外来文化一致性的大小。他说,对于中国的旧学,"也要用科学的方法来整理他",然后才能谋"贯通中西"①。

其二,在上述基础上,蔡氏特别强调了文化的自我创造。他指出:"贩运传译,固然是文化的助力,但真正文化是要自己创造的……文化是要实现的,不是空口提倡的。文化是要各方面平均发展的,不是畸形的。文化是活的,是要时时进行的,不是死的,可以一时停滞的。"②引进固然有益,但如果没有自我创造,只是复制,最终则会或消化不良,或畸形发展;真正的文化建设是创造性的自我发展。

(四)重在实行

蔡氏反对抽象地谈论批判与继承或"扬弃"之类的不做实事、空喊口号的装模作样,就是要在文化建设中,既要认真研究、分析、甄别,又要具体地细工慢磨,而不只是空喊口号。③ 由此,一方面,他反对坐井观天式的盲目自大。他指出:"中国闭关自尊,殆数千年,一旦欧美新俗,突入而抉其范围,破其窠臼,彼蚩蚩之民,无辨别之能,无比较之识,无惑乎抵死不悟,直视为左道而欲杀之,戊戌之变、庚子之祸,盖由此也。"④另一方面,蔡氏反对那种轻率的民族虚无主义,认为传统文化一无是处,比如,他借说明艺术"无论古今中西,要当观其大通",尖锐地指出,"一时学者,醉心欧化,一切的一切,悉为欧人是师,抑若吾国数千年来竟无一人足取者。吁! 此种

---

① 《北京大学成立第二十五年纪念会开会词》,见中国蔡元培研究会编:《蔡元培全集》第四卷,浙江教育出版社1997年版,第834页。
② 《何谓文化》,见中国蔡元培研究会编:《蔡元培全集》第四卷,浙江教育出版社1997年版,第295页。
③ 《复何炳松函》,见中国蔡元培研究会编:《蔡元培全集》第十四卷,浙江教育出版社1998年版,第14页。
④ 《文变》(卷上),见中国蔡元培研究会编:《蔡元培全集》第十八卷,浙江教育出版社1998年版,第46页。

观念,实太妄自菲薄也"①。蔡氏并不一概反对守旧、保守的思想,既不简单地认为一切新的就是好的,而是根据其对人类带来的利弊加以判断和取舍,又不武断认为文化的优长受国别的限制。他说:"我希望人类都能得到物质上和精神上的幸福,所以不一定是反对持旧思想的人,而是坚决反对那些给人类生活造成危害的行为和主张。……欢迎新者,也不是简单的因为是新的就欢迎,而是其中的求真不止的热烈精神,和产生正义人道的主义。旧学说与我们的主张相合的东西,也要欢迎,决不反对。但学问、真理是没有国境的。"②

四、中西文化融合的表现

中西文化虽有不同,但既有共性,又有融合的根据,且有融合的途径。这种融合又是如何表现的? 在此,仅以蔡氏的"五育并举"观为例说明。

(一)内容层面

蔡氏的"五育并举"观深受中西文化的影响,是有迹可循的,如军国民教育在近代主要由西方和日本传入中国,经过维新派和其他思想者们的宣传,最终成了清廷五项教育宗旨里的内容之一——为挽救亡国灭种的民族命运,维护清王朝的专制统治。蔡氏的军国民教育思想则是在前人基础上的推进,并在亲身实践中逐渐形成的。西方自古希腊以来对体操、体育的重视,到近代欧洲骑士教育,再到近代德国对军国主义和国家主义教育思想的青睐和践履。日本有传统的武士教育和明治维新后军国主义教育的兴起;而明治时期"破从来之陋习""求知识于世界"的改革目标的教育思想资源主要是来自西方尤其是德国。涵泳中西文化的蔡氏提出的军国民教育思想自然有案可稽。具体来说,在 1907 年之前的教育理论和教育实践中,蔡氏深受日本军国民教育思想的影响比较突出:如 1901 年蔡氏在日记中长篇累牍地节录日本学校课程表和日本各级各类学校课程,其中有关军国民教育的课

---

① 《刘海粟二度游欧作品展览会开幕词》,见中国蔡〔元〕培研究会编:《蔡元培全集》第八卷,浙江教育出版社 1997 年版,第 344 页。
② 《对中日问题的感想》,见中国蔡元培研究会编:《蔡元培全集》第四卷,浙江教育出版社 1997 年版,第 7 页。

程内容就有体操、嬉游、造兵学、兵学、生理学、陆军学、水师学等。① 前述中西学堂设置体操课,购买日制助力器械即是例证。蔡氏 1901 年的日记中还记载了有关军国民教育内容的课程,如运动、软体体操、兵式体操。② 同时,记载了日本学者有关学术的分类,其中涉及军国民教育内容的就有兵学、陆军学、海军学等。③ 前述近代中国的梁启超、蔡锷、蒋百里等人的军国民教育思想深受日本和西方的影响,而 1902 年的蔡氏在主办爱国学社时就力主体育训练和军事训练,并与学生同受军训。后来,因俄国占我东三省,留日学生组织军国民教育会应对,而爱国学社也组织义勇队以呼应。

在理论上,蔡氏对军国民教育也进行了一些可贵的探讨,如他对颜元的实学大为赏识,认为其思想"力矫宋明诸儒明心见性之谈","恭行用世为的"④,其实学内容就有射、御、兵、体操等内容。第一次留学德国期间,蔡氏对军国民教育的具体实践探讨虽然没有史料可查,但在实践上的耳濡目染和理论上的思考应该是存在的。有人研究,说蔡氏留学德国的初衷是学习军事,原因是受德国思想家教育兴国的启示,德国军事力量强大。⑤前述南洋公学论题中有关德国毛奇将军教育兴国的言论可以为证。第一次留学德国期间,蔡氏翻译的《撒克逊小学(国民学校)制度》中就有体操、游戏等内容。⑥ 同一时期,在其编著的《中学修身教科书》中,蔡氏把体育列于开头,认为修身"以体育为本",涉及卫生、运动、饮食、睡眠、旅游诸方面,旁及德育、智育、精神陶养诸内容。⑦

---

① 《日记》,见中国蔡元培研究会编:《蔡元培全集》第十五卷,浙江教育出版社 1998 年版,第 292—308 页。

② 《日记》,见中国蔡元培研究会编:《蔡元培全集》第十五卷,浙江教育出版社 1998 年版,第 318 页。

③ 《日记》,见中国蔡元培研究会编:《蔡元培全集》第十五卷,浙江教育出版社 1998 年版,第 323 页。

④ 《日记》,见中国蔡元培研究会编:《蔡元培全集》第十五卷,浙江教育出版社 1998 年版,第 347—348 页。

⑤ 蔡建国:《蔡元培与近代中国》,上海社会科学院出版社 1997 年版,第 95 页。

⑥ 《撒克逊小学(国民学校)制度》,见中国蔡元培研究会编:《蔡元培全集》第九卷,浙江教育出版社 1997 年版,第 455 页。

⑦ 《中学修身教科书》,见中国蔡元培研究会编:《蔡元培全集》第二卷,浙江教育出版社 1997 年版,第 78—80 页。近代日本代表性的启蒙思想家福泽谕吉(1835—1901)认为,健康的国民必先具有健康的身体,才可能具有旺盛的精神。(吴式颖主编:《外国教育史教程》,人民教育出版社 1999年版,第 420 页。)

同时,中国古代儒家的"六艺"教育中就有射、御两项内容。蔡氏关于教育方针的思想内容中已经提到这些。另一方面,积贫积弱的近代中国为强国保种,从放眼看世界的"师夷之长技以制夷",到洋务派的富国强兵,兴办军事工业和军事学校①,再到维新派的"以民为兵"的变法自强②,无不散发着军国民教育思想的气息。当然,上述强国保种的军国民思想的因子与西方,尤其是德、日的强国之路的思想影响是分不开的。至于实利主义教育、公民道德教育、哲学教育和美感教育的中西文化影响的痕迹,恕不一一列举。

进而,按照蔡氏的分类,就政治角度而言,蔡氏认为军国民教育、实利主义教育和公民道德教育大体相当于清廷教育宗旨中的"尚武""尚实"和"尚公";哲学教育兼采中国哲学、欧洲哲学和印度哲学,美感教育的思想资源则主要来自西方,辅之以传统美学思想的因子。就中西方教育史的角度,五育兼采中西方的教育思想资源。就心理学和教育的角度而言,前者的意志、知识、情感与后者的体育、智育、德育的划界主要都是来自西方科学分类的标准。就教育方法论的角度来说,形式主义与实质主义主要也是来自西方科学与哲学的分类标准。就系统的角度来说,五育之间的相互联系、相互渗透以及它们之间的有机统一则是中西文化兼容的结果。

(二)本质层面

1. 中西文化概观

"哲学是对人生的系统的反思。"③这典型地概括出了中国思想文化尤其是儒家思想文化的特点:哲学是用来反省自身,认识他人和社会的一门学问。这种学问注重积极地干预世俗、人生,而缺乏对宇宙之谜、人的死亡以及其他超世俗的探讨。这可以从以下两个方面来理解:其一,宽泛性。中国

① 洋务派的代表人物之一张之洞曾呼吁在全国建立军事学校,并特别指出应参照当时最优秀的德国模式来建立。参见〔美〕任达:《新政革命与日本:中国,1898—1912》,李仲贤译,江苏人民出版社2006年版,第153页。
② 董宝良、周洪宇主编:《中国近现代教育思潮与流派》,人民教育出版社1997年版,第240页。
③ 冯友兰:《中国哲学简史》,赵复三译,新世界出版社2005年版,第8页。

传统哲学缺少严密的逻辑分析,只是用一种不太明确的语言来表示某种指向,理解上的"回旋"余地和"可塑"空间非常巨大,往往给人留下自由发挥的余地,可随机应变,因势利导——表面上是天马行空,无往而不及,实质上却是飘忽不定,无法积淀,无法落实。因为"见机行事",它不可能具备"笨拙"的逻辑严密性,"求真"度不高,但却有宽广的"生活"空间,能在物欲横流中游刃有余——没有操守和原则可言,容易导致泥沙俱下,是非不分,黑白颠倒,"一团和气","天下一同"。其二,整体性。因其没有逻辑性,没有界定,所以混沌,是非、异同没有分别,包容万有。同时,它重在个体的体验、了悟、直觉,其内涵没有边际。而且,它喜欢类比和类推,有一个"个人—家族—天下"的自内向外的推演模式,正所谓"内圣外王",在整体中达到"天人合一"的境界。可是,一旦落实到世俗层面,它就很自然地和政治权杖连为一体,在"天下为公"的旗号下,为着个人或少数利益群体而吞噬了全体人的自我和个性,包括特权者自己。这样,人就成了非人,整个社会就会轮回式地徘徊不前,几千年一如既往,没有实质性的发展。其隐含的长处是:这种日益式微的注重整体思维的哲学思想是对西方古希腊以来占主导倾向的分析思维、主客二分的观念模式的一种反动,具有一定的纠偏、修正作用,在全球化时代的今天,对于天、人之间越发背离与割裂的矛盾冲突不失为一种醒示,也切合可持续发展的思路。这自然引起一些思想者的关注,并有可能把它嫁接到严密的逻辑思维中,为整个人类的生存发展服务。

相形之下,古希腊哲学的"爱智"、好奇与"认识你自己"昭示西方文化对个体、社会和宇宙的不懈追求,倾向于对个体独立自由的标榜。这样,古希腊文化就显示出它的不同之处:民主持治在古代西方世界的确立。其原因大致有以下两点:其一,地理因素的影响所致。一方面,那里特殊的地理条件,决定着国家只能是小国林立。希腊半岛和意大利半岛多属山地,很难实现政治上的统一。而各个国家为了对外掠夺或免受他国的侵略,必须保有一定的公民人数,相应地,必须给全体公民以一定的经济权利和政治地位,也即贵族必须对平民做出让步,而不能垄断经济和政治及其他。另一方面,因为各地的物产不同,为维持必需的生活保障,人们必须借助海洋从事商业活动,而地中海又为他们的对外贸易提供了便利的条件。而商业行为本身及其所带来的物质利益客观上刺激了人们的身心发展,培养了人们的自由精神和民主意识：海上贸易须冒风险，自然也就锻炼了人们的抗争精神；与农业相比，商业更易致富，而富人一般不会轻易安于政治地位低下的现状，他们凭借自身的经济实力难免和贵族在政治上一争高下；商业活动能够使得人视野开阔，思维敏捷，观念易更新，而不会固守一隅，对自由精神必然有一种强烈的追求。这是因为，与土地占有者不同，商人不会被拴在某块固定的土地上，与其说他们是某处的居民，不如说他们是世界公民。——他们通常了解各种新的法律、新的风俗习惯，而不会轻易受制于某种奴役自身的习俗；他们只是熏染了一种特别的习性，那就是——什么习惯也没有。他们不停地到处走动，他们因此而有很多机会认识到他们的故土并不是整个世界，陌生的地方更有奇异的"风景"。而且，他们更有理由认识到，牛马般的生活或卑躬屈膝地向地主或大小官吏们低声下气并不是什么真正的幸福。不难理解，这些人一旦回归家园，就很难忍受他们的同胞所遭受的灵魂与肉体的奴役。他们乐于自由的生活，因为他们根本不习惯于点头哈腰的压抑。[①]　其二，由于地理因素的习染和哲学观念的影响，古希腊人倾向于对公共事务的民主参与，政治上自然要求平等。[②]　即便这种参与没有奴隶、妇女和外国侨民的份，且只有富裕公民才有资格被选入最高职位，但所有自由公民都有在公民会议上表决的权利。[③]

2. 中西文化的特质

因中国文化无自然科学作基础，在思想上欠缺严密的逻辑，政治、宗教、道德等杂糅在一起，构成了一个模糊的整体，即以宇宙万物为一体，天人合一，也即和谐。又因中国文化伦理发达，所以这种和谐的整体观是有价值取向的，即倾向于道德的善，所谓大道正德；反之即是恶。一切以道德作为善恶评价的标准。天是赏善惩恶的。天灾人祸就是宇宙不和谐的表现；政通人和则是宇宙和谐的瑞兆。所谓"天谴"说就是针对前者而言的，"符瑞"说则是针对后者来说的。一旦出现前者，当政者就会反躬自省，是

---

① 启良：《西方文化概论》，花城出版社 2000 年版，第 23—24 页。
② "希腊的独特性在于国家政权所具有的特殊形式，在于古代城邦的建立。城邦意味着全体公民都参与公共事业的管理，所有集体活动都具有完全的公开性。"参见〔法〕让-皮埃尔·韦尔南：《希腊思想的起源》，秦海鹰译，三联书店 1996 年版，第 13 页。
③ 〔法〕阿尔德伯特等：《欧洲史》，蔡鸿滨等译，海南出版社 2000 年版，第 66 页。

不是自己行为失察,品性不端,招致天怒。所以,自君主至臣民,均以修身为本,进而齐家、治国、平天下,天下一家,四海比邻,世界大同。只讲义务,不讲权利,"天下为公";只讲付出,不讲索取;为将来,为群体,为精神愉快。蔡氏曾针对欧洲人提出的"黄祸论"而演说,谈及五条中国人最重要最根本的思想就是:平民主义、世界主义、和平主义、平均主义和信仰自由主义。① 其核心思想是中国人对和平、和谐的追求,以回击那些对中国心存忧虑的欧洲人。固然,这里面有蔡氏"为国争光"而"润色"中国文化的成分,但中国文化整体上"以和为贵"、以中庸之道为衡准的倾向是不容置疑的。② 当然,为了追求整体的和谐,所以容易导致个体性的缺失,个人的自由也就旁落了——个体的一切都须置于相对稳定的秩序中,各安其位,各得其所,不得僭越。这是其不足。

反观西方文化,学术昌明也好,科学发达也罢,都脱离不了好奇、穷究的追寻精神。从古希腊"哲学源于好奇""认识你自己"的箴言,到现代西方社会"认识上帝是智慧之始""与真理为友"的明示,无不传达出一个重要的信息:西方文化着重于对人生、世界的持续不断的认识与探索。这种探索的基点在哪里? 在主、客二分和个体性发达上面。人一旦与其认识的对象相分开,与"天"隔阂,与群体剥离,就会成为一个独特的、自由的、孤独的个体,其最大特征就是自由。所以西方人对于自由的珍视高于一切,所谓"不自由,毋宁死"。自古以来,自由一直是其向往、崇敬、珍爱的。虽然自由的内涵非常复杂,主要有日常生活中的自由和学术视野中的自由之分,有哲学思想上的自由与政治学中的自由之别,但最主要的还是指思想上的自由,对人格独立的标榜。蔡氏曾在日记中详细摘录了欧美名家有关自由的格言 34 条。③ 蔡氏一生对自由的追寻精神,自不待言。当然,因对自由的执着追求,对未知世界的无限探究,西方文化对整体性和谐的关注,

---

① 《中国的文艺中兴——在比利时沙洛王劳工大学演说词》,见中国蔡元培研究会编:《蔡元培全集》第五卷,浙江教育出版社 1997 年版,第 88—91 页。

② 儒教认为"人生来就是与外界融洽的";中国文化虽有相当明确的伦理制度,但不过激,没有迫害性。〔英〕罗素:《中国问题》,秦悦译,学林出版社 1996 年版,第 151 页。

③ 《日记》,见中国蔡元培研究会编:《蔡元培全集》第十五卷,浙江教育出版社 1998 年版,第 339—341 页。

对和平的重视相对逊色于中国文化。尤其是西方人理性思维的极度缜密，容易使主体与其认识对象分离、孤绝；科学的高度发展，也往往使人沦为其工具。因人的异化、工具理性过旺而招致对西方文化的批判就是缘此而来的。这是其不足。

3. 中西文化的融合

中西文化不仅各有优劣短长，而且二者之间具有共性：都是人类创造的文明，无论新旧，都是人类精神追求的结果，并非你死我活、互不相融。中国文化上的中庸之道能够调和两种相异的民族性、新旧不同的文明，能够求同存异，和平共处，共同发展。西方文化的科学精神及其方法能够整理国粹，能够推动文化的长远发展。缺点在于：中国文化缺少科学精神及其方法，最终导致我们的文化思想永远以"圣言量"而烦琐而虚空而徘徊不前；"个体性"的缺失易窒息自由创造的锐气，须要借鉴西方自由精神的张扬。西方文化持极端的态度而缺少和谐的精神，容易导致紧张，乃至战争；科学创造了巨大的物质财富，也极易膨胀人们的利欲，导致人们精神的颓废，乃至相互争斗。蔡氏的"五育并举"观正是中西文化融合的产物：继承传统文化中优秀的思想资源，如对传统道德资源和清末教育宗旨的继承与扬弃；兼容外来的军国民教育、实利主义教育，吸收自由、民主的精神养料，创造性地提出世界观教育和美感教育。"五育并举"观的本质追求就是自由与和谐，前者源自西方，后者始于传统。

和谐精神主要来自中国传统文化"和为贵"的集体主义的梦想[①]，自由精神主要源自西方文化"不自由，毋宁死"的个体独立人格的向往。"他是中国文化所孕育出来的著名学者，但是充满了西洋学人的精神，尤其是古希腊文化的自由研究精神。"[②]二者共同促成蔡氏自由而和谐的人格特质。"先生的处世谦逊，可以代表东方文化之精华，而先生对于国事的积极，却不少西方勇敢进取之气概。"[③]这是就个人而言的。就群体来说，20世纪初的近代中国，内忧外患，民不聊生，资产阶级临时政府的确立，无疑为有理

---

① 中国文化具有一种整体主义的倾向。参见〔美〕本杰明·史华兹：《古代中国的思想世界》，程钢译，江苏人民出版社2004年版，第428页。

② 蒋梦麟：《蒋梦麟自传》，团结出版社2004年版，第163页。

③ 蔡建国编：《蔡元培先生纪念集》，中华书局1984年版，第66页。

想的蔡氏提供大展宏图的机缘,军国民教育、实利主义教育、公民教育的解决方案呼之欲出。同时,如要整体而长远地解决中国社会乃至整个人类社会所面临的精神分裂问题,还须凭借道德教育、世界观教育和美育作为依托,以最终解决个体与群体集合而成的共同体良性发展和精神追寻的大问题——既自由又和谐地生存发展。

自由与和谐是蔡氏"五育并举"观所致力的理想追寻。自由发展预示着"五育并举"观追求的个体独立人格的培养是达成共和精神的基石,且是和谐的[①];和谐发展体现了"五育并举"观兼容政治与超轶政治、教育与哲学、中国文化与西方文化、学校教育与社会教育、教育与思想自由之间的精神交融。在"五育并举"观的语境下,自由与和谐之间具有什么样的关系?

其一,相互包含,彼此交融。自由是指超越现实政治的理想,突破现象世界必然性的限制,追求人生的兴味;同时也不损害现实政治利益,不阻隔对现象世界的关爱,以保证人世的安康和国家的和平。和谐是指在解决现实与理想、当下与未来、个人与群体、物质与精神等问题中呈现相容的一面,即军国民教育、实利主义教育与公民教育之间的依赖与制衡,现象世界与实体世界之间的连接与沟通;另一面则是道德教育、世界观教育和美育之间含蕴的自由,即人格独立,思想自由,与造物为友。

其二,互为整体。就个人而言,通过体育、智育、德育、美育和世界观的陶养,以达成和谐发展的人和自由的独立人格;就群体来说,军国民教育、实利主义教育和公民教育追求的是民安国泰,道德教育、世界观教育和美育希冀的是群伦的义务、将来的幸福和精神的愉快。

其三,动态发展,彼此制衡。就纵向而言,自由是支点,和谐是架构;就横向来说,自由是起点,和谐是旨归。在时空的纵横交错里,自由与和谐在立体的伸长与延展中相互依托,彼此支撑,共同搭建起一个圆满的世界。

---

① 独立人格的培养就是在世界观和人生观的指导下,接受体育、智育、德育和美育的熏陶,自然趋向于和谐发展。"教育的内容必须包括人类文化的所有方面。因此,教育必须是不折不扣的'完人教育'。所谓完人教育,是指塑造健全的人格,亦即塑造和谐的人格。"参见〔日〕小原国芳:《完人教育论》,见瞿葆奎主编:《教育目的》,吴康宁译,人民教育出版社1989年版,第302页。

如果说文化是宽广的海洋,教育则是身在其中遨游的生物。狭小的空间一定诞生不了自由的精灵。蔡氏出入中西哲学及其统帅下的文化领域,多方择取,绵绵吸收,最终成就了"五育并举"观,走出了惯常的"中体西用""中用西体""全盘西化"的机械割裂式的文化思路,步上了自由与和谐发展的精神之旅——独立自主,和衷共济,为我所用。

五、中外文化交流的践履

因中国学术落后,蔡氏力主输入西方文化,如在就任北大校长期间,蔡氏就极力推进中西文化的交流。首先,除了聘请外籍专任教师外,蔡氏注意延请世界知名学者来北大讲学,如法国的班乐卫、儒班、维勃吕尔,德国的杜礼舒、卫礼贤,美国的杜威、孟禄、柯脱、斯梯芬、芮恩施、山格夫人,英国的罗素,印度的泰戈尔,苏联的耶尔朔夫,瑞典的西冷,日本的福田德三等。而且,北大还极力邀请爱因斯坦[1]、居里夫人来华讲学,但因种种原因而搁浅。同时,北大第一次授予外国人名誉学位,他们是班乐卫、儒班、芮恩施、杜威,前两位被授予理学博士名誉学位,后两位分别被授予法学、哲学博士学位。其次,积极延聘留学海外的中国学子来北大任教;北大教师满一定年限,也可带薪出国研修。再次,在课程建设上,在文科方面,如伦理学,既用欧美学说,又不"废弃国粹";对于外国语,力矫偏重英语的积习[2],增设法、德、俄诸国文学系,连世界语,也列为选科。[3] 在理科方面,不

---

[1] 为迎接爱因斯坦来华演讲,北大做了很多先期工作,典型的莫过于安排了七场与爱因斯坦及相对论有关的讲演:丁巽甫的《爱因斯坦以前之力学》、何吟苜的《相对各论》、高叔钦的《旧观念之时间及空间》、夏浮筠的《爱因斯坦之生平及其学说》、王士枢的《非欧几里特的几何》、文范村的《相对通论》、张竞生的《相对论与哲学》。(《安斯坦博士来华之准备》,见中国蔡元培研究会编:《蔡元培全集》第四卷,浙江教育出版社 1997 年版,第 806—807 页。)

[2] 那时各科都有几个外国教员,都是托中国驻外使馆或外国驻华使馆介绍的,学问未必都好,来校日久,看了中国教员的懒散,也跟着懒散起来。"我们斟酌了一番,辞退几人,都按着合同上的条件办的。有一法国教员要控告我,有一英国教习竟要求英国驻华公使朱尔典来同我谈判,我不答应。朱尔典出去后,说:'蔡元培是不要再做校长的了。'我也一笑置之。"(《我在北京大学的经历》,见中国蔡元培研究会编:《蔡元培全集》第七卷,浙江教育出版社 1997 年版,第 502 页。)可见蔡氏坚持原则,顶住压力,体现了人格独立。

[3] 《自写年谱》,见中国蔡元培研究会编:《蔡元培全集》第十七卷,浙江教育出版社 1998 年版,第 478 页。

但取最新的世界科学学说,对本国固有的材料,也用新方法整理。[1] 此外,蔡氏还呈请外交部在美国退回庚款留学名额中增加北大人选,因为中国学术幼稚,与欧美差距太大,"欲求国家富强,促学术发达,资遣学生留学,实为当务之急"[2]。蔡氏认为,东西文化融合应包括:以东方文化传布西方。既要注意西方文明的输入,又要注意将我们固有的文明输出。[3] 如1916年3月,蔡氏等人与法国学界在巴黎成立华法教育会,1917年12月,华法教育会在北京成立孔德学校等都是为了推动中法文化交流。

特别值得一提的是1920年11月底至1921年8月底,蔡氏担任北大校长期间赴欧美考察文化教育。其中,1920年12月5日过道新加坡,在四所中学欢迎会上演讲,提出健全人格的教育,即体育、智育、德育和美育同等重要,不可偏废。这次考察,历时大半年,每到一国,蔡氏总不忘向欧美人士介绍、阐述中国古代文化和中国文化发展的最新动态;他先后考察瑞士、比利时、法国、德国、奥地利、匈牙利、意大利、荷兰、英国、美国,并于1921年8月12日,出席在檀香山举行的太平洋教育会议。其间,蔡氏拜访居里夫人、德国教育次长等;法国政府赠送蔡氏三等荣光宝星名誉徽章一枚,里昂大学、纽约大学分别授予他文学、法学名誉博士。所有这些都折射出蔡氏对中外文化交流的卓越贡献。

由于不把中西文化截然对立,所以蔡氏对于中西两方面的文化持融合调和的态度。他孜孜以求的不是不思变革的抱残守缺,或简单地否定批判,而是积极地广泛地汲取养料,以进行创造性的文化建设。因此,无论对于以儒家为主的中国传统文化,还是对于西方文化,他都持一种理性的开放态度。只有在同西方文化进行的相互交流、相互碰撞中,才能发现传统文化的优劣和西方文化的短长,从而认识传统文化和西方文化的差距,吸收西方文化的优点和长处,明确传统文化建设的目标,促使传统文化新陈代谢。因此,蔡氏力倡用西方的科学方法整理国故。他说:"我国探理之

---

[1] 蔡元培:《蔡子民先生言行录》,山东人民出版社1998年版,第168页。

[2] 《请于美国退回庚款留学名额中增加北大人选呈》,见中国蔡元培研究会编:《蔡元培全集》第三卷,浙江教育出版社1997年版,第314—315页。

[3] 《北京大学一九二一年开学式演说词》,见中国蔡元培研究会编:《蔡元培全集》第四卷,浙江教育出版社1997年版,第423页。

学,以六经、诸子以推于名臣硕儒论议语录之属,抉择而演绎之,而后证之以西国理论,则无方凿圆枘之患。而我国探迹之学,由现行事例以追溯国初掌故,与夫历代制度之沿革,事变之孳乳,知其流弊之所由,而后矫之以西国政治,则无胶柱鼓瑟之患。"①即要用比较、鉴别、探源、修正等方法对待传统文化,既不和西方文化相抵触,也不循规蹈矩,亦步亦趋。

　　蔡氏的中西文化融合观表明:他的文化基因中深深地浸透着传统儒家文化的学脉传承,保持了中华文化的民族性。这是他继承和保守的一面。另一方面,他具体地运用、推广和发展了中庸之道的方法,认为三民主义就是新时代中庸思想的具体运用和发展,认为整理国故要运用西方的科学方法,取长补短。同时又不一味地迷信科学,而大力倡导美育,以调和物欲、理性与情感之间的关系。文化的继承与保守是其对母性文化认可的一面,其学术上的相对观、兼容并包思想与文化融合观则是策略性地肯定了激进思想、西方文化及其科学精神存在的合理性。对于西方文化,尤其是面对科学潮流,他秉持传统文化的中庸观,不盲目迷信,仍然坚守理性的批判态度。这对于民族虚无主义、狭隘的民族主义与闭关自守、崇洋媚外的两种极端倾向无疑是一服清醒剂。

第三节　自由追寻

　　自由是西方文化中的核心观念之一,也是蔡氏一生的精神追求。自由是蔡氏教育思想的核心内容之一,既是北大坚守办学理念的根基,又是大学院构想与大学区试验的思想源泉,更是他1912年教育宗旨"五育并举"观构想的主旨之一。蔡氏的教育理想包括服务世俗政治的教育和超越世俗政治的教育两个方面。无论哪个方面,都渗透着蔡氏破旧立新的思想探索与自由向往。

---

① 《在杭州方言学社开学日演说词》,见中国蔡元培研究会编:《蔡元培全集》第一卷,浙江教育出版社1997年版,第309页。

一、隶属政治的教育

对自由的追寻,表明蔡氏希冀突破传统思想的域限与政治的束缚。

(一)自由

自由(liberty),源于拉丁文 libertas,原意是"从被束缚中解放出来"。在政治上,主要是指在社会关系中受到法律保障或得到认可的按照自己意志进行活动的权利。公民自由或社会自由,就是社会所能合法施用于个人的权利的规定和发展。在反封建的斗争中,资产阶级启蒙思想家提出,自由是天赋不可剥夺的权利,并在革命胜利后第一次把自由权确立在法律上。① 这也就是今天的西方人都把自己的国家称为自由世界的主要根据所在。在哲学上,自由是指对必然的认识和对客观世界的改造。在西方哲学史上,斯宾诺莎明确提出了自由与必然的问题。认为人类合理的行为才是自由的,自由的程度决定于行为合理的程度。但他所说的自由,并非指认识自然规律,改造自然,而是指顺应自然,以求得对感情和欲望的控制。黑格尔则从纯粹思辨的角度出发,第一次阐释自由与必然的辩证关系。他指出,自由本质上是自己决定自己,是内在的,而非外在的;当人们认识了必然性,也就获得了自由。在批判继承黑格尔有关自由与必然的理论基础上,辩证唯物主义认为,自由与必然既是对立的,又是统一的。自由是在人的认识和实践活动中产生的;必然是指物质运动的规律不依赖于人的意志和愿望而独立存在。人只有认识并利用必然性自觉地征服自然改造社会时,才能获得自由。② 在现代西方哲学中,存在主义者萨特从"存在先于本质"的思想出发,宣称人具有绝对的自由。

应该说,现代意义上的哲学所理解的自由主要来自西方,自由在中国文化中没有受到西方人那般如醉如痴的重视;中国文化中与自由相近的语义要么是顺应、顺从,要么是玄妙,乃至放浪形骸,以麻醉或消解心中的那份期盼与执着;即便这种执着,多半也是出于修齐治平之类的忧患与人间

---

① 冯契主编:《哲学大辞典》(下),上海辞书出版社 2001 年版修订本,第 2072 页。
② 冯契主编:《哲学大辞典》(上),上海辞书出版社 2001 年版修订本,第 80 页。

关怀,而非西方式的对个体独立人格的追寻。具体到本书的语境中,自由则是指思想的自由、人格的独立,也即蔡氏所追寻的理想人格。如果说,中庸之道是就群体而言的,侧重于复杂事物尤其是由个人集合而成的共同体中的各要素之间的协调与平衡,自由则是就个体来说的,偏重于个体的独立、自主和思想的无限制、无禁区状态。

(二)功利诉求

在蔡氏那里,在"五育并举"观中,隶属政治的三类教育着眼于功利诉求,是对传统儒学思想的大胆突破,寓示着思想自由创造的勇气。

1. 直面危亡的时代需要

在儒学古义中,礼、乐、射、御、书、数"六艺"中的射、御两个子项应该可以看作是军国民教育中的部分内容。隋唐以后,随着科举制度的确立,虽也有武举考试,但多数儒学者逐渐远离体育或军事训练,成为四体不勤的文弱书生,一心只读圣贤书。这样,在朝廷命官中,逐渐出现了文官与武官的分野。至清代,读书人乃至大多数国民国家观念淡薄,因贫穷而体质衰弱而致使外敌频繁入侵,国家面临分崩离析的危机。为挽救时局和维护君主专制,清廷提出"尚武"作为教育宗旨之一。而蔡氏的军国民教育是在继承儒学古义和清廷教育宗旨的基础上提出的,维护的是资产阶级共和国政权而非一家一姓的封建王朝,防范的是"强邻交逼",恢复中华民族丧失的主权。

在蔡氏看来,军国民教育多半由财力作后盾。同时,我国自然资源开发不足,实业组织也非常幼稚,随着外国大量廉价商品的输入,我国传统的以农业、手工业为主的自给自足的生产方式逐渐解体,民众自然失业众多。所以,实利主义是解决中国现实问题的当务之急。这个当务之急,与军国民教育一样,被蔡氏置于首要地位。因为对传统儒学及其维护的君主专制政体来说,无论是尚武,或体育,或人民体质教育也好,还是开采自然资源,或满足人民生计也罢,总归都是末流。根本的问题是忠君、尊孔这类头等大事。而蔡氏则顺应历史潮流,不仅把旧体制下轻贱的末流摆到议事日程的前列,而且还把它所念念不忘的"根本"去除了,丢进历史的陈列馆。这从反面衬托出历史上的所谓"末流"的作用不仅重大,而且随着历史的发展已成了当务之急。功利诉求这个民生问题后来成为孙中山三民主义的重要内容之一,以至百年后仍是我们这个民族所面临的重大课题,这从一个侧面反映出蔡氏实利主义教育思想顺应历史的发展潮流,具有一定的时代性。蔡氏在北大校长期间"劳工神圣"的呼告及五四新文化运动中科学精神的张扬,大学院院长期间劳动教育、科学教育的强调也是出于这样的考量。

2. 突破重义轻利的儒学传统

功利诉求不仅是民族危亡的时代需求而且突破了一以贯之的儒学传统。儒家学说一直是中国封建社会两千多年来的正统思想。在义利问题上,儒家学派注重的是义,并把义与利置于对立的地步。何谓义?指通过内心的自我调节使思想行为符合一定的准则。与"不义"对举,具有"善"的价值,常与礼、仁联用。孔子提出"君子喻于义"①,"君子义以为上"②。就是以"义"为君子立身之本。其他诸如"见利思义""何必曰利""正其谊不谋其利,明其道不计其功""天理人欲,不容并立"等昭示:在从来如此的儒学语境下,"义"往往与"利"对举,形成"义利之辨",成为贯穿中国伦理思想史的一个基本问题。

何谓义利之辩?指道德原则、规范与物质利益、欲求之间的关系及其辩论。孔子强调以义来节制人的行为,孟子则把义利对立起来。③ 自董仲舒、宋明理学以来,多数儒者认为,义与利是相互排斥的。总体而言,儒家重义轻利的思想一直占据着统治地位。近代,西方的功利主义思想被陆续介绍到中国来,严复就主张以此来重新估价义利之辩;主张把追求个人私利与社会发展结合起来。④ 蔡氏直接承继墨子、颜元、严复

---

① 《论语·里仁》。

② 《论语·阳货》。

③ 墨家反对儒家的义、利对立观,贵义重利,把义、利统一起来。墨子有《贵义》篇,有"万事莫贵于义"一语。后期墨家始终坚持义利统一的思想,如《大取》说:"有爱而无利,乃客之言也。"即空谈仁爱、不讲实际利益是墨家论敌的言论。墨家把他们的全部事业都归为"为义"(为实现道德仁义而奋斗)。而且,墨子把"为义"解释为"兴天下之利,除天下之害",并把"国家百姓人民之利"作为衡量言论是非的标准,且经常"兼相爱、交相利"并提。(参见孙中原:《墨学通论》,辽宁教育出版社1993年版,第36—37页。)

④ 冯契主编:《哲学大辞典》(下),上海辞书出版社2001年版修订本,第1799页。

等人的功利主义思想,并吸收美国杜威等人的实用主义理论,提出实利主义教育。

诚然,蔡氏实利主义教育承继清廷教育宗旨中"尚实"的大部分内容,但清廷"尚实"的教育内容毕竟过于空乏,有点"羞羞答答",而蔡氏顺应时代的发展潮流,能够直面人民的生计问题,勇敢提出儒学主流历来不能正视的实际问题。同时,蔡氏隶属于政治的教育与超轶政治的教育思想的提出,较为合理地解决了"义利"关系争端的传统,即通过公民教育、道德教育、世界观教育与美感教育的调节与润泽,来化解军国民教育与实利主义教育所产生的社会弊端,突破了传统儒学"义利之辩"的两极化思维的藩篱。

(三)思想解放

就儒学传统而言,蔡氏的功利诉求实质是一种思想解放。在此基础上,蔡氏标举法国大革命的旗帜,放言道德教育,其核心内容就是自由、平等、博爱。它顺应了理想的资产阶级共和国的政治纲领,打破了传统中国等级社会只有臣民而无公民的思想藩篱,具有巨大的观念解放作用。

军国民教育既打破了传统教育中的"文弱"观念,把个人体育与国家富强联系在一起,又突破了晚清"尚武"教育的狭隘;实利主义教育既破除了传统教育中重义轻利的积习,又扩展了清廷"尚实"教育的内涵;公民道德教育既扫荡了传统教育中等级尊卑和君权至上的阴霾,又光大、拓展了清廷"尚公"教育的精神内涵。三者虽隶属、服务于现实政治,但这种政治性质已经大大不同于君主专制下的教育内容,思想启蒙和思想解放的色彩展露无遗。它把教育的大政策略与资产阶级共和国的国体紧密结合在一起,具有一定的思想先导与社会启蒙作用。蔡氏北大时期的教育理念及其践履实是破旧立新的典范。蔡氏晚年所力倡的教育科学化、劳动化是对其早年隶属政治之教育思想的推进与细化。

二、超轶政治的教育

如果说隶属政治的教育所蕴含的自由思想还只是一种对传统的背离、

回归常识状态,超轶政治的教育则旗帜鲜明地追求教育的独立与人的自由。

(一)世界观教育

蔡氏的世界观教育就是哲学教育,即兼采中国哲学、印度哲学和欧洲哲学,以打破独守孔子及其儒家学说的积习。

蔡氏认为,世界观教育就是哲学教育,就是形而上的理想教育,帮助受教育者摆脱现世的束缚,既立足于现象世界,又着眼于实体世界;就是要兼采众家学说,追寻群体的公共福祉,造福于未来和社会"大我",旨在思想自由和精神文化的系统建设。在宏观的哲学视野下,超越具体的物质层面和特定的政治立场,离开现实一段距离而反观现实,超越现实,更能达到"旁观者清"的效果;志在人的精神世界的建设,以最终追寻社会"大我"的普遍福祉。

破除独尊的学说霸权也好,力倡超越小我和现实功利也罢,蔡氏的哲学教育传达的信息就是坚持思想自由。为什么这样说呢? 这可从两个方面来加以考察。一是蔡氏所理解的哲学与思想自由之间的关系,二是蔡氏的哲学教育在中国近代历史与现实的时空中所具有的革命性。先谈第一个问题。终生嗜好哲学的蔡氏,看问题时力主从原理上着手,可以投射出他方法论上的态度。作为一般化和普遍化的方法论,哲学是人们处理和驾控自身与外部世界的关系的基本准则。在人们认识世界、改造世界和创造世界的活动中,哲学能够提供总体性的方法论的指导。这种方法论原则是人的思维方法的核心,对各种具体方法起着规约作用。因而,哲学方法论能够提高人的思维素养,完善人的思维方法,也是哲学启迪人的智慧的主要表现。这种思维品质很大程度上得益于哲学所释放出来的自由精神。因为在蔡氏看来,哲学就意味着思想自由。

其一,怀疑是哲学的入门之法。一方面,有了怀疑的存在,哲学就会不断进步,不断发展,不断逼近真理,而不会停滞不前,固守一隅,或始终围绕着既有的一家学说,泥古不化。另一方面,哲学的不断发展必然催化着怀疑的精神之花蓬勃生长,进而使得哲学思想的家园多姿多彩。所以,哲学家所得出的学说,绝不会禁止人怀疑;人人都有怀疑的权利,这样就会出现众多的学说。①

其二,哲学精神具有宽广的胸怀。因允许怀疑和诘难,哲学园地必然呈现多元化的态势,而不会一花独放。"哲学是人类精神的产物,决没有偏取一方面而排斥他方面之理。"②蔡氏的世界观教育具有重要的方法论意义:其消极方面,就是对于现象世界既不厌弃又不执着。从这里可以看出蔡氏持守中庸之道的痕迹。其积极方面,就是对于自由的实体世界,充满向慕之情,从而逐渐对之加以领悟。结合中国思想史,蔡氏指出,我国承继秦始皇、汉武帝以来的积习,坚持绝对主义,偏执思想一隅而排斥其他,进而导致政治纷争,百业凋敝。③

近代中国,外来思潮扑面而来,但由于中国封建社会漫长的思想专制根深蒂固,封建主义幽灵阴魂不散,尽管国家濒临危亡的境地,身居政治要津的人和思想界的遗老遗少们,始终在持守儒学末流,甚至把它抬到宗教的地位而加以膜拜。同时,在一个政治和思想过渡的时代,由于稀缺独立思考的文化基因,在思想杂陈的境遇中,国人面临着系列思想多元选择的重大问题:孰重孰轻,孰优孰劣,孰高孰下。蔡氏鲜明地打出哲学教育的旗帜,兼采中国、印度、欧洲的哲学思想,坚定地否定独尊儒学的传统做法,实质就是坚持思想自由的文化导向,是对忠君、尊孔思想的断然否定,无疑具有重大的思想启蒙意义。"循思想自由言论自由之公例,不以一流派之哲学一宗门之教义梏其心,而惟时时悬一无方体无始终之世界观以为鹄,如是之教育,吾无以名之,名之曰世界观教育。"④如果说蔡氏北京大学思想自由、兼容并包的办学实践就是对世界观教育的微观践履,那么,他的教育独立的大学区制试验则是对世界观教育的宏观探索。

---

① 《简易哲学纲要》,见中国蔡元培研究会编:《蔡元培全集》第五卷,浙江教育出版社 1997 年版,第158 页。

② 《简易哲学纲要》,见中国蔡元培研究会编:《蔡元培全集》第五卷,浙江教育出版社 1997 年版,第236 页。

③ 《致黄郛函》,见中国蔡元培研究会编:《蔡元培全集》第十卷,浙江教育出版社 1998 年版,第370 页。

④ 《对于新教育之意见》,见中国蔡元培研究会编:《蔡元培全集》第二卷,浙江教育出版社 1997 年版,第 13 页。

(二)美感教育

蔡氏的美感教育是连接现象世界与实体世界的桥梁,是为了帮助人们摆脱喧闹、枯燥的现象世界的干扰,润泽人们的兴趣爱好,完成世界观教育,使人们达到自由的实体世界。它同样蕴含着自由精神。

1. 美的普遍性与超越性

蔡氏承继康德的美学观,认为美具有普遍性。普遍性反映了事物之间的联系性和统一性。"康德把普遍性限定在理性范围内,认为经验不具有真正的普遍性,只有把个别感性的认识纳入人的先验图式中,才能使之具有严格的普遍性。"①美是不带任何利害的愉悦。②康德所理解的美具有主观性。在蔡氏看来,普遍性,是说它没有人我差别,"即如北京左近之西山,我游之,人亦游之;我无损于人,人亦无损于我也"③。其他诸如"千里共婵娟",我与人均不能私自分享;公园里的花石,农场里的山水、树木,人人都可以欣赏;等等。因为没有人我私自独享的关系,所以美感也没有利害得失关系,因而也就能够陶养人的性灵,培育人的高尚情操。

按照中国的马克思主义哲学的理解,普遍性的对立面就是事物的单一性。何为单一性?单一是指空间和时间上确定的、有限的具体事物,是事物的个体性、独特性。普遍与单一具有什么样的关系呢?普遍存在于单一中并通过单一表现出来;单一的出现、变化和消失总具有一定的普遍起作用的条件;二者统一于具体事物中。④美是客体与主体的统一。无论是美的主观性,还是美的主、客观统一性,都关涉到美的本质判断问题。尽管二者有分歧,但都承认美具有普遍的心灵愉悦功能。进而言之,普遍性也是事物的共性,这种共性具有了具体事物的一般特征而超越了后者的多样性和差异性。因而,作为美的事物,其普遍性使得不同的人得到心灵的愉悦而淡漠、消解了各自的独特性和功利性,自然陶养了各自的情操与追求。

---

① 冯契主编:《哲学大辞典》(上),上海辞书出版社 2001 年版修订本,第 1102 页。
② 〔德〕康德:《判断力批判》,邓晓芒译,杨祖陶校,人民出版社 2002 年版,第 45 页。
③ 《以美育代宗教说——在北京神州学会演说词》,见中国蔡元培研究会编:《蔡元培全集》第三卷,浙江教育出版社 1997 年版,第 60 页。
④ 冯契主编:《哲学大辞典》(上),上海辞书出版社 2001 年版修订本,第 1102 页。

在潜移默化中,美的普遍性逐渐把人们的情趣引导到超越性的层面。

既然美具有普遍性,就必然使得现实中的人在欣赏美的过程中获得精神上的陶冶,进而跨越现象世界,走向自由的实体世界。

2. 美感教育的自由追寻

蔡氏所理解的美感教育能够帮助人们接触自由的实体世界的观念。问题是,美感教育如何才能进入实体世界。对此,1912 年的蔡氏未能做出详细的解答,5 年后的 1917 年蔡氏提出了"以美育代宗教"的方法。此后,他一直持守这种观点,并大力宣扬。那么,蔡氏是怎样论证"以美育代宗教"的呢?

其一,宗教层面。谈论这个方面之前,必须先明了宗教与实体世界之间的关系。前述蔡氏承继康德哲学观,把世界一分为二:现象世界与实体世界。实体世界相当于康德的物自体或自在之物。康德认为,我们在经验中处理的对象属于现象世界的事,而对于物自体,我们无从知晓。

一方面,蔡氏认为,宗教是历史的产物。人类初始,人智未开化,宗教是社会文化教育的母胎,可谓包罗万象。"举一切天然之秩序,人事之规约,悉纳于其中。"[1]尤其是教育方面,那时都是以宗教代教育,除此之外,没有另外单独的教育:教育完全发生在教堂里面,而且只有宗教上的人才有热心和余暇去从事教育事业。这里的宗教教育,按蔡氏的理解,包括智育、德育、体育和美育四个方面。但是,随着社会的进步和文化教育的发展,宗教包办一切的社会文化活动尤其是教育活动已经不可能了。这是因为科学已经能够最大限度地解释一切事物的现象,用不着去请教神秘、模糊、玄妙的宗教,这样,宗教和智育便失去了根本的联系。同样,随着科技的进步和社会的发展,德育和体育也逐渐脱离了宗教,最后只剩下美育的一部分。在上述发展过程中,特别重要的是,不但宗教中关于假定的理论会渐次为日益发展的科学所解释,即古人的所谓不可思议,大体都能一一为科学所说明,而且,对于宗教家所宣扬的上帝造人说,蔡氏认为,从生物进化论的观点来看,我们今人最早的始祖,实质上是一种极小的动物,后来由此逐渐转化为人类。所以,宗教不可信,将来会逐渐销声匿迹。

---

[1] 高平叔编:《蔡元培全集》第二卷,中华书局 1984 年版,第 379 页。

另一方面,宗教自身有诸多矛盾,如言行不一,难以自圆其说。① 宗教因排斥异己而发动战争或坚守陋习、拥护帝制所带来的社会危害由此可见一斑。与此同时,原先美育与宗教掺合在一起,常受宗教的不良影响,失去美育固有的情感熏陶作用。正因为宗教家及其追随者常常固守本教的教义和习俗,并以其为天下唯一的真理,容不得他教,党同伐异,甚至使用残酷的刑罚,发动战争,大大违背其所宣传的爱人如己的教义。这样,久而久之,宗教的信用,逐渐受到贬损。

此外,后人追求思想自由的精神,又不像古代那样可以轻易地加以遏制,相反,反对宗教的声音却从此拉开了序幕。最终,宗教因言行不一,背信弃义而声名狼藉。

其二,美育层面。蔡氏认为,美育可以代替宗教的理由有三点:

第一,美感具有超越性和普遍性。前文已谈及,兹不赘述。

第二,美育和宗教具有共性。如前所述,蔡氏认为,在古代社会,以宗教代教育,包含德育、智育、体育和美育四个方面。然而,随着科学的发展和社会的进步,德育、智育和体育分别从宗教中分化出来,最后剩下的只有美育,成为宗教的唯一元素。这是因为:一方面,"庄严伟大的建筑,优美的雕刻与绘画,奥秘的音乐,雄深或婉挚的文学,无论其属于何教,而异教的或反对一切宗教的人,决不能抹杀其美的价值,是宗教上不朽的一点止有美。"②另一方面,宗教非常注意教导人,使人对于一切不满的事能够找到心灵的安慰,能够使人一切心灵上的痛苦和不愉快全部化解。而要做到这一点,它不是用非常严正或具体的话语去劝慰人,只是利用音乐和其他的美术,把人们引到其他方面去,引到另外一个世界去,而忘记眼前具体可感的世界。如此,至少眼前一切所遭逢的艰难困苦可以暂时忘却。宗教的最大作用也就在于此。这是美育可以代宗教的基础。

第三,美育能够代替抱残守缺的宗教。这是因为美育追求的是自由,能够调养人们的感情世界,而宗教却是强制的,不利于人们的思想自由;美

---

① 参见《以美育代宗教说——在北京神州学会演说词》,见中国蔡元培研究会编:《蔡元培全集》第三卷,浙江教育出版社 1997 年版,第 60 页。

② 文艺美学丛书编辑委员会编:《蔡元培美学文选》,北京大学出版社 1983 年版,第 180 页。

育是追求进步的,每一个时代都有每一个时代的美育;美育是追求普世性的,它不需要界限,追求独立自由,而宗教是有界限的。所以说,可以没有宗教,美育可以弥补宗教的不足,同时美育只有长处而没有短处,"以美育代宗教"也就顺理成章了。

"以美育代宗教"的实质是追求思想自由。"人通过美,而且必须通过美,才能达到自由。"①在近代中国,蔡氏"以美育代宗教"说,实质上是针对封建保守主义"尊孔拜教"的大肆叫嚣而提出来的。蔡氏是中国近代史上反对尊孔迷信的先驱者之一。前述他在"五育并举"观中旗帜鲜明地提出反对尊孔;以后,他又多次反对定孔教为国教。他认为,"孔子是孔子,国家是国家,各有范围,不能并作一谈"②。就是说,蔡氏反对宗教迷信的真实意图不在于批判宗教本身,而在于打击尊孔论者迷信孔教的封建保守的狂热心理。

蔡氏清醒地认识到中国两千年多年来所推行的思想文化专制制度,持一孔之论,守一家之言,给社会政治生活和科学文化教育事业造成了无穷的祸害:我国自秦汉以来奉行"独尊儒术"的政治思想主张,政治纷争,百业凋敝均源于此。在民主共和时代,蔡氏强烈反对把孔子及其儒家学说定为一尊,实行专制统治,他主张思想自由,各家学说一律平等。对此,晚年的蔡氏还一如既往地坚持认为,"我本来不赞成董仲舒罢黜百家,独尊孔子一类的主张"③。

美育除了能够代宗教外,还能弥补科学发展所带来的缺陷与弊端。人类的物质欲望膨胀与情感衰微往往如影随形,不可分离。对此,蔡氏晚年曾有过深刻的认识。"我认为现在的世界,一天天往科学路上跑,盲目地崇尚物质,似乎人活在世上的意义只为了吃面包,以致增进贪欲的劣性,从竞争而变成抢夺,我们竟可以说大战的酿成,完全是物质的罪恶。现在外面谈起第二次世界大战的议论很多,但是一大半只知裁兵与禁止制造军

---

① 〔日〕今道友信编:《美学的将来》,樊锦鑫等译,广西教育出版社1997年版,第150页。
② 《在信教自由会之演说》,见中国蔡元培研究会编:《蔡元培全集》第二卷,浙江教育出版社1997年版,第493页。
③ 《整顿北京大学的经过——在南京北大同学聚餐会上的演说词》,见中国蔡元培研究会编:《蔡元培全集》第八卷,浙江教育出版社1997年版,第277页。

火;其实只仍不过是表面的文章,根本办法仍在于人类的本身。"①何以如此?

"要知科学与宗教是根本绝对相反的两件东西。科学崇尚的是物质,宗教注重的是情感。科学愈昌明,宗教愈没落;物质愈发达,情感愈衰颓;人类与人类便一天天隔膜起来,而互相残杀。根本人类制造了机器,而自己反而成了机器的奴隶,受了机器的指挥,不惜仇视同类。"所以,"提倡美育,便是使人类能在音乐、雕刻、图画、文学里又找见他们遗失了情感……知道了享受人生的乐趣,同时更知道了人生的可爱,人与人的情感便不期然地更加浓厚起来"。这样,"虽然不能说战争可以完全消灭,至少可以毁除不少起衅的秧苗了"②。这段文字同样表明,蔡氏并非反对宗教本身。

也许有人要问,美育能代宗教吗? 对此,学界是有争论的。有人认为,蔡氏"以美育代宗教"观在学理上是无根据的,在实践上也是不可行的。③有人认为,蔡氏的"以美育代宗教"实际上是指以美育代替宗教教育,而非代替宗教本身;就社会生活实践而言,蔡氏秉持信仰自由,而非局限于一教一派。④ 总体上,笔者赞成后者的观点。但是,蔡氏也时有宗教将消亡的观点,实际上等同于认为宗教信仰将不复存在;尽管这样的论调在蔡氏思想中不占主导,但也说明蔡氏在宗教信仰问题上存在前后不一致的地方。

三、思想自由的取径

蔡氏把自由定为思想的特质。"自由者何? 即思想是也。"⑤一是因为

① 《与〈时代画报〉记者谈话》,见蔡元培研究会编:《蔡元培全集》第六卷,浙江教育出版社 1997 年版,第 614 页。
② 文艺美学丛书编委会编:《蔡元培美学文选》,北京大学出版社 1983 年版,第 214、215 页。
③ 马德邻:《在"理想"与"信仰"之间——也论蔡元培"以美育代宗教"的思想》,载《学术界》2010 年第 3 期。
④ 谢义勇:《蔡元培社会教育思想之研究》,台湾高雄复文图书出版社 1989 年版,第 48 页。
⑤ 《在南开学校敬业励学演说三会联合讲演会上的演说词》,见中国蔡元培研究会编:《蔡元培全集》第三卷,浙江教育出版社 1997 年版,第 90 页。有人认为蔡氏所理解的自由的最高体现是意志自由,又说这种自由是人全面发展的结果。(陈剑旄:《蔡元培伦理思想研究》,湖南师范大学 2004 年博士学位论文,第 71 页。)这就等于在说,只有人的全面发展,才能达致意志自由。笔者以为这样的理解倒因为果了。事实上,蔡氏认为,真正的自由就是思想自由。"人之思想不缚于宗教,不牵于俗尚,而一以良心为准。"(《华工学校讲义》,见中国蔡元培研究会编:《蔡元培全集》第二卷,浙江教育出版社 1997 年版,第 404 页。)

"我做什么可以受束缚,我想怎么做却可以不受束缚。"①二是因为"思想本身没有丝毫危险的性质,只有愚暗与虚伪是顶危险的东西,只有禁止思想是顶危险的行为"②。思想自由不仅与言论自由是一脉相承的,而且与个性、人格的发展,乃至族群的兴亡是环环相扣的。因此,禁止思想自由就等同于谋杀生命。"取缔言论自由,所取缔的不止在言论,实在思想。不止在思想,实在个性与人格。取缔个性与人格,即系屠杀个人的生命,即系灭毁人群的生命。"③那么,思想自由的主要内容是什么? 蔡氏认为,要坚持己见,不必同于他人,但不可用假象迷惑人。因此,自家的学说,不能束缚他人,而他人的学说也不得束缚我。果真这样,科学、社会学等将会任凭我们进行自由讨论。④ 如何进行自由讨论呢?

一要研究。前述学校教育中诸多的论题足以表明蔡氏研究的态度,把它用在教育教学上就是为了培养学生实事求是的研究精神。研究的目的在于有较新的发明与发现,而不能以时日的短长来衡量研究的成果,因为有的研究需要数年或数十年也说不准。⑤ 对于一种学说,信还是不信,须冷静地研究;不必对之避而不谈,甚至恐惧;且研究与信奉是两码事,不能混为一谈。

如对于马克思学说,蔡氏虽不信奉,但认为有研究的必要。"今日以反对中国共产党之故,而不敢言苏俄,不敢言列宁,驯致不敢言马克思,此误会也。吾人研究中国共产党所由来,或不能不追溯马克思;而研究马克思,不必即与中国共产党生关系。且研究与盲从不同,研究马克思,不必即信马克思。"⑥

---

① 邓晓芒:《康德哲学讲演录》,广西师范大学出版社2006年版,第72页。

② 李大钊:《危险思想与言论自由》,见刘军宁主编:《北大传统与近代中国——自由主义的先声》,中国人事出版社1998年版,第133页。

③ 罗隆基:《论人权》,见刘军宁主编:《北大传统与近代中国——自由主义的先声》,中国人事出版社1998年版,第147页。

④ 《在南开学校敬业励学演说三会联合讲演会上的演说词》,见中国蔡元培研究会编:《蔡元培全集》第三卷,浙江教育出版社1997年版,第92页。

⑤ 《〈月报〉发刊词大意》,见中国蔡元培研究会编:《蔡元培全集》第六卷,浙江教育出版社1997年版,第442页。

⑥ 《〈马克思传〉序》,见中国蔡元培研究会编:《蔡元培全集》第六卷,浙江教育出版社1997年版,第441页。

　　值得一提的是，蔡氏不仅主张研究马克思学说，而且还曾领衔发起纪念马克思的活动。理由是，其一，马克思是一伟大的思想家，为科学社会主义的创始人，无论爱憎、毁誉，都无人能够否认。其二，有人因反对共产党而连带反对马克思思想与学说，认为言者、研究者均有罪。这种观念，极应打破。无论附和还是反对，只有切实研究，才能接近真理。第三，同人基于纯正的学术立场，发起纪念马克思逝世五十周年会，既是向这一伟大思想家表示真挚的敬意，又是倡导研究自由、思想自由，以打破我国学术界存在的思想"义和团"[①]。此时正值蒋介石政权大肆"围剿"苏区之际。这是1933年3月14日发生的事。这是有所指的。1934年2月19日，蒋介石在南昌行营扩大纪念周上发表《新生活运动之要义》的演说，是一场利用儒家传统道德以达到"托古改制"的教育复古思潮，是打着孙中山三民主义教育主张的招牌以兜售反动教育的思想逆流。[②] 同时，蒋的演说也是敌视、打压马克思主义、社会主义及苏区政府。

　　正因为这样，蔡氏当年主持的北京大学成了马克思主义传播的最初基地：李大钊除了积极地发表文章，宣传马克思主义外，还在政治系、历史系和经济系开设课程或讲座，宣传马克思主义；北大先后成立了马克思主义研究会，社会主义研究会和马克思学说研究会。须知，当时的北洋军阀政府是坚决反对社会主义和马克思学说的。

　　二要宽容。宽容是思想自由和学说研究的前提。这是哲学精神的自然推演，所谓"哲学无对错"就是这个道理。"各人的哲学程度不同，信仰当然不一样，一个人的哲学思想有进步，信仰当然可以改变，这全是个人精神上的自由，断不容受外界的干涉。"[③]北大兼容并包的办学理念就是由此而来。前述1927年蔡氏参与"清党"，他不同于国民党其他主张"清党"的人。蔡氏主张"清党"应按法律办理，不可乱杀。这也正是蔡氏这个自由

① 蔡元培等：《发起马克思逝世五十周年纪念缘起》，见中国蔡元培研究会编：《蔡元培全集》第七卷，浙江教育出版社1997年版，第412页。
② 董宝良、周洪宇主编：《中国近现代教育思潮与流派》，人民教育出版社1997年版，第185页。
③ 《非宗教运动——在北京非宗教大同盟讲演大会的演说词》，见中国蔡元培研究会编：《蔡元培全集》第四卷，浙江教育出版社1997年版，第591页。

主义者的本色。①

　　三要平等。平等既是研究的前提又与宽容相伴而行。平等与宽容的反面是偏狭、独断。在《哲学大纲》的凡例中，蔡氏说，"历举各派之说，不多下十成断语，留读者自由思考之余地"②。允许自由思考，就是要持守思想兼容。"我素来不赞成董仲舒罢黜百家、独尊孔氏的主张。"③思想兼容，自然就是打破权威，坚持真理，创造自由平等的世界。"吾人之所为，既以理为准则，自然无恃乎威；且于流弊滋章之威，务相率而廓清之，以造成自由平等之世界，是则吾人之天责也。"④因为真理面前人人平等，人人都有思考、言说、争论的权利。真理越辩越明。

　　四是进行教育实践的哲学践履。正因为坚持思想自由，蔡氏一生与时俱进，不断追求进步，把国家前途命运与个人哲学思考、思想探究紧密结合在一起。蔡氏研究教育有一显著特点，即对中国社会问题广泛而深刻的关注，这种关注终其一生，直至生命的弥留之际。蔡氏研究教育还有另外一个显著特点，即深厚的哲学素养、多方面的学术爱好使得蔡氏对教育问题的研究有一个很高的理论基点。这与美国教育家杜威极为相似。⑤

　　一方面，蔡氏以教育作为自己一生的志业。另一方面，蔡氏热爱哲学，且其兴趣自年轻时代到老年一直不减。这里的关键是哲学与教育到底是什么样的关系，这也是时下从事教育学研究的学人经常面对的一个问题。笔者认为，蔡氏的教育思想具有一定的哲学特质。

　　哲学是宏观之学、包容之学，其内容自然"涵盖"教育，能够影响人们的世界观、人生观和价值观，体现出一定的社会教化和精神陶冶功能；或者

① 唐振常：《蔡元培传·重印前言》，上海人民出版社 1985 年版，第 13—14 页。
② 《哲学大纲》，见中国蔡元培研究会编：《蔡元培全集》第二卷，浙江教育出版社 1997 年版，第 300 页。
③ 《我在北京大学的经历》，见中国蔡元培研究会编：《蔡元培全集》第七卷，浙江教育出版社 1997 年版，第 503 页。
④ 《华工学校讲义》，见中国蔡元培研究会编：《蔡元培全集》第二卷，浙江教育出版社 1997 年版，第 403 页。
⑤ 杜威研究教育问题有两个明显的特点：1. 深厚的理论素养、多方面的学术兴趣和造诣使其对教育问题的研究有一个很高的学术起点，使其教育理论自形成时起就具有相当的深度和广度；2. 对社会问题的关切，这种关切终其一生。（吴式颖主编：《外国教育史教程》，人民教育出版社 1999 年版，第 504—505 页。）

足以训练和启发人们的思维,具有一定的教育倾向。蔡氏为留学而在致清廷《为自费游学德国请学部给予咨文呈》中叙说自己留学是为了学习"教育之学",而实际留学德国学的却是哲学。为什么会出现这样的问题?有人认为,蔡氏"言行不一"的原因主要是出于现实的考虑,即按清廷派遣翰林留学所追求的实用思想,来表达自己德国之行的必要性,以获得批准。①笔者赞成这种看法。但这一事实本身还蕴含着另外一个学理上的问题,即哲学与教育之间密切联系的问题。

蔡氏"五育并举"观中所关涉的传统道德哲学和西方的康德哲学、叔本华哲学、实用主义哲学等,北大思想自由、兼容并包的教育理念及大学院院长时期教育独立的梦想莫不如此。

蔡氏既以教育为一生职志,又以哲学为终身嗜好,其教育思想广博、深厚,学术味较浓,绝不是偶然的。如果没有一定的哲学功力,很难想象蔡氏能够成为一代教育大家。梁漱溟曾说过一段耐人寻味的话:"从世界大交通东西密接以来,国人注意西洋文化多在有形的实用的一面,而忽视其无形的超实用的地方。虽然关涉政治制度社会礼俗的,像是'自由''平等''民主'一类观念,后来亦经输入,仍不够深刻,仍没有探到文化的根本处。惟独蔡先生富于哲学兴趣,恰是游心乎无形的超实用的所在。"②"无形的超实用"指的就是哲学。说的虽是文化问题,何尝不关涉哲学与教育问题!蔡氏生平言行和事迹足以投射出哲学与教育之间存在着密不可分的本质关系。

如果说,蔡氏的教育救国、学术兴邦是基于世俗政治的现实考量,人格独立、自由追寻是其超轶政治的理想设计,那么,中西文化精华的融合则是回应时代挑战的路径、践履其教育目的的桥梁,三者共同构筑起蔡氏教育精神的大厦。

---

① 陈洪捷:《德国古典大学观及其对中国的影响》,北京大学出版社 2006 年版,第 116 页。
② 梁漱溟:《忆往谈旧录》,金城出版社 2006 年版,第 96 页。

附　录　蔡元培生平大事年表[①]

1868 年　（清同治七年）

　　　　1 月 11 日（清同治六年十二月十七），诞生于浙江省
　　　　绍兴府山阴县（民国初废绍兴府，合并山阴、会稽两
　　　　县为绍兴县，今为绍兴市）城内笔飞弄。乳名阿培，
　　　　入师塾时，取名元培。父名宝煜（又名光普，字耀
　　　　山），为当地一钱庄经理。母周氏。

1872 年　（清同治十一年）

　　　　入家塾发蒙，读《百家姓》《千字文》《神童诗》等。同
　　　　时，习字、对课。

1877 年　（清光绪三年）

　　　　8 月 2 日（六月二十三），父病逝。无力再聘塾师，先
　　　　后附读于姨母家 1 年，李姓家 2 年。

1880 年　（清光绪六年）

　　　　始受业于本县秀才王愁修（子庄），前后约 4 年。因受

---

①　本年表参考了中国蔡元培研究会编《蔡元培全集》(1—18 卷)，高平叔撰著《蔡元
　　培年谱长编》(1—4 卷)。年表中 1911 年以前的日期，附记阴历。

王氏影响,20 岁以前崇拜宋儒。

1883 年 （清光绪九年）

考中秀才。自此不再到王氏处受业,始自由阅读。常向六叔父铭恩借阅藏书,补读了《仪礼》《周礼》《春秋公羊传》《谷梁传》《大戴礼记》等经学著作,以及有关考据、词章之书,得益最大的是《说文通训定声》《文史通义》《癸巳类稿》《癸巳存稿》等。

1884 年 （清光绪十年）

在姚氏家充塾师,学生 3 人。

1885 年 （清光绪十一年）

在单氏家当塾师,学生 4 人。9 月,第一次往杭州应乡试,未果。

1886 年 （清光绪十二年）

2 月 25 日(正月二十二),母病故。经田宝祺(字春农)介绍,到徐友兰家为其次子伴读,并为徐氏校勘藏书。蔡氏在此 4 年,得以博览群书。

1888 年 （清光绪十四年）

继续在徐家校书;再赴杭州应乡试,未中。始以作"怪八股"闻名。

1889 年 （清光绪十五年）

4 月,与王昭女士结婚。10 月乡试中举,列第 23 名。

1890 年 （清光绪十六年）

春,赴京参加会试,中式为第 80 名贡士,但未参加本科殿试。10 月,受聘任上虞县志局总纂,因所订条例遭分纂反对,不久即辞职。

1892 年 （清光绪十八年）

5 月 10 日(四月十四),在京补殿试,被录取为二甲第 34 名进士;5 月 29 日(五月初四),应朝考,授翰林院庶常馆庶吉士。

1894 年 （清光绪二十年）

春,赴京应散馆考试,升任翰林院编修。留京供职约 4 年。是年中日甲午战争爆发,思想受极大震动,始阅读西学书籍,并留意时事和维新思潮。

1895 年 （清光绪二十一年）

4 月 30 日（四月初六），对清政府与日本签订丧权辱国的《马关条约》极为悲愤。

1896 年 （清光绪二十二年）

长子阿根出生。始阅读自然科学方面的书籍。

1897 年 （清光绪二十三年）

对清廷租让胶州湾深表不满。无意官宦生活，潜心西学。

1898 年 （清光绪二十四年）

3 月 30 日（三月初九），次子无忌出生。8 月 4 日（六月十七），始学日文。9 月 21 日（八月初六），戊戌政变发生，维新运动失败。10 月 15 日（九月初一），有感清廷无望，携眷出京，返归故里。12 月 12 日（十月二十九），任绍兴中西学堂总理（即校长）。

1899 年 （清光绪二十五年）

3 月 21 日（二月初十），始学英文。12 月，撰写印发《绍兴推广学堂议》，呼吁绍属八县群起兴办新式学校。

1900 年 （清光绪二十六年）

2 月 26 日（正月二十七），因支持新派教员遭校董警告，愤而辞职。2 月，受聘浙江嵊县剡山书院、二戴书院院长，力图改革书院教育，但因经费有限，不能改进，担任 1 年即辞职。3 月，被聘浙江诸暨丽泽书院院长，未到任，1 年后，力劝其改为新式学堂。同月，撰《夫妇公约》，提倡女权，改良风俗。同月，因他人调解，返回绍兴中西学堂。6 月 5 日（五月初九），夫人王昭病逝。

1901 年 （清光绪二十七年）

2 月，因在办学经费上得不到校董支持，将绍兴中西学堂移交何寿章接办。旋往杭州，交游办学。4 月 6 日（二月十八），夫人王昭去世后，友朋劝其续娶，蔡氏提出择偶条件：(1)天足；(2)识字；(3)男子不得娶妾；(4)夫妇意见不合，可解约；(5)夫死，妻可再嫁。同月，首访章太炎。5 月，应邀去上海澄衷学堂协助工作。9 月 13 日（八月初一），任上海南洋公学特班总教习，结识吴稚晖。10 月，所著《学堂教科论》一书出版。12 月，与张元济等创办《外交报》，分任撰述。

1902 年　（清光绪二十八年）

1 月 1 日（光绪二十七年十一月二十二），在杭州与黄仲玉女士举行婚礼，以演说代替闹洞房。4 月 20 日（三月十三），在上海与蒋观云、林少泉、叶浩吾等发起成立中国教育会。4 月 27 日（三月二十），蔡氏被举为事务长（即会长）。该会表面办理教育，暗中鼓吹革命。11 月 20 日（十月二十一），南洋公学发生退学风潮，与中国教育会同人筹办爱国学社，蔡氏被推为总理。12 月，与蒋观云、黄宗仰、林少泉等创办爱国女学。初由蒋任总理，后由蔡氏接任。

1903 年　（清光绪二十九年）

2 月 9 日（正月十二），京师大学堂聘蔡氏为经史学教习，未至。2 月，与吴稚晖、章太炎等，开始在上海张园举行演说会，倡言革命，宣传爱国思想。4 月 30 日（四月初四），中国教育会在张园召开拒俄大会，蔡氏率先登台发表演说。大会决定组织上海拒俄义勇队（后改为军国民教育会），进行军事操练。2—4 月，蔡氏在《苏报》撰写文章，宣传爱国、民主思想，发起拒法、拒俄运动。6 月 3 日（五月初八），报载被列入清政府逮捕名单。6 月 15 日（五月二十），离上海去青岛学习德文。6 月 29 日（闰五月初五），发生"苏报案"，邹容、章太炎先后入狱。9 月，自青岛返沪，为外交报馆译日文以自给。每月前往监狱探望邹容和章太炎。10 月，在青岛期间由日文译出的德国科培尔《哲学要领》一书，由商务印书馆出版。12 月 15 日（十月二十七），与王小徐等创办《俄事警闻》，组织"对俄同志会"。本年，上海商务印书馆创办编译所，蔡氏经张元济介绍兼任编译所所长。所编《文变》一书，也由该馆代印出版。

1904 年　（清光绪三十年）

2 月 26 日（正月十一），《俄事警闻》改名《警钟日报》，本日创刊，以"抵御外侮，恢复国权"为宗旨。5 月 1 日（三月十六），再次被推为中国教育会会长。6 月 3 日（四月二十），长女威廉在上海出生。7月,再任爱国女学总理,辞《警钟日报》编辑,参加暗杀团,秘密试制炸弹,从事反清革命。是年冬,在上海创立光复会,为会长。吸收陶成章、徐锡麟等入会,促成浙东两派革命党人联合。

1905 年　（清光绪三十一年）

4月3日(二月二十九),邹容病死狱中,与刘季平等为其料理后事。在爱国女学会见秋瑾女士。10月26日(九月二十九),加入中国同盟会,并任同盟会上海分会会长。不久,黄兴到上海,面交委任书。

1906 年　（清光绪三十二年）

2月27日(二月初五),被推举为绍兴学务公所总理,数月后辞职。6月29日(五月初八),迎章太炎出狱,并安排章当晚东渡日本。7月3日(五月十二),主持邹容墓前纪念塔落成揭幕式,并发表演说,听众深受感动。9月18日(八月初一),前往北京,候派翰林院编修出国留学,应京师大学堂译学馆之聘,担任国文和西洋史教习。12月1日(十月十六),三子柏龄在绍兴出生。12月,呈请学部准予自费赴德国留学。本年,译著《妖怪学讲义录》(总论),与张元济等共同校订的《最新修身教科书》第一、第二册,由商务印书馆出版。

1907 年　（清光绪三十三年）

6月10日(四月三十),随孙宝琦启程赴德。下半年,在柏林学习德语,编译书籍,兼做唐绍仪之侄宝书、宝潮等4人的国文教师。

1908 年　（清光绪三十四年）

10月15日(九月二十一),入莱比锡大学,正式注册为哲学系学生。所听课程主要有冯特的心理学和哲学史,福恺尔的哲学,兰普来西的文明史,司马罗的美术史,符来的民族学,以及文学史等。

1909 年　（清宣统元年）

继续在莱比锡大学听课及研究。进兰普来西教授创办的文明史与世界史研究所,从事学习和研究。课余另延请教师,学习德国文学。10月,译著《伦理学原理》由商务印书馆出版,署名蔡振。

此书原为德国哲学家泡尔生所著,日本蟹江义丸译为日文,蔡氏根据日文译出。

1910 年 （清宣统二年）

仍在莱比锡大学学习,注意力渐集中于美学,尤对康德美学思想感兴趣。3 月,开始奉行素食主义。本年,所著《中国伦理学史》一书,由商务印书馆出版。

1911 年 （清宣统三年）

继续在莱比锡大学听课及研究。上半年,编著《中学修身教科书》。10 月,获悉武昌起义爆发,在柏林组织留学生响应革命。11 月 28 日（十月初八）,抵达上海。12 月 29 日（十一月初十）,在南京出席临时大总统选举会议,孙中山当选中华民国临时大总统。

1912 年 （民国元年）

1 月 5 日,被任命为中华民国南京临时政府教育总长。本月,教育部正式成立。颁布《普通教育暂行办法通令》《普通教育暂行课程标准》。2 月 8—10 日,在《民立报》发表《对于新教育之意见》（后改为《对于教育方针之意见》）。2 月 18 日,受命任迎接袁世凯来南京就任大总统职之专使。3 月 10 日,出席袁世凯在北京就任临时大总统典礼,代表孙中山致祝词。3 月底,唐绍仪组成新内阁,又被任命为教育总长。5 月 3 日,呈请将北京大学堂改称北京大学校,并推荐严复任校长。5 月中旬,出席北京大学开学典礼,在演说中强调"大学为研究高尚学问之地"。5 月,编著《中学修身教科书》一书由商务印书馆出版。7 月 10 日,全国临时教育会议开幕,报告会议宗旨。7 月 14 日,不满袁世凯专权,辞去教育总长。9 月,携眷赴德。11 月 1 日,复在莱比锡大学注册入学,注册专业为哲学。主要在兰普来西教授主持的文明史与世界史研究所从事研究工作。

1913 年 （民国二年）

6 月 2 日,因宋教仁被暗杀,应孙中山之召,自德国柏林返抵上海。6 月 21 日,蒋维乔专程从北京来沪,代表教育部商请蔡氏出任北京大学校长。7月,"二次革命"爆发,在上海《民立报》《公论》晚报等连续发表多篇文章,对袁世凯口诛笔伐。9月,"二次革命"失败,偕家眷离沪赴法国。10月14日,到达法国马赛,旋即居于巴黎近郊,学习法语,从事著译。

1914 年 （民国三年）

年初,与吴稚晖、汪精卫等筹办《学风》杂志。6月,编成《学风》杂志创刊号,但因第一次世界大战爆发,移居法国西南部。8月,与李石曾、谭熙鸿等发起组织"旅法学界西南维持会",稳定旅法留学生情绪,克服困难,坚持学业。

1915 年 （民国四年）

1月,编撰《哲学大纲》一书,由商务印书馆出版。2月,与吴稚晖等发起组织"世界编译社"。春,为万国教育会议撰写《一九〇〇年以来教育之进步》一文。6月,复任鸿隽函,支持在美国发起成立中国科学社、出版《科学》杂志。同月,与李石曾等组织勤工俭学会,以"勤于工作,俭以求学"为宗旨。12月下旬,与唐绍仪、汪精卫联名发电,反对袁世凯称帝。本年,与李石曾、汪精卫等发起成立世界社,致力于传播西方文化。

1916 年 （民国五年）

3月29日,与李石曾、汪精卫、吴玉章和法国人欧乐、穆岱等,在巴黎自由教育会所举行"华法教育会"发起会,被推举为中方会长,欧乐为法方会长。4月,华法教育会在巴黎开办华工学校,蔡氏编写《华工学校讲义》40篇,为法国招工局代招华工来法。8月15日,与李石曾、汪精卫等创办《旅欧杂志》,发表《文明之消化》一文,提出要善于吸收和消化西方文明。10月2日,因教育总长范源濂电请回国就任北大校长,携眷离法归国。11月8日,返抵上海。12月26日,被总统黎元洪任命为北京大学校长。同日,往访陈独秀,邀请其出任北京大学文科学长。

1917 年 （民国六年）

1月4日,到北京大学就职。1月9日,发表就职演说。1月13日,教育部批准蔡氏的呈请,任命陈独秀为北大文科学长。1月

27 日,出席北京国立高等学校校务讨论会,提出大学改制议案。同月,列名发起成立中华职业教育社。3 月 3 日,与梁启超等发起成立国民外交后援会,主张对德绝交、宣战。4 月 8 日,在北京神州学会举办的讲演大会上发表《以美育代宗教说》。6 月,兼任北大国史编纂处处长。7 月 3 日,因抗议张勋复辟,向总统黎元洪提出辞职。9 月 10 日,胡适应聘就任北京大学文科教授。秋,在北大组建评议会。11 月,率先提议在北大推行选课制。12 月,华法教育会在北京创办孔德学校,被推为校长。

1918 年　（民国七年）

1 月 19 日,发起组织北京大学进德会。2 月,聘请李大钊任北大图书馆主任。与北京国立各大专校长发起组织学术讲演会。3 月 31 日,被推举为北京欧美同学会主任干事。春,兼任北京高等法文专修馆馆长。4 月 14 日,北京大学校役夜班举行开学式,并发表演说。8 月 3 日,为胡适《中国古代哲学史大纲》一书撰写序文。10 月 14 日,在发起组织的北京大学新闻学研究会成立会上发表演说。10 月 20 日,出席国民杂志社成立大会并发表演说。11 月 10 日,撰写《北京大学月刊》发刊词,阐明大学为"囊括大典,网罗众家"之学府。11 月 15 日、16 日,为庆祝第一次世界大战结束、协约国胜利,在天安门举行演讲大会,先后作《黑暗与光明的消长》《劳工神圣》演说。

1919 年　（民国八年）

1 月,发表《哲学与科学》一文,阐述哲学与科学的关系。2 月 23 日,参加国民外交协会在中央公园举行的演说大会,反对秘密外交,呼吁国民起来谋求"自他两利"之外交。4 月 1 日,发表《致〈公言报〉函并附答林琴南函》,反驳其对北京大学及新文化运动的指责。5 月 3 日,将北洋政府准备在丧权辱国的《巴黎和约》上签字的消息告知北大学生。次日,五四运动爆发。5 月 5 日、6 日,与北京其他高校代表去见总统、总理、教育部长及警察总监,保释被捕学生。5 月 8 日,向政府提出辞去北大校长职。8 月 29 日,欧美同学会全国总会在上海成立,被推为会长。9 月 20 日,回北大复职,宣布除成立评议会、各门教授会外,还要组织行政会议及各种委员会,进一步实行民主管理。10 月 20 日,出席杜威 60 岁生日晚会并发表演说。11 月 17 日,在北京女子高等师范学校作《国文之将来》演讲,断言"白话派一定占优胜"。12 月 1 日,所撰《文化运动不要忘了美育》一文发表。12 月 13 日,复谢镇流函,赞同在北大实行男女同校同学。12 月 21 日,与陈独秀等发起组织工读互助团。

1920 年　（民国九年）

1 月 1 日,上海《中华新报》发表蔡氏与该报记者的谈话,明确表示北京大学招收"程度相合之女学生"。1 月 18 日,出席北京大学平民夜校开学典礼,并发表演说。2 月,率先在北大文科招收 9 名女生旁听,暑假后正式招收女生,开我国国立大学男女同校同学之先河。春,兼任中法大学校长。4 月 1 日,发表《洪水与猛兽》一文,支持新文化新思潮的传播。8 月 2 日,聘请鲁迅为北京大学文科讲师。8 月 31 日,北大举行授予班乐卫及儒班理学名誉博士学位典礼,为北京大学,也是中国大学向外国人授学位之始。9 月 12 日,兼任北京民国大学校长。10 月 17 日,授予美国威斯康星大学教授芮恩施法学博士名誉学位,哥伦比亚大学教授杜威哲学博士名誉学位。10 月 26 日至 11 月 3 日,陪同杜威、罗素等在长沙讲学,参加长沙讲演会,先后发表四卷《何谓文化》《对于学生的希望》《对于师范生的希望》《美术与科学的关系》《美学的研究法》等演说,并为湘赣勤工俭学学生筹款。11 月 24 日,启程赴欧美考察大学教育及学术研究。12 月 5 日,在新加坡 4 所华侨中学欢迎会上,作《普通教育和职业教育》讲演,提出健全人格包括德、智、体、美,四育一样重要,不可偏废。

1921 年　（民国十年）

1—5 月,在法国、瑞士、德国、奥地利、匈牙利、意大利、荷兰、英国访问考察。其间,曾访问居里夫人、爱因斯坦,请其来华讲学。法国总统授予三等荣光宝星,法国里昂大学授以文学博士荣誉学位。6 月 1 日,抵纽约,开始到美国各大城市及大学访问。8

月 12 日,在美国檀香山,出席太平洋教育会议,并发表演说。9
月 18 日,回到北京。9 月中下旬到 10 月上旬,在北京大学讲授
美学课程。11 月,同意北京大学马克思学说研究会在《北京大学
日刊》刊登启事,后又应邀出席成立大会,发表讲话,并拨给两间
房屋,作为活动场所。12 月,被推为中华教育改进社董事。

1922 年 （民国十一年）

春,与北京国立 8 校校长联名致函政府,请拨德国赔款为教育资
金。3 月,发表《教育独立议》一文,主张教育应独立于政党和教
会。4 月 9 日,"非宗教大同盟"在北京大学举行讲演会,因足疾
未能到会,由萧子升代读讲演词《非宗教运动》。5 月 14 日,领衔
发表由胡适起草的《我们的政治主张》,提出"好人政府"的政治
主张。7 月 3 日,中华教育改进社第一次年会在济南召开,被推
为大会主席,并为年会日刊撰写发刊词。8 月 17 日,当面要求法
国驻华公使,请其下令法国驻沪总领事立即释放陈独秀。8 月
18 日,出席李大钊欢迎苏俄新代表越飞的宴会,并发表演说。9
月 20 日,教育部召开学制会议,被推为主席。本月,兼任私立华
北大学校长。12 月 5 日,聘任李大钊为北大校长室秘书。12 月
15 日,发起并主持世界语联合大会。12 月 30 日,由浙江省议会
推举为筹办杭州大学董事。

1923 年 （民国十二年）

1 月 17 日,为抗议教育总长彭允彝干涉司法独立,摧残人权,提
出辞职。21 日,发表《关于不合作宣言》,南下上海。3 月 20 日,
与陈大齐、蒋梦麟联名提出《筹办杭州大学的建议》。7 月 10 日,
与周峻（养浩）女士在苏州留园举行结婚典礼。7 月 20 日,携眷
离沪赴欧。8 月 28 日,到比利时首都布鲁塞尔居住。10 月 3 日,
始学意大利文。12 月,所撰《五十年来中国之哲学》发表。

1924 年 （民国十三年）

1 月,被中国国民党第一次全国代表大会选为候补中央监察委
员。以后在各次代表大会上,均被选为中央监察委员。2 月 2
日,由比利时迁居法国的斯特拉斯堡,一面从事著译,一面协助

办理华法教育会及里昂中法大学相关事务。3 月 28 日,到伦敦,同英国朝野各方洽商退还庚子赔款,用于中国教育事业。4 月21 日,赴德国哥尼斯堡,参加康德 200 周年诞辰纪念会,发表演说。8 月 6 日,抵奥地利维也纳,出席第十六届国际世界语大会。8 月 9 日,抵瑞典斯德哥尔摩,出席第二十一届国际民族学研究会。8 月,所撰《简易哲学纲要》一书,由商务印书馆出版。11 月21 日,到德国,入汉堡大学,研究民族学。11 月 24 日,被北洋政府任命为俄国庚子赔款委员会委员兼委员长。

1925 年　（民国十四年）

4 月 12 日,专程由汉堡前往伦敦,出席中国驻英使馆举行的孙中山追悼会,致悼词。6 月 24 日,致电北大负责人及全国各团体,支持五卅反帝爱国运动,主张迅即废除不平等条约,另订平等新约。7 月 25 日,因事未能出席在英国爱丁堡举行的世界教育会联合会第二次大会,由陈剑翛在大会上代为宣读演说词《中国教育的历史与现状》。8 月,为声援五卅运动,特撰《为国内反对日英风潮敬告列强》一文,译成英、法、德 3 国文字,分送欧洲各国报刊发表。

1926 年　（民国十五年）

2 月 3 日,因北洋政府电促,自国外返抵上海。3 月 30 日,被聘为广州中山大学筹备委员。4 月,筹备成立浙江科学院,任筹备主任。6 月 28 日,致电北洋政府及教育部,请辞北大校长及俄国庚子赔款委员会委员之职。9 月,全国国语教育促进会在上海召开成立会,被推为会长。10 月 10 日,《十五年来我国大学教育之进步》一文发表。11—12 月,与褚辅成、许世英、沈钧儒等发起组织苏浙皖三省联合会,策划三省自治运动,响应广东国民革命军北伐。12 月,蒋介石函请出任浙江政治会议委员及政务委员会委员,并请任政治会议代理主席。

1927 年　（民国十六年）

3 月 1 日国民党浙江临时政治会议在宁波成立,任代理主席。3—4 月,参与蒋介石发动的"反共清党"运动。4 月,被任命为国民政府教育行政委员会委员。6月7日,提议变更教育行政制度,改教育部为大学院,并在全国实行大学区制。8月4日,次女晬盎在上海出生。8月,成立国立京师大学校,北京大学并入,由教育总长刘哲兼任校长,蔡氏北大校长名义于此时取消。9月17日,被推为国民政府委员、常务委员。9月19日,被推为国民党中央特别委员会常务委员。10月1日,中华民国大学院正式成立,宣誓就任大学院院长。同日,被任命为浙江省政府委员。11月27日,主持上海国立音乐院开院典礼,兼首任院长。12月1日,为蒋介石、宋美龄证婚。12月27日,大学院议决在杭州创设国立艺术大学(后改为国立艺术院)。

1928 年　(民国十七年)

1月,为《大学院公报》撰写发刊词,提出以科学化、劳动化、艺术化作为新的教育方针。1月31日,兼任第一交通大学校长。2月18日,大学院通令废止春秋祀孔旧典。3月14日,兼任代理司法部长。4月23日,被特任为国立中央研究院院长。5月15—28日,在南京主持召开全国教育会议。6月29日,被选为中华教育文化基金董事会副董事长。7月29日,大学院通令:(1)小学一律用语体文教学;(2)初中入学,不考文言文;(3)各级教育行政机关一律提倡语体文;(4)小学不准采用文言教科书。10月3日,获准辞去大学院院长、代理司法部长职。

1929 年　(民国十八年)

1月4日,被推为中华教育文化基金董事会董事长。1月16日,被任命为国民政府建设委员会委员。2月1日,被任命为国民政府财政委员会委员。3月,被推为上海大同大学校董。5月1日,四子怀新在上海出生。6月17日,致函胡适,支持他发起"人权运动"。6月13日,被聘为国立青岛大学筹备委员会委员。8月29日,获准辞去监察院院长职。同日,受聘兼任国立北平图书馆馆长。9月16日,被国民政府任命为北京大学校长,到任前由陈大齐代理校长。9月19日,致函外交部和教育部,阻止日本擅自遣员调查长江水产动物。10月15日,致电阎锡山,请求保护山西大同云冈石窟。10 月 27 日,致函河南省政府,要求饬令安阳县县长及军警保护中央研究院殷墟发掘工作。11 月,为李季的《马克思传》作序,提倡研究马克思主义。

1930 年　(民国十九年)

4 月 13 日,被推为中国公学代理董事长。7 月 2 日,主持中华教育文化基金董事会第六次年会。7 月 20 日,担任中华职业教育社第 11 届社员大会主席团成员,在开会词中阐明职业教育的重要性。10 月,联合社会名流,致电湖南省政府主席何键,要求保释杨开慧。同月,为《现代学生》撰《怎样才配做一个现代学生》一文。11 月 27 日,具呈国民政府阻止英国人斯坦因前往新疆进行盗窃文物活动。12 月 2 日,五子英多在上海出生。

1931 年　(民国二十年)

1 月,在亚洲文会的讲演词《中华民族与中庸之道》一文发表。2 月 13 日,致函河南省政府主席刘峙,要求协助中央研究院历史语言研究所发掘安阳殷墟,并妥为保护。2 月 15 日,出席上海 22 个教育团体欢迎文纳特卡制创立人美国教育家华虚朋的宴会,并致辞。同月,致函国民政府、外交部、中国气象协会,要求撤退青岛观象台日员,以维护主权。3 月 30 日,被委任为西陲学术考察团理事长。5 月 2 日,提出《确定教育设施趋向案》,强调加强职业教育。本月,所撰《二十五年来中国之美育》一文发表。本月,参与调停宁粤冲突。8 月 17 日,邓演达在上海公共租界被捕,积极设法营救。9 月 24 日,与张继、陈铭枢等作为宁方代表赴广东,调解"宁粤对立"。10 月 27 日—11 月 7 日,作为为宁方代表,在上海出席宁粤双方举行的"和平统一会议",力促宁粤一致抗日。12 月 9 日,国民党中央政治会议议决设立特种教育委员会,被任为委员长。12 月 17 日,被推举为国民党中央监察委员会临时常务委员。

1932 年　(民国二十一年)

2 月 1 日,与邹鲁、蒋梦麟、梅贻琦、王世杰等联名致电国际联盟文化合作委员会,吁请制止日军焚烧上海文化机关之暴行。又分别致电杜威、爱因斯坦等世界知识界知名人士,吁请谴责日本毁灭中国文化教育机构的野蛮行径。3月,复函汪精卫,拒绝在蒋汪联合政府中任职。4月26日,与宋庆龄等联名致电国民政府,要求对牛兰夫妇进行公开审判。5月3日,致电汪精卫,再次要求政府公开审判牛兰夫妇,并准许其自请律师。5月26日,出席武汉大学新校舍落成典礼及本科首届毕业典礼,并发表讲演。7月6日,被聘为中央大学整理委员会委员长。10月23日与杨杏佛、柳亚子、林语堂等致电国民党中央和国民政府,要求宽释陈独秀。10月30日,因营救牛兰、陈独秀,遭国民党南京市党部警告。12月18日,与宋庆龄、杨杏佛等联名发表《发起中国民权保障同盟宣言》。同日,致电蒋介石、宋子文等,抗议非法逮捕、监禁北平各校教授、学生等多人,要求立即释放。12月30日,在上海华安大厦主持中国民权保障同盟中外记者招待会,宣告同盟成立,任同盟临时中央执行委员会副主席。

1933 年 （民国二十二年）

1月3日,函请鲁迅参加民权保障同盟。1月10日,被聘为中央古物保管委员会委员。1月15日,与宋庆龄联名致电北平当局,要求释放被捕学生。2月1日,与同盟执委发表宣言,抗议江苏省政府主席顾祝同非法枪杀刘煜生。2月17日,与宋庆龄、鲁迅等在上海接待来访的英国文豪萧伯纳。2月18日,在上海基督教青年会作题为《民权保障之过去与现在》的讲演。3月14日,与陶行知等发起马克思逝世50周年纪念会。在上海基督教青年会作《科学的社会主义概论》讲演。3月30日,为营救被捕的陈赓、罗登贤、廖承志等,中国民权保障同盟发表宣言。4月3日,出席鸿英教育基金会董事会成立会,被推为董事长。4月,为上海亚东图书馆出版《独秀文存》撰写序文。5月7日,在上海青年会作《日本对华政策》的演讲,揭露日本对中国实行文化、经济、政治、军事侵略。5月13日,与宋庆龄、杨杏佛、鲁迅等前往德国驻沪领事馆,递交抗议书,抗议希特勒"残害无辜,压迫学者"的暴行。5月23日,领衔致电汪精卫,要求释放丁玲、潘梓年。6月18

日,致电国民党中央,要求迅即缉拿枪杀杨杏佛的凶手。10 月,连发两电,要求国民党中央解禁邹韬奋主编的《生活周刊》。

1934 年　（民国二十三年）

1 月 1 日,《我在北京大学的经历》一文发表。1 月 26 日,在国民党四届中央监察委员会第一次全体会议上,被推为中监委常务委员。3 月,与吴稚晖、李石曾、张静江等致函上海市公安局,保释李少石。8 月,发表《吾国文化运动之过去与将来》一文,将新文化运动比作欧洲的文艺复兴。9 月、10 月间,数次函电汪精卫,营救范文澜。12 月 12 日向国民党四届五中全会提呈《实施义务教育标本兼治办法案》。同月,为沈嗣庄所撰《社会主义新史》作序。本年,真诚奉劝汪精卫改变亲日行为,要以大无畏的精神抵抗日本侵略。

1935 年　（民国二十四年）

1 月 1 日,发表《论大学应设各科研究所之理由》一文。1 月 18 日,复函何炳松,不赞成中国本位文化建设运动。3 月 22 日,当选世界笔会中国分会理事长。5 月 3 日,主持中印学会会议,被推为理事长。5 月 10 日,发表《关于读经问题》,反对中小学生读经。6 月 20 日,主持中央研究院选举聘任评议员。8 月 6 日,撰写《中国新文学大系》总序,对五四文学革命予以高度评价。8 月 20 日,为《新青年》重印本题词,称“《新青年》杂志为五四运动时代之急先锋”。9 月 7 日,主持中央研究院首届评议会成立大会。10 月 25 日,中苏文化协会在南京成立,被推举为名誉会长。11 月 4 日,在国民党四届六中全会纪念周作《中央研究院与中国科学研究概况》的报告。11 月 12—23 日,出席国民党第五次代表大会,当选第五届中央监察委员。

1936 年　（民国二十五年）

2 月 9 日,上海各界及中华职业教育社等 6 团体,在国际饭店为蔡氏 70 岁祝寿。2 月 14 日,开始撰写《自写年谱》。2 月 22 日,参加苏联版画展览会开幕式,发表演说。3 月 28 日,领衔签名《我们对于推行新文字的意见》。9 月 22 日,毛泽东致函蔡氏,赞

扬他从事进步文化事业,支持抗日救国工作。10 月 11 日,发表
《墨子的非攻与善守》一文,赞扬墨子的反侵略精神。10 月 19
日,鲁迅逝世。任鲁迅治丧委员会主任。11 月 7 日,前往苏联驻
沪总领事馆,祝贺苏联建国 19 年。11 月 16 日,《记鲁迅先生轶
事》一文发表。

1937 年　（民国二十六年）

4 月 14 日,与戴季陶联名致电泰戈尔,祝贺由他主持的印度国际
大学中国学院正式成立。4 月 18 日,所撰《十年来之国立中央研
究院》一文发表。5 月 3 日,到南京主持中央研究院评议会第三
次会议并致辞。6 月 14 日,为中华书局编印的《辞海》题词。6
月,为《世界短篇小说大系》一书写序。9 月 28 日,在日记中记录
八路军抗日游击战的战绩。11 月 2 日,领衔与交通大学、同济大
学、暨南大学、浙江大学四国立大学校长联名致电九国公约会
议,吁请阻止日本侵华暴行。11 月 5 日,联合文化界名流发表英
文声明,吁请世界人士一致声讨日本毁灭教育机关之暴行。11
月 27 日,由丁西林、周仁陪同离沪赴港养病。12 月,《我在教育
界的经验》一文发表。

1938 年　（民国二十七年）

1 月,经国际反侵略运动大会中国分会推选,与宋庆龄、陶行知、
吴玉章等 19 人为出席 2 月在伦敦举行的国际反侵略运动大会中
国代表。因病未能成行。2 月 8 日,为萧子升所著《居友学说评
论》一书写序,宣传美育代宗教思想。2 月 28 日,在香港主持中
央研究院院务会议。4 月 23 日,在港晤见吴玉章,为国共合作共
赴国难而感由衷高兴。5 月 20 日,出席保卫中国大同盟及香港
国防医药筹赈会举办的美术品展览会开幕式,并发表演说,宣传
美术有助抗战事业。6 月 1 日,为《鲁迅全集》撰写序文,称鲁迅
为"新文学开山"。本月,全国美术界抗敌协会在武汉成立,被举
为名誉理事。

1939 年　（民国二十八年）

3 月 1 日,撰中央研究院评议会第四次会议开会词,寄昆明办事

处。7月4日,被推为国际反侵略大会中国分会第二届名誉主
席。8月,阅读《西行漫记》及《续西行漫记》。12月7日,以《满
江红》词牌,为国际反侵略大会中国分会会歌作词。

1940年　（民国二十九年）

2月5日,陕甘宁边区自然科学研究会在延安成立,被举为名誉
主席团成员。2月20日,延安各界宪政促进会召开成立大会,被
选为大会名誉主席团成员。3月5日,上午9时45分在香港病
逝。同日,国民党总裁、军事委员会委员长蒋介石发出唁电,表
示哀悼。3月7日,中国共产党中央委员会主席毛泽东发出唁
电,称蔡氏为"学界泰斗,人世楷模"。3月10日,灵枢出殡,执绋
者五千余人,与祭者万余人。3月16日,国民政府发布褒扬令,
称蔡氏"道德文章,夙负时望"。3月24日,上午重庆各界公祭蔡
氏;下午举行蔡氏追悼会。同日,全国各省市均举行追悼大会。
4月14日,延安各界举行追悼大会。周恩来挽蔡氏联:"从排满
到抗日战争,先生之志在民族革命;从五四到人权同盟,先生之
行在民主自由。"

参考文献

［1］中国蔡元培研究会编：《蔡元培全集》（1—18卷），浙江教育出版社1997—1998年版。

［2］高平叔编：《蔡元培全集》（1—7卷），中华书局1984—1989年版。

［3］金林祥：《蔡元培教育思想研究》，辽宁教育出版社1994年版。

［4］金林祥：《思想自由，兼容并包——北京大学校长蔡元培》，山东教育出版社2004年版。

［5］高平叔撰著：《蔡元培年谱长编》（1—4卷），人民教育出版社1999年版。

［6］高平叔撰著：《蔡元培年谱长编》（上、中、下），人民教育出版社1996—1998年版。

［7］蔡建国：《蔡元培与近代中国》，上海社会科学院出版社1997年版。

［8］蔡建国编：《蔡元培先生纪念集》，中华书局1984年版。

［9］蔡建国编：《蔡元培画传》，上海人民美术出版社1988年版。

［10］梁柱:《蔡元培与北京大学》,北京大学出版社1996年版。

［11］梁柱:《蔡元培教育思想论析》,高等教育出版社2006年版。

［12］崔志海:《蔡元培》,浙江人民出版社1998年版。

［13］唐振常:《蔡元培传》,上海人民出版社1985年版。

［14］刘惠文:《蔡元培的文化思想》,兵器工业出版社1998年版。

［15］张晓唯:《蔡元培与胡适(1917—1937)》,中国人民大学出版社2003年版。

［16］张晓唯:《蔡元培评传》,百花洲文艺出版社1993年版。

［17］蔡元培研究会编:《论蔡元培》,旅游教育出版社1989年版。

［18］中国蔡元培研究会编:《蔡元培研究集》,北京大学出版社1999年版。

［19］聂振斌:《蔡元培及其美学思想》,天津人民出版社1984年版。

［20］李雄挥:《蔡元培美感教育思想述评》,台湾省立台东师范专科学校1980年出版发行。

［21］王玉生:《蔡元培大学教育思想论纲》,光明日报出版社2007年版。

［22］吴家莹:《蔡元培与北大校务革新》,台湾花莲教育学院人文教育研究中心1992年出版。

［23］吴家莹:《跟蔡元培学当校长》,首都师范大学出版社2010年版。

［24］陶侃:《蔡元培哲学思想研究》,汕头大学出版社2004年版。

［25］文艺美学丛书编辑委员会编:《蔡元培美学文选》,北京大学出版社1983年版。

［26］高平叔编:《蔡元培哲学论著》,河北人民出版社1985年版。

［27］叶隽考释:《蔡元培:大学的意义》,山东文艺出版社2006年版。

［28］周天度:《蔡元培传》,人民出版社1984年版。

［29］程新国:《晚年蔡元培》,上海文化出版社2011年版。

［30］谢义勇:《蔡元培社会教育思想之研究》,台湾高雄复文图书出版社1989年版。

［31］上海蔡元培故居编:《人世楷模蔡元培——蔡元培先生诞辰140周年纪念文集》,上海辞书出版社2007年版。

［32］舒新城编:《中国近代教育史资料》(上、中、下),人民教育出版社1961年版。

［33］白寿彝总主编:《中国通史》,上海人民出版社 1999 年版。

［34］辞海编辑委员会编:《辞海》,上海辞书出版社 1999 年版。

［35］陈洪捷:《德国古典大学观及其对中国的影响》,北京大学出版社
2006 年版。

［36］姜朝晖:《民国时期教育独立思潮研究》,中国社会科学出版社 2008
年版。

［37］〔美〕任达:《新政革命与日本:中国,1898—1912》,李仲贤译,江苏人
民出版社 2006 年版。

［38］余杰:《铁与犁:百年中日关系沉思录》,长江文艺出版社 2004 年版。

［39］董宝良、周洪宇主编:《中国近现代教育思潮与流派》,人民教育出版
社 1997 年版。

［40］单中惠主编:《西方教育思想史》,山西人民出版社 1996 年版。

［41］〔德〕弗里德里希·席勒:《审美教育书简》,冯至、范大灿译,北京大
学出版社 1985 年版。

［42］吕达主编:《陆费逵教育论著选》,人民教育出版社 2000 年版。

［43］钱曼倩、金林祥主编:《中国近代学制比较研究》,广东教育出版社
1996 年版。

［44］梁漱溟:《忆往谈旧录》,金城出版社 2006 年版。

［45］李卉编:《许寿裳讲鲁迅》,新华出版社 2005 年版。

［46］〔美〕奥兹门、克莱威尔:《教育的哲学基础》,石中英、邓敏娜等译,中
国轻工业出版社 2006 年第七版。

［47］〔美〕罗伯特·所罗门:《大问题:简明哲学导论》,张卜天译,广西师
范大学出版社 2004 年版。

［48］冯友兰:《中国哲学简史》,赵复三译,新世界出版社 2004 年版。

［49］〔美〕庞思奋:《哲学之树》,翟鹏霄译,王凌云校,广西师范大学出版
社 2005 年版。

［50］邓晓芒:《康德哲学讲演录》,广西师范大学出版社 2006 年版。

［51］〔德〕奥特弗里德·赫费:《康德:生平、著作与影响》,郑伊倩译,人民
出版社 2007 年版。

［52］〔日〕佐藤慎一:《近代中国的知识分子与文明》,刘岳兵译,江苏人民

出版社 2006 年版。

［53］邓晓芒：《新批判主义》，湖北教育出版社 2001 年版。

［54］〔德〕弗·鲍尔生：《德国教育史》，滕大春、滕大生译，人民教育出版社 1986 版。

［55］〔美〕周策纵：《五四运动》，周子平等译，江苏人民出版社 1999 年版。

［56］蒋梦麟：《蒋梦麟自传》，团结出版社 2004 年版。

［57］欧阳哲生：《五四运动的历史诠释》，北京大学出版社 2012 年版。

［58］冯契主编：《哲学大辞典》（上、下），上海辞书出版社 2001 年版修订本。

［59］〔英〕霍恩比：《牛津高阶英汉双解词典》，李北达编译，商务印书馆、牛津大学出版社 1997 年第四版。

［60］王开岭：《精神明亮的人》，书海出版社 2009 年版。

［61］陈桂生：《教育原理》，华东师范大学出版社 2000 年版。

［62］陈科美主编：《上海近代教育史》，上海教育出版社 2003 年版。

［63］〔法〕让-皮埃尔·韦尔南：《希腊思想的起源》，秦海鹰译，三联书店 1996 年版。

［64］张人凤：《张元济》，山东画报出版社 2001 年版。

［65］〔法〕卢梭：《爱弥儿》（上、下），李平沤译，人民教育出版社 2001 年版。

［66］〔挪〕G. 希尔贝克、N. 伊耶：《西方哲学史：从古希腊到二十世纪》，童世骏等译，上海译文出版社 2004 年版。

［67］〔挪〕乔斯坦·贾德：《苏菲的世界》，萧宝森译，作家出版社 1999 年版。

［68］〔美〕梯利著，伍德增补：《西方哲学史》，葛力译，商务印书馆 2004 年版。

［69］〔德〕康德：《实践理性批判》，韩水法译，商务印书馆，2003 年版。

［70］〔德〕康德：《纯粹理性批判》，邓晓芒译，杨祖陶校，人民出版社 2004 年版。

［71］〔美〕S. 杰克·奥德尔：《叔本华》，王德岩译，中华书局 2002 年版。

［72］〔德〕阿本德洛斯：《叔本华》，李淑英译，河北教育出版社 2001 年版。

［73］〔美〕亚伯拉罕·弗莱克斯纳：《现代大学论——美英德大学研究》，徐辉等译，浙江教育出版社 2001 年版。

［74］贺国庆：《德国和美国大学发达史》，人民教育出版社 1998 年版。

［75］元青：《杜威与中国》，人民出版社 2001 年版。

［76］〔美〕罗伯特·B. 塔利斯：《杜威》，彭国华译，中华书局 2002 年版。

［77］〔韩〕曹世铉：《清末民初无政府派的文化思想》，社会科学文献出版社 2003 年版。

［78］陈铭：《剑气箫心——龚自珍传》，浙江人民出版社 2005 年版。

［79］樊克政：《龚自珍年谱考略》，商务印书馆，2004 年版。

［80］〔美〕威廉·H. 布兰察德：《革命道德：关于革命者的精神分析》，戴长征译，中央编译出版社 2004 年版。

［81］胡兴东：《生存范式：理性与传统》，中国社会科学出版社 2005 年版。

［82］〔古希腊〕柏拉图：《柏拉图全集》第二卷，王晓朝译，人民出版社 2003 年版。

［83］中国社会科学院哲学研究所编：《哈贝马斯在华讲演集》，人民出版社 2002 年版。

［84］〔美〕帕克·帕尔默：《教学勇气——漫步教师心灵》，吴国珍、余巍等译，华东师范大学出版社 2005 年版。

［85］〔日〕竹田纯郎监修：《哲学告诉我》，刘文柱译，东方出版社 2005 年版。

［86］〔德〕康德：《判断力批判》，邓晓芒译，杨祖陶校，人民出版社 2002 年版。

［87］〔日〕今道友信编：《美学的将来》，樊锦鑫等译，广西教育出版社 1997 年版。

［88］刘军宁主编：《北大传统与近代中国——自由主义的先声》，中国人事出版社 1998 年版。

［89］梁漱溟：《中国文化要义》，上海人民出版社 2003 年版。

［90］〔法〕阿尔德伯特等：《欧洲史》，蔡鸿滨等译，海南出版社 2000 年版。

［91］吴式颖主编：《外国教育史教程》，人民教育出版社 1999 年版。

［92］朱高正：《朱高正讲康德》，北京大学出版社 2005 年版。

〔93〕启良:《西方文化概论》,花城出版社 2000 年版。

〔94〕〔英〕罗素:《中国问题》,秦悦译,学林出版社 1996 年版。

〔95〕〔美〕本杰明・史华兹:《古代中国的思想世界》,程钢译,江苏人民出版社 2014 年版。

〔96〕瞿葆奎主编:《教育目的》,人民教育出版社 1989 年版。

〔97〕〔美〕阿伦・奥恩斯坦、莱文・丹尼尔:《教育基础》,杨树兵等译,江苏教育出版社 2003 年第八版。

〔98〕黄济:《教育哲学通论》,山西教育出版社 2002 年版。

〔99〕聂振斌:《蔡元培美学思想研究》,商务印书馆,2012 年版。

〔100〕蔡元培研究会编:《蔡元培与现代中国》,北京大学出版社 2010 年版。

〔101〕汤广全:《自由与和谐——蔡元培"五育并举"观研究》,巴蜀书社,2009 年版。

〔102〕蔡元培:《蔡孑民先生言行录》,山东人民出版社 1998 年版。

〔103〕舒新城编:《近代中国教育史料》,中国人民大学出版社 2012 年版。

后　记

　　笔者不才，虽曾对蔡元培教育思想及其哲学基础有所研究，但与时贤唐振常、高平叔、聂振斌、金林祥、张晓唯等诸位先生相比，自愧弗如。本次接受山东人民出版社的邀请，实是金林祥先生的举荐，又得李剑萍先生的关照及近代原创型教育家编写组的厚爱。接受这一光荣而艰巨的编写任务，笔者有惶恐之感，不仅是因为原创型教育家编写组大才荟萃、期望殷殷，而且是因为金林祥先生的重托与叮嘱。

　　感谢山东人民出版社的厚爱，感谢田晓玉女士的精心组织与策划，感谢我所在的单位——湖北师范学院各级领导的关心与照顾，感谢我的家人无私的奉献，感谢一切爱我和我所爱的人们！

　　在三年多的写作过程中，笔者得到了出版社编辑高以芹女士细致入微的指正、邱明女士默默无闻的惠助和宋恩荣先生直接、间接的指点，尤其是得到李剑萍先生百忙中谋篇布局的指导与字斟句酌的雅正，特此表示深深的敬意！最后，还要特别感谢崔业双编辑，她的敬业与认真使本书增色不少，她的谦卑与热情令我感佩不已！写作既是文字与思想的创作，也是笔者境界与修养的提升。书中一切错失、迷乱皆由笔者负责。

书虽成稿，但笔者没有丝毫的"成就感"，只觉得才力不济，文思阻滞，视界难开，心胸有限，很难"驾驭"近现代中国政治风云变幻与思想百家争鸣的历史交汇、蔡元培教育哲学思想的宏博和教育事功的深沉及人格境界的高远。书中瑕疵与不足一定很多，恳请读者诸君不吝赐教！

汤广全

2015 年 12 月 8 日